Nach Hitler.
Der schwierige Umgang mit unserer Geschichte

Beiträge von
Martin Broszat

Herausgegeben von Hermann Graml
und Klaus-Dietmar Henke

R. Oldenbourg Verlag München 1987

CIP-Kurztitelaufnahme der Deutschen Bibliothek

Broszat, Martin:
Nach Hitler – der schwierige Umgang mit unserer Geschichte : Beitr. von Martin Broszat / hrsg. von Hermann Graml u. Klaus-Dietmar Henke. – 2. Aufl. – München : Oldenbourg, 1987.
ISBN 3-486-53882-9

2. Auflage

Umschlaggestaltung: Dieter Vollendorf

Gesamtherstellung: Hofmann-Druck KG, Augsburg

ISBN 3-486-53882-9

Vorbemerkung

Martin Broszat, am 14. August 1986 sechzig Jahre alt, bedarf als Gelehrter keiner Vorstellung. Seine wissenschaftliche Leistung ist in der Historikerzunft ebenso unbestritten wie sein bedeutender Einfluß auf die deutsche und internationale Zeitgeschichtsforschung; seinen Erfolg als Historiograph bezeugen die Hunderttausende von Lesern, die seine Bücher weit über Deutschland hinaus gefunden haben. Jedoch war und ist das nur ein Teil seines Wirkens und seiner Wirkung. Werden Kontroversen über Fragen der Zeitgeschichte geführt, sind in der Öffentlichkeit Zeitfragen umstritten, bei denen das Verständnis der historischen Wurzel und Bedingtheit besonders gefordert ist, zögert er nicht, vom Kampflärm in der Arena angezogen, ins Gefecht der Meinungen einzugreifen. Aber wie die in diesem Bande vorgelegte Sammlung seiner Beiträge zu solchen Auseinandersetzungen lehrt, stehen Energie und Streitbarkeit, mit denen er seine Kenntnisse und Einsichten ins Treffen führt, nicht im Dienste simpler Streitlust. Vielmehr leitet ihn die Überzeugung, daß Gewinn an Erkenntnis vor allem aus dem offenen Diskurs erwächst, dazu ein Gefühl der Mitverantwortung für die Geschicke der res publica, das man wohl auch schlicht und altmodisch als eine dem Historiker gemäße Form von Patriotismus bezeichnen kann. Daher wird auch die intellektuelle und wissenschaftliche Phantasie, mit der er in Streitfragen eindringt, neue Aspekte entdeckt und Wege zu ihrer Klärung erkundet, niemals zum Selbstzweck, ebensowenig der blitzende Esprit, mit dem er seinen Standpunkt vorträgt. Daß dabei mitunter Kontrahenten verletzt werden, nimmt er im Blick auf die Notwendigkeit und Fruchtbarkeit von Konflikten durchaus in Kauf. Er zögert auch nicht, sich gleichsam selbst zu verletzen, das heißt im Denken fortzuschreiten und früher verfochtene Auffassungen zu modifizieren oder auch, bei aller Konstanz in der Verteidigung von Werten und Prinzipien, ganz aufzugeben. Er gehorcht bei der immer wiederkehrenden Selbstkorrektur einfach einem erkannten Erfordernis, begriffen als unvermeidliche Folge der Tatsache, daß nach Hitler der Umgang mit Geschichte in Deutschland schwierig geworden ist, und er bejaht die gleichwohl gegebene Forderung, daß sich jedermann, erst recht aber der Historiker, diesen Schwierigkeiten zu stellen hat.

Die Herausgeber sind sich bewußt, daß sie keine vollständige Sammlung der Beiträge Martin Broszats zu Wesen, Aufgaben und Kontroversen der zeitgeschichtlichen Forschung wie auch zu Zeitfragen bieten. Da sie nicht nur ohne Auftrag und in eigener Verantwortung handelten, sondern sogar ohne Wissen des Autors, konnte die Suche nach den im Laufe von drei Jahrzehnten an weit verstreuten Stellen publizierten Texten und vor allem nach den noch nirgends veröffentlichten Manuskripten lediglich partiellen Erfolg haben. An der editorischen Arbeit haben Renate Bihl, Erna Danzl, Barbara Fait, Gabriele Jaroschka und Irmgard Kaiser ebenso umsichtig wie freudig mitgewirkt. Ihnen schulden die Herausgeber besonderen Dank.

Hermann Graml Klaus-Dietmar Henke

Inhalt

Aufgaben und Probleme zeitgeschichtlichen Unterrichts

I.

Der Begriff Zeitgeschichte und die Praxis zeitgeschichtlicher Forschung und Lehre sind in Deutschland erst nach 1945 heimisch geworden. Den Impuls dazu gab die durch den Zusammenbruch von 1945 ausgelöste Ratlosigkeit und Verwirrung, die es zum dringenden Bedürfnis machte, nach dem Sturz bisher gültiger Ideale und im Chaos scheinbar sinnlos gewordener deutscher Geschichte wieder Orientierungsmerkmale zu gewinnen. Nachdem das Geschehen weniger Jahre Deutschland, Europa und die Welt von Grund auf verwandelt hatte, ergab sich die elementare Notwendigkeit, dieses umstürzende Geschehen historisch erkennend zu bewältigen. Die Betroffenheit der Zeitgenossen von Geschichte rief nach zeitgeschichtlicher Klärung.

Die Einmaligkeit und Besonderheit dieses Geschehens, so epochemachend es war, könnte jedoch allein schwerlich Rechtfertigung für eine besondere Disziplin der Zeitgeschichte sein. Tatsächlich stellte es sich auch heraus, daß das Jahr 1945 nur der – in seiner Aktualität allerdings zwingende – Anlaß, nicht aber der alleinige Grund gewesen war, Zeitgeschichte als Wissenschafts- und Unterrichtszweig zu begründen. Es galt vielmehr, in Deutschland bislang Versäumtes nachzuholen, innerhalb der deutschen Historie die weitgehend ungerechtfertigte und in ihren Auswirkungen vielfach schädliche Scheu vor zeitnaher Geschichte zu überwinden. Dabei stand vor Augen, daß z. B. in Frankreich unter dem Begriff „Histoire Contemporaine“ oder in den angelsächsischen Ländern als „Contemporary History“ ähnliches längst in fester Übung war. – Dem entsprach es auch, daß sich nach anfänglicher Unklarheit in der Bundesrepublik eine inhaltliche Definition des Begriffs Zeitgeschichte durchgesetzt hat[1], die eine über den Anlaß des Jahres 1945 hinausgehende, sehr viel umfassendere Bestimmung des Gegenstandbereichs der Zeitgeschichte enthält. Zeitgeschichte wird danach verstanden als „Geschichte der jeweils jüngsten Periode der Vergangenheit", d. h. in unserem Fall: als Geschichte der mit dem Jahr 1917 sich abzeichnenden neuen universalgeschichtlichen Periode. Hans Rothfels und nach ihm andere haben diese Periodisierung überzeugend begründet. Für die Fachdisziplin der Zeitgeschichte im engeren Sinne, die sich als ein Teil der Geschichtswissenschaft abgrenzt von politischer Wissenschaft und Gegenwartskunde, ist mit dem Jahr 1945 vorläufig eine natürliche Grenze ihres Aufgabenbereiches gesetzt[2]. Es widerspricht nicht ihrer umfassenden Aufgabenstellung, wenn der Schwerpunkt der zeitgeschichtlichen Bemühungen in Westdeutschland vorerst auf der deutschen Geschichte der Weimarer Zeit und des Dritten Reiches liegt. Dies entspringt ganz einfach der praktischen Vordringlichkeit dieser beiden Themen.

Der werdenden Disziplin der Zeitgeschichte kam es zugute, daß der Altmeister der deutschen Geschichtswissenschaft, Friedrich Meinecke, schon 1946 mit seinem noch heute wertvollen Buch „Die deutsche Katastrophe" selbst das Signal zur Zeitgeschichte gab und daß sich ihm andere namhafte Historiker, wie Gerhard Ritter, sofort nach 1945 im gleichen Bemühen an die Seite stellten[3]. Im Laufe der letzten Jahre hat sich Zeitgeschichte als gesonderte Disziplin innerhalb der Geschichtswissenschaft trotz noch immer vorhandener Hemmungen in der Bundesrepublik in wachsendem Maße Anerkennung verschaffen können, und es ist ihr auch gelungen, nicht nur außerhalb der Universität, wie im Münchener Institut für Zeitgeschichte, eine Stätte zu finden, sondern auch innerhalb des regulären Universitätsbetriebes, sozusagen in der Zunft der Historie. Sym-

---

[1] Erwähnt seien als wesentlichste Beiträge zur Diskussion um die Begriffsbestimmung „Zeitgeschichte": Hans Rothfels: Zeitgeschichte als Aufgabe. In Vjh. f. Zeitgesch., 1. Jg., H. 1 (Januar 1953).
Konrad Barthel: Das Problem der Zeitgeschichte. In Die Sammlung, 9. Jg., H. 10 (Oktober 1954).
Paul Kluke: Aufgaben und Methoden zeitgeschichtlicher Forschung. In Europa-Archiv, 10. Jg., 7. Folge (April 1955).
Thilo Vogelsang: Die Zeitgeschichte und ihre Hilfsmittel. In Vjh. f. Zeitgesch., 3. Jg., H. 2 (April 1955).
Theodor Eschenburg: Aufgaben der Zeitgeschichte. In Gesch. in Wiss. u. Unterr., 6. Jg. (1955), S. 356 ff.

[2] Nebenbei sei nur bemerkt, daß der ostzonale Begriff von Zeitgeschichte dazu in deutlichem Gegensatz steht. Zeitgeschichte ist dort „current history", d. h. Bestandsaufnahme der laufenden Ereignisse.

[3] S. Gerhard Ritters Schrift „Geschichte als Bildungsmacht", Stuttgart 1946.

ptomatisch dafür ist die auf dem vorjährigen Historikertag in Ulm beschlossene Konstituierung einer besonderen Fachsektion Zeitgeschichte des Historikertages, ferner die wachsende Aufnahme zeitgeschichtlicher Themen in das Vorlesungsprogramm der Universitäten[4].

Die Einbeziehung von Zeitgeschichte in das Programm historischer Vorlesungen und Seminare ist deshalb so wichtig, weil dadurch erst, von der Seite der Ausbildung der Geschichtslehrer her, die künftige Verankerung der Zeitgeschichte im Raum der Schule wirklich gewährleistet wird.

Es ist nur natürlich, daß die Notwendigkeit zeitgeschichtlichen Unterrichts und, damit zusammenhängend, die Revision gewisser bisher im Geschichtsunterricht geläufiger Geschichtsbilder nach dem Zusammenbruch von 1945 als besonders aktuell und heikel zugleich empfunden wurden. Nachdem in den ersten Jahren nach Wiederaufnahme des Schulbetriebs Geschichte als Unterrichtsfach zur Erleichterung nicht weniger Lehrer zunächst gesperrt blieb, stellte sich mit dem Neubeginn des Geschichtsunterrichts in unveränderter Form das Problem, durch Geschichtsunterricht bilden zu müssen, ohne die nötige Sicherheit der Orientierung über den Sinnzusammenhang der deutschen Geschichte zu besitzen. In der Schule bestand dabei kaum die Möglichkeit, wie in der Universität und Wissenschaft, sich auf unproblematische Detailuntersuchungen zurückzuziehen, weil der Unterricht die tägliche Erfüllung eines konkreten Bildungsauftrages verlangt, die ohne Wertung, ohne Ganzheitssicht und ohne den Aufweis von Sinneinheiten in der Geschichte nicht zu leisten ist. Wenn Gerhard Ritter 1946 schrieb, nichts sei so notwendig für die politische Erziehung unseres Volkes wie die „Einordnung des jüngsten Geschehens in den Gesamtzusammenhang deutscher und europäisch-universaler Geschichte" und es gelte, die „kritische ebenso wie die verstehende Fähigkeit der deutschen Historie an dieser Aufgabe zu bewähren"[5], dann mußten solche Einsichten für die Schule, als den zentralen Ort der Erziehung und Bildung der Jugend, mindestens ebenso aktuell sein wie für Wissenschaft und Universität.

---

[4] Aus einer Durchsicht der Vorlesungsverzeichnisse der 15 westdeutschen Universitäten und der Freien Universität in Westberlin ergibt sich das immerhin bemerkenswerte Resultat, daß auf diesen 16 Hochschulen im gegenwärtigen Sommersemester 1957 insgesamt 39 Vorlesungen und Seminare zeitgeschichtlichen Gegenständen gewidmet sind. 9 davon betreffen ausschließlich oder in erster Linie die deutsche Geschichte des Dritten Reiches, 7 die Weimarer Zeit, während 11 Vorlesungen und Übungen allgemeine Zusammenhänge oder internationale Beziehungen der Epoche von 1917-1945 behandeln und 12 die außerdeutsche Geschichte dieser Zeit zum Gegenstand haben.

[5] G. Ritter: a.a.O., S. 31 u. S. 28.

Es fehlt auch von pädagogischer Seite nicht an Anregungen und Hinweisen, wie ein solcher erneuerter und doch gesicherter Weg des Geschichtsunterrichts zu erreichen sei[6]. Mit der Erkenntnis notwendiger Neuorientierung des Geschichtsunterrichts wurde auch die Aufnahme von Zeitgeschichte in den Unterricht immer wieder betont[7]. – Es ist damit jedoch noch nicht sehr gut bestellt, obwohl die Richtlinien der Kultusminister für den Geschichtsunterricht dergleichen vorsehen und obgleich sich inzwischen nicht nur die Geschichtsbücher der Zeit bis 1945 angenommen haben, sondern auch ein immerhin schon beachtlicher Bestand von Ergebnissen der Zeitgeschichtsforschung des In- und Auslandes vorliegt.

Die weitgehend jedoch immer noch vorhandene Abneigung gegen Zeitgeschichte läßt sich mit einer ganzen Reihe von Einwänden motivieren, die sich schon an der logischen und philologischen Fragwürdigkeit des Begriffs Zeitgeschichte entzünden mögen. Über diese Problematik liegt bereits eine umfangreiche Literatur vor. Ich möchte mich deshalb dazu nur kurz äußern. Da sind einmal die erkenntnistheoretischen Bedenken, die sich in das Argument zusammenfassen lassen, Zeitgeschichte könne niemals gesichertes Wissen vermitteln, da ihr Gegenstand viel zu sehr zeitverhaftet und noch nicht in jene Distanz der Vergangenheit entrückt sei, welche allein Momente subjektiver Verzeichnung einigermaßen auszuschließen und den nötigen Überblick zu verschaffen vermag. Diese Kritik enthält durchaus Wahres, und doch kann sie nicht zur Widerlegung von Zeitgeschichte ausreichen. Zunächst einmal ist die subjektive Bedingtheit ein Charakteristikum jeglicher Historie. Die Zeitgeschichte unterscheidet sich darin nicht prinzipiell, sondern nur graduell von der Geschichtserkenntnis längst vergangener Epochen. Man kann zu ihren Gunsten überdies anführen, daß Zeitnähe die historische Erkenntnis nicht nur negativ beeinflußt. Erleichtert doch andererseits die geringe Distanz das Einfühlen in den Geist der Epoche, das eine so wesentliche Voraussetzung allen historischen Verstehens ist. Schon Meinecke schrieb in diesem Sinne einleitend zu seinem ersten Deutungsversuch nationalsozialistischer Zeit, das Bedürfnis nach volle-

---

[6] Es sei nur verwiesen auf Theodor Litt: Wege und Irrwege geschichtlichen Denkens, München 1948, oder auf Erich Weniger: Neue Wege im Geschichtsunterricht, Frankfurt 1949, ferner auf die zahlreichen Diskussionsbeiträge in der Zs. Gesch. in Wiss. u. Unterricht.

[7] Neuerdings dazu Rolf Geißler: Erziehung durch Zeitgeschichte. In Zs. Gesellschaft – Staat – Erziehung, H. 1 (1957).

rem Verstehen rechtfertige auch die unvollkommenen Versuche; bei aller Vorläufigkeit seien sie späteren Betrachtungen vielleicht überlegen durch „den Hauch der Zeitatmosphäre, den man kennen muß, um unser Schicksal ganz zu verstehen“[8]. – In diesen Worten ist zugleich angedeutet, weshalb trotz aller einzugestehenden Mängel Zeitgeschichte unaufschiebbar ist. Nämlich darum, weil Abwarten nicht weiterhilft, sondern die Lage nur verschlechtert. Wenn nicht die Wissenschaft mit ihren kritischen Methoden der Quellenbehandlung und ein von Wahrheitssuche und pädagogischem Verantwortungsgefühl geleiteter Geschichtsunterricht sich der Zeitgeschichte annehmen, um ein Bild von ihr zu zeichnen, dann tun es die Illustrierten und zweifelhaften Memoirenschreiber. Denn es gibt kein völlig leeres Bewußtsein, kein wirkliches Vergessen einer Zeit. Auch Verwirrung und sogenannte Verdrängung sind nur Symptome der Herrschaft unkontrollierter, unbegriffener und vager Vorstellungen und Erinnerungen über das Bewußtsein von einer Zeit.

Noch weniger zwingend sind aber diejenigen Einwände, welche die mangelhafte und einseitige Quellengrundlage der Zeitgeschichte betreffen. Soviel Richtiges auch hieran ist, so muß doch andererseits nachdrücklich gesagt werden, daß selbst der sehr unvollständige Quellenbestand zur Zeitgeschichte, wie er deutschen Historikern gegenwärtig zur Verfügung steht, als immenser Reichtum erscheint beim Vergleich mit der Dürftigkeit von Quellen über andere Epochen deutscher Geschichte.

Gewichtiger als die erkenntniskritischen Einwände gegen Zeitgeschichte erscheint mir hingegen jene Skepsis, die aus der Erfahrung schöpft und von daher den Bildungswert des Geschichtsunterrichts überhaupt, mithin auch den der Zeitgeschichte, in Frage stellt[9]. Sie gründet in dem Zweifel, ob es denn überhaupt möglich sei, die selbst für den Historiker oft so schwer zu erlangende Kunst des historischen Verstehens und gerechten Abwägens in der Schule zu praktizieren, ob nicht vielmehr der historische Unterricht in „gedankenloser Tatsachensammlung“ oder in „geistreichem Gerede“ (G. Ritter) steckenbleiben müsse.

Solche Skepsis ist gewiß nicht leichtzunehmen. Doch in ihr zu verharren, hieße letztlich Selbstaufgabe und Verzweiflung am Sinn von Geschichte und geschichtlicher Bildung überhaupt. Deshalb bleibt uns nur, im Wissen um die vielfältigen Gefahren der Verfälschung, die zwangsläufig im Bereich der Schule noch größer sind als innerhalb

[8] Fr. Meinecke: Die deutsche Katastrophe, Wiesbaden 1946, S. 6 f.
[9] S. z.B. G. Ritter, a.a.O., S. 8/9.

der Wissenschaft, dennoch den Versuch zu wagen, durch Zeitgeschichte im Geschichtsunterricht der Wahrheit der Geschichtserkenntnis ebenso wie der Bildungsaufgabe des Geschichtsunterrichts zu dienen.

II.

Die Schwierigkeiten, die der Behandlung von Zeitgeschichte im Rahmen des Geschichtsunterrichts entgegentreten, sind zweifellos am fühlbarsten bei der Periode der nationalsozialistischen Herrschaft. Sieht man von Tendenzen bewußter Apologie ab, so steht hinter der verbreiteten Unsicherheit des Urteils und dem leidenschaftlichen Streit über die Bewertung von Personen und Ereignissen dieser Epoche vor allem die Tatsache, daß der Nationalsozialismus und die Geschichte des Dritten Reiches noch immer unverstanden sind. Es existiert im öffentlichen Bewußtsein und auch im Bewußtsein der meisten Geschichtslehrer noch kein einigermaßen festes Bild vom Nationalsozialismus. Die einzelnen Ereignisse und Zusammenhänge, die entweder noch aus eigenem Miterleben erinnerlich sind oder nachträglich aus Dokumenten und Aussagen bekannt wurden, stehen vielfach im wirren Neben- und Gegeneinander. Sie fügen sich um so weniger einem Ganzheitsbild ein, als zwischen dem Erlebnis der Wirklichkeit der nationalsozialistischen Zeit, wie es die Erinnerung den meisten Miterlebenden bewahrt hat, und demjenigen Bild, das nach 1945 im Umkreis der Kriegsverbrecherprozesse entstand, ein extremes Mißverhältnis und scheinbar völlige Unvereinbarkeit besteht. Nachdem die erste Phase der Bestandsaufnahme über das Dritte Reich einseitig unter juristischen, nicht erkenntnismäßigen Gesichtspunkten stand und das ganze Phänomen Nationalsozialismus in die Schwarz-Weiß-Optik von Strafprozessen und Entnazifizierung gerückt wurde, hat sich ein Wall von Ungläubigkeit und Mißtrauen gegenüber Enthüllungen jeglicher Art gebildet, auch wo sie nur von wissenschaftlichem Bemühen um Erkenntnis und Klärung geleitet sind. Hinzu kommt ein nicht in jedem Fall wegzudisputierendes Widerstreben gegenüber gegenwartsbezogener Geschichte überhaupt. Bis zu einem gewissen Grade mag es sich hierbei um einen natürlichen Regenerationsprozeß handeln nach jahrelanger Indienstnahme von Geschichte durch die Politik, um eine Reaktion auf ein „Zuviel an Geschichte". Auch wenn man die Notwendigkeit zeitgeschichtlicher Besinnung nicht verkennt, wird man Verständnis dafür haben müssen, daß nach intensivstem Eingespanntsein in Geschichte und unsäglichem Leiden an Geschichte die Rast in der Gegenwart des Privaten unter Umständen erst wieder volles Zusichselbstkommen des Menschen bedeuten kann[10]. Es ist jedoch klar, daß damit nicht einem auf die Dauer geschichtslosen Bewußtsein das Wort geredet wird, denn in unserer immer stärker an das Politische und seinen Verlauf geketteten einzelmenschlichen Existenz gibt es einen geschichtsfreien Raum weniger denn je. Nur indem wir uns der Geschichte stellen, vermögen wir ihrem Automatismus zu entgehen.

Es sind vor allem diese bewußtseinsmäßigen und psychologischen Schwierigkeiten und Hemmnisse, die auch im Geschichtsunterricht eine Behandlung der nationalsozialistischen Zeit erschweren. Ihnen gegenüber scheint es notwendig zu zeigen, daß die bisherigen Ergebnisse zeitgeschichtlicher Besinnung bei all ihrer Unzulänglichkeit im einzelnen doch durchaus schon Grundlagen geschaffen haben, die es erlauben, auch im Geschichtsunterricht über Fakten hinaus begreifbare Zusammenhänge und ein verstehbares Bild der nationalsozialistischen Geschichtsperiode zu entwerfen. Denn dazu muß der Geschichtsunterricht vorstoßen, wenn er nicht nur eine verwirrende Fülle von Tatsachen liefern will, welche die Unverstandenheit des Gesamtphänomens nicht zu beseitigen vermag. – Im Vorwort zu einem der neuen Geschichtsbücher für den Schulunterricht, das auch die Jahre 1933-1945 behandelt, heißt es: „Auf eine Würdigung der Ereignisse wurde weitgehend verzichtet. In vielen Fällen kann sie noch nicht gegeben werden, oft erscheint sie auch entbehrlich angesichts der Sprache der Tatsachen.“ Solche Zurückhaltung ist durchaus löblich, und ein Geschichtsbuch, das in erster Linie ein Gerüst von Fakten liefern soll, wird sich kaum viel anders verhalten können. Der zeitgeschichtliche Unterricht muß jedoch vom Wissen der Einzelheiten zum Verstehen gelangen. Hier liegt ein zentrales Problem, und die folgenden skizzenhaften Darlegungen sollen ein Versuch sein, wenigstens einige Anhaltspunkte zu geben, innerhalb welcher Markierungen sich ein verstehbares Bild des Nationalsozialismus gewinnen läßt.

Alle ernsthaften Überlegungen deutscher Historiker und alle nüchternen Versuche historischer Rechnungslegung seit 1945 münden in folgende Erkenntnisse:

---

[10] S. dazu H. Heimpel: „Der Mensch in seiner Gegenwart“. In: Die Sammlung, 6 (1951), S. 489-511, und neuerdings H. Heimpel: Geschichte und Geschichtswissenschaft. In: Vjh. f. Zeitgesch., 5. Jg. (1957), S. 3.

1. Für das Verständnis der nationalsozialistischen Zeit kann weder das vom Nationalsozialismus in propagandistischer Selbstglorifizierung und geschicktester Tarnung und Geheimhaltung zahlreicher Geschehnisse und Zustände entworfene Bild maßgeblich sein, noch das Kollektiv-Urteil, welches im Zusammenhang mit den Nürnberger Prozessen und der aus ihrem Klima erwachsenen ausländischen Publizistik über das Dritte Reich, das deutsche Volk und seine Geschichte gefällt wurde, wobei mit der verdienstvollen Enthüllung bisher unbekannter Fakten die Tendenz aufkam, weite Bereiche der deutschen Geschichte in unhistorischer Weise bloß als Vorform des Nationalsozialismus und als Kette von Fehltritten auf dem Wege zu Hitler umzuwerten. Ein historisch gerechtes, weder von Apologie noch von Anklage gefärbtes Bild von der Wirklichkeit des Dritten Reiches muß demgegenüber auf dem Wege kritischer und zugleich verstehender Durchdringung die ganze Vielfalt und gerade auch die Verflechtung und Diskrepanz von subjektiven Impulsen und objektivem Geschehen in eins setzen und aus solchem Zusammenhang her begreifen.
2. Die weitere Grunderkenntnis, die inzwischen gewonnen ist, lautet: Der Nationalsozialismus kann nicht allein als ein Ergebnis der deutschen Geschichte verstanden werden. Er ist ebensosehr ein typisches Gewächs der Epoche, eine Erscheinungsform der sich im 20. Jahrhundert in Europa formierenden Kräfte, die infolgedessen auch nur völlig begreifbar wird im Blick auf die universale Veränderung, die sich in soziologischer, geistig-psychologischer, technischer und politischer Hinsicht im 20. Jahrhundert in Europa und der Welt vollzogen hat. – Im Zusammenhang mit diesen Grundeinsichten lassen sich *zwei inhaltlich verschieden akzentuierte Bildungsaufgaben zeitgeschichtlichen Unterrichts* formulieren, die zwar nicht nur für die Epoche nationalsozialistischer Geschichte gelten, die aber um der Konkretheit und Aktualität dieses Themas willen an ihm aufgezeigt werden sollen: nämlich *einmal die Aufgabe, durch Erkenntnis des Nationalsozialismus als eines Kapitels deutscher Geschichte die Verwirrung zu beenden, in die unser nationales Geschichtsbewußtsein mit dem Jahr 1945 geraten ist.* Auf diese Aufgabe kann nicht verzichtet werden, auch wenn dabei mancher Schatten auf frühere Figuren und Ereignisse deutscher Geschichte fällt und anstelle ruhmreicher Vergangenheit ein nüchterneres Geschichtsbild tritt, in dem gefahrvolle Verirrungen und Fehlleistungen neben Sinnerfüllung und vorbildlicher Leistung eingetragen sind. Zu dieser, ich möchte sagen, *nationalpädagogischen Funktion des zeitgeschichtlichen Unterrichts,* die er freilich nur im Rahmen des gesamten Geschichtsunterrichts erfüllen

kann, kommt eine *zweite, nun ganz spezifisch zeitgeschichtliche Bildungsaufgabe*. Auf das Dritte Reich gemünzt, würde sie etwa lauten: *Erkenntnis von Zeittendenzen* unserer Epoche aus der Geschichte und dem Wesen des Nationalsozialismus, d.h. *Erkenntnis von geschichtlichen Bedingtheiten unserer Gegenwart, von Möglichkeiten und Gefährdungen unseres Zeitalters*. In diesem Bemühen, *Gegenwart durch Zeitgeschichte transparent zu machen*, vermag zeitgeschichtlicher Unterricht vielleicht am Ende mehr zu leisten als eine meist an der Oberfläche des Geschehens haftenbleibende Gegenwartskunde. *Denn Zeitgeschichte ist als jüngste auch die gegenwartshaltigste Geschichtsperiode und doch entrückt genug, um schon historisch, d. h. von den Hintergründen verborgener Quellen her und auch nach ihren Auswirkungen hin überblickt werden zu können*. Die Kombination dieser *beiden Anliegen, der nationalpädagogischen und der universell-gegenwartspolitischen Bildungsaufgabe*, sollte meines Erachtens dem zeitgeschichtlichen Unterricht seine Orientierung geben. Doch damit ist erst ein sehr formaler Anhaltspunkt gewonnen.

Mit der Aufgabe, die 12 Jahre des Dritten Reiches als ein Kapitel deutscher Geschichte zu verstehen, ergeben sich für den Unterricht sogleich eine Reihe gewichtiger Probleme: einmal die Notwendigkeit, die geschichtliche Wirklichkeit des Nationalsozialismus als Ganzes, als Einheit zu begreifen, und dann das schwierige Problem der Kontinuität oder Nichtkontinuität des Nationalsozialismus mit der vorausgegangenen deutschen Geschichte.

III.

Ein gültiges Ganzheitsbild einer Zeit zu erarbeiten, ist selbstverständlich die Intention aller Historie. Es ist aber absolut begreiflich und gerechtfertigt, wenn sich Zeitgeschichte als Forschung und Wissenschaft zunächst den ausgedehnten Einzeluntersuchungen widmet, weil erst die Klärung des einzelnen erlaubt, die verschiedenartigen Aspekte der nationalsozialistischen Zeit in ihrem Zusammenhang zu erkennen und das Ganze als Ganzes begreiflich zu machen. Nun ist es aber eine alte Wahrheit, daß die Summe der Details noch keine Einheit ergibt. Deshalb gehört es zum ständigen Aufgabenkreis der Historie, daß sie neben der Einzelforschung nach dem jeweiligen Stande ihres Vermögens immer schon Versuche macht, in Geschichtsschreibung ein Bild des Ganzen und Wesenhaften zu entwerfen. Dergleichen Versuche liegen auch über die nationalsozialistische Zeit schon vor[11].

Noch weniger als die Wissenschaft vermag der Geschichtsunterricht ohne solchen Überblick auf das Ganze und Wesentliche auszukommen. Ohne ein gewisses Maß von Zusammenschau und Sinnzusammenhang verlöre er sich völlig im Relativen und könnte seiner – ebensosehr auf das Verstehen wie auf das Wissen abzielenden – Bildungsaufgabe nicht gerecht werden. Ganzheit in diesem Sinne ist allerdings nicht identisch mit völliger Eindeutigkeit in ethisch-moralischer Hinsicht. In der Geschichte wie in allem Leben gibt es weder bloß schwarz noch bloß weiß. Das historisch Schlechte und Falsche manifestiert sich nicht in jedem einzelnen Akt und jeder Erscheinungsform als schlecht und falsch, es hat mancherlei Bezüge zu gut und richtig. Die leitenden Figuren des Nationalsozialismus und die Wirklichkeit des Dritten Reiches müssen darum aus der Vielfalt ihrer Schattierungen heraus begriffen werden. Wie wenig ist doch damit gewonnen, Hitler als Wahnsinnigen oder als Dämon zu charakterisieren! Auf diese Weise werden nur Umschreibungen für Nichtbegreifbares geliefert. Sehr viel einsichtsfördernder wäre es dagegen, und dies kann auch im Unterricht geschehen, an Hand von Hitlers Tischgesprächen unmittelbar an Wesensmerkmale Hitlers heranzuführen. Diese Tischreden, die Hitler 1941/42 auf der Höhe seiner Macht vor einem kleinen Kreis Auserwählter im Führerhauptquartier hielt, stellen – trotz der lauten Kritik an ihrer Veröffentlichung – fraglos eine der besten Quellen dar, um dem ungeschminkten Wesen Hitlers nahezukommen. Wie naiv ist doch die „Überraschung" derjenigen, die in diesen Tischreden wahrnehmen, daß Hitler durchaus nicht immer brutal war, sondern mitunter ganz vernünftige Ansichten äußerte und sich bisweilen gar „friedfertig" nach den Bayreuther Musen sehnte. Wie abwegig ist es, daraus „Bedenken" gegen eine Veröffentlichung der „Tischgespräche" abzuleiten. Kommt es doch gerade darauf an, auch im scheinbar Harmlosen das Wesen dieses Menschen zu ergründen. Gerade dabei aber helfen die „Tischreden": schon die monologische Form der Rede enthüllt den Theatraliker, den ichbezogenen und kontaktarmen Menschen, den Eiferer und Fanatiker. Hinter dem Feuerwerk von Einfällen, mit dem Hitler seine Zuhörer blendet, dem sprunghaften Übergehen vom Wichtigsten zum Banalen, dem gleichartigen Zynismus, selbst in der Charakterisierung von

[11] Als ein anerkannt gelungenes Beispiel kann das nur 200 Seiten starke Werk von Hermann Mau und Helmut Krausnick mit dem Titel „Deutsche Geschichte der jüngsten Vergangenheit" (Stuttgart 1956) gelten.

alten Gefährten und Theorien der nationalsozialistischen Weltanschauung, wird die Richtungslosigkeit dieses Denkens, seine Diskontinuität, die erschreckende Beliebigkeit und Auswechselbarkeit der jeweiligen Gesprächsinhalte und Themen sichtbar, gänzliches Fehlen von Maß, Differenzierung und geistiger Diszipliniertheit. Hitler offenbart sich als der typische Halbgebildete, der mit allem jongliert, weil ihm nichts als der eigene Wille etwas bedeutet, den an Theorien und Meinungen nie eigentlich der Inhalt und seine Richtigkeit interessiert, sondern lediglich ihre Brauchbarkeit für irgendwelche Zwekke. Hitlers technische Versiertheit, seine Instinktsicherheit in Fragen der Macht gründen in diesem ständigen Kreisen um das Zweckhafte. Denn Macht und Erfolg sind das einzige, was für ihn zählt. – Es ist meines Erachtens durchaus möglich, durch die Lektüre von Hitlers Tischgesprächen im Geschichtsunterricht Schüler selbst zu dergleichen Erkenntnissen gelangen zu lassen, die hier nur angedeutet sind. In ihnen liegt aber schon eine sehr wesentliche Einsicht in das Phänomen Hitler und Nationalsozialismus beschlossen.

Ein anderer Weg der Erkenntnis, welcher die vielerlei Nuancen und selbst das Positive im Nationalsozialismus nicht übersieht und doch den Durchblick durch das Ganze freihält, könnte z. B. in einer vergleichenden Betrachtung einzelner Lebensgebiete des Dritten Reiches liegen. Nehmen wir als Beispiele die nationalsozialistische Rechts-, Kultur- und Sozialordnung.

Bei den ersteren beiden fällt das Überwiegende des bloß Negativen, die Vergewaltigung durch den totalen Staat sehr rasch ins Auge.

Mögen hier und da auch einige diskutable Ansätze vorhanden gewesen sein, z. B. auf dem Gebiet des Rechtswesens anstelle individualistisch-liberaler Strafrechtsnormen sozialen Rechtsbegriffen zum Durchbruch zu verhelfen – sie wurden doch fast sämtlich verfälscht, indem sogenanntes Volksempfinden Vorspanndienste für politische Justiz leisten mußte. Man denke nur an folgende nationalsozialistische Neuerungen auf dem Gebiet des Rechtswesens in den ersten Jahren nach 1933:

die Schaffung von Sondergerichten mit Schnellverfahren durch Verordnung vom 21. März 1933; die Einrichtung des Volksgerichtshofes am 24. April 1934; Verschärfung der Strafbestimmungen gegen Hoch- und Landesverrat (April 1934); Änderungen der Strafprozeßordnung mit der Außerkraftsetzung des rechtsstaatlichen Grundsatzes „nulla poena sine lege“ vom 20. Juni 1935; Abschaffung richterlicher Kontrolle bei Haussuchungen, Verhaftungen, Beschlagnahme (Ges. über Gestapo vom 16. Februar 1936). Bei solchen Einzelverordnungen hatte es aber nicht sein Bewenden. Vielmehr wurde die

richterliche Unabhängigkeit, das Herzstück rechtsstaatlicher Ordnung, selbst beseitigt. Darauf liefen unter anderem die von Hans Frank, dem nationalsozialistischen Präsidenten der Akademie für Deutsches Recht, am 14. Januar 1936 verkündeten Leitsätze über „Die Stellung des Richters im nationalsozialistischen Staat" hinaus, in welchen es heißt:
„Grundlage der Auslegung aller Rechtsquellen ist die nationalsozialistische Weltanschauung, wie sie insbesondere in dem Parteiprogramm und den Äußerungen unseres Führers ihren Ausdruck findet."

Hemmungsloser Kasuistik war damit Tor und Tür geöffnet. Sie erlaubte es z.B., jahrelang unter Berufung auf die Verordnung zum Schutz von Volk und Staat vom 28. Februar 1933 gegen alle möglichen Arten von politischen Gegnern vorzugehen. – Nachdem so die Substanz des Rechtsstaates getroffen war, können periphere positive Neuerungen das Urteil über die nationalsozialistische Rechtsordnung nicht mehr nennenswert modifizieren.

Für den Bereich der nationalsozialistischen Kulturpolitik fällt die Analyse nicht günstiger, eher noch negativer aus. Zentralisierung und Reglementierung von Kunst, Literatur und Bildungswesen nach propagandistisch-weltanschaulichen Bedürfnissen schufen in Kürze eine Atmosphäre, die im Innersten kultur- und bildungsfeindlich war. Künstler und Schriftsteller gingen entweder in die äußere oder innere Emigration, und wo sie sich in den Dienst der neuen Sache stellten, hörte ihre Kunst fast überall auf, Kunst zu sein. Lediglich die reproduktiven Künste im Bereich der Musik, des Theaters und Films (Dirigenten, Orchester, Schauspieler, Regisseure) konnten sich zum Teil halten, weil sie ohne direktes Bekenntnis auskamen. Der kulturelle Verfall war deshalb auch zu Zeiten scheinbarer Blüte des Dritten Reiches das eindeutigste und international sichtbarste Symptom für den inneren Niedergang Deutschlands. Dieser Sachverhalt ist zu evident, als daß einzelne Beispiele genannt werden müßten.

Doch wie stand es auf sozialpolitischem Feld? Sind nicht hier wenigstens unverkennbare Verdienste und positive Neuerungen des Nationalsozialismus zu bemerken?

In der Verschmelzung des Nationalen und Sozialen, die dem nationalsozialistischen Gedanken der Volksgemeinschaft zugrunde lag, haben wir es ohne Frage mit einer der großen Zeitideen des 20. Jahrhunderts zu tun. Bekanntlich hat sie schon in der Wilhelminischen Ära bei Friedrich Naumann ihre Ausprägung gefunden und damals viele der politisch wachsten Geister in ihren Bann gezogen. Weltkrieg, russische Revolution und Weimarer Republik verschärften und veränderten die Problemstellung jedoch. Die deutsche Sozialdemokratie bewies ihre Abkehr vom Dogmatismus internationaler Klassenkampftheorie und wuchs als sozialreformerische Partei in den demokratisch umgebildeten nationalen Staat hinein, der, ohne sozialistisch zu sein, doch mit der Novemberrevolution den sozialen Forderungen von SPD und Gewerkschaften einige kräftige Schritte entgegenkam. So ließ sich hoffen, im republikanischen Volksstaat einen, freilich nur allmählichen, Ausgleich zwischen national und sozial zu finden. Friedrich Naumann und seine Anhänger sind deshalb 1918 bezeichnenderweise zu den politischen Kräften gestoßen, welche die Weimarer Republik rückhaltlos bejahten. Demgegenüber begann das Programm „nationalistisch und sozialistisch" nach 1918 zur Devise derjenigen zu werden, die ohne Kompromiß eine Radikallösung auf revolutionärem Wege erstrebten. Seitdem haftete der Idee des nationalen Sozialismus in Deutschland in starkem Maße etwas Chiliastisch-Illusionäres und gleichzeitig Gewaltsames an. Sie wurde zur Wunderdroge gegen Versailles und den Kapitalismus. Die NSDAP war nur eine unter vielen Gruppen, die das wirksame Wort aufnahmen. Immerhin wurde diese Idee auch für geistig führende Köpfe (Spengler, Moeller v. d. Bruck und viele andere) zum Anlaß großangelegter Zukunftsentwürfe und rückhaltloser Ablehnung des Weimarer Staates, der weder imstande war, das ersehnte Gefühl nationaler Größe zu geben, noch fähig, die für notwendig gehaltene revolutionierende Umformung der Gesellschaft durchzuführen. Für Hitler war das nationalsozialistische Programm jedoch sehr bald nur noch Aushängeschild. Schon 1930 trennten sich mit den Gebrüdern Strasser viele derjenigen Anhänger von ihm, die es mit dem sozialistischen Gedankengut der NSDAP ernst meinten. Hitler suchte und fand Anschluß beim Großkapital und der Industrie, und dieses Bündnis, das in der Harzburger Front mit Hugenbergs Deutschnationaler Partei sinnfällig wurde, hielt im Grunde auch während des Dritten Reiches an: der Nationalsozialismus schaltet zwar die Gewerkschaften aus, greift aber das private Großkapital und die private Großindustrie ebensowenig an wie den Großgrundbesitz. Dennoch gelingt es ihm unbestreitbar, eine soziale Entspannung herbeizuführen. Wie geschieht das? Zunächst einmal durch die enorme Ankurbelung der Wirtschaft auf Staatskosten, nicht zuletzt der Rüstungsindustrie, die zur Vollbeschäftigung führt. Ferner dadurch, daß durch DAF, NSV, KdF, WHW, das Hilfswerk „Mutter und Kind" usw. materiell sehr großzügig soziale Not behoben und billige Freizeitvergnügungen geschaffen werden. Solche unzweifelhaften äußeren Vorteile lassen zahlreiche Arbeiter vergessen, daß ihnen die Freiheiten des Koalitionsrechtes, des Streiks und der betrieblichen Mitbestimmung genommen sind. Obwohl die sozialen Gegensätze in der Realität fortbestehen, wird doch durch das eilfertige Sich-Bemühen des Dritten Reiches um den Arbeiter, durch Begabtenförderung, die Umprägung des Wortes Arbeiter zum Ehrenbegriff des ganzen Volkes die Arbeiterklasse materiell und ideell mit Erfolg befriedigt, wenn auch keineswegs im Sinne sozialistischer Tradition. Die Konfliktsituation Arbeiter – Unternehmer wird entschärft, indem der nationalsozialistische Staat dem Arbeiter von Staats wegen alle möglichen Wege ebnet. – Ähnlich geschieht es mit den anderen Ständen. Die Schaffung von Bauernstellen auf ländlichem Staatsbesitz (etwa in Ostpreußen), die staatliche Förderung der sogenannten Erbhöfe durch das Reichserbhofgesetz und anderes mehr gewinnt die Klein- und Mittelbauern für den neuen Staat, ohne daß dem Großgrundbesitz Abbruch getan wird. Die trotz alledem materiell wie funktionell inferiore Stellung des Bauerntums gegenüber der städtisch-industriellen Bevölkerung wird verschleiert, indem ihm mit dem Begriff des Reichsnährstandes und dem ganzen Aufgebot von parteiamtlicher Blut-und-Boden-Ideologie ein besonderer Berufsstolz eingeimpft wird. Auch hier versteht die nationalsozialistische Führung ohne generelle Bodenreform oder andere revolutionäre Umwandlungen der Besitzverhältnisse soziale Konflikte zu entschärfen, teils durch staatliche Geschenke, teils durch ideologische Gunstbezeugungen.

Dadurch, daß sämtliche freien Berufsvereinigungen, von den Gewerkschaften bis zur Studentenschaft, der Partei eingegliedert und damit letztlich verstaatlicht werden, ist die Möglichkeit freien Austrags sozialer Gegensätze ebenso wie freier berufsständischer Vertretung in der Öffentlichkeit unterbunden. Um diese Freiheitsbeschränkung wettzumachen, wird vom Staate zu jeder Berufsgruppe eine innere und äußere Bindung hergestellt, die aus Begabtenauslese, materiellen Zuschüssen, Gewährung von Aufstiegschancen über die NS-Berufsvereinigung und aus weltanschaulicher Verbrämung besteht und subjektiv tatsächlich weitgehend als Aufhebung sozialer Isolierung, als Lösung sozialer Gegensätze und als eine Art neuer sozialer Volksgemeinschaft empfunden wurde. Dieser Anschein wurde verstärkt durch psychologisch geschickt kalkulierte Einrichtungen wie die des Eintopfsonntags, der Pfundsammlung und anderes mehr, die das Gefühl unmittelbarer gegenseitiger Opferbereitschaft verliehen, ohne daß man das Opfer als große materielle Last empfand. – Es ist gar nicht zu bezweifeln, daß in dieser ganzen Sozialarbeit des Nationalsozialismus eine Menge ehrlicher Hilfe geleistet und auch zu einem durchaus anerkennenswerten Gefühl der Solidarität und Gemeinschaft hinerzogen worden ist. Manche Einzeleinrichtung und Einzelbestimmung staatlicher Förderung und staatlicher Wohlfahrtspflege, die dabei entwickelt wurde, ist der Beachtung wert und kann zumindest nicht ohne weiteres verworfen werden[12]. Die Frage ist jedoch, ob dergleichen positive Ansätze die Substanz nationalsozialistischer Politik ausmachten oder ob es sich bei ihnen nur um akzidentielle Erscheinungen handelte. Welche Funktion kam ihnen im Ganzen des Systems zu? Man kommt bei der Beantwortung dieser Frage nicht um die Erkenntnis herum, daß all die sozialen Einrichtungen doch am Ende dazu dienten, den Menschen auch im Beruf und als Angehörigen einer gesellschaftlichen Gruppe für den totalen Staat und seine Machtergreifung verfügbar zu machen. Das Kehrbild der scheinbaren Volksgemeinschaft ist die totale Gleichschaltung und der totale Kräfteeinsatz. Ihr auf die Dauer verheerendstes Ergebnis haben die vom nationalsozialistischen Staat und der Partei gebotenen Chancen für den einzelnen dadurch gehabt, daß sie zu einer allgemeinen Korrumpierung des Gewissens führten. Denn Aufstieg und Förderung des einzelnen, selbst wenn sie wirklich nach dem Leistungsprinzip erfolgten, verstärkten die Abhängigkeit von den Parteiinstanzen und mußten bis zu einem gewissen Grade mit scheinbaren, oft wirklichen Konzessionen des freien Gewissens an die Weltanschauung und die Intention des Nationalsozialismus abgegolten werden. Vielerlei winkende materielle Vorteile und Karrieremöglichkeiten begünstigten die Anpassung an das System allgemeiner Reglementierung und zerstörten dabei vielfach sogar das Bedürfnis nach Freiheit und Selbständigkeit der Entscheidung, machten unempfindlich gegen ihren Mangel und deshalb auch rückgratlos in solchen Momenten, wo der Staat offenes Unrecht oder Mithilfe dazu forderte

Ich habe dieses Beispiel so relativ ausführlich behandelt, weil mir hier eine ganz wesentliche Erscheinung des Dritten Reiches angerührt zu sein scheint: nämlich die universale Pervertierung und Entwertung auch solcher Ideen, Impulse und Einrichtungen, die an sich begrüßenswert und nützlich erscheinen, im Element des totalen Machtstaates. Man könnte gleiches wie für den Bereich der Sozial-

[12] So scheint es z. B. durchaus erwägenswert, ob die in der Masse der Bevölkerung vorhandene Bereitschaft zum materiellen Opfer, an die von der nationalsozialistischen Führung mit solchem Erfolg appelliert wurde, nicht verdiente, auch vom demokratischen Staat und nicht nur von karitativen Organisationen angesprochen zu werden. Mögen staatlich gelenkte Hilfsaufrufe und Sammlungen infolge des wegen seiner Massenwirksamkeit kaum vermeidbaren Beiklangs sentimental-sensationeller Werbung für sensible Gemüter auch nicht gerade sehr anziehend sein, so ergibt sich doch daraus außer dem Resultat materieller Hilfe eine nicht zu unterschätzende staatsintegrierende Wirkung auf die Bevölkerung, die endlich einmal das Gefühl spontaner gemeinsamer Aktion erhält.

ordnung auch auf sehr vielen anderen Gebieten nationalsozialistischer Politik feststellen, etwa auf dem der Außenpolitik. Für sich betrachtet, sind der Anschluß Österreichs, die Rückkehr des Memelgebietes und selbst die Angliederung des Sudetengebietes triumphale nationale Erfolge Hitlers, denn sie verwirklichten nur alte Ziele deutscher Politik und beseitigten manches unzweifelhafte Unrecht, das Versailles geschaffen hatte. Und dennoch konnte der kritische Zeitgenosse schon damals dieser Erfolge nicht froh werden, und noch weniger vermag der rückschauende Historiker, der das Ganze übersieht, hier von Erfolgen zu sprechen. Denn die „Heimkehr" deutschbewohnter Gebiete ins Reich bedeutete Angliederung an einen Staat des Unrechts, wodurch der äußere Erfolg von innen her entwertet wurde. Dazu kam, daß Hitlers bedenkenlose Risiko-Politik, der er seinen außenpolitischen Triumph vor allem verdankte, jede Sorge um die Erhaltung europäischen Friedens und damit letztlich auch jedes echte nationale Verantwortungsgefühl vermissen ließ. Vor allem aber enthüllten sich im historischen Rückblick die außenpolitischen Erfolge, die bis zum Jahre 1938 noch mit Gründen nationaler Gerechtigkeit und Selbstbestimmung motiviert werden konnten, nur als erste Etappe auf dem Wege zu schonungsloser imperialistischer Politik, die das einst heiliggehaltene Prinzip der nationalstaatlichen Ordnung bald völlig durchbrach. – Ein weiteres Beispiel dafür, wie im Bereich des nach immer größerer Macht strebenden NS-Staates positive Werte und Ideale verfälscht wurden, bildet das Kapitel der nationalsozialistischen Volkstumspolitik. Die vom Nationalsozialismus propagandistisch so betonte großzügige Pflege und Unterstützung auslandsdeutschen Volkstums diente am Ende fast überall nur als Vorwand, um die Volksdeutschen im Ausland als Arbeitskräfte, politische Mittelsmänner und als Waffen-SS-Ersatz zu gebrauchen, d.h., es ging auch hierbei in erster Linie darum, Macht und Potential des Dritten Reiches zu verstärken. Im Zusammenhang mit der Ansiedlung von volksdeutschen Umsiedlern in den besetzten polnischen Gebieten hat Himmler in einem Geheimerlaß ganz unumwunden erklärt, die volkstumsmäßige Besonderheit von Bessarabiendeutschen, Balten- und Wolhyniendeutschen sei ein geradezu störendes Element. Alle diese Volksdeutschen müßten zu einer Einheit zusammengeschweißt werden und alles landsmannschaftliche Sonderbewußtsein verlieren, weil sie nur so hundertprozentige Mitglieder der deutschen Volksgemeinschaft sein könnten.

So zieht sich durch alle Lebensgebiete des Dritten Reiches diese im Grunde immer gleiche Erscheinung hindurch: die Degradierung jeglicher Eigenwerte zum Mittel bloßer Macht. In ihr haben wir es mit einem Phänomen zu tun, das wie kaum ein anderes zum innersten Wesen des Nationalsozialismus gehört und von dem her Einzelerscheinungen nationalsozialistischer Politik erst im rechten Licht erscheinen. Mit aller Behutsamkeit hergestellt und ohne die nuancenreichen Einzelheiten zu übergehen, haben solcherlei Durchblikke durch das Ganze, wie sie sich von irgendeiner Ecke der Wirklichkeit des Dritten Reiches, von einem Dokument oder bestimmten Ereignis her bieten, im zeitgeschichtlichen Unterricht eine meines Erachtens wesentliche Bedeutung, weil sie allein zum Verstehen zu führen vermögen.

IV.

Nur kurz sei auf das oben angedeutete Problem der Kontinuität eingegangen, das neben dem des Ganzheitsbildes in der Behandlung der nationalsozialistischen Zeit im Geschichtsunterricht vielleicht am problematischsten ist. Bei der Frage des nationalen Sozialismus und bei den Bemerkungen über Hitlers Außenpolitik wurde das Moment der Kontinuität ja schon berührt. Es ergab sich dabei, daß der Nationalsozialismus Ideale und politische Ziele aus früherer Zeit übernahm und scheinbar nur konsequent und mit Erfolg fortsetzte. Dieser Anschein war es nicht zuletzt, der ihm so viele Sympathien eintrug und selbst Zweifler und Kritiker verstummen ließ. Tatsächlich verstand es der Nationalsozialismus von Anfang an, sich mit großer Geschicklichkeit als Fortsetzung bestimmter achtbarer Traditionen auszugeben. Der Staatsakt in der Garnisonskirche von Potsdam (21. März 1933), wo Hitler am Grabe Friedrichs des Großen in bescheiden-ehrfürchtiger Haltung sich vor dem greisen Feldmarschall Hindenburg verneigte, war eine der gelungensten Camouflagen dieser Art, durch welche die nationalsozialistische Führung des Dritten Reiches ein die Massen ergreifendes Sinnbild der Wiederbelebung preußischer Ideale in Umlauf setzte. Es ist mittlerweile schon von sehr vielen Seiten her klargestellt worden, wie wenig der Nationalsozialismus mit Preußentum zu tun hatte. Selbst Oswald Sprengler, der mit seiner Schrift „Preußentum und Sozialismus" 1919 Formeln geprägt hatte, die ihn in vieler Hinsicht als geistiger Wegbereiter des Nationalsozialismus erscheinen lassen, wandte sich erschrocken ab, als er 1933 den Nationalsozialismus mit dem Ausspruch auftreten sah, Erbe und Vollender des Preußentums zu sein. – Und doch bleibt das Problem des Verhältnisses von Nationalsozialismus und bestimmten Überlieferungen des Preußentums bestehen.

Wenn irgendwo, so müßte sich an der nationalsozialistischen Staatsordnung zeigen lassen, ob im Dritten Reich preußische Vorstellungen wirksam wurden. Tatsächlich scheint der nationalsozialistische Begriff vom „Ordnungsstaat" hierauf hinzudeuten. Doch wie war es tatsächlich mit der Organisation der Machtausübung und -verwaltung im Dritten Reich bestellt? Das Wort vom totalen Staat mag dem Mißverständnis Vorschub leisten, als habe es sich um einen zu äußerster Perfektion gediehenen Staatsmechanismus von strengster Hierarchie, größter Systematik und monolithischer Kompaktheit gehandelt. Demgegenüber bestätigen jedoch zahlreiche Aussagen und Einzeluntersuchungen, die Einblick in das Triebwerk der Macht im Dritten Reich gewähren, daß durchaus nicht immer Systematik und Regelhaftigkeit, sondern im Gegenteil Improvisation und Kompetenzverwirrung die innere Staatswirklichkeit Deutschlands in nationalsozialistischer Zeit weitgehend bestimmten und später während des Krieges fast chaotische Dimensionen annahmen. Die Zweiheit von Partei und Staat und die durch Hitlers alleiniges Führertum verursachte Günstlingswirtschaft führten neben anderem zur fortgesetzten Aushöhlung staatlicher Institutionen. An die Stelle einer auf dauerhafte Ordnung gerichteten institutionellen Verankerung der Staatsmacht trat die Übertragung der Macht an wechselnde Personen und Parteigliederungen. Ein sinnfälliges Beispiel hierfür ist die Ämterhäufung Himmlers und die Schaffung SS-eigener Behörden für die verschiedensten staatlichen Belange (Vomi, RKfdFdtV, RSHA, RuSHA usw.). Daneben spielte das Prinzip der Ad-hoc-Kompetenzverleihung eine wesentliche Rolle, das unter anderem an der großen Zahl von Sonderbeauftragten Hitlers erkennbar ist. Solange Hitler kraft seiner Führerbefehle das verwirrende Nebeneinander von Kompetenzen immer wieder zu integrieren vermochte, funktionierte dieses System trotz allem erstaunlich gut. Ja, die selbstherrlichen Eingriffe Hitlers in den Staatsapparat geschahen ja gerade, um ihm „für den jeweils gewünschten Zweck den höchsten Wirkungsgrad zu geben"[13]. Gerade dadurch wurde jedoch der Staat als solcher, sein unabhängig von den jeweils bestimmenden Personen und Zwecken auf der Funktionsfähigkeit staatlicher Behörden beruhendes Ordnungsprinzip bis in die Grundfesten zerstört. Es entstand ein sich je und je verändernder, nicht einmal auf die Machtstellung der Partei,

[13] So H. Mau in einem Vortrag über den „Nationalsozialismus als Forschungsaufgabe" vor dem Polit. Akadem. Klub in München am 12. März 1952.

sondern ganz auf die Person Hitlers und seine jeweiligen Entscheidungen und augenblicklich eintretende Notwendigkeiten zugeschnittener Verfassungszustand. Nur dadurch, daß Hitlers Ende mit dem des Dritten Reiches zusammenfiel, konnte dieser Sachverhalt bis zum Schluß verborgen bleiben. – Es ist evident, daß all dies gänzliche Unvereinbarkeit mit preußischen Staatsbegriffen bedeutet und als weiterer Beweis gelten könnte, wie wenig die angebliche Erneuerung preußischen Erbes mit der Wahrheit zu tun hatte.

Indessen, die Staatswirklichkeit des Dritten Reiches hat auch noch einen anderen Aspekt. Das bisher Gesagte gilt vor allem für den innersten Bezirk der Staatsmacht und die entscheidenden Gelenke in seinem Mechanismus. Auf das weitere Feld der mittleren und unteren Instanzen der Verwaltung, selbst vieler Parteibehörden, wirkte sich die an den Spitzen herrschende institutionelle Verwirrung nur in verdünnter Form, wenn überhaupt, aus. Vorherrschend blieb hier die staatlich-institutionelle Normalität. Der Pflichteifer des Beamtentums, seine Bindung an die Sache wurden durch das Eindringen eines zahlenmäßig gering bleibenden reinen Parteibonzentums nicht in der Substanz berührt, ja die im Nationalsozialismus zum Extrem getriebene Betonung der Begriffe Pflicht und Treue sowie ihre im Beamteneid auf den Führer vorgenommene charismatische Überhöhung trugen nicht unwesentlich dazu bei, die Straffheit des Beamtentums, die unbedingte Geltung von Disziplin, Unterordnung, Exaktheit zu steigern. Im Ordensbegriff der SS, der für zahlreiche SS-Männer zweifellos eine starke innere Verbindlichkeit gewann und aus der SS ein für alle Zwecke stets verwendbares Instrument machte, fanden altpreußische Begriffe des Beamtentums ihre äußerste Zuspitzung. Hier ist also fraglos Kontinuität, wenn auch in der Form entstellender Einseitigkeit, vorhanden. – Das Element des Preußischen im Nationalsozialismus hat seine positive ebenso wie seine negative Auswirkung gehabt. Sachgerechtheit und Sachverstand zahlreicher Beamter und Parteiführer haben manche ideologische Verranntheit bremsen und neutralisieren und so auch Härten mildern und Unmenschlichkeiten verhindern können. Diese selbe Sachbezogenheit hat aber dort, wo sie nicht mit eigener Einsicht gepaart, sondern zur entseelten Sachlichkeit des Bürokraten entstellt war, dem Nationalsozialismus erst seine volle Durchschlagskraft gegeben, hat die Degradierung des Menschen zum Material gefördert und alle Sinn- und Ordnungsprobleme auf die Frage technischer Lösbarkeit und Beherrschbarkeit reduziert.

Erst diese beiden Seiten der Staatsordnung des Dritten Reiches – einerseits Byzantinismus der Ämtervergabe und Zersetzung des institutionellen Charakters des Staates, andererseits extreme Verabsolutierung preußischer Disziplin mit einem gänzlich versachlichten Treue- und Pflichtbegriff – machen die ganze Wirklichkeit des NS-Staates aus. Zugespitzte Fortführung preußischer Leitideen und völlige Gegensätzlichkeit zu allem Preußischen finden sich dabei in seltsamer Verschränkung miteinander und lassen erkennen, daß der Nationalsozialismus nicht ohne bestimmte, aus der deutschen Geschichte erwachsene Elemente zu erklären ist, aber ebensowenig nur kontinuierliche Fortsetzung von Werten und Potenzen der deutschen Geschichte darstellt, sondern zugleich Hereinbruch eines Neuen, bisher nicht Dagewesenen.

V.

Das führt uns an die als zweites Hauptanliegen der Zeitgeschichte charakterisierte Bildungsaufgabe heran, die darin besteht, *im Nationalsozialismus wie in anderen geschichtsmächtig gewordenen Potenzen unserer Epoche (etwa dem Marxismus und Bolschewismus) Strukturmerkmale, aktuelle Gefahren und Möglichkeiten unserer Gegenwart zu enthüllen.* Bei diesem ganz jenseits von nationaler Apologie und Anklage liegenden, wegen seiner pädagogischen Bedeutung aber gerade so zentralen Bemühen ist ein möglichst tieflotendes Verständnis um so notwendiger, weil nur dadurch jene innere Heilung erzielt werden kann, die sich auf dem Wege phraseologischer Umerziehung nicht erreichen läßt. – An mancherlei Erscheinungen des Nationalsozialismus läßt sich begreiflich machen, daß zeitgeschichtliches Verstehen unmittelbar an uns bedrängende Gegenwartsprobleme heranführt. Als Beispiel diene der Komplex, der mit dem Wort Propaganda bezeichnet wird, damit aber nur sehr unzulänglich erfaßt ist. Gemeint ist jene Überlagerung und Vernebelung des tatsächlichen Geschehens durch eine für wahr gehaltene illusionäre Scheinwirklichkeit, die im Umkreis des Nationalsozialismus in Deutschland entstand. Es handelt sich hierbei nicht mehr um ein Zurechtstutzen der Wirklichkeit, sondern schlechthin um ein Überdecken des Wirklichen, um die Schaffung einer unabhängig vom Tatsächlichen existierenden Vorstellungs- und Erlebniswirklichkeit. Jenseits der Realität und ihrer Erkenntnis entstand eine durch modernste technische Massensuggestivmittel und uniforme Sprachregelung erzeugte Gewißheit des Gefühls, des Glaubens und Urteilens, gegen welche die rationale Überzeugungskraft von Fakten kaum noch etwas auszurichten vermochte. Wer die Zeit des Kriegsendes im vollen Bewußtsein miterlebt hat, weiß, daß eine Vielzahl von Deutschen noch in so später Zeit der Möglichkeit der Niederlage absolut fassungslos gegenüberstand, und zwar gar nicht in erster Linie wegen der damit zu befürchtenden Konsequenzen. Nein: Niederlage erschien einfach als etwas Unwirkliches, Nicht-Mögliches. Sie hatte keinen Platz im Gefüge der bisherigen Gewißheiten, sie konnte nicht sein, weil sonst ja alles nicht mehr stimmte. – Die Erlebniswirklichkeit wehrte sich gegen die mit ihr nicht übereinstimmende objektive Realität. Diese sinnverwirrende Erscheinung eines in die eigene Vorstellungswelt eingekapselten und sich in ihr krampfhaft verschließenden Bewußtseins läßt sich an zahlreichen Verhaltensweisen aus nationalsozialistischer Zeit erkennen und macht sie vielfach überhaupt erst verstehbar. Wie so etwas im einzelnen vor sich ging, verdeutlicht schon das Ergebnis der Machtübernahme durch Hitler am 30. Januar 1933. Hitler war zum Kanzler einer Koalitionsregierung ernannt worden, in der die Nationalsozialisten noch nicht einmal die Mehrheit besaßen. Dieser Tag bedeutete zunächst lediglich für die NSDAP einen Erfolg. An der Lage des deutschen Volkes und seinen schwierigen politischen und wirtschaftlich-sozialen Problemen änderte er vorerst nichts, vielmehr mußte sich jetzt erst zeigen, wie es um die Erfüllung der großartigen Versprechungen stand, die Hitler, die führenden Parteiredner und die nationalsozialistische Presse seit Jahren gemacht hatten. Nüchternheit und skeptisches Abwarten wäre demnach selbst für diejenigen angebracht gewesen, die zu den Wählern und Anhängern der NSDAP zählten.

Nun ist es jedoch überaus charakteristisch, daß statt dessen sofort schwärmerischer Enthusiasmus die Oberhand gewinnt. Es gelingt Hitler und Goebbels unter Ausnutzung der seit langem bestehenden einseitigen Ausdeutung des Wortes „national", den Tag des 30. Januar sofort zum nationalen Erfolg umzustilisieren. Mit seinem ersten Erlaß (vom 1. Februar 1933) gibt Hitler das Stichwort der „nationalen Erhebung" aus, das fortan zum Denkklischee werden sollte. Zwar vermochte niemand schlüssig zu sagen, was den Regierungswechsel eigentlich zu einer *nationalen* Erhebung gemacht habe, denn weder wurde eine Bestimmung des Versailler Vertrages mit dem 30. Januar 1933 gelockert noch den wirtschaftlichen Nöten abgeholfen. Dennoch wurde diesem Tag durch Massen-Umzüge und Feiern bis in das kleinste Dorf und durch ein Riesenaufgebot von Wort, Schrift und Bild das Gepräge eines triumphalen nationalen Festtages gegeben. Das Wort von der nationalen Erhebung, das zunächst nur Phrase und ein sachliches Nihil war, gedieh in diesem Element der Stimmung und Feier zur tatsächlichen Erlebniswirklichkeit, die anstekkend wirkte und bald auch Zweifler erfaßte. Durch bloße Propaganda war es Hitler gelungen, aus der Machtübernahme seiner Partei einen von großen Teilen des Volkes innerlich erlebten nationalen Erfolg zu machen. Dies meinte ich, wenn ich sagte, der NS schafft jenseits der Realität eigene Wirklichkeit. – Der Begriff der Propaganda reicht allerdings zur Charakterisierung dieses Phänomens nicht aus. Denn es handelt sich hier nicht mehr nur um ein ausgeklügeltes System bewußter Irreleitung. Auch die NS-Propagandisten selbst waren, zumindest partiell, Gläubige und somit auch Gefangene der von ihnen erzeugten Scheinwirklichkeit. Und umgekehrt verhielten sich auch die Massen nicht gänzlich passiv. Große Teile der deutschen Bevölkerung hatten sich schon in der Weimarer Zeit daran gewöhnt, fern vom real Möglichen und Wirklichen, an idealen Wunschbildern und sentimentalen Vorstellungen, in denen Vergangenheit und Zukunft zusammenflossen, ihre politischen Urteile und Maßstäbe zu bilden. Mit ihren unerfüllten Sehnsüchten waren sie ihre eigenen Propagandisten, und nachdem Hitler und Goebbels ihnen in massierter Artikulation der Propaganda präsentierten, was sie so ähnlich selbst oft geträumt und gedacht hatten, ergriffen sie leidenschaftlich die ihnen dargebotene Verheißung. Sie erschien ihnen als Erfüllung und Wahrheit nach so viel Mißvergnügen an den Halbheiten der bisherigen Weimarer Politik. – Wenn auch das Gewicht gelenkter Sprachregelung und uniformierter Massenbeeinflussung bei diesem Prozeß der künstlichen Erzeugung einer illusionären Scheinwirklichkeit die entscheidende Rolle spielte, so ist doch nicht zu verkennen, daß hier ein Verhältnis der Wechselseitigkeit vorlag. Denn die Wirksamkeit der nationalsozialistischen Propaganda beruhte ja entscheidend darauf, daß sie sich der Argumente der Masse bediente, in Worten der Masse redete und die Gefühle und Triebe der Masse ansprach und steigerte. Vielleicht ist es für spätere Generationen kaum noch verständlich, daß das rauschhaft-sensationelle Erlebnis von Führerreden und nationalsozialistischen Großkundgebungen tatsächlich der Ort gewesen ist, in dem sich für einen enormen Teil des Volkes die politische Willens- und Urteilsbildung vollzog, ganz abgesehen davon, daß der gleiche Stil ja auch das ganze nationalsozialistische Schrifttum, von den Gedichtbänden und Geschichtsbüchern bis zu den Schulungsbriefen, durchzog. Überall trat ein auf das Heroische umstilisiertes Bild an die Stelle der realen Wirklichkeit. Das Gewicht solcher, den eigenen geheimen Wunschvorstellungen vortrefflich angepaßten und nach ihnen gemodelten Bilder verhinderte, daß die

Realität des Geschehens überhaupt noch unverzerrt ins Bewußtsein eintrat. Die phänomenale Kritiklosigkeit unter dem Dritten Reich, das Vorbeisehen an den keineswegs gänzlich verhüllten Unmenschlichkeiten der Judenpolitik und vieles andere findet von daher seine Erklärung. Doch wie war eine solche universelle Verirrung und Schizophrenie des Bewußtseins möglich? Bei dem Versuch der Beantwortung dieser Frage gerät man unweigerlich in Probleme hinein, die mit der Struktur unseres technisierten Massenzeitalters zusammenhängen. Da ist einmal das moderne Publikationswesen, das erst in den 20er Jahren seine volle Ausbildung erfuhr, als Film und Funk mit ihren wirksamen und manipulierbaren Mitteln der Suggestivwirkung neben die Presse traten. Es ist wohl kaum eine Übertreibung, zu sagen, daß die so nachhaltige Beeinflussung eines 70-Millionen-Volkes durch die Stimme eines einzigen Menschen (Hitlers) ohne den billigen Volksempfänger nicht möglich gewesen wäre. Die technische Vervollkommnung der sogenannten Organe der öffentlichen Meinungsbildung bedingte gleichzeitig Massenauflagen von Zeitungen und Massenprogramme von Funk und Film. Sie machte die Berieselung der Massen mit standardisierten Nachrichten, Urteilen und Meinungen erst möglich. Aber auch dort, wo kein totalitäres System die Kontrolle und Verfügungsgewalt über Presse und Funk besitzt, geraten Auswahl, Programm und die Art der Darbietung der Nachrichten, politischen Meinungen usw. bis zu einem gewissen Grade unter die Diktatur des Massengeschmacks und der Massenwünsche. Das musikalische Programm des Wunschkonzertes wird sozusagen typisch. Im Bereich der Presse hat es seine Entsprechung in den Boulevardblättern und Illustrierten mit Massenauflage.

Das Potpourrihafte der Aufmachung, der Appell an Gefühl, Gemüt und Sensationsbedürfnis, die zum Prinzip erhobene „Abwechslung“ sind hier wie dort die bestimmenden Momente. Selbst die seriösen Presseorgane, die bei der Vermittlung von Nachrichten und gutem Kommentar sich einer erzieherischen Aufgabe verpflichtet fühlen und Anleitung zum besseren Verstehen und zur eigenen Urteilsbildung geben wollen, müssen an den Massengeschmack gewisse Konzessionen machen, wenn sie sich halten wollen. Der einzelne Mensch steht der täglichen Flut von Zeitungs- und Radiomeldungen hilflos gegenüber. Selbst derjenige, der sich um selbständiges Urteil bemüht, bleibt nicht unangefochten, auch er muß vielfach Meinungen einfach übernehmen; ja die Frage scheint berechtigt, ob es eigene Meinung, die nicht als ganze oder in ihren Elementen übernommen ist, selbst unter Akademikern und Gebildeten überhaupt noch gibt und geben kann, mit Ausnahme derjenigen Gebiete, wo sie gerade Spezialisten sind. Die Anpassung an das, was *„man“* denkt, die konfektionierte Meinung ist, eine schier unausweichliche Grundtatsache unseres Zeitalters geworden, auch wenn dies vielfach gar nicht bewußt ist. Das Minderwertigkeitsgefühl des einzelnen gegenüber dem anonymen und kollektiven „Man“ ist unbestreitbar. Das Urteil des einzelnen, und sei es das beste, wird unsicher, wenn es allein steht. Man flüchtet lieber in ein rettendes Bekenntnis, das von vielen anderen geteilt wird. Man traut der eigenen Überzeugung nicht mehr, gerät in Gewissenskonflikte durch pure Vereinzelung. Noch viel krasser steht es bei der großen Zahl der geistig weniger Anspruchsvollen, über die sich die Massenfabrikation von Nachrichten und Meinungen ergießt. Das Angebot eines unerhörten Vielerlei aus nächsten und fernsten Bereichen der Welt zerstört bei ihnen jegliche Konzentrationsfähigkeit. Die Dinge der Außenwelt erscheinen in einem zusammenhanglosen Durcheinander. Aus der Schwierigkeit, die immer komplizierter und anonymer werdenden Zusammenhänge des Geschehens zu überblicken und zu beurteilen, entsteht der Verzicht auf prüfende Verarbeitung des einzelnen überhaupt. Entscheidend ist nicht mehr, was da vorbeizieht an Nachrichten und Meinungen, die Hauptsache wird, daß überhaupt etwas kommt, und je bunter und emotionsgeladener, um so besser. Der Schweizer Max Picard hat in seinem Buch „Hitler in uns selbst“ (Zürich 1946) eindringlich auf diesen Sachverhalt hingewiesen. Die Mentalität des Kinos, des Fußballplatzes und der Illustrierten sei es gewesen, welche zur Anfälligkeit für Phänomene wie Hitler geführt habe. „Nur in der Welt der totalen Diskontinuität konnte ein solches Nichts wie Hitler Führer werden.“ Lange vorher, schon im Jahre 1933, hat der geniale Wiener Kultur- und Sprachkritiker Karl Kraus in dem ihm als Erzübel der Epoche erscheinenden Journalismus eine entscheidende geistige Voraussetzung für den Nationalsozialismus erblickt. Im journalistischen Gebrauch der Sprache sah er ihre Degradierung zu einem bloß wirksamen Mittel (dem „Schlag“-Wort), womit die Sprache aufhörte, Sinngefüge und Ort der Wahrheit zu sein, sondern in den Dienst des Machens und der Macht geriet. Mit dem Nationalsozialismus, so schreibt Kraus in seiner „Dritten Walpurgisnacht“, habe sich „die Phrase beim Worte genommen“. Was vorher journalistische Parolen gewesen seien, habe sich umgesetzt in Aktionen der Politik, womit die Scheinhaftigkeit des Propagandaworts zur Schein*wirklichkeit* geworden sei.

Auch deutsche Historiker haben auf dergleichen Epochen-Hintergründe des Nationalsozialismus aufmerksam gemacht. So hat Fr. Meinecke z. B. das Phänomen des Massenmachiavellismus erläutert.

Während der Machiavellismus früherer Zeiten eine aristokratische Angelegenheit weniger geistig und politisch führender Köpfe war und infolgedessen bei aller Unmoral doch innerhalb der Grenzen geistiger Zucht verblieb, wurde er seit der Mitte des 19. Jahrhunderts mit der wachsenden Volksvermehrung und der zunehmenden Anteilnahme der Massen an der Politik zum ungezügelten Machiavellismus der politisch unwissenden oder halbwissenden Kleinbürger, die ohne Begriff von der Kunst der Politik und meilenweit entfernt von der geistigen Askese wahrer Staatsräson an großsprecherischer Bierbank-Strategie Geschmack fanden und, wie Meinecke schreibt, „sich sehr edel und groß vorkamen, oft rüden Volksegoismus mit der heißen Sorge für Leben und Existenz des eigenen Volkes zu rechtfertigen“[14]. – Zu den Voraussetzungen der Wirksamkeit nationalsozialistischer Propaganda wäre noch sehr viel mehr zu sagen. Man denke nur an das ihr zugrunde liegende Unvermögen, die rechte Einstellung zum Wesen der Politik zu gewinnen, das Politische durch ethischen Rigorismus und Totalismus zu überfordern oder es ästhetisch zu verbrämen. Hier ging es nur darum zu zeigen, daß im Nationalsozialismus Wesensmerkmale der Epoche erkenntlich werden, die keinesfalls mit dem Dritten Reich aufgehört haben zu existieren, sondern noch immer zu Grundproblemen unserer Gegenwart gehören. Zeitgeschichtliches Verstehen wird hierbei unmittelbar zur Gegenwartsbesinnung, und gerade darin liegt eine wesentliche Bildungsfrage zeitgeschichtlichen Unterrichts.

VI.

Abschließend seien nur noch in ganz knappem Umriß einige pädagogische und methodische Fragen berührt, die der zeitgeschichtliche Unterricht meines Erachtens in besonderem Maße aufwirft.

Die im Vorstehenden aufgezeigten Möglichkeiten, zu zeitgeschichtlichem Verstehen der nationalsozialistischen Zeit zu gelangen, sind nur als Diskussionsgrundlage, gleichsam als Versuche gemeint. Keinesfalls soll damit der Anschein erweckt werden, als sei schon völlige Klarheit über die Geschichte des Dritten Reiches erzielt. Das schließt jedoch nicht aus, daß der Unterricht mit den ihm gemäßen Mitteln Vortreffliches leisten kann, auch wo er auf wissen-

[14] Fr. Meinecke, a.a.O., S. 81.

schaftlich noch nicht völlig gesichertem Terrain fußt. Dieser Nachteil kann möglicherweise auch einen Vorteil bedeuten. Insofern nämlich, als der durch die jüngste Geschichte auf die Bahn geworfene Block von Unverstandenem geeignet sein könnte, mit dem Widerstand, den er dem Begreifen leistet, auch gestärkte Kräfte des historischen Bemühens zu erwecken. Das Verstehen-Wollen als ein Ur-Antrieb aller Historie ließe sich vielleicht gerade im zeitgeschichtlichen Unterricht aktivieren und in zwingender Unmittelbarkeit erlebter machen. – Das kann aber nur dann gelingen, wenn der Unterricht darauf verzichtet, mit Patentlösungen aufzuwarten. Der pädagogische Sinn zeitgeschichtlichen Unterrichts liegt nicht darin, ein in jeder Hinsicht fertiges Geschichtsbild der jüngsten Epoche zu liefern, das als unumstößlicher Besitz nach Hause getragen werden kann. Viel mehr ist gewonnen, wenn die Dringlichkeit von Fragestellungen und die Schwierigkeit ihrer Beantwortung im Unterrichtsgespräch und in der Arbeitsgemeinschaft von Lehrer und Schülern voll erkannt und geistig erfahren werden. Selbst eine Stunde, in der sich Schüler und Lehrer am Ende in eingestandener Ratlosigkeit treffen, kann erkenntnismäßig und pädagogisch wertvoller sein als ein zeitgeschichtlicher Unterricht mit allzu glatten Ergebnissen. Auch von der Mentalität unserer Schülergeneration her gesehen, muß dies als der bessere Weg erscheinen. Die Erfahrungen zahlreicher Pädagogen bestätigen, daß der Schüler von heute skeptisch gegenüber allzu ungetrübten Eindeutigkeiten ist. Er will von der Problematik und gerade auch von den Fehlern und Ursachen des Versagens wissen[15]. Man sollte deshalb den nüchternen Realismus unserer Schüler nicht abspeisen mit moralisierender Geschichte, die weder der Wahrheit entspricht noch weiterhelfen kann. *Die vielbesprochene politische Bildungsaufgabe des zeitgeschichtlichen Unterrichts* kann meines Erachtens *nicht darin bestehen, durch schlagwortartige Sentenzen und dickaufgetragenen Erlebnisunterricht unmittelbar auf politische Ideale wie Demokratie, Völkergemeinschaft und Humanität hinzuerziehen. Die Erziehung dazu kann nur indirekt geschehen, indem mit geschichtlichem Verstehen Ernst gemacht wird,* denn hierbei bilden sich von selbst jene Eigenschaften, die Fundamente humanen Menschentums sind: der Wille zum Verständnis, das Maßhalten, die Besonnenheit und Abgewogenheit des Urteilens und die geistige Disziplinierung. Auch sollte die Bewertung von zeitgeschichtlichen Figuren und Geschehnissen möglichst nicht schon in der erlebnishaltigen Darbietung des Stoffes vor-

[15] S. Walter Schäfer: Die neueste Zeit im Geschichtsunterricht. In Gesch. in Wiss. u. Unterr., 2. Jg. (1951), S. 611.

weggenommen, sondern erst in verstehender Erkenntnis selbst erarbeitet werden. Von hier aus erscheinen mir moderne Errungenschaften wie die des Schulfunks oder gar des historischen Films durchaus problematisch. Denn sie liefern in der Regel nicht nur den historischen Stoff, sondern schon die Interpretation hinzu, und zwar allein auf dem Wege über die Empfindung und das Gefühl, so daß der Prozeß geistig-erkenntnismäßiger Aneignung geradezu lahmgelegt wird. Es wäre zu überlegen, welche Möglichkeiten es z. B. für den Schulfunk gibt, einfach wie eine schriftliche Quelle historischen Rohstoff zu bieten, in all seiner verwirrenden Wirklichkeitstreue, um gerade dadurch das Erkennen, Verstehen und Beurteilen des Schülers herauszufordern, nicht es ihm abzunehmen.

Zeitgeschichtlicher Unterricht, dem die besondere Aufgabe der Gegenwartserhellung zukommt, kann diesem Anliegen nicht gerecht werden, wenn er die Zeitgeschichte vereinfacht. Er kann und soll nicht den Schwierigkeitsgrad des Erkennens und Urteilens in unangebrachter Weise herabsetzen, wenn er das Vermögen und die Kräfte zur Orientierung in der Gegenwart ausbilden will. Die Forderung nach gründlichem Sich-Einlassen mit dem Gegenstand, nach verstehendem Erkennen *vor* allem Urteil und aller Bewertung ist um so dringlicher, weil nur auf diese Weise dem Abgleiten in die Polemik der Tagespolitik begegnet werden kann. Damit ist keineswegs einem relativierenden Historismus das Wort geredet.

Ihm gegenüber verfügt die Zeitgeschichte gleichsam über einen natürlichen Schutz. Denn die Nähe des Gegenstandes und die erlebnismäßige Betroffenheit verbieten eine ästhetisierende, alles verstehende und verzeihende Sicht von selbst. Zeitgeschichte kann in dieser Beziehung vielleicht sogar ein fruchtbares Korrektiv auch für die Behandlung längst vergangener Epochen erbringen; denn sie verdeutlicht in höchster Eindringlichkeit, daß auch das weit zurückliegende Geschehen für die jeweiligen Zeitgenossen Wohl und Wehe bedeutete und keineswegs wie ein wertfreies, gestaltenreiches Spiel zur Freude späterer Historiker über die Bühne der Weltgeschichte ging.

Im Raum der Zeitgeschichte wird so die Frage nach der inneren Lauterkeit mancher sogenannten historischen Objektivität gestellt. Denn die bekannte Formulierung, daß sich aus der Beschäftigung mit der Vergangenheit das Wissen um die Geschichtlichkeit der Gegenwart ergebe, bedarf einer Ergänzung umgekehrter Art. Nämlich der, daß unmittelbar in der Gegenwart erfahrene Geschichte es unausweichlich macht, die Orientierung der Historie neu zu überdenken.

Zur Erforschung des Nationalsozialismus in der Bundesrepublik Deutschland und in der DDR

Ich möchte beginnen mit einem Wort des Dankes an die Historiker-Kollegen der DDR für die Einladung und vor allem für die Initiative zu dieser Konferenz. Der Plan, anläßlich der dreißigjährigen Wiederkehr der Kapitulation Hitler-Deutschlands eine Historiker-Konferenz über die Kriegsziele des deutschen Faschismus zu veranstalten, deckt sich mit der Förderung und Bejahung zeitgeschichtlicher Bewältigung der nationalsozialistischen Vergangenheit, in denen sich alle relevanten gesellschaftlichen Kräfte der Bundesrepublik seit der Gründung dieses Staates einig sind und die dieses Jahr in der Ansprache des Bundespräsidenten Scheel zum 8. Mai erneut bekräftigt wurden. Wäre dies nicht so, dann hätte die kritische Auseinandersetzung mit der NS-Zeit nicht die bedeutende Rolle erlangen können, die sie in der Bundesrepublik seit deren Gründung einnimmt, nicht nur institutionell im Rahmen der Geschichtswissenschaft – etwa in Gestalt und Rahmen des Münchner Instituts für Zeitgeschichte –, sondern weit darüber hinaus im ganzen öffentlichen und gesellschaftlichen Leben, vor allem auch der Schul- und Erwachsenenbildung. Ohne diese Voraussetzung wäre es nicht möglich gewesen, daß im Rahmen der Geschichts- und Politikwissenschaft der Bundesrepublik Deutschland hunderte von wissenschaftlichen Werken und Dokumentenveröffentlichungen zur NS-Zeit erscheinen konnten, die ganz sicher wesentlich dazu beigetragen haben, daß die Kenntnis dieser unseligen Vergangenheit zum festen Bestand der Gesellschaft der Bundesrepublik gehört. Ich sage dies, hier in Weimar, mit Betonung, weil die Bundesrepublik Deutschland lange Zeit sehr einseitig und pauschal als Hort der Faschisten dargestellt worden ist. Daß ich das heute hier sagen kann, gibt Grund zu der Hoffnung, daß mit der in Gang befindlichen Normalisierung der Beziehungen zwischen der DDR und der Bundesrepublik auch die Phase zu Ende geht, in der der Faschismus-Vorwurf als Mittel der politischen Verteufelung so stark herhalten mußte. Dies wäre deshalb ein erfreulicher Fortschritt, weil die besonnene wissenschaftlich-historische Analyse des

Nationalsozialismus durch diese Indienstnahme des Faschismusbegriffs für die tagespolitische Auseinandersetzung sicher nicht gerade begünstigt worden ist. Es ist unvermeidlich, von diesen Belastungen der Vergangenheit zu sprechen, wenn heute zum ersten Mal seit vielen Jahren in der DDR eine internationale Historiker-Konferenz unter Hinzuziehung von Vertretern auch der nichtmarxistischen Geschichtswissenschaft der Bundesrepublik und anderer westlicher Staaten stattfindet. Ich beglückwünsche die Historiker-Kollegen der DDR, daß sie diesen Schritt gewagt haben. Ich bin etwas bekümmert, daß der Entschluß zu dieser Öffnung so zaghaft ausgefallen ist, daß die Zahl der eingeladenen Vertreter der nichtmarxistischen Geschichtswissenschaft eng begrenzt gehalten wurde. Ich habe gewisse Bedenken, daß schon von daher eine paritätische Diskussion, die gleiche Chancen hat, schwierig sein dürfte.

Ich bedaure das um so mehr – und das sage ich auch im Namen meiner beiden anwesenden Kollegen Klaus Hildebrand und Andreas Hillgruber –, als das Interesse an dieser Tagung unter den Historikern der Bundesrepublik außerordentlich groß gewesen ist und eine ganze Reihe von ihnen durch umfangreiche wissenschaftliche Werke zur nationalsozialistischen Außen-, Kriegs- und Wirtschaftspolitik und zum deutschen Imperialismus im besonderen Maße legitimiert gewesen wäre, an den Erörterungen dieser Konferenz teilzunehmen. Ich nenne hier nur Wolfgang Mommsen, Hans-Adolf Jacobsen, Dietmar Petzina und aus unserem Institut Lothar Gruchmann. Sie und andere wären sehr gern zu dieser Konferenz gekommen, und es ist sicher ein Verlust, daß wir ihre Argumente nicht dabei haben können. Ich möchte dennoch in dieser Konferenz einen verheißungsvollen Anfang sehen, einen Anfang, der allerdings ganz sicher der Fortsetzung bedürfen wird, wenn es nicht bei der einen Schwalbe bleiben soll, die allein noch keinen Sommer ausmacht.

Ich komme jetzt zum Diskussionspapier der DDR: Ich möchte zunächst von den Schwierigkeiten sprechen, in ein wissenschaftliches Gespräch über den Nationalsozialismus und seine Kriegspolitik im Zweiten Weltkrieg einzutreten. Ich sehe diese Schwierigkeiten u. a. darin, daß die abweichenden historischen Standpunkte, das gilt insbesondere im Verhältnis zwischen den Historikern der Bundesrepublik und der DDR, doch offenbar auch eine politische Funktion und Räson haben und bestimmte Interpretationsfestlegungen schon deshalb ein Gewicht haben, dem nicht so ohne weiteres argumentativ beizukommen ist. Lassen sie mich ausgehen vom Anlaß dieses Kolloquiums, dem 8. Mai 1945. Es scheint mir nicht von ungefähr, daß man sich in der DDR an diesen Tag ausschließlich als Tag der Befreiung erinnert. Ausschließlich unter dem Gesichtspunkt der Befreiung zu sprechen, setzt meines Erachtens voraus, daß man vorher eindeutig überfremdet, erobert, unterjocht, gleichsam besetztes Gebiet gewesen ist, wie dies für Teile der Sowjetunion, für Polen, Jugoslawien, Griechenland, Frankreich, Belgien, Holland, Norwegen, Ungarn und Dänemark gilt. Kann man aber von Befreiung auf dem Gebiet des ehemaligen Deutschen Reiches sprechen, ohne sich zu vergegenwärtigen, daß die Deutschen selbst für die vorangegangene Unfreiheit mitverantwortlich und an ihr schuldhaft beteiligt waren. Gewiß war die Verstrickung in den Nationalsozialismus bei den verschiedenen Schichten der deutschen Gesellschaft unterschiedlich. Aber war irgendeine relevante Gruppe, einschließlich der Arbeiterschaft, frei davon? Waren nicht auch Teile von ihr, ebenso wie das proletarische Kleinbauerntum oder Handwerkertum, also diejenigen Schichten, als deren Repräsentant sich der Staat der DDR vor allem versteht, zeitweilig der Suggestivität des Nationalsozialismus verfallen?

Muß die historische Bestandsaufnahme des Nationalsozialismus in der Bundesrepublik Deutschland wie in der DDR nicht in hohem Maße gerade auch kritische Selbstbefragung im Hinblick auf das eigene Versagen sein, Erforschung der Ursachen, weshalb die Abwehrkräfte der eigenen Nation und Gesellschaft gegenüber dem Nationalsozialismus so wenig erfolgreich waren – eine Frage, von der sich meines Erachtens auch die Vertreter der früheren Kommunistischen Partei Deutschlands nicht einfach dispensieren können. Erforschung des Nationalsozialismus wird in der Bundesrepublik verstanden als selbstkritische Bewältigung der *eigenen* Vergangenheit (was übrigens auch die Bereitschaft zur materiellen Wiedergutmachung einschließt). Die NS-Zeit wird dagegen in der DDR primär verstanden als Phase der Fremdherrschaft, als gehöre die NS-Zeit gar nicht zur Vorgeschichte der eigenen Gesellschaft. Zwischen diesem Tatbestand und der Deutung des Nationalsozialismus als einer Ausgeburt des Kapitalismus besteht ein innerer zwangsläufiger Zusammenhang. Die These aufzugeben, daß der Faschismus nur als Ausgeburt des Kapitalismus zu bewerten sei, würde bedeuten, daß man in der DDR auch die Frage der politisch-moralischen Mitverantwortung für die Folgen des NS neu bedenken müßte. Es stellt sich weiter die Frage, inwieweit das, was wir hier diskutieren, tatsächlich eine wissenschaftlich-akademische Diskussion ist. Wenn wir uns als Historiker, die es immer auch zu tun haben mit der vielfältigen Verwobenheit von Machtverhältnissen und Rechtfertigungsideologien, nicht naiver Selbsttäuschung über die Wirksamkeit wissenschaftlicher Argumentation aussetzen wollen, scheint es mir notwendig, diese politischen Rahmenbedingungen, wie sie gerade im Verhältnis DDR – Bundesrepublik Deutschland für jede Faschismus-Diskussion gesetzt sind, nicht außer Acht zu lassen.

Ein zentral wichtiger Punkt, aufgrund des von dem DDR-Autorenkollektiv vorgelegten Diskussionspapiers, muß meines Erachtens die Methodenfrage sein. Ich denke dabei wiederum vor allem an die strittige Grundfrage, ob die nationalsozialistische Kriegszielbestimmung primär von der politischen Führung oder von den monopolkapitalistischen Trägern wirtschaftlicher Macht ausging und welches Verhältnis zwischen beiden bestand. Inwieweit läßt sich, ehe man der Frage inhaltlich näher tritt, Übereinstimmung oder Annäherung erzielen im Hinblick auf das notwendige historisch-methodische Vorgehen.

Lassen Sie mich, und das ist primär an die Adresse der Historiker-Kollegen in der DDR gerichtet, konkret fragen: Genügen die weitgehend unkommentierten Dokumentenveröffentlichungen, wie sie etwa in dem Buch „Anatomie der Aggression" und jetzt wieder durch die Veröffentlichung „Weltherrschaft im Visier" vorgelegt wurden, methodisch, um komplizierte Zusammenhangsprobleme zu lösen? Sind diese Dokumentationen tatsächlich geeignet, nachzuweisen (wie es auf S. 26 der Einleitung zu „Weltherrschaft im Visier" heißt), „wie das komplizierte System staatsmonopolistischer Machtausübung in der faschistischen Diktatur funktionierte, wer wirklich an den Hebeln der wirtschaftlichen und politischen Macht saß und in wessen Interesse diese Macht ausgeübt und schließlich der Zweite Weltkrieg entfesselt wurde"?

Ein solcher Beweis läßt sich mit Hilfe der abgedruckten Dokumente meines Erachtens gerade nicht führen, und es stellt sich nun vor allem die Frage, warum die DDR-Geschichtswissenschaft im Zusammenhang dieser Dokumentation bisher keinen Versuch gemacht hat, den Prozeß der politischen Entscheidungsbildung im nationalsozialistischen Machtsystem intensiv zu erforschen, obwohl doch erst von daher der Quellenwert der einzelnen Dokumente, vor allem auch die Pläne wirtschaftlicher Interessengruppen, eindeutig bestimmt werden könnten.

Daran knüpft sich die weitere Frage: Wenn schon nicht eine einfache Entsprechung oder gar eine Ursache-Folge-Relation nachgewiesen werden kann zwischen den hegemonialen Interessen wirtschaftlicher Machtgruppen einerseits und andererseits der im Ausmaß und in den Methoden der Aggression und Expansion weit über diese Interessen und Ziele hinausgehenden Politik der politischen Führung des Regimes, ist es dann nicht wichtig, dem Komplex des mittelbaren

Bezugs zwischen dem Imperialismus Hitlerscher und Himmlerscher Prägung und dem klassischen Wirtschaftsimperialismus nachzugehen, den Lenin bei seiner Imperialismusschrift im Auge hat? Müßte dabei aber nicht erst der komplizierte Zusammenhang untersucht werden zwischen historisch entwickelten imperialistischen Wirtschafts- und Staatsinteressen einerseits und jenen Herrentums-Ideologien und ganz neuen Herrschaftslegitimationen andererseits, die seit dem späten 19. Jahrhundert aufkamen? Imperialistische Macht für den innenpolitischen Hausgebrauch, wie man oft gesagt hat, oder auch, was mir zwingender erscheint, als selbständige Energie des an große Gruppen der Gesellschaft der führenden Industriestaaten sozialgebundenen Nationalismus, wie eben Wolfgang Mommsen in seinen vergleichenden Studien zum deutschen und englischen Imperialismus aufgewiesen hat. Und was bedeuten solche Erkenntnisse dann für den Nationalsozialismus? Die Frage also: Ist nicht, außer einer intensiven Erforschung der Entscheidungsstruktur im NS-Regime, die Untersuchung des Zusammenhangs von materiellen Interessen und nationalistischen Energien an den klassischen Beispielen des Imperialismus vor 1914 methodische Voraussetzung, wenn man einen generellen Imperialismus-Begriff verwenden will, wie das in der DDR-Geschichtswissenschaft in bezug auf den Nationalsozialismus ständig geschieht?

Die Geschichtswissenschaft in der Bundesrepublik hat in den letzten Jahren durch ihre komparative Forschung zum deutschen und britischen Imperialismus vor 1914 wie durch ihre Studien zur inneren Machtstruktur und Entscheidungsbildung im NS-System dazu beigetragen, daß von diesen beiden methodischen Voraussetzungen aus auch das Verhältnis zwischen monopolistischen Wirtschaftsinteressen, politischer Führung und nationalistisch-ideologischen Kräften im NS-System näher bestimmt werden kann. Die DDR-Forschung hat durch ihr besonders gut mögliche Auswertung der Archive ehemaliger monopolistischer Wirtschaftsunternehmen intensive Arbeit zur Erfassung der konkreten Interessen dieser Träger wirtschaftlicher Macht geleistet. Theoretisch könnte man also gut zusammenarbeiten, zumal seit langem auch in der Bundesrepublik die Frage des Verhältnisses zwischen politischer Führung und Trägern wirtschaftlicher Macht im NS-System viel Interesse beanspruchen kann. In den Interpretationen ist man aber noch weit auseinander, wobei nach Meinung eines großen Teils der Geschichtswissenschaft in der Bundesrepublik ins Gewicht fällt, daß die Geschichtswissenschaft der DDR kritische methodische Reflexionen des eigenen Beweisverfahrens allzusehr vernachlässigt.

Abgesehen von der meines Erachtens bisher nicht wissenschaftlich gesicherten Beweisbarkeit monopolkapitalistischer Manipulation der nationalsozialistischen Kriegsziele, scheint mir an der These von der Identität von deutschem Faschismus und deutschem monopolkapitalistischen Imperialismus eines besonders problematisch. Ich möchte es zugespitzt nennen: die zwar ungewollte, aber unvermeidliche Verharmlosung des Nationalsozialismus, die aus dieser These folgt. In dem Maße, in dem die Unterschiede zwischen den deutschen politischen Systemen von Wilhelm II. bis Adenauer und die Unterschiede zwischen den verschiedenen Interessen-Gruppen und Institutionen, die während der NS-Zeit mit Kriegszielen hervortraten, allesamt nur als Spielarten des einen faschistischen Imperialismus hingestellt werden, wird die extreme Inhumanität des Nationalsozialismus, die den Hitlerismus qualitativ von Bismarck wie erst recht von Stresemann oder Adenauer unterscheidet, eingeebnet zu einem bloß akzidentiellen Problem von Neben-Bedeutung. Der millionenfache Mord wird sozusagen zu einem bloßen Überbauproblem, weil sich in der Tat nicht schlüssig machen läßt, daß der Monopolkapitalismus am Genozid, d. h. der Beseitigung von Millionen seiner Konsumenten, besonders interessiert sein kann, es aber darauf ankommt, die Prämisse vom monopolkapitalistischen Charakter des Faschismus zu retten.

Die DDR-Historie hat, wie mir scheint, noch weniger als die Historie in der Bundesrepublik schon ein Instrumentarium entwickelt, um mit dem irrationalen und pathologischen Charakter bestimmter Endziele des Nationalsozialismus und vor allem auch mit der Person Hitlers fertig zu werden und seine Rolle innerhalb des NS-Systems zu bestimmen. Es mutet mich geradezu gespenstisch an, daß der Name Hitlers, seine Überzeugungen, Entschlüsse und Aktivitäten in dem uns vorgelegten „Diskussionsmaterial" fast überhaupt nicht vorkommen. Über eine Hitler-zentrische Darstellung des Nationalsozialismus, wie sie nicht ganz zu Unrecht angegriffen wird, habe ich meine eigenen kritischen Vorstellungen. Aber es scheint mir ein Unding, 130 Seiten über die Kriegsziele des Nationalsozialismus zu schreiben, in denen Hitler fast gar nicht vorkommt. Vor allem deshalb, weil damit einem der schwierigsten, trotz der neuen Hitler-Biographie noch nicht gelösten Erkenntnisprobleme der Zeitgeschichtsforschung ausgewichen wird. Auch auf diesem Feld sollte gerade auch zwischen Historikern der DDR und der Bundesrepublik der wissenschaftliche Dialog künftig viel enger gestaltet werden.

Juristische und zeitgeschichtliche Bewältigung der Vergangenheit

Schon bevor Anfang der fünfziger Jahre in der Bundesrepublik eine systematische wissenschaftlich-historische Erforschung der NS-Zeit, z. B. im Institut für Zeitgeschichte in München, entstand, hatten sich Staatsanwälte, Richter und Verwaltungsbeamte, die mit diesen Gesetzesmaterien befaßt waren, mit zahlreichen Vorgängen, Rechts- und Kompetenzverhältnissen in der NS-Zeit intensiv auseinandersetzen müssen. Die erste intensive Phase der Rechenschaftslegung über die NS-Zeit wurde, von der Öffentlichkeit oft kaum bemerkt, in den Amtsstuben von Juristen und juristisch gebildeten Verwaltungsbeamten mehr als von Historikern geleistet.

Das gilt nicht nur für Kriegsverbrecher-Prozesse der alliierten Sieger in diesen Jahren, etwa die Nürnberger Prozesse. In ihrer Folge allein wurden Zehntausende von Dokumenten aus den Akten deutscher staatlicher und außerstaatlicher Dienststellen zusammengetragen, ein Quellen-Komplex, der – trotz der Problematik der Auswahl – zunächst auch für die historische Forschung das erste große Dokumentenfundament bildete. Es gilt auch für die deutschen Gerichte, die schon in diesen frühen Jahren mit den aus der NS-Zeit erwachsenen Problemen der Strafverfolgung, der Entnazifizierung, Entschädigung, Rechts- und Verwaltungsreform befaßt waren und dabei früher als die Historiker nicht nur umfassendes Quellenstudium zu betreiben, sondern sich auch ein zusammenhängendes Bild und Urteil über bestimmte Ereigniskomplexe und Rechtsverhältnisse in der NS-Zeit zu erarbeiten hatten. Manche Ergebnisse dieser frühen Bemühungen in den drei Westzonen, wie sie z. B. in den Urteilen deutscher Landgerichte oder Oberlandesgerichte oder des Obersten Gerichtshofes der Britischen Zone vorliegen, wird man heute als exzellente, später kaum übertroffene Leistungen und Einsichten bewerten müssen. Ich denke hier z. B. an die großen Euthanasie-Prozesse vor dem Landgericht und Oberlandesgericht Frankfurt in den Jahren 1946-1948, die damals schon den Befehlsvorgang, die Organisation und Technik der berüchtigten Aktionen zur Vernichtung sog. unwerten Lebens in den Vergasungsanlagen bestimmter

Heilanstalten in umfassender Weise aufklärten, darüber hinaus aber in den Urteilsbegründungen auch zu tiefschürfenden Einsichten in die pervertierte Rechtsnatur des NS-Staates, seiner zweispurigen – teils auf Rechtsnormativität, teils auf Rechtlosigkeit basierenden – Exekutive gelangten. Zu denken ist hier auch an die Ermittlungen der oft gescholtenen Spruchkammern, die z.B. im Bereich der britischen Zone, im Zusammenhang mit der Überprüfung von Mitgliedern der sog. verbrecherischen NS-Organisationen (ehemaliger SS-Führer, Gestapobeamter, politischer Leiter der NSDAP u.a.), schon in den Jahren 1947-1949 systematisch der später von den Historikern immer wieder gestellten Frage nachzugehen hatten, in welchem Maße die Verbrechen des NS-Regimes den nicht unmittelbar Beteiligten bekannt gewesen waren.

Die zur Klärung dieser Frage von den Juristen und Laienrichtern in den Spruchkammern zusammengetragenen Aussagen und Dokumente bilden für den Historiker noch heute eine keineswegs schon ausgeschöpfte Materialgrundlage, fesselnd z.B. wegen des sich hier ergebenden Einblicks in den Mechanismus regime-interner Kommunikationssperren und psychologischer Verdrängungen, der es selbst ranghohen NS-Funktionären in der Nazizeit mitunter verwehrte, die kriminellen Aktionen des Regimes als solche zu erkennen.

Gerade wenn man berücksichtigt, daß in dieser Frühzeit der Beweiswert und Informationsgehalt von Zeugenaussagen und -vernehmungen aufgrund des noch frischen Gedächtnisses ungleich viel höher war als bei den gegenwärtig noch laufenden NS-Prozessen, wird man den historischen Quellenwert dieser frühen Ermittlungen der Justiz hoch veranschlagen müssen.

Obwohl diese günstigen Voraussetzungen für die staatsanwaltschaftliche und gerichtliche Ermittlung historischer Tatsachen später nicht mehr in diesem Maße gegeben waren, hat die Systematik der Ermittlungen von NS-Verbrechenskomplexen seitens der Justiz in der Bundesrepublik doch erst Ende der fünfziger Jahre mit der Errichtung der Zentralen Stelle der Landesjustizverwaltungen in Ludwigsburg begonnen. Um die bisherigen Zufälligkeiten der Strafverfolgung und Ermittlungen und die daraus resultierende Rechtsungleichheit zu überwinden, ging die Zentrale Stelle zu einer überaus gründlichen Vorermittlungs- und Dokumentationstätigkeit über. Grundsatz war dabei die möglichst vollständige Aufklärung zusammenhängender großer Tatkomplexe, z.B. der Tätigkeit der Einsatzgruppen der Sicherheitspolizei und des SD, der Befehlsgebung, Organisations- und Kompetenzverhältnisse im Bereich der Dienststelle des Reichssicherheitshauptamtes, der Judendeportation und -vernichtung oder der Konzentrationslager. Diese systematische Ermittlung und Dokumentation war unerläßlich und zwingend, obwohl die strafrechtliche Verfolgbarkeit aus den verschiedensten Gründen mehr und mehr abnahm. In den 16 Jahren von 1958 bis 1974 wurden aufgrund dieser Ermittlungstätigkeit in der Bundesrepublik nur insgesamt 334 gerichtliche Verfahren in erster Instanz abgeschlossen und dabei 542 Personen verurteilt. Wie immer diese Geringfügigkeit der Strafverfolgung im Vergleich zu den außerordentlich umfassenden Ermittlungsanstrengungen zu bewerten ist, so kann man doch schon jetzt sagen, daß die Ergebnisse der historischen Rekonstruktion von Fakten, die hier in mühseliger Kleinarbeit geleistet wurde, größer und vielleicht auch bedeutsamer gewesen sind als die strafrechtlichen Auswirkungen. Staatsanwälte und Richter haben mit ihren Möglichkeiten der Tatsachenermittlung, das kann hier ganz generell gesagt werden, gerade bei der Aufklärung derjenigen Vorgänge, die vom NS-Regime selbst bewußt im Dunkel gehalten und verschleiert wurden, im Laufe der letzten 30 Jahre vielfach mehr und Systematischeres zuwege gebracht, als die Historiker es allein mit ihren beschränkten Mitteln vermocht hätten. Ein besonderes Beispiel hierfür bildet das abgründige Geschehen in den Judenvernichtungslagern in den besetzten polnischen Gebieten, in Auschwitz, Chelmno, Sobibor, Treblinka, das seit den sechziger Jahren einen besonderen Schwerpunkt staatsanwaltschaftlicher Ermittlungen und der später in der Bundesrepublik geführten großen NS-Prozesse bildete (der vor kurzem in Düsseldorf angelaufene Majdanek-Prozeß dürfte eines der letzten Verfahren dieser Art sein). Die zeitgeschichtliche Forschung verdankt gerade hier der Justiz außerordentlich viel. Was in den Hunderten von Seiten der Urteilsschriften dieser Prozesse aufgrund der umfassenden Auswertung von Dokumenten und Zeugenaussagen mosaikartig an Fakten zusammengesetzt und aufgezeichnet wurde, bildet zweifellos die inhaltlich substantiellste Darstellung dieses Ereigniskomplexes, die es überhaupt gibt. Und es steht zu hoffen, daß die Justiz diese *historischen* Ergebnisse ihrer Ermittlungsarbeit künftig der Öffentlichkeit auch publizistisch noch besser zugänglich macht, als dies bisher geschehen ist.

Ähnliches läßt sich sagen für Erkenntnisse, die bei den mit Wiedergutmachungs- und Entschädigungsfragen befaßten Verwaltungsstellen und Gerichten im Laufe der Jahre herangewachsen sind, etwa auf dem Gebiet der sog. Arisierung jüdischer Vermögen in Deutschland nach 1933 oder der vom NS-Regime veranlaßten Beschlagnahme von Kunstschätzen und Kulturgütern in den während des Krieges von Deutschland besetzten Gebieten. Die mit diesem Komplex z. T.

seit vielen Jahren befaßten Juristen und Beamten der Finanzbehörden sind heute vielfach die besten Kenner der betreffenden zeitgeschichtlichen Vorgänge und verfügen über die umfassendste Dokumenten- und Fakten-Information. Langjährige intensive amtliche Befassung mit solchen Komplexen hat hier unter Hunderten von Juristen und Verwaltungsbeamten einen Kreis hervorragender Spezialisten und Experten für bestimmte Bereiche der Geschichte und Organisation des Dritten Reiches erzeugt. Auch diese Nebenwirkung der nach 1945 unvermeidlichen Verbindung von Rechtsanwendung und Zeitgeschichte sollte man nicht übersehen: Auf diesem Wege amtlicher Beschäftigung mit den Folgewirkungen der NS-Zeit ist innerhalb der Verwaltung und Justiz die Wirklichkeit des Dritten Reiches und seiner Rechtsperversion wohl nachhaltiger vermittelt worden, als wohlmeinende politische Erziehung es je hätte erreichen können.

Dazu kommt noch ein anderer wichtiger Aspekt: Juristen und Rechtsgelehrte in der Bundesrepublik sind sich – gerade auf dem Gebiet der strafrechtlichen Verfolgung von Verbrechen in der NS-Zeit – der vielfältigen Problematik nachträglicher rechtlicher Bewertung von Anfang an bewußt gewesen. Das gilt für die rückwirkende Anwendung von Rechtsnormen, deren Geltung in der NS-Zeit zumindest verschüttet war, ebenso wie für die bei den NS-Prozessen von Opportunitätsgesichtspunkten nie gänzlich freie, mit dem strengen Legalitätsprinzip der Strafverfolgung nie ganz vereinbare Beschränkung auf bestimmte, besonders umfangreiche Tatkomplexe, schließlich auch für die grundsätzliche Frage, welche rechtliche Bedeutung Strafe in diesen Fällen überhaupt haben kann und soll. In der kritischen Erörterung solcher Fragen, wie sie z. B. anläßlich der Verjährungsdebatte im Bundestag Mitte der sechziger Jahre, auch auf juristischen Fachtagungen und in Fachzeitschriften behandelt wurden, ist deutlich geworden, daß eine rechtliche Bewältigung der Verbrechens-Hypothek des Dritten Reiches nicht auf billige und einfache Weise möglich ist, wenn sowohl die Geltung der Rechtsordnung unserer Gesellschaft wie das Recht der Beschuldigten geschützt werden soll. Die Rechtswissenschaft befindet sich hier gegenüber der nationalsozialistischen Zeit in einer durchaus vergleichbaren Situation wie die Zeitgeschichtswissenschaft, bei der das Prinzip erkennenden Verstehens übereinstimmen muß mit der Aufgabe kritischer Bewußtmachung.

Damit sind wir bei der anderen Seite des Problems, bei der Frage, was der Historiker, insbesondere der Zeitgeschichtler, mit der rechtlichen Bewältigung der NS-Vergangenheit zu tun hat. Verliert die Historie nicht ihre Glaubwürdigkeit als Wissenschaft, wenn sie Hilfsdienste bei der strafrechtlichen Schuldermittlung leistet? Kommt es für die Geschichtswissenschaft nicht gerade darauf an, die Vordergründigkeit von Anklage und Verteidigung zu überwinden und die tieferen Dimensionen historischer Bedingtheit individuellen Handelns herauszuarbeiten? Ist die deutsche Zeitgeschichtsforschung über den Nationalsozialismus nicht in problematischer Weise mitgeprägt von der zeitlich vorangegangenen judifizierenden Schuldspruch-Historie der Nachkriegsprozesse? Begibt sich die Geschichtswissenschaft nicht ihres eigentlichen und besten Vermögens, der eindringenden Einsicht in überindividuelle Ursachen-Verflechtungen und Zusammenhänge, solange sie bei der Frage von Recht oder Unrecht stehenbleibt? Ist es nicht ihre Aufgabe als Geschichtswissenschaft, erkennend verständlich zu machen, was geschehen ist, statt – wie die Justiz – aus zeitfremden Normen zu urteilen?

Manche von solchen hier fingierten – aber nicht aus der Luft gegriffenen – Fragen, die an die Zeitgeschichtswissenschaft gestellt werden, wenn sie gutachtend vor Gericht auftritt, mögen in polemischer Absicht gestellt sein, aus Ressentiments gegen die NS-Prozesse, aus der Sehnsucht nach einer Historie früherer Zeiten, die sich im Dienste nationaler Interessen stehend, nicht aber als kritisch aufklärerische Wissenschaft verstand.

Eine wichtige Rolle bei solchen Argumenten spielt die verbreitete, aber im Grunde irrige Vorstellung, wissenschaftliche Objektivität bedeute Verzicht oder auch nur die Möglichkeit des Verzichts auf Wertung und Standortgebundenheit des Historikers. Wie bei allen Sozial- und Geisteswissenschaften gründet der Wissenschaftsbegriff der Historie in der Exaktheit ihrer kritischen Methoden und der Diszipliniertheit ihrer Anwendung, in der methodischen Art des Vorgehens, nicht aber der inhaltlichen Wahl ihrer Themen und Gegenstände. Ob sich ein Historiker dazu entschließt, Kulturgeschichte oder Polizeigeschichte zu schreiben, von Erfolgen oder Niederlagen zu berichten, resultiert aus Vorentscheidungen, die selbst nicht mehr wissenschaftlich begründbar sind, sondern aus vorgegebenen Erfahrungen, Einschätzungen, auch der Zeitgebundenheit des Historikers resultieren.

Manche andere Bedenken gegen die Zusammenarbeit von Historikern und Juristen bei der Beurteilung der nationalsozialistischen Vergangenheit gehen ebenfalls von falschen Voraussetzungen aus. Wenn der Zeithistoriker gutachtlich vor Gericht auftritt, wenn er Verwaltungsbehörden oder den Gesetzgeber bei bestimmten die Nachfolgewirkungen des NS-Regimes betreffenden Rechtsmaterien berät, argumentiert er – ähnlich wie der sachverständige Mediziner oder Psychologe vor Gericht – selbst nicht juristisch und ist weder Ankläger noch Verteidiger und hat keine Schuld oder Unschuld festzustellen. Seine Aufgabe ist es vielmehr, auf dem Wege historischer Argumentation dem Juristen zur möglichst sachgemäßen Anwendung rechtlicher Begriffe zu verhelfen. Historische Gutachten dieser Art liegen z.B. in zwei gedruckten Gutachtenbänden des Instituts für Zeitgeschichte vor. Sie sind Hilfsmittel für Juristen, nicht mehr. Manche von ihnen haben nachweislich in einer ganzen Reihe von Fällen auf Rechtsanwendung, Rechtsprechung und z.T. auch Rechtssetzung Einfluß ausgeübt. So z.B. in den fünfziger und sechziger Jahren bei der verschiedentlich novellierten Wiedergutmachungsgesetzgebung und ihrer Anwendung, wo ursprüngliche Pauschalbegriffe modifiziert, den historischen Tatsachen stärker angenähert und damit – so meine ich – wirklichkeitsgerechter geworden sind. Ich denke hier etwa daran, daß die gesetzliche Wiedergutmachung zunächst pauschal ausgeschlossen war, wenn die Verfolgung in Satellitenstaaten des Dritten Reiches von der landeseigenen Exekutive, nicht von deutschen Organen ausgegangen war. Erst die differenzierte historische Analyse der konkreten Bedingungen und Einfluß-Verhältnisse, die in diesen Ländern bei den jeweiligen Maßnahmen wirksam waren, hat hier dazu geführt, daß der starre idealtypische Völkerrechts-Begriff der Souveränität aufgelockert wurde und der Nachweis überwiegender deutscher Beeinflussung und Veranlassung von Verfolgungsmaßnahmen zum rechtlichen Kriterium der Wiedergutmachungsfähigkeit wurde. Solche Beispiele ließen sich vermehren.

Bei den Strafprozessen wegen NS-Verbrechen geht es in historischen Gutachten im allgemeinen auch gar nicht darum, den individuellen Angeklagten zu entlasten oder zu belasten. Historische Gutachten werden vielmehr in der Regel in solchen Fällen benötigt, in denen die vom Gericht zu beurteilende Kompetenz und Verantwortung des Beschuldigten oder die zu seinen Gunsten angeführten Gründe, wie z.B. das Argument des Befehlsnotstandes, sich im individuellen Fall nicht exakt nachweisen lassen, der Historiker aber aus seinen Quellen das in vergleichbaren Fällen Nachweisbare und das aus der überwiegenden Praxis resultierende Bild darlegen kann. Er vermag damit dem Gericht bei seiner rechtlichen Abwägung zu helfen, kann ihm diese aber nicht abnehmen oder ihr vorgreifen. Das gilt auch für die von dem Historiker zu leistende kritische Begutachtung von Quellen, die als Beweisdokumente bei Gericht eingeführt werden.

Historische Gutachten, die z.B. beim Frankfurter Auschwitz-Prozeß vor 12 Jahren einige Tage lang im Gericht vorgetragen wurden, ehe die eigentliche Beweisaufnahme begann, können dabei auch die Funktion haben, die zu verhandelnden individuellen Fälle überhaupt erst in den Gesamtzusammenhang des Geschehens einzuordnen. Sie tragen damit nicht unmittelbar bei zur Faktenermittlung im individuellen Fall, können aber geeignet sein, das Bewußtsein von Richtern und Geschworenen für die generelle Anwendbarkeit von Straftatsbegriffen der gewöhnlichen Kriminalität auf die ideologisch induzierten Massenverbrechen des NS-Regimes zu schärfen.

Gehört es doch zu den leidvollen Erfahrungen gerade auch der deutschen Zeitgeschichte im historischen Vorraum des Nationalsozialismus, daß die politische Kriminalität, wenn sie nur von nationaler Gesinnung geleitet war, allzu eilfertig exkulpiert und als eine Art Kavaliersdelikt von der gewöhnlichen Kriminalität unterschieden wurde. Die Nachsicht, mit der Richter und Gerichte in der Weimarer Republik politische Attentate, Fememorde und andere Gewalttaten schonend beurteilten, war selbst eine wesentliche Voraussetzung jener Pervertierung der Rechtsbegriffe, die es unter der Herrschaft des Nationalsozialismus schließlich psychologisch möglich machte, daß Verbrechen größten Stils im Dienst nationalistischer oder rassistischer Ideen ohne Unrechtsbewußtsein begangen werden konnten. Die Massentötung von Juden nicht schamhaft als Totschlag, sondern strafrechtlich als Mord oder Beihilfe zum Mord zu qualifizieren, d. h. als eine Tat aus niedrigen Beweggründen, wozu sich die höchstrichterliche Rechtsprechung in der Bundesrepublik durchgerungen hat, dies ist – so scheint mir – selbst ein Stück notwendiger Wiederherstellung der Rechtsbegriffe, für die der Zeithistoriker unter diesem Gesichtspunkt nur plädieren kann.

Historische Entfaltung des Geschehens in seiner ganzen Komplexität und Verflechtung führt aber auch zu kritischer Distanz gegenüber dem Problem individueller Schuldzumessung. Der Historiker wird gegenüber dem Richter in NS-Prozessen stets auch auf die überindividuellen Ursachen und Voraussetzungen der Einzeltat, auf die vom NS-Regime geschaffenen kollektivpsychologischen Aggressionen und ideologischen Indoktrinationen und damit auf Grenzen der Verantwortbarkeit des einzelnen hinzuweisen haben. Insbesondere die Frage des zurechenbaren Unrechtsbewußtseins wird er aus seiner Sicht häufig anders bewerten als der Richter, der von der Unverletzlichkeit bestimmter Kernbestände des Rechtsbewußtseins ausgeht. Zeitgeschichtliche Problementfaltung vor Gericht dient so der Differenzierung rechtlicher Begriffe, gegebenenfalls auch ihrer Korrektur. Die Geschichtswissenschaft kann der Wahrheitsfindung und gerechten Beurteilung von Handlungen unter dem NS-Regime durch die Justiz dabei am besten dienen, wenn sie an ihren eigenen historischen Begriffen orientiert bleibt und sich dem Schematismus juristischer Begriffsbildung nicht unterwirft.

Das Verhältnis zwischen Justiz und Historie bei der Beurteilung der nationalsozialistischen Vergangenheit soll dabei gewiß nicht als problemlos dargestellt werden. Juristische Vereinfachungen historischer Sachverhalte – wie etwa der vom Nürnberger Militär-Tribunal angewandte Begriff der verbrecherischen „Verschwörung" bei der Planung des Hitlerschen Angriffskrieges – haben sicher nicht nur zu Fehlurteilen im Einzelfall, sondern auch dazu geführt, daß Historiker des In- und Auslandes nicht selten diesen juristischen Begriff der „Verschwörung" fälschlich als Kategorie historischen Verständnisses der Vorgeschichte des Zweiten Weltkrieges anwandten und ihr damit eher Gewalt antaten.

Je mehr die Zeitgeschichtswissenschaft sich von der einseitigen Personalisierung geschichtlicher Ursachen abwendet, je mehr sie in ihre Betrachtung und Bewertung der nationalsozialistischen Zeit hineinnimmt, daß hier lange aufgespeicherte soziale Dynamik sich in irregeleiteten Utopien gewaltsam Bahn brach, heillose Ängste sich in aggressive Energien verwandelten, um so weniger wird solche Historie bei der Frage individueller Schuld stehen bleiben. Sie beginge aber den alten Fehler des Historismus, würde sie über dem Kolossalgemälde überindividueller geschichtsmächtiger Tendenzen die moralische Qualität der jeweils offenen Handlungsentscheidung des einzelnen vergessen. Zwischen diesen beiden Polen ihrer Betrachtung, der Erfassung der überindividuellen Bedingungen des einzelnen Handelns und der Herausarbeitung der individuellen Verantwortung, bleibt die Aufgabe der Historie gespannt, wenn sie nicht fatalistische oder einfach rechthaberische Geschichtsdarstellung sein will. Nur in dieser Spannung ihrer Begriffe vermag sie auch differenzierend auf die rechtliche Beurteilung geschichtlichen Handelns einzuwirken.

Bemerkungen zur Frage der öffentlichen Relevanz der Geschichtswissenschaft und zur besonderen Aufgabenstellung des Instituts für Zeitgeschichte

I.

1. Von der Historie hat man oft gesagt, daß sie zwischen Wissenschaft und Kunst, zwischen Gelehrsamkeit und Literatur angesiedelt sei. Mit dieser ambivalenten, teils analytischen, teils synthetischen Natur der Historie hängt es wohl zusammen, daß sie es heutzutage besonders schwer hat, den allseits geforderten Nachweis ihrer gesellschaftlichen Relevanz klipp und klar zu erbringen. So kommt es denn auch, daß bei dem Eifer mancher Historiker – vor allem gegenüber den Sozialwissenschaften –, den unersetzlichen Wert der Geschichtswissenschaft und historischen Bildung nachzuweisen, häufig die larmoyante Klage über die Geschichtsmüdigkeit der Zeit die Oberhand gewinnt und manche peinliche Rechtfertigungsideologien entstehen. So, wenn es etwa heißt: die drohende „Selbstentfremdung des Menschen in einer funktionalisierten Welt" erfordere als Gegengewicht mehr Geschichte; das Interesse an Geschichte gehöre zum seelischen Haushalt des Menschen, wenn dieser nicht in inhumanes Robotertum versinken wolle. Durch solche Überhöhung des eigenen Anspruchs dient meines Erachtens die Historie ihren eigenen Interessen schlecht, begibt sie sich unnötig in einen kulturpessimistischen Schmollwinkel und enthüllt eher ihr eigenes Unvermögen, sich rational und redlich zu begründen.

2. Die gegenüber dem 19. Jahrhundert weit abgesunkene öffentliche Bedeutung der Historie muß zunächst auch verstanden werden als zwangsläufige Gegenbewegung gegenüber der Hypertrophie historischer Kultur und Bildung im 19. Jahrhundert, der damaligen Funktion der Historie als einer Art Theologie des Nationalismus und Nationalstaatsgedankens. Wenn man sich vergegenwärtigt, in welchem Maße die deutsche Historie im letzten Drittel des 19. Jahrhunderts

und ersten Drittel des 20. Jahrhunderts zur kritiklosen Affirmation und Verherrlichung der Macht beigetragen hat, wie häufig sie im Dienste populärer nationaler Begeisterung das kritisch-rationale Element ihrer Bildungsaufgabe verfehlte, mithalf, verdrehte mythische Vergangenheit in eine volkstümlich begehrte illusionäre Zukunft zu projizieren, so wird man den Abbau *dieser* Öffentlichkeitsrelevanz der Historie nicht bedauern, sondern nur begrüßen können.

3. Die postnationalstaatliche Historie einer pluralistischen industriellen Gesellschaft hat grundsätzlich Abschied zu nehmen von dem früheren, wissenschaftlich nicht einlösbaren Anspruch, die Einheit und Kontinuität eines teleologisch vorgestellten Geschichtsverlaufs darbieten und mithin die Gesamtheit der Gesellschaft auf ein identisches Geschichtsbild hin integrieren zu können. Die Historie einer pluralistischen Gesellschaft ist wie diese selbst in ihren Auswahlgesichtspunkten, Erkenntniszielen und Hypothesen notwendigerweise pluralistisch. Auch die Frage ihrer Relevanz wird sie nicht einheitlich beantworten, sondern z. B. mehr oder weniger entweder das emanzipatorische Element kritischer Geschichtswissenschaft oder die bewahrende, traditionsbildende Funktion verstehender Historie in den Mittelpunkt rücken.

4. Die Geschichtswissenschaft in unserer Zeit hat ihre Funktion in der Gesellschaft bescheidener zu bemessen: Sie kann, wenn sie redlich ist, weder beanspruchen, verbindliche Sinndeutung der geschichtlichen Entwicklung zu vermitteln noch Handlungsanweisungen für die Praxis oder Zukunftsprognosen zu bieten. Sie ist zunächst einmal – man sollte sich nicht scheuen, dies auszusprechen – wie jede Zuwendung zu Gegenständen, die nicht unmittelbar praktischen Bedürfnissen folgt, Selbstzweck geistig-kultureller Bereicherung des Menschen, seines Dranges, über sich und seinesgleichen mehr zu wissen, als aus der Gegenwart zu erfahren ist. Das Dilemma der Historie, erfahrungsbildend und lehrhaft sein zu wollen, aber diese Erfahrungsbildung nie ganz sicher machen zu können, läßt sich mit zwei häufig zitierten, aber stark kontradiktorischen Sätzen umschreiben, deren jeweilige Richtigkeit kaum zu bestreiten ist. Der eine lautet: Die Geschichte einer Zeit muß aufgrund veränderter Interessen und Erfahrungen späterer Zeiten immer wieder neu befragt und geschrieben werden. Der andere heißt: Keine menschliche Erfahrungsbildung kann – ob sie will oder nicht – der historischen Dimension entbehren, diese ist unverzichtbarer Bestandteil der Gegenwartsorientierung. Beide Sätze zusammengenommen bestätigen meines Erachtens nur, daß letzthinige Verläßlichkeit historischer Erfahrungsbildung und ihrer Nutzanwendung immer problematisch blei-

ben wird, der stete Versuch und Zwang, aus der Geschichte erweiterte und differenziertere Kenntnis unserer Welt zu erlangen, ohne Verlust des geistigen Niveaus und der kritischen Rationalität der Gegenwartsorientierung aber nicht unterlassen werden kann.

5. Der Pluralismus und die Zeit- und Standortgebundenheit des Historikers haben ihre Grenze an der verpflichtenden Einhaltung quellenkritischer Methoden. Die Verbindung methodischer Disziplinierung sowie ständiger selbstkritischer Reflexion mit der einfühlenden Intuition und Interpretation macht erst die Leistung und Produktivität des Historikers aus. Schulung dieser beiden an sich unterschiedlichen Fähigkeiten berechtigt dazu, von der Historie als einer Schule nicht einseitiger, sondern umfassender geistiger Bildung zu sprechen. Der Wert geschichtlicher Bildung basiert letzten Endes weniger auf Wissens- und Fakten-Vermittlung als auf dem geistigen Klima, das sie durch die Vermittlung des Verständnisses für unterschiedliche geschichtliche Tendenzen zu erzeugen vermag. Hieraus folgt meines Erachtens mittelbar auch die primäre Relevanz der Historie für die politische Bildung oder, altfränkisch gesprochen, für die Ausbildung staatsbürgerlicher Tugenden. Ich sehe sie unter anderem darin, daß die faktenbezogene Konkretheit kritisch-empirischer Quellenforschung und -konfrontation stets der schematisierenden Ideologiebildung und naiven Parteilichkeit entgegenwirkt und die Standortgebundenheit zwar nicht aufhebt, aber doch immer wieder infrage stellt. Andererseits führt die Historisierung der Gegenwartsprobleme dazu, das jeweils Herrschende zu relativieren und in seiner Zeitgebundenheit und Bedingtheit zu erkennen. Damit steht geschichtliches Denken dem puren Pragmatismus eines sich in der Reproduktion systemimmanenter Sachzwänge erschöpfenden politischen Bewußtseins entgegen, eröffnet die Perspektive der Veränderung, schärft den Blick für das jeweils Politische, d. h. den realen Raum des Entscheidungshandelns im Rahmen der historisch bedingten Strukturzusammenhänge und -zwänge.

II.

1. Die enge zeitliche Begrenzung des Gegenstandsbereichs der Zeitgeschichtsforschung – in diesem Institut geht es bekanntlich primär um die Erforschung der deutschen Geschichte seit dem Ersten Weltkrieg – hat sowohl entstehungsgeschichtliche und wissenschaftspolitische wie organisatorische und methodische Gründe. Entstehungsgeschichtlicher Anlaß war nach 1945 das elementare Bedürfnis, an ei-

ner besonderen Forschungsstelle Quellen und Material der NS-Zeit zu sammeln und nach der propagandistischen Selbstverschleierung durch die Nationalsozialisten mit den Methoden der historischen Wissenschaft exakte Aufklärung des Geschehens der NS-Zeit und seiner Vorgeschichte in der Weimarer Republik zu leisten. Offenlegung sollte unmittelbar oder mittelbar der Wiederbefestigung freiheitlich-rechtsstaatlicher Ordnung und jener humanitärer Normen dienen, die durch den Nationalsozialismus 12 Jahre lang in katastrophaler Weise zerstört und geschändet worden waren. Das implizierte eine kritische Geschichtsdarstellung, die sich von der Tradition des deutschen Historismus stark löste. Über die Erforschung der NS-Zeit hinaus wurde Zeitgeschichtsforschung mithin auch bejaht und bewußt gefördert als besondere Anstrengung, die jeweils unmittelbare Vorgeschichte der Gegenwart, d.h. denjenigen Teil der Geschichte, der am stärksten in die Gegenwart hereinreicht, so exakt wie möglich aufzuhellen. Das bezieht sich seit Jahren nun auch auf die Nachkriegszeit. So problematisch die enge Begrenzung des Gegenstandsbereichs der Zeitgeschichtsforschung erscheinen mag, weil sie immer auch die historischen Zusammenhänge zu verkürzen droht, so ergab sie sich doch auch aus dem Zwang zur Spezialisierung. Universalgeschichte ist wissenschaftlich schon lange nicht mehr möglich, zumal wenn es zunehmend darum geht, das enge Feld der politischen Geschichte auszuweiten, Sozial- und Wirtschaftsgeschichte ebenso wie Rechts- und Kulturgeschichte und das Geflecht der internationalen Beziehungen in die Zeitgeschichte einzubeziehen. Gerade wenn, wegen der besonderen politischen Bildungsaufgabe der Zeitgeschichtswissenschaft, grobe Raster der Begriffe und ein nur oberflächliches Wissen und Urteilen vermieden werden sollten, aus denen sich allzu oft die falschen Analogien einer Historie ergeben, die sich als magistra vitae versteht, dann mußte auf Spezialisierung und Nuancierung beinahe alles ankommen. Methodisch war die Begrenzung auch insofern begründet, als sich im Bereich der Zeitgeschichte spezielle Möglichkeiten der rechtzeitigen Quellensicherung, z.B. auch der Befragung, bieten, die der Erforschung älterer Perioden nicht mehr offenstehen.

2. Die erste Phase der Zeitgeschichtsforschung und -darstellung über die NS-Zeit in den 50er und beginnenden 60er Jahren war unvermeidlich, auch wenn sie sich eines unpathetisch sachlichen Stils befleißigte, oft pathetisch-pädagogisch akzentuiert. Von ihr galt, was der englische Historiker Trevelyan 1913 über die „Irische Geschichte" des Historikers Lecky schrieb: „Ihr Wert liegt nicht zuletzt darin, daß er Mitgefühl und Scham und in uns allen ein besseres Verständnis

dafür weckt, daß die Sünden der Natur häufig bis ins dritte und vierte Glied jener, die einander hassen, heimgesucht werden."

Diese Anfangsphase der Zeitgeschichtsforschung, bezogen vor allem auf die Rekonstruktion und Dokumentation der erregenden politischen Ereignisgeschichte der NS-Zeit, hat inzwischen anderen primären Perspektiven Platz gemacht: vor allem der Erforschung organisatorischer und sozialer Strukturen des NS-Regimes und seines Machtgefüges, auch im Vergleich mit anderen faschistischen Bewegungen und Systemen, mit dem Ziel, die Bedeutung dieser Phase der deutschen Geschichte im Rahmen der übergreifenden deutschen Nationalstaats- und Industrialisierungsgeschichte seit der Bismarckisch-Wilhelminischen Zeit herauszuarbeiten. Hier liegen auch die Schwerpunkte der noch gegenwärtig auf die NS-Zeit bezogenen großen wissenschaftlichen Arbeitsvorhaben des Instituts. Zu ihnen gehört u.a. das intensive Bemühen um sozialgeschichtliche und demographische Erforschung der NS-Zeit, die lange allein deshalb vernachlässigt wurde, weil die Bändigung der hierbei zu berücksichtigenden Quellenmassen das Vermögen eines einzelnen Historikers meist bei weitem übersteigt.

3. Etwa die Hälfte der Institutskapazität ist seit Jahren auf die Dokumentation und Erforschung der deutschen Nachkriegsgeschichte gerichtet. Es geht dabei schwerpunktmäßig zunächst vor allem um das konstitutive erste Jahrzehnt nach 1945, in dem außenpolitisch, verfassungspolitisch und wirtschafts- und gesellschaftspolitisch die Weichen gestellt wurden. Für diese Phase sind in erheblichem Maße schon Akten sowohl der Besatzungsmächte wie der deutschen Behörden, Parteien und Verbände zugänglich, die es erlauben, die Genesis politischer Entscheidungen von innen her zu rekonstruieren. Was kritisch verstehende Zeitgeschichtsforschung im Institut auf diesem Felde der Nachkriegsgeschichte leisten kann, wird sich erst noch voll beweisen müssen. Der enge Zusammenhang mit politischer oder staatsbürgerlicher Bildung, sofern diese sich mit den geschichtlichen Grundlagen und der Entstehungsgeschichte der Bundesrepublik zu befassen hat, ist auch hier evident. Wir sind der Meinung, daß die Rekonstruktion der realen Geschichte des politischen Entscheidungshandelns mit ihren Konflikten und auch einschließlich der Versäumnisse und Unterlassungen, zu denen es dabei kam, geeigneter ist, politisches Bewußtsein von diesem Staat Bundesrepublik im Sinne sowohl kritischer wie verstehender Aneignung zu schaffen, als bloße Institutionenkunde oder Verfassungsnormen-Lehre. Der Nachvollzug konkreter Konflikt-Situationen, der zugleich historische Bedingtheiten und Sachzwang-Abhängigkeiten wie den Handlungs-

spielraum für politische Entscheidungen und sowohl die Chance wie die Gefährdung des Machtgebrauchs aufzeigt, läßt sich am besten historisch vermitteln. Die rechtzeitige disziplinierte empirische Erforschung und Darstellung dieser jüngsten Geschichte nach 1945 erscheint uns auch deshalb notwendig, weil sie wie alle von den Zeitgenossen noch erlebte Geschichte in der besonderen Gefahr der Verzerrung und Legendenbildung steht, aufgrund nur teilhafter und verschwommener Erinnerungen der einzelnen, dem hilflosen Nachplappern solcher Verschwommenheiten, ihrer schwärmerischen Auslegung oder nachträglich-willkürlicher oder gar feindseliger Deutung.

4. Zeitgeschichtswissenschaft in diesem Institut muß schließlich unter forschungsorganisatorischem Gesichtspunkt gesehen werden. Als überregionale, außeruniversitäre Forschungseinrichtung, die von Bund und Ländern getragen wird, hat das Institut für Zeitgeschichte die ständige Aufgabe, für seinen Wissenschaftsbereich allgemeine Grundlagendokumentationen in bezug auf Quellensammlung, Quellenverzeichnung und Quellennachweisung zu leisten, eine forschungsarchivische und, so könnte man sagen, hilfswissenschaftlich-propädeutische Aufgabe, die nur durch die Form der Institutsorganisation zu erfüllen ist. Der wissenschaftliche Service des IfZ besteht ferner darin, daß es mit seiner Zeitschrift und seinen drei separaten Veröffentlichungsreihen ein Forum regelmäßiger zeitgeschichtlicher Information und Diskussion für die einschlägige deutsche und internationale Forschung offenhält; ferner darin, daß es, wo immer sich konkrete Anknüpfungspunkte von den eigenen wissenschaftlichen Vorhaben her bieten, den Versuch macht, der hochgradigen Vereinzelung im Bereich vor allem der Hochschularbeiten durch entsprechende Koordination oder die Bildung von sachthematischen Projektzusammenhängen entgegenzuwirken. Dieses macht, so scheint mir, einen wesentlichen Stellenwert des IfZ im Bereiche der Zeitgeschichtsforschung in der Bundesrepublik aus, die immer noch in hohem Maße an den Universitäten geleistet wird.

Der Grenzraum zwischen Geschichte und Politik, mit dem es das Institut zu tun hat, macht es schließlich auch zur frequentierten Auskunftsstelle für Behörden und Gerichte. Das gilt insbesondere für die NS-Zeit. Aus dieser Tätigkeit sind zwei umfangreiche gedruckte Gutachtenbände und eine Sammlung Hunderter von unveröffentlichten Gutachten entstanden.

5. Ein an sich außerordentlich wichtiges, aber wohl überhaupt nicht befriedigend zu lösendes Problem – damit komme ich auf einen letzten Punkt – stellt sich mit der Frage der Durchsetzung zeitge-

schichtlicher Forschungsergebnisse in der Öffentlichkeit und speziell im Bereich der Schulbildung. Wenn das Institut auch auf den verschiedensten Wegen bemüht ist, seinen Veröffentlichungen möglichst weitgehende Verbreitung zu sichern, so gelingt das aufgrund des zwangsläufig spezialistischen Charakters seiner meisten Publikationen doch nur von Fall zu Fall. Ein Beispiel bilden die mehr historiographischen Beiträge des Instituts zu der von ihm herausgegebenen dreibändigen Deutschen Geschichte seit dem Ersten Weltkrieg, die in den letzten Jahren als Taschenbücher Verkaufsauflagen zwischen 50000 und 100000 Exemplaren erzielten. Auch die grundsätzliche Bereitschaft des Instituts, zeitgeschichtliche Fragestellungen aufzugreifen, die zwar in der Forschung weitgehend beantwortet sind, aber in der Öffentlichkeit dennoch vielfältig und kontrovers diskutiert werden, kann nur in besonders begründeten Einzelfällen realisiert werden; ebenso die aktive Mithilfe des Instituts bei der internationalen Schulbuchrevision wie bei der kritischen Beratung von Schulbuchautoren oder Schulbuchverlagen in der Bundesrepublik. Insbesondere die Begrenzung der Möglichkeiten auf dem letztgenannten Feld empfinden wir oft als schmerzlich. Wenn Geschichtswissenschaft insgesamt und Zeitgeschichte insbesondere so hohen Bildungsanspruch erheben und glauben erfüllen zu können, dann müssen sie nicht nur institutionell dadurch gesichert werden, daß der Geschichtsunterricht in den Schulen erhalten bleibt. Sie müßten auch mehr als bisher darum bemüht und in den Stand gesetzt sein, Didaktik der Geschichte nicht nur vereinzelt als Lehrfach an den Universitäten zu betreiben, sondern die Entwicklung historischer Unterrichtsmethoden und die Erstellung entsprechender moderner Lernmittel wissenschaftsorganisatorisch selbst in die Hand zu nehmen. Der heutige Stand ist hier – nach unserer Kenntnis und Meinung – noch immer sehr unbefriedigend. Der Differenzierungsgrad der Historie, die behutsame Entwicklung des Verständnisses für gegensätzliche politische, weltanschauliche Kräfte und soziale Interessen, für den komplizierten Prozeß des durch massive Sachzwänge eingeengten politischen Entscheidungshandelns – diese Vermittlungsaufgaben, von denen vorhin gesagt wurde, daß sie die eigentliche Essenz historischer Bildung ausmachen, fallen noch immer in hohem Maße den Vereinfachungen und Verkürzungen zum Opfer, die sich aus den Modalitäten gegenwärtiger Schulbuch- und Lehrmittelproduktion ergeben. Die historische Wissenschaft müßte hier unmittelbar eingeschaltet sein. Auf dem Gebiet der Zeitgeschichte sehe ich darin eine noch unerfüllte wichtige Zukunftsaufgabe für dieses Institut.

Probleme der Hitler-Forschung

Adolf Hitler steht im Mittelpunkt der Schrift von Ian Kershaw „Der Hitler-Mythos". Sie ist aber keine Fortsetzung der langen Serie neuer Hitler-Biographien. Der britische Autor, der einige Jahre lang in enger Kooperation mit dem Institut für Zeitgeschichte Quellen über die Volksmeinung in der NS-Zeit erforscht hat, geht nicht biographisch der Person nach, sondern soziographisch dem Image Hitlers. Er will nicht erneut darstellen, wer Hitler war, was er dachte, redete, tat und wollte, sondern wie er von den verschiedenen Schichten der Bevölkerung gesehen und „erlebt" wurde, vor allem von den einfachen Leuten. Die Untersuchung Ian Kershaws gehört in den Bereich der politischen Imagologie. Der Autor beschreibt den Aufbau, die Wandlungen und den Verfall des phänomenalen Hitler-Mythos im nationalsozialistischen Deutschland, seine sowohl bewußt propagandistische wie unbewußt psychologische Ausformung.

Die Begründung eines solchen Forschungs- und Darstellungsansatzes ist gestützt durch massive Evidenz, die sich schon bei der oberflächlichen Beschäftigung mit der Geschichte des Nationalsozialismus aufdrängt: Der exzessive Führer-Kult während dieser Zeit unterschied sich quantitativ wie qualitativ von anderen, uns aus der neuzeitlichen Geschichte geläufigen politischen Idealisierungen von bedeutenden Monarchen oder Staatsmännern, von Parteiführern mit großer Autorität oder von Volkstribunen mit charismatischen Qualitäten. Weder im Preußen Friedrichs des Großen oder im napoleonischen Frankreich, noch im Deutschland Otto v. Bismarcks, weder in der leninistischen oder stalinistischen Sowjetunion, noch im Italien Mussolinis war die Atmosphäre politischen Denkens so gänzlich erfüllt vom Nimbus des führenden Mannes wie im nationalsozialistischen Deutschland. Nirgends bildete der Führer-Mythos so sehr schon von Anfang an die Mitgift eines politischen Systems und seinen Dreh- und Angelpunkt, sein vorgegebenes Medium und Vehikel, durch das eine neue politische Gruppierung – die „Hitler-Bewegung" – die ihr eigentümliche Integrations- und Suggestivkraft entfalten und schließlich die kombinierte Macht von Staat und Partei in die Form der „Führerherrschaft" bringen konnte. In keinem anderen uns bekannten Fall bildete sich infolge der Zielstrebigkeit und Potenz einer auf den führenden Mann fixierten, in solcher Perfektion bisher nicht dagewesenen monopolistischen Propaganda sowie aufgrund eines extremen, nationalpsychologischen Erregungszustandes ein so empfängliches Rezeptionsklima für den Führer-Kult. Nirgends war die geschichtliche Führungsfigur in ihrer Wirkung und Bedeutung in solchem Maße auf das Fluidum von Massenstimmungen angewiesen, in dem sie agierte und von dem sie einen Großteil auch der ideologisch-programmatischen Zielsetzungen der fanatisch verfolgten Politik bezog. Bei keiner vergleichbaren Führungsfigur der neuzeitlichen Geschichte stand aber auch der historische „Nachruhm" in solchem Kontrast zum zeitgenössischen Nimbus, löste sich letzterer mit dem Ende des von der Führer-Person geprägten Systems so rasch in nichts auf. Noch in seinem Zusammenbruch war der Hitler-Mythos einzigartig.

Die zeitgeschichtliche Forschung hat die meisten dieser für Hitlers Führertum charakteristischen Aspekte längst herausgearbeitet, vor allem auch die irritierende Diskrepanz zwischen der so unansehnlichen persönlichen Lebensgeschichte und der so kolossalen politischen Wirkungsgeschichte Hitlers. Nichts prädestinierte den 30-jährigen Adolf Hitler, der nach dem Ersten Weltkrieg aus gänzlicher Anonymität und Bedeutungslosigkeit plötzlich hervortrat, zur späteren geschichtlichen Führerrolle. Für den im allgemeinen entwicklungsträchtigsten Lebensabschnitt zwischen dem 18. und 25. Lebensjahr, den Hitler in Wien und München verbrachte – aus eigenem Entschluß ohne Beruf und ohne übermäßige materielle Entbehrungen ganz und gar seinen Neigungen und den Zeiteindrücken hingegeben –, ist nicht ein einziges authentisches Zeugnis ernsthafter Selbstreflexion über Lektüre, Kunst und Politik überliefert, weder in Tagebüchern noch in Briefen. Von seelisch-geistiger Verarbeitung des Vielerlei, das der spätere Führer bis zu seinem 30. Lebensjahr aufnahm, von einem Prozeß der inneren Aneignung, Reifung und Bildung ist nichts zu spüren. Was er aufnahm, scheint in dem guten Gedächtnis nur selektiv gespeichert worden zu sein zum monologisch-rhetorischen Tagesgebrauch. Die erkennbare persönliche Lebensgeschichte Hitlers, auch in der Zeit nach 1919, bleibt extrem unpersönlich. Die „Metamorphose des Niemand aus Wien in den Führer Großdeutschlands", so schrieb vor einiger Zeit der Literaturhistoriker J. P. Stern in einem Essay über Hitler[1], läßt sich aus der Dokumentation der Lebensdaten schlechterdings nicht ableiten.

[1] J. P. Stern: Hitler, Der Führer und das Volk, München 1978, S. 12.

Aus solchen Gründen hat auch Sebastian Haffner in seinen „Anmerkungen zu Hitler“ der privaten Biographie nur einige spärliche Sätze gewidmet und auf die auffällige Diskrepanz hingewiesen „zwischen dem ungewöhnlich dürftigen persönlichen Leben und dem ungewöhnlich intensiven politischen Leben“, die Hitler von fast allen anderen bedeutenden Figuren der neuzeitlichen Geschichte unterscheide, auf die extreme „Eindimensionalität“ seiner politischen Leidenschaft bei einem sonst „inhaltlosen Leben“, „ohne alles, was einem Menschenleben normalerweise Wärme und Würde gibt, Bildung, Beruf, Liebe und Freundschaft, Ehe und Vaterschaft“[2].

Um so verwunderlicher ist es, daß die Hitler-Forschung sich so sehr auf das Biographische versteift, daß sie nicht stärker die wirkungsgeschichtliche Transmission dieses Führertums und vor allem auch die sozial- und volkspsychologischen Voraussetzungen des Hitler-Kults in den Blick genommen hat.

Obwohl die Geschichtsschreibung über die NS-Zeit immer wieder Zuflucht nahm zu hilflosen Umschreibungen aus dem Wortschatz der Dämonologie, die ihre Schwierigkeit einer Erklärung Hitlers beleuchtet, blieb sie doch einer hitlerzentrischen Deutung des Nationalsozialismus in starkem Maße verhaftet. Schon vor 20 Jahren hat Golo Mann in seiner „Deutschen Geschichte des 20. Jahrhunderts“ dem durchgängig nur mit „H.“ apostrophierten Führer zwar den Namen verweigert, aber um so mehr daran festgehalten, daß das Dritte Reich die Geschichte der Wirksamkeit vor allem „dieses Menschen“ gewesen sei, „das Abenteuer eines einzelnen Bösewichts, der Deutschland und durch Deutschland einem guten Teil der Welt seinen Willen aufzwang“[3].

Die nicht weiter in Frage gestellte Evidenz der „Alleinherrschaft“ Hitlers veranlaßte auch einen großen Teil der jüngeren Zeitgeschichtswissenschaft in der Bundesrepublik immer wieder zu einer stark personalen, hitlerzentrischen Sicht des Dritten Reiches und schien ihr ein genügender Grund sowohl für biographische Hitler-Forschung wie für die Anwendung geistesgeschichtlicher Kategorien bei der Bestimmung der politischen Motive Hitlers. Sicher trug in den vergangenen Jahren auch die Auseinandersetzung mit neomarxistischen gesellschaftstheoretischen Deutungen des Nationalsozialismus, in denen Hitler kaum vorkam oder nur als „Agent“ anonymer „herrschender Kräfte“, dazu bei, daß im Gegenzug ein ungenügend

---

[2] Sebastian Haffner, Anmerkungen zu Hitler, München 1978, S. 8 f.
[3] Golo Mann, Deutsche Geschichte des XX. Jahrhunderts, Frankfurt 1958, S. 322.

reflektierter personalistischer „Hitlerismus" in der Geschichtsdeutung der NS-Zeit wieder an Boden gewann.

Im Umkreis solcher Rückwendung auf die personenbezogene Historiographie entstanden auch jene Hitler-Bestseller Werner Masers[4], David Irvings[5], John Tolands[6], die durch die systematische Auswertung von persönlichen Zeugnissen, die Befragung von Adjutanten, Sekretärinnen, Chauffeuren oder Kammerdienern des Führers dem Menschen Hitler nahezukommen suchten. Die epische Ausbreitung solcher Erinnerungen von Zeugen, die Hitler aus der „häuslichen" oder „Vorzimmer"-Atmosphäre und Perspektive erlebten als einen, wie sie meinten, relativ „normalen" Menschen, als aufmerksam, rücksichtsvoll oder gar „herzensgut", diente zwar in erster Linie der Befriedigung des historischen Unterhaltungsbedürfnisses, verstand sich aber doch meist auch als Abkehr von den – vor allem in der außerdeutschen populären Literatur und Fernsehproduktion über den Nationalsozialismus – vorangegangenen primitiven Verteufelungen. Sie konnte sich mit solch demonstrativer „Vorurteilslosigkeit" ein wissenschaftliches Objektivitäts-Alibi verschaffen und gleichzeitig doch weiterführende Erkenntnis im Rahmen der Hitler-Forschung meilenweit verfehlen.

Drängen sich doch gerade im Falle Hitlers Fragen auf, die solcher Personalisierung entgegenstehen: Welche Krisenbedürfnisse ließen einen Agitator wie ihn zu historischer Geltung gelangen, welche unentbehrliche Funktion hatte der pseudoreligiöse Hitler-Glaube für die soziale Integration des Dritten Reiches, welche Bedeutung auch für die institutionelle Ausformung des Führer-Staates? An derartigen Fragen sind selbst bedeutende Hitler-Biographen vorbeigegangen. Die meisten von ihnen begnügen sich zur Legitimation des biographischen Ansatzes mit dem Hinweis, daß die nationalsozialistische Epoche „ohne ihn nicht gedacht werden kann"[7], und schließen von den riesenhaften Wirkungen auf die Ursächlichkeit der Person. Joachim Fest meint in seiner brillant geschriebenen, geistreichen Hitler-Biographie: „Hitler blieb die allesbewegende, unwiderstehliche Kraft." „In seiner Person hat ein einzelner noch einmal seine stupende Gewalt über den Geschichtsprozeß demonstriert"[8].

Gerade aber die von Jacob Burckhardt in den „Weltgeschichtlichen Betrachtungen" sehr differenziert gesetzten Maßstäbe für histo-

---

4 Werner Maser, Adolf Hitler. Legende, Mythos, Wirklichkeit, München/Eßlingen 1970.
5 David Irving, Hitler's War, London 1977.
6 John Toland, Adolf Hitler, Bergisch Gladbach 1977.
7 Joachim C. Fest, Hitler. Eine Biographie, Frankfurt/Berlin/München 1973, S. 22.
8 Ebenda, S. 21 f.

rische Größe, auf die sich Fest dabei beruft, lassen sich auf Hitler schwerlich anwenden. So wenig Burckhardt das Moralische als unabdingbar für das geschichtlich Große ansah, so sehr verdeutlichte er doch, daß gewaltige Energieentfesselung allein nicht schon „Größe" ausmacht. Wenn Burckhardt bemerkte (was Fest zitiert), daß geschichtliche Individuen dadurch „groß" wurden, daß sie, im Schnittpunkt mächtiger Zeitströmungen stehend, „ein Volk aus einem älteren in einen neuen Zustand hinüberzuführen" vermochten, so meinte der Schweizer Kulturhistoriker nicht *irgend*einen – etwa durch bloße Zerstörung entstandenen – „neuen Zustand", sondern einen neuen „Kulturzustand", eine neue zukunftsträchtige Gestaltung politisch-gesellschaftlichen oder geistig-kulturellen Lebens, und er fügte ausdrücklich hinzu: „Diese" – von einer großen geschichtlichen Persönlichkeit bewirkten – „dauernden (!) neuen Verhältnisse dürfen nicht bloß Machtverschiebungen sein, sondern es muß ihnen eine große Erneuerung des nationalen Lebens entsprechen." Die „bloß kräftigen Ruinierer" ließ Burckhardt ausdrücklich nicht als geschichtlich große Individuen gelten.

Das Dilemma der personalen Dürftigkeit Hitlers hinter den enormen Wirkungen, die von ihm ausgingen, hat Fest durch den Hinweis auf den von Walter Benjamin geprägten Begriff des „Sozialcharakters" zu kennzeichnen gesucht. Auf Hitler angewandt wäre darunter zu verstehen eine Figur, deren geschichtliche Bedeutung gerade darin besteht, daß sie in der eigenen Person „eine nahezu exemplarische Verbindung aller Ängste, Protestgefühle und Hoffnungen der Zeit" vollzieht[9] und sie – so ließe sich Fest weiterführen – an die Gesellschaft geballt zurückgibt und diese damit mobilisiert und integriert. Mit diesem Begriff des „Sozialcharakters" stand Fest dem eigenen biographisch-personalen Ansatz am stärksten selbst im Wege; er hat leider nicht systematisch weitergearbeitet und erforscht, wie es zur Vermittlung zwischen den Zeitströmungen und dem Individuum Hitler kam.

Einen ähnlichen „Bruch" registrieren wir bei Sebastian Haffner, wenn dieser zwar deutlich macht, daß die Lebensgeschichte Hitlers zur Erhellung seiner Politik nichts beiträgt, aber doch das politische Denken und Wollen Hitlers durchaus als entscheidende politische Kraft und Ursache des Geschichtsverlaufs beschreibt. Die Deutung des Politikers Hitler läßt sich von der Lebensgeschichte der Person aber schon deshalb nicht einfach ablösen, weil ohne letztere auch der Anfang und Ausgangspunkt des Hitlerschen politischen Denkens

---

[9] Ebenda, S. 21.

und Wollens im dunkeln bliebe. Welche Zeiterfahrung und welche „Verarbeitung" dieser Erfahrung prägten seine nach 1919 plötzlich einsetzende Aktivität? War es erst die unmittelbare nationalistisch-konterrevolutionäre Trotzgesinnung, die seit Kriegsende fast überall in Deutschland völkisch-antisemitische und rechtsradikale Bünde, Zirkel, Freikorpsgruppen entstehen ließ, oder waren es schon spezifische österreichische, Wiener Erfahrungen, denen Hitler in „Mein Kampf" rückblickend, aber wahrscheinlich verfälschend, konstitutive Bedeutung für seine Weltanschauung beigemessen hat?

Bezeichnend für das Maß der Unklarheit, mit der die biographische Hitler-Forschung zu tun hat, ist, daß wir Sicheres nicht einmal über die Entstehungsgeschichte des Hitlerschen Antisemitismus wissen. Wenn es zutrifft, was John Toland und Rudolf Binion in ihren Studien glauben feststellen zu können, nämlich daß es eher unwahrscheinlich sei, daß Hitler bereits vor 1914 ein erklärter, überzeugter Antisemit gewesen ist, dann wird das Konjunkturelle seiner 1919 hervortretenden radikal-antisemitischen Einstellung wie überhaupt der Genese seiner „Weltanschauung" noch stärker als bisher zu veranschlagen sein. Noch unbegründeter würde dann die Annahme, dieser Mittelpunkt seiner fanatisch geglaubten Ideologie sei in langen Jahren der politischen Begriffsbildung schon vor Beginn seiner politischen Karriere fest verankert gewesen.

Um so rätselhafter würde mithin aber auch das unbestreitbare Phänomen der frühen weltanschaulichen Fixierungen Hitlers, die kurze Spanne politischer Ideen-Fabrikation und Festlegung zwischen 1919 und 1924; noch stärker der Eindruck, daß die Dynamik der Propaganda-Aktivität, die Hitler in diesen Jahren entfesselte, weitgehend bestimmend gewesen ist auch für die Inhalte seiner politischen Programmatik. Die mit Vehemenz und zunehmendem Erfolg erprobte leidenschaftliche nationalistische Demagogie, geleitet von dem Bedürfnis, immer größere Massen in den Bann seiner politischen Rhetorik zu ziehen und sich politisch erfolgreich in Szene zu setzen, wäre gleichzeitig zu verstehen als eine Art Selektionsmechanismus auch für die radikale Substanz seiner Ideologie: Antisemitismus, Antimarxismus und Anti-Internationalismus – die drei Stereotypen des Hitlerschen Weltbildes – müßten noch mehr von den überindividuellen Bedingungen der Protestbewegung gegen die vermeintlichen „Verbrechen" des Waffenstillstandes, der Novemberrevolution und des Versailler Friedensvertrages her verstanden werden. Das „Denken" Hitlers wäre demnach zu verstehen als ein Kanon politischer Schlagworte, von ihm vor allem ihrer damaligen Wirksamkeit wegen auf den „Begriff" gebracht, als Weltanschauung rationalisiert und radikalisiert, schließlich aber mittels seiner hypertrophen Selbsteinschätzung von Hitler selbst geglaubt und fanatisch verfolgt, in jener merkwürdigen autosuggestiven Vertauschung von „Idee" und „Agitation", für die schon „Mein Kampf" reichliche dokumentarische Evidenz liefert.

Wir sehen uns mit diesen Überlegungen einer zentralen Frage der Hitler-Interpretation gegenüber, auf die die amerikanische Psychohistorie neuerdings ihre eigene, eigenwillige Antwort gegeben hat, in Gestalt vor allem der Deutungen von Langer[10], Waite[11] und Binion[12]. Der Umstand, daß die Weltanschauungsgenese Hitlers als geistiger Prozeß kaum zu fassen ist, sich weitgehend nur in agitatorischer Form niedergeschlagen hat und Hitler die politische Bühne fast sofort als ein ideologisch Festgelegter betrat, bedeutete gleichsam eine Einladung an die psychoanalytische Deutung, legte es nahe, diese „Fixationen" Hitlerschen Weltanschauungswillens auf punktuelle traumatische Erlebnisse zurückzuführen, anstatt auf prozeßhafte ideologische Entwicklungen. Abgesehen von den quellenkritischen Einwänden, die auch der nicht psychoanalytisch versierte Historiker gegen die dabei vorgebrachten psychologischen „Befunde" geltend zu machen vermag[13], können die vor allem von Rudolf Binion mit scharfsinniger Stringenz vorgetragenen Deutungen unzweifelhaft im Rahmen ihrer Prämissen Schlüssigkeit aufweisen und sind insofern schwer angreifbar. Sie haben gleichwohl mit Geschichtserklärung kaum noch etwas zu tun: Die Vernichtung der Juden und die katastrophale Selbstzerstörung des Deutschen Reiches, verstanden als zwanghafte Reproduktion traumatischer Kindheitserlebnisse Hitlers, – das läßt alle überindividuellen, gesellschaftlichen und politischen Konditionen Hitlerschen Denkens und Wollens außerhalb des Blickfeldes, bedeutet radikale Privatisierung der Historie: der psychoanalytisch enträtselte Dämon Hitler als das Agens der Geschichte. Wir können uns mit solchen Interpretationen, die letztlich auf eine Ent-Historisierung der Geschichte hinauslaufen, wenig befreunden.

Gerade die der substantiellen Deutung und Erfassung sich so sehr entziehende Person Hitlers – hinter den enormen Wirkungen, die er

---

[10] Walter C. Langer, Das Adolf-Hitler-Psychogramm. Eine Analyse seiner Person und seines Verhaltens, verfaßt 1943 für die psychologische Kriegsführung der USA, Wien/München/Zürich 1972.

[11] Robert G. Waite, Adolf Hitler, the Psychopathic God, New York 1977.

[12] Rudolf Binion, „... daß ihr mich gefunden habt". Hitler und die Deutschen: eine Psychohistorie, Stuttgart 1978.

[13] Vgl. Hans W. Gatzke, Hitler and Psychohistory. In: American Historical Review 78 (1973), S. 394 ff.

in Gang setzte – hätte die Forschung von der biographischen Fährte eher ablenken und auf die Untersuchung der sozialpsychologischen Wirkungsvoraussetzungen des „Führers“ hinweisen können, die freilich methodisch sehr viel ungesicherter ist.

Die hier vorgelegte Studie ist ein Versuch in dieser Richtung. Ursprünglich gar nicht geleitet von Zielsetzungen der Hitler-Forschung, entwickelte sich ihre Perspektive – wie bereits angedeutet – aus dem Umkreis der systematischen Erforschung der Volksmeinung im Dritten Reich. Die exzeptionell breite Überlieferung vertraulicher Berichte über Volksreaktionen auf kleine und große Tagesereignisse in der NS-Zeit, die in bayerischen Archiven und Registraturen vorliegt und im Rahmen eines gemeinsam vom Institut für Zeitgeschichte und den Staatlichen Archiven Bayerns unternommenen Forschungsprojekts erschlossen und zugänglich gemacht wurde, bot dem Autor die Grundlage für eine Feldforschung, wie sie in dieser Intensität bisher kaum geleistet worden ist. Neben vielerlei anderen Topoi der Meinungs- und Mentalitätsgeschichte im Dritten Reich, die in den Ergebnissen dieser Forschung sichtbar wurden, tritt das „Phänomen“ der legendären „Ausstattung“ des Hitlers-Bildes in den verschiedensten Volksschichten dabei besonders eindrucksvoll hervor. Neben den unmittelbaren Auswirkungen der offiziellen Hitler-Propaganda wird in den einschlägigen Zeugnissen die selbsttätige selektive „gesellschaftliche“ Produktion des Hitler-Mythos immer wieder erkennbar. Diese Untersuchung von Volksmeinungen machte ganz allgemein deutlich, wie sehr Ereignisse der großen Politik auf der unteren Ebene der Politikverarbeitung und -erfahrung je nach den milieubedingten und schichtenspezifischen Normen und Erwartungen „umgemodelt“, wie sehr Bedeutungsprioritäten nationaler Ereignisse im Medium lokaler und sozialer Traditions- und Interessengebundenheit verändert wurden und das subjektive Erlebnis von der objektiven Realität politischer Vorgänge abweichen konnte.

Der Befund selektiver Verzerrung politischer Erfahrung durch die im allgemeinen nur passiv, aber in unterschiedlicher Weise von Politik betroffene Bevölkerung hatte im Falle der Meinungsbildung über Hitler besondere Relevanz. Bei der „von unten“ geleisteten Idealisierung Hitlers war auch eine Reihe besonderer Faktoren maßgeblich, „Mechanismen“ der Kompensation, der Alibi-Konstruktion u. a., die Ian Kershaw in seiner Studie vor allem auch durch den systematischen Vergleich zwischen dem überwiegend negativen „Image“ der NSDAP und dem überdimensional positiven populären Hitler-Bild herausarbeitet.

Der Plan, aus der Fülle des Dokumentationsmaterials über Volksmeinungen im Dritten Reich eine Untersuchung und Dokumentation über den „Hitler-Mythos“ auszugrenzen, als selbständiges Thema zu organisieren und zu publizieren, ist in gemeinsamen Überlegungen gefaßt und konkretisiert worden. Auch während der Ausführung der Arbeit wurden der Gedankenaustausch und die Kooperation intensiv fortgeführt. Die nun vorliegende Schrift kann insofern auch als Ergebnis einer erfreulich engen und, wie ich meine, gut gelungenen Zusammenarbeit gelten.

Von ihrer Materialbasis und Perspektive her konnte die Arbeit naturgemäß nicht das ganze Feld der noch kaum erforschten sozialpsychologischen Voraussetzungen der Wirksamkeit des Hitler-Mythos untersuchen. Der eingangs angedeutete Vergleich des Hitler-Kults mit Idolisierungen anderer „Herrscher“ in früheren Phasen der deutschen Geschichte oder in außerdeutschen Nationen und Gesellschaften, aus dem sich vielleicht Erkenntnisse über ähnliche „Vehikel“ des psychologischen „making“ von nationalen „Helden“ und „Führern“ und ähnliche pseudoreligiöse Motive solcher Projektionen gewinnen lassen, konnte ebensowenig unternommen werden wie eine systematische Dokumentation des Hitler-Bildes bei den Führungsschichten in Staat und Gesellschaft des Dritten Reiches oder bei den „Meinungsführern“ im befreundeten, neutralen oder gegnerischen Ausland. Ein handicap war gewiß auch, daß die „Imagologie“ innerhalb der Geschichtswissenschaft noch kaum ein sicheres erkenntnistheoretisches und methodisches Rüstzeug entwickelt hat.

Die Ergebnisse der vorliegenden Untersuchung gestatten es gewiß auch nicht, einfach abzumessen, was nur dem überdimensionalen Nimbus zuzuschreiben ist, der um Hitler gewoben wurde und ihn so sehr umspannte, daß die Realität seines eigenen Denkens, Wollens und Tuns von dem schließlich von ihm selbst adaptierten Führer-Mythos gar nicht mehr zu trennen ist. Die Fülle der auf Hitler bezogenen Volksäußerungen, die Kershaw vorführt und erläutert, macht aber evident, wie riesengroß, langlebig und selbständig der Mythos war, der um Hitler herum entstand. Der Verfasser liefert auch zahlreiche Anhaltspunkte zur Deutung des populären Wunderglaubens an den Führer.

Vieles spricht dafür, daß die an Vergötterung grenzende Verehrung Hitlers als eine Form exzessiven nationalpolitischen Personenkults einem noch weitgehend vordemokratischen Zustand populärer politischer Meinungsbildung zuzuordnen ist, dem schon oft diagnostizierten Phänomen einer noch unterentwickelten politischen Kultur in einer zivilisatorisch und ökonomisch bereits hoch entwickelten

Gesellschaft. Die massive politische Irrationalität, die im Führer-Glauben in Deutschland aufschoß, war aber gewiß auch Kompensation für die hochgradig desintegrative politische und gesellschaftliche Wirklichkeit des deutschen Nationalstaates seit der Reichsgründung und insbesondere seit 1918. Die Dokumente, die der britische Historiker beibringt, zeigen aber vor allem dies: Nicht der Nationalsozialismus, die NSDAP oder die Nazi-Weltanschauung erzeugten die einige Jahre lang trotz aller inneren Friktionen stupende Kohäsionskraft des Dritten Reiches, sondern in erster Linie der Führer-Glauben. Insofern kommt auch diese Studie zum Ergebnis des „Hitlerismus", aber auf einem Wege, der gerade nicht von der Person, sondern von den ihr vorgegebenen und auf sie projizierten Erwartungen der Gesellschaft ausgeht. Von solcher Perspektive her kann – ebenso wie von machtstrukturellen und institutionenngeschichtlichen Untersuchungen, bezogen auf die Form und „Vermittlung" der „Führerherrschaft" – deutlich werden, daß unter wirkungsgeschichtlichem Aspekt Hitler nicht als Person, sondern letzten Endes selbst als eine Art „Struktur" verstanden werden muß. Die „Unperson", die in so gewaltigem Maße Geschichte machte, zwingt dazu, nicht in erster Linie das Individuum Hitler, sondern das ihn umgebende sozialpsychologische, propagandistische und institutionelle Gefüge zum Forschungsgegenstand zu machen, wenn nicht nur Phänomenologisches erfaßt werden soll. Demgegenüber wird jede biographische Hitler-Forschung dazu verleitet, von den Ursachen dieser Wirkung weit mehr in die Person Hitlers hineinzuverlagern, als in ihr gewesen ist, dem Führer – nolens volens – posthum zu geschichtlicher „Größe" zu verhelfen, damit aber zugleich – wenn auch unwillentlich – die „gesamtgesellschaftliche" Zeitverantwortung für den Hitler-Glauben, der der Person erst den gewaltigen Resonanzboden verschaffte, abzuschwächen.

Bei alledem soll und kann nicht bestritten werden, daß der Verfassungszustand des nationalsozialistischen Führerstaates schließlich derart war, daß die höchst individuellen ideologischen oder manischen Fixierungen des Individuums Hitler spätestens ab 1941 zunehmend den politischen Führungswillen des Dritten Reiches bestimmten. Aber unter dem Aspekt des gesellschaftlich erzeugten Hitler-Mythos stellen sich die historischen Ursachen und Verantwortlichkeits-Verhältnisse anders dar als bei Sebastian Haffner, der von seinem hitleristischen Ansatz her zu der allzu einfachen Folgerung gelangt, daß das hauptsächliche Opfer Hitlers das deutsche Volk gewesen sei. Geht man davon aus, daß die seit 1936 bei Hitler zunehmend zu registrierende Unfehlbarkeits-Selbsteinschätzung, der Anfang seiner sich manisch steigernden Hybris, selbst in hohem Maße von außen induziert war, daß Hitler – so könnte man in Umkehrung von Sebastian Haffner zugespitzt sagen – selbst Opfer des ihm von der Propaganda und seinem Volk angedichteten Führer-Mythos wurde, dann ergibt sich zwangsläufig ein anderes Bild.

Der britische Autor dieser Schrift geht auf diese unvermeidlicherweise primär deutsche zeitgeschichtliche Kontroverse selbst nicht ein. Seine Studie trägt aber wesentlich dazu bei, die personalistische Form hitlerzentrischer Deutung kritisch in Frage zu stellen, und weist neue Wege wirkungsgeschichtlicher Hitler-Forschung.

Resistenz und Widerstand

Eine Zwischenbilanz des Forschungsprojekts „Widerstand und Verfolgung in Bayern 1933-1945"

I.

Mit der gleichzeitigen Veröffentlichung der Bände III und IV der Reihe „Bayern in der NS-Zeit" ist das vom Institut für Zeitgeschichte durchgeführte Forschungsprojekt „Widerstand und Verfolgung in Bayern 1933-1945" noch nicht beendet. Aber ein wesentliches Stadium ist erreicht, und der 1982 bevorstehende Abschluß des Gesamtvorhabens läßt sich zeitlich und inhaltlich übersehen. Zwei weitere, in der Vorbereitung schon weit gediehene Bände (V und VI) werden in etwa Jahresfrist folgen und den Schlußpunkt setzen. In ihnen sollen der aktive Widerstand gegen das NS-Regime und seine drakonische Unterdrückung noch einmal in den Mittelpunkt gerückt und unter zwei kategorial zu unterscheidenden Aspekten betrachtet werden: als das Handeln von (parteipolitisch bzw. weltanschaulich konstituierten) *Gruppen* und als das Handeln des *Einzelnen*. Von solchen gegensätzlichen Perspektiven her wird sich u. a. ergeben, wie stark sowohl das Kollektiv-Politische als auch das Individuell-Moralische des Widerstandshandelns durch soziale Gegebenheiten und Umweltfaktoren konditioniert waren. Insofern werden auch diese beiden folgenden Bände zurückverweisen auf die Gesellschaftsgeschichte politischen Verhaltens in der NS-Zeit, die mit den jetzt vorliegenden vier Bänden dieser Reihe am Beispiel Bayerns in vielfältiger Weise exemplifiziert worden ist.

Verbieten es die noch ausstehenden Bände, die in bezug auf die Ausfüllung des Widerstandsbegriffs gewichtige Beiträge erwarten lassen, jetzt schon eine abschließende Betrachtung über die Erfahrungen und Ergebnisse des Projekts anzustellen, so scheint uns doch, nach dem Erreichen eines wichtigen Abschnittes, eine Zwischenbilanz angebracht. Dabei ist zunächst in Erinnerung zu rufen und aufgrund der zugewachsenen Arbeitserfahrung näher zu erläutern, von welchen Hypothesen das Projekt ausging und welche Überlegungen maßgeblich dafür waren, daß seine Richtung so bestimmt wurde, wie dies in den vorliegenden Bänden zum Ausdruck kommt.

Am Anfang dieser Reihe („Bayern in der NS-Zeit") stand die 1977 herausgegebene breitgefächerte Berichts-Dokumentation über die „soziale Lage und das politische Verhalten der Bevölkerung" (Band I). Darauf folgte eine nunmehr in drei weiteren Bänden (II-IV) mit insgesamt 20 Beiträgen vorliegende Serie von Einzelstudien. Ihr erklärtes Ziel war es, das dokumentarische Überblicksbild über Alltagserfahrungen der NS-Zeit in Bayern zu ergänzen und zu vertiefen „durch die genauere, exemplarische Untersuchung der Verhältnisse in einzelnen Lebens- und Politikbereichen". Mit alledem galt es einzulösen, was als richtungweisendes Ziel des Projekts ins Auge gefaßt war: Am Beispiel Bayerns eine breite Skala der „Gesellschaftsgeschichte politischen Verhaltens" in der NS-Zeit zu entfalten.

Zur Begründung dieses für das Projekt richtungweisenden Ansatzes war im Vorwort zum ersten Band der Reihe ausgeführt worden, das Forschungsthema „Widerstand und Verfolgung" müsse aus „monumentalistischer Erstarrung" gelöst und neu verlebendigt werden. Damit war eine kritische Position angedeutet, die hier noch einmal erläutert werden soll. Sie ist begründet in der Auffassung, daß zwischen gesinnungsethischer und kritisch-historischer „Aufarbeitung", die sich gerade bei dem Thema Widerstand unausweichlich durchdringen, sorgsam Balance gehalten werden muß, wenn dessen Aneignung auch durch die Generation der Nachgeborenen nicht nur in der äußeren Form pietätvoller Respektbezeugung, sondern auch auf dem Wege reflektierter, realistischer historischer Erfahrungsbildung ermöglicht werden soll. Von daher gesehen schien uns schon die meist isolierte, aus dem Gesamtzusammenhang der Wirkungs- und Erfahrungsgeschichte des Dritten Reiches herausgelöste Darstellung „des Widerstandes", wie sie überwiegend bei der Geschichtsschreibung über die „Männer des 20. Juli", aber auch bei der in Westdeutschland erst verspätet in Gang gekommenen Untersuchung des Widerstandes der Arbeiterbewegung zu beobachten ist, eine problematische Verengung mit der Tendenz zur unkritischen Kanonisierung bestimmter Formen und Figuren des Widerstandes. Sie wird häufig verstärkt durch die fast ausschließliche „Besetzung" des Themas mit der Geschichte herausragender Märtyrer. Das Lebensopfer, das sie brachten, zwingt auch die Art des geschichtlichen Erinnerns in den Bann, verpflichtet noch den Gestus und die Sprache des Historikers auf das Statuarisch-Vorbildliche, sperrt damit aber auch oft den Weg für historische Fragen. Zu dieser das Widerstandsthema aus der Realität und Komplexität des Geschichtsprozesses herauslösenden Monumentalisierung trug sicher auch die politisch-legitimatorische Bedeutung bei, die der Widerstand nach 1945 in Westdeutschland nicht nur für einzelne politische Gruppen, sondern den politisch-demokratischen Neubeginn überhaupt gewann. So unterschiedlich die Motive und Ziele der Anti-Hitler-Opposition gewesen waren, im Begriff des Widerstandes gegen den totalitären Unrechtsstaat des Dritten Reiches blieb, trotz der tiefen politischen Gräben, die schon bald nach Kriegsende Antifa-Koalitionen in Westdeutschland zum Scheitern brachten, die frühere gemeinsame Negation des Nationalsozialismus als ein für die politische Kultur der Bundesrepublik bedeutsames Element des Gegenseitigkeitsrespektes, des Minimal-Konsenses selbst zwischen Kommunisten und Christlich-Konservativen, wenigstens in Spuren erhalten. Daher war es auch wichtig, das Geschichtsbild vom „anderen Deutschland" so eindrucksvoll und unverlierbar wie möglich festzumachen. Aus dem inzwischen gewonnenen größeren Abstand heraus zeigen sich zunehmend aber auch die das Geschichtsverständnis hemmenden Elemente solcher Kanonisierung des Widerstandes. Die Verschwörer des 20. Juli mit ihren vielfach problematischen politischen Zukunftsvorstellungen und die deutschen Kommunisten mit ihren fatalen Irrtümern über das Wesen des Nationalsozialismus gehörten in die Wirklichkeit der zerrissenen deutschen Geschichte ebenso hinein wie die von der Emigration her tätigen Leiter konspirativer Widerstandstätigkeit, auch wenn der Begriff vom „anderen Deutschland" dazu angetan ist, ihnen eine fiktive Position *neben*, nicht *in* der Wirklichkeit dieser Geschichte zuzuweisen.

Zu bedenken war ferner, daß der Tendenz zur Identifizierung des Widerstandes mit dem großen Märtyrertum häufig ein falsches Bild des Dritten Reiches als eines monolithischen Systems totaler Macht und Herrschaft korrespondiert, das Bild eines Totalitarismus, demgegenüber nur eine alles aufopfernde, alles riskierende Oppositionshaltung möglich gewesen sei. Totalitarismus und Märtyrertum im Widerstand stellen vielfach, und besonders in den schulbuchartig vereinfachten und verkürzten Darstellungen der NS-Zeit, die beiden tragenden Säulen eines Geschichtsbildes dieser Zeit dar, das in der Erlebniswelt der jungen Generation kaum noch eine Stütze hat und eher geeignet scheint, statt nachvollziehbarer, reflektierter Erfahrungsbildung aus Geschichte einer naiven Rigorosität moralisierender Geschichtsbetrachtung und vielleicht auch ihrer unkritischen Projektion auf die Gegenwart Vorschub zu leisten.

Nicht zuletzt deshalb schien bei der Konzeptionsbildung des Projekts – um das Thema neu nahezubringen und neu zu entdecken – ein Ansatz notwendig, der es ermöglichte, neben dem kämpferischen, konspirativen Widerstand, der Leib und Leben aufs Spiel setzte, die vielen „kleinen“ Formen des zivilen Mutes, der jedem Zeitgenossen des Dritten Reiches zuzumuten war – im Kontrast zum Hauptstrom ängstlicher Anpassung oder enthusiastischer Regimebejahung –, in vollem Maße in die Betrachtung einzubeziehen. Es war das Hauptziel des Projekts, das Widerstandsthema breiter zu entfalten, es einzubetten in die keineswegs einlinige, sondern äußerst unterschiedliche Wirkungs- und Erfahrungsgeschichte der NS-Zeit. Dabei sollte ferner, unter weitgehender Ausklammerung des „großen“ politischen und nationalen Entscheidungshandelns an der Spitze, der Blick vor allem auf die Auswirkungen des Regimes im alltäglichen Leben der Bevölkerung gerichtet werden, auf das Verhalten der von der „großen Politik“ so oder so Betroffenen, auf die „unten“, in den gesellschaftlichen „Primärsystemen“ agierenden und reagierenden Kräfte und Personen. Es galt, den Begriff und die Geschichte des Widerstandes in die konkrete, situationsgebundene und naturgemäß immer nur partielle Erfahrungswelt sozialer und lokaler Gruppen einzugliedern und sie in solcher Gebundenheit neu zugänglich zu machen – als eine zwar weniger spektakuläre, dafür aber um so eher nachvollziehbare, nachdenklich machende histoire humaine.

Die sich daraus ergebende Ausweitung des Widerstandsthemas sollte nicht, das wurde einleitend im ersten Band dieser Reihe schon vermerkt, einer inflationären Entwertung des Widerstandsbegriffs oder gar einer irreführenden Vergrößerung seiner quantitativen und qualitativen Bedeutung Tür und Tor öffnen. Ihr Ziel war es vielmehr, die breite Skala sowohl der Ausdrucksformen des Widerstandes – von der zeitweilig oder beharrlich resistenten Nonkonformität bis hin zur illegalen Untergrundarbeit – aufzuzeigen, vor allem auch die Fülle der Anlässe und Rahmenbedingungen für oppositionelles Verhalten darzulegen und, neben dem aus vorgegebenen politisch-weltanschaulichen Antihaltungen stammenden *grundsätzlichen* Widerstand, auch die vielfältigen ad-hoc-Widerstände zu berücksichtigen, die das NS-Regime im Laufe seiner Geschichte durch einzelne seiner Maßnahmen selbst produzierte.

Das bedeutete nicht nur eine Ausdehnung des Projekts in Richtung auf eine breit angelegte Gesellschaftsgeschichte des politischen Verhaltens, sondern implizierte auch eine exemplarische Erforschung und Darstellung der verschiedenartigen gesellschaftlichen Wirkungen des NS-Regimes. Dabei waren wir bemüht, am Beispiel Bayerns auch gerade solche gesellschaftlichen Sektoren und Politikbereiche in den Blick zu nehmen, die in der zeitgeschichtlichen Forschung bisher ausgelassen oder zu kurz gekommen sind. Insofern enthalten die nun vorliegenden Bände dieser Reihe, über die engere

Perspektive des Widerstandsbegriffs und den weiteren Aspekt der Mentalitäts- und Verhaltensgeschichte hinaus, auch manche weiterführenden Beiträge zur politischen und vor allem zur Gesellschaftsgeschichte der NS-Zeit. Und gerade in bezug auf sozialgeschichtliche Themen und Fragestellungen hat sich, so scheint es uns, die im Rahmen des Projekts um der exemplarischen Konkretisierung willen bevorzugte Methode der Feldforschung und der Fallstudien vielfach bewährt.

Die aus den genannten Gründen intendierte Ausweitung des Projekts bedeutete nicht, daß nun alle möglichen, beliebigen Spezialstudien zur Geschichte des Nationalsozialismus in Bayern in das Projekt aufgenommen werden konnten. Als Rahmen für die engere, am Widerstandsbegriff orientierte verhaltensgeschichtliche Fragestellung blieb die Aufspürung und Untersuchung der *Konfliktfelder* der NS-Zeit bestimmend. Der „Konflikt" zwischen dem Durchsetzungswillen des NS-Regimes und bemerkbaren, wirksamen Gegenkräften bot sich als der äußerste zulässige, sinnvolle Rahmen an, in dem sich ein vom Widerstandsbegriff ausgehendes Forschungsprojekt zu bewegen habe. Dementsprechend findet auch die im durchlaufenden Titel dieser Reihe angesprochene allgemeine Thematik („Bayern in der NS-Zeit") ihre präzisere, projektbezogene Bestimmung in dem Untertitel der Serie der monographischen Forschungsbeiträge: „Herrschaft und Gesellschaft im Konflikt." Der hierbei zugrunde gelegte Begriff der „Gesellschaft" ist sehr weit gefaßt. Er geht aus von der – spätestens seit Sommer 1933 erreichten – Monopolisierung des organisierten politischen Lebens durch den Nationalsozialismus und stellt dieser Form der politischen Herrschaft „die Gesellschaft" als ein Feld gegenüber, das von den totalitären Erfassungsambitionen des NS zwar ebenfalls betroffen war, aber doch nicht in uniformer Weise ebenso schnell und vollständig gleichgeschaltet werden konnte, ein Feld, in dem sich die dem NS vorgegebenen Einstellungen, Traditionen, Interessen und außerpolitischen Institutionen noch teilweise mehr oder weniger selbständig erhalten konnten. Die Paraphrase „Herrschaft und Gesellschaft im Konflikt" unterstellt dabei, daß wirksame Gegenkräfte gegen die NS-Herrschaft nur solche sein konnten, die bis zu einem gewissen Grad gesellschaftlich relevant waren, d. h. Rückhalt und ein Widerlager in noch zeitweilig oder teilweise stabilen vor- und außernationalsozialistischen Normen, Traditionen oder Organisationen hatten. In die vielfältigen lokalen, gesellschaftlichen und institutionellen Konfliktfelder der NS-Zeit, die sich dem historisch Forschenden unter diesem Gesichtspunkt zeigen, sollte mit dem Projekt ein energischer Vorstoß unternommen werden.

II.

Das Gesamtverzeichnis der 20 nunmehr vorliegenden Beiträge sowie die Palette der einzelnen Abschnitte der vorangegangenen Berichtsdokumentation verdeutlichen das Ergebnis dieser Bemühung. Die Skala der Politik- und Gesellschaftsbereiche, deren exemplarische Untersuchung oder Dokumentation im Rahmen des Projekts unternommen wurde, reicht vom Theater und der Architektur über Presse, Schule, Kirche, Arbeits-, Wirtschafts-, Kommunalverwaltung, Justiz, Polizei und der „Welt" der Konzentrationslager bis hin zu den Gliederungen der NSDAP (SA, SS, NSBO, HJ) und den gleichgeschalteten Interessenorganen des NS-Regimes (Reichsnährstand, Deutsche Arbeitsfront, NS-Lehrerbund u. a.). Der Bogen der Betrachtung spannt sich von der Agrar-, Industrie- und Rüstungswirtschaft über die Arbeitseinsatz- und Sozialpolitik, NS-Schulung, Propaganda und Jugenderfassung bis hin zu den großen Themenbereichen des Kirchen- und Weltanschauungskampfes, der Bekämpfung und Untergrundarbeit politischer Gegner, der Diskriminierung und Verfolgung von Juden und „Asozialen". Als gesellschaftliche Akteure oder Betroffene treten auf: Bauern, Landarbeiter, Kriegsgefangene und Fremdarbeiter, Industriearbeiter, Werksleiter und Unternehmer, Pfarrer, Lehrer und HJ-Führer, Adlige, Beamte, Journalisten, Frauen, Jugendliche und soziale Außenseiter, Akademiker und Künstler, Bürgermeister, Ortsgruppenführer und Ortsbauernführer, Betriebsobmänner und Vertrauensleute, Landräte, SA-Kommissare, Gendarmeriewachtmeister, Agenten der Politischen Polizei, Häftlinge, Kapos und SS-Funktionäre. Schauplätze des Geschehens sind: rein katholische Bezirke Altbayerns neben evangelischen Hochburgen und gemischt-konfessionellen Gebieten in den fränkischen und schwäbischen Bezirken Bayerns: das Dorf, die Kleinstadt, das großstädtische Viertel; die Fabrik, das Rathaus, die Kirche und das Klassenzimmer, das Jugendheim, die Zeitungsredaktion, der Gerichtssaal, das Gefängnis.

Beim Überblick über diese Themenkreise sind auch eine Reihe von Arbeiten einzubeziehen, die im Rahmen des Projekts auf den Weg gebracht wurden, aber, meist wegen ihres Umfanges, außerhalb dieser Sammelbände publiziert worden sind. Zu erwähnen sind hier u. a. die Dissertationen von Zdenek Zofka, Ludwig Eiber und Evi Kleinöder[1], sowie die pressegeschichtlichen Fallstudien von Norbert

[1] Zofka, Zdenek: Die Ausbreitung des Nationalsozialismus auf dem Lande. Eine regionale Fallstudie zur politischen Einstellung der Landbevölkerung in der Zeit des Aufstiegs und der Machtergreifung der NSDAP 1928-1936. München 1979; Eiber, Ludwig: Arbei-

Frei, von denen nur eine in dieser Reihe (Bd. II) veröffentlicht worden ist, die beiden anderen (über die Gleichschaltung der katholischen Presse in Bamberg und über die Presseauseinandersetzung in Südost-Oberbayern in den ersten Jahren des Dritten Reiches) im Rahmen der Gesamt-Dissertation des Autors gesondert publiziert wurden[2]; ferner die aus dem Projektzusammenhang entstandene Untersuchung des britischen Historikers Ian Kershaw über das Hitler-Bild in der bayerischen Volksmeinung[3], schließlich einige Aufsätze, die die Projektmitarbeiter als Nebenergebnis ihrer Forschungen separat veröffentlicht haben[4].

Von Anfang an war selbstverständlich, daß trotz der bewußt intendierten breiten Themenstreuung eine vollständige oder auch nur eine repräsentative Wiedergabe aller gesellschaftlichen, wirtschaftlich-beruflichen, kulturellen und institutionellen Konfliktsituationen in der NS-Zeit nicht erreicht werden konnte. Auch ein so umfangreiches und langfristiges Forschungsvorhaben mußte, schon aus Quellengründen und weil nicht alles, was angeregt wurde, zur Veröffentlichungsreife gedieh, manches offen lassen. Neben den großen sektoralen Schwerpunkten der agrarischen Provinz und der industriellen Arbeiterschaft, auf die wir noch zurückkommen werden, fehlt als gleichermaßen kompaktes Thema der „bürgerliche Mittelstand". Nur einige Gruppen des Mittelstandes – Beamte, Lehrer, Pfarrer, Akademiker, kleine Gewerbetreibende, Landhandwerker – kommen in den Arbeiten dieser Reihe verschiedentlich vor, andere wichtige Gruppen, vor allem die Angestellten, fallen fast ganz aus. Die Gründe hierfür liegen nicht zuletzt in der Quellenlage, die wiederum bedingt ist durch die soziale und organisatorische Zersplitterung des sog. Mittelstandes. Anders als die Gruppe der Bauern oder der Arbeiter taucht „der Mittelstand" als einheitlicher Beobachtungsgegenstand in der internen Lageberichterstattung von Staats- und Parteibehörden in der NS-Zeit kaum auf. Außerdem haben die schwachen

---

ter unter der NS-Herrschaft, Textil- und Porzellanarbeiter im nordöstlichen Oberbayern 1933-1939. München 1979; Kleinöder, Evi: Katholische Kirche und Nationalsozialismus im Kampf um die Schulen. Antikirchliche Maßnahmen und ihre Folgen untersucht am Beispiel von Eichstätt, in: Sammelblatt des Historischen Vereins Eichstätt, Jg. 74, Eichstätt 1981.

[2] Frei, Norbert: Nationalsozialistische Eroberung der Provinzpresse. Gleichschaltung, Selbstanpassung und Resistenz in Bayern. Stuttgart 1980.

[3] Kershaw, Ian: Der Hitler-Mythos. Volksmeinung und Propaganda im Dritten Reich. Stuttgart 1980.

[4] Vergleiche die im folgenden unter Anm. 5 und 6 zitierten Aufsätze von Elke Fröhlich und Falk Wiesemann; ferner: Broszat, Martin: Politische Denunziationen in der NS-Zeit. Aus Forschungserfahrungen im Staatsarchiv München, in: Archivische Zeitschrift, Bd. 73 (1977), S. 221 ff.

mittelständischen Interessenorganisationen innerhalb des NS-Systems, sofern sie regional überhaupt bestanden, nur wenige für unser Projekt ergiebige Quellen hinterlassen. Auch einige andere wichtige Themenbereiche, z.B. die Ministerialbürokratie, die Universitäten, Dienststellen der Wehrmacht, fehlen in den Studien fast ganz. Wenn auch manche dieser Lücken angesichts der angestrebten exemplarischen Vergegenwärtigung schmerzlich sind, so bleibt doch zu hoffen, daß die mit dem Projekt gegebenen Forschungsanregungen Impulse für ergänzende Untersuchungen auf solchen Gebieten geben.

Ging es bei dem Projekt durchwegs darum, die Widerstandsproblematik in die Konfliktgeschichte des Regimes und die vielfältigen Bedingungsfaktoren politischen Verhaltens einzuordnen, so mußte immer wieder versucht werden, die Reaktion auf bestimmte nationalsozialistische Maßnahmen im Bezugsfeld institutioneller Interessen, sozialkultureller Traditionen, materieller Verhältnisse und auch zeitbedingter politisch-atmosphärischer Konstellationen so konkret wie möglich an lokalen oder Situations-Beispielen herauszuarbeiten. Solche Einordnung konnte und mußte aber auch bedeuten: Einbeziehung geschichtlicher Vorerfahrungen und historisch gewachsener Strukturen mit dem Ziel, die Inhalte und Wirkungen nationalsozialistischer Politik und die Reaktionen der Betroffenen auf diese Politik in den Zusammenhang längerfristiger historischer Entwicklungen zu stellen und aus ihnen heraus verständlich zu machen und zu bewerten. In einigen Studien dieser Serie (Hetzer, Sonnenberger, Tenfelde), bei denen es sich besonders anbot, sind mit solcher Zielsetzung ganz bewußt ausführliche Rückgriffe bis ins 19. Jahrhundert vorgenommen worden. Sie zeigen auch, welcher Erkenntnisgewinn aus einer nicht auf die NS-Zeit begrenzten Betrachtung bestimmter Konflikt-Komplexe gezogen werden kann.

III.

Die mit dem Rahmenbegriff „Konflikt“ gesetzte Perspektive des Projektes führte auch zu einem spezifisch wirkungsgeschichtlichen Aspekt des Widerstandes. Zu seiner Kennzeichnung ist schon im Vorwort zum ersten Band dieser Reihe hypothetisch der aus der medizinischen Terminologie stammende Begriff der „Resistenz“ verwandt worden. Die Ergebnisse der seitdem erarbeiteten und nunmehr vorliegenden Einzelstudien bestätigen, so scheint es uns, daß sich diese Hypothese bewährt hat. „Resistenz“ im Sinne dieser Begriffsbildung bedeutet ganz allgemein: Wirksame Abwehr, Begrenzung, Eindämmung der NS-Herrschaft oder ihres Anspruches, gleichgültig von welchen Motiven, Gründen und Kräften her.

Solche „Resistenz“ konnte begründet sein in der Fortexistenz relativ unabhängiger Institutionen (Kirchen, Bürokratie, Wehrmacht), der Geltendmachung dem NS widerstrebender sittlich-religiöser Normen, institutioneller und wirtschaftlicher Interessen oder rechtlicher, geistiger, künstlerischer u.a. Maßstäbe; wirksame Resistenz konnte Ausdruck finden in aktivem Gegenhandeln von Einzelnen oder Gruppen (dem verbotenen Streik in einem Betrieb, der Kritik an nationalsozialistischen Maßnahmen von der Kanzel herab), in zivilem Ungehorsam (Nichtteilnahme an NS-Versammlungen, Verweigerung des Hitler-Grußes, Nichtbeachtung des Verbots des Umganges mit Juden, Kriegsgefangenen o.a.), der Aufrechterhaltung von Gesinnungsgemeinschaften außerhalb der gleichgeschalteten NS-Organisationen (in HJ-feindlichen Jugendcliquen, kirchlichen Gemeinschaften, geselligen Zusammenkünften ehemaliger Mitglieder der SPD o.ä.) oder auch in der bloß inneren Bewahrung dem NS widerstrebender Grundsätze und der dadurch bedingten Immunität gegenüber nationalsozialistischer Ideologie und Propaganda (Ablehnung von Antisemitismus und Rassenideologie, Pazifismus o.a.). Voraussetzung dafür, daß diese unterschiedlichen Formen der Einstellung oder des Reagierens den wirkungsgeschichtlichen Begriff der Resistenz erfüllen, ist einzig und allein, daß sie tatsächlich eine die NS-Herrschaft und NS-Ideologie einschränkende Wirkung hatten. Der so gefaßte – wertneutrale – Resistenzbegriff ist einerseits weiter, andererseits enger als der werthafte Begriff des „Widerstandes“ oder der „Opposition“, wie er sich unter verhaltensgeschichtlichem Aspekt ergibt. Er umfaßt einerseits Erscheinungsformen der – wirksamen – Herrschaftsbegrenzung des NS, die kaum oder gar nicht als bewußte Anti-Haltungen politisch motiviert waren (z.B. auch die bäuerliche Widersetzlichkeit gegenüber bestimmten Planungen oder Lenkungen der nationalsozialistischen Reichsnährstandsorganisation), umgreift andererseits aber nicht die nur in individuellem Bewußtsein latent vorhandene, nicht in Handlungen oder kommunikative Wirkungen umgesetzte gegnerische Einstellung, auch wenn sie noch so „ideal“ gewesen ist.

Der Resistenz-Begriff kontrastiert damit deutlich mit denjenigen Tendenzen der Widerstandsforschung, die – unter weitgehender Ausklammerung der tatsächlichen Wirkung des Widerstandes – sich primär auf die Motivations- und Aktionsgeschichte des Widerstandes konzentrieren. Im Sinne unserer anfänglichen Bemerkungen eröffnet er aber auch eine wesentliche, ergänzende und weiterführende

Perspektive bei der Behandlung und Erforschung des Themas.

In jedem politisch-gesellschaftlichen System, noch mehr unter einer politischen Herrschaft wie der des NS, zählt politisch und historisch vor allem, was *getan* und was *bewirkt*, weniger das, was nur *gewollt* oder *beabsichtigt* war. Das historische Scheitern des aktiven deutschen Widerstandes im Dritten Reich entlastet nicht von dieser Bemessung, sondern fordert sie immer wieder heraus. Wenn – gerade auch durch die hier vorgelegten Untersuchungen – erneut deutlich wird, daß der aktive, fundamentale Widerstand gegen das NS-Regime fast überall vergeblich geblieben, dagegen wirkungsvolle Resistenz in den verschiedenen politisch-gesellschaftlichen Sektoren der deutschen Bevölkerung vielfältig zu registrieren ist, so scheint uns dies ein Befund, der allein schon zum Nachdenken über die Prämissen des Widerstandsbegriffs veranlaßt.

Soll und kann sich, so ist zu fragen, das Vermächtnis des Widerstandes nur beziehen auf das vergebliche Märtyrertum von Personen und Kräften, die aktiven, illegalen Widerstand gegen das Regime trotz von vornherein äußerst geringer Erfolgschancen dennoch versuchten? Ist es nicht ebenso tragisch, daß die vielen „kleinen" Ansatzpunkte zu realistischerer Teil-Opposition und Resistenz, die sich in den verschiedensten Entwicklungsstadien und Politikbereichen der NS-Herrschaft immer wieder boten, so wenig genutzt wurden? Hat das historische Vermächtnis des Widerstandes – auch unter dem Gesichtspunkt vergleichbarer Herausforderungen in der Gegenwart und in der Zukunft – nicht gerade auch hier anzusetzen, bei den „Kleinformen" des zivilen Mutes, der möglichen und wirksamen Resistenz? Wir glauben, diese Frage bejahen zu müssen. Die Bedeutung des wirkungsgeschichtlichen Begriffs der Resistenz besteht in diesem Zusammenhang darin, daß er den Blick eröffnet für das, was im Dritten Reich an Herrschaftsbegrenzung tatsächlich möglich war. Er hilft auch, eine Dämonisierung und Monumentalisierung des Geschichtsbildes vom Dritten Reich zu vermeiden.

Aber auch der werthafte Begriff des „Widerstandes" oder der „Opposition", der vor allem auf das subjektive Handeln (nicht auf dessen objektive Wirkung) abhebt, erfährt durch die Perspektive dieses Projekts eine spezifische Akzentuierung. Der Rang solcher „Opposition" bemißt sich unter verhaltensgeschichtlichem Aspekt nicht ausschließlich oder primär an ihren Motiven und Zielsetzungen, sondern an dem Verhältnis zu der realen *Situation*, aus der heraus diese Opposition entstand, an ihrer größeren oder geringeren Schwere oder Leichtigkeit, dem Maß ihrer individuellen oder kollektiven Zumutbarkeit. Das heißt: Anwendung derselben Verhaltens-Maßstäbe auf den „Widerstand", an denen auch „Opportunismus" oder „Mitläufertum" zu messen ist. War doch den verschiedenen Gruppen oder Einzelnen je nach ihren Voraussetzungen und ihrer Situation im Dritten Reich keineswegs das Gleiche zuzumuten, sondern mehr denjenigen, die – z. B. als Offiziere, Pfarrer, hohe Beamte – in der NS-Zeit noch über Macht, Einfluß, sozialen und institutionellen Rückhalt und ein Rüstzeug an vornationalsozialistischen Normen verfügten, weniger den Vereinzelten, Machtlosen, Jungen, stark Abhängigen. Erst aus der Relation aller dieser jeweilig mitwirkenden Umstände ergibt sich der moralische „Rang" der Opposition.

Der Rückgriff auf den wirkungsgeschichtlichen Resistenzbegriff und die situative Konstellation bei der Beurteilung oppositionellen Verhaltens ermöglicht, so scheint es uns, auch eine angemessenere Unterscheidung zwischen der politischen oder nichtpolitischen Qualität dieses Verhaltens, als dies die alleinige Erforschung der subjektiven Motive vermag. Viele mutige Handlungen aus „bloßer" Interessenwahrung oder Verteidigung der individuellen Freiheit erlangten, auch wenn sie nicht in prinzipiell-politischen Einstellungen begründet waren, unter den Bedingungen des NS-Regimes *politische* Qualität und wurden durch die Politische Polizei verfolgt. Und umgekehrt waren politische und weltanschauliche Überzeugungen im Hintergrund von oppositionellem Verhalten meist nicht dessen einzige, ausschließliche Beweggründe; es bedurfte in der Regel zusätzlicher Antriebskräfte, die sich nicht einfach von Weltanschauungs- oder Parteibindungen ableiteten.

Die verhaltensgeschichtliche Einordnung des Widerstandes bedeutet somit auch, daß der partielle, nicht fundamentale Charakter der Opposition nicht an sich schon aus dem Begriff des Widerstandes herausfällt. Die systematische Untersuchung der Konfliktzonen des Dritten Reiches zeigt, daß Teilopposition, ihre Verbindung mit zeitweiliger oder partieller Regime-Bejahung, daß das Neben- und Miteinander von Nonkonformität und Konformität die Regel darstellten. Die Irrungen und Wirrungen, durch die hindurch Einzelne oder Gruppen hier und dort zu einer oppositionellen Einstellung und Haltung gelangten, bedeuten nicht an sich schon eine mindere Qualität. Vielmehr gewinnen aus der Nahoptik der realen Verhältnisse auch Mischformen des politischen Verhaltens, z. B. die Tapferkeit eines Oppositionellen, der zeitweilig auch Mitläufer gewesen war, menschliches und historisches Profil. Die Einbettung des Widerstandsbegriffs in die allgemeine Verhaltensgeschichte macht auch evident, daß oppositionelles Verhalten gegenüber bestimmten politisch-weltanschaulichen Zumutungen des NS in der Regel von Kompetenz-

oder Interessenwahrung stark mitbedingt war und darin oft auch seine Grenze fand. Ein klassisches Beispiel hierfür ist die Opposition der Kirchen gegen die – auch kirchliche Heilanstalten betreffende – Euthanasie-Aktion im Vergleich zu der nur schwachen kirchlichen Opposition gegenüber der nationalsozialistischen Judenverfolgung, die Kershaw in seinem Beitrag systematisch untersucht hat. Die Rückbindung des Widerstandsbegriffs an die reale geschichtliche Situation verdeutlicht, daß das Moralische des Handelns in dem Maße, in dem es konkret wird, in aller Regel auch teilhaft und interessengebunden ist. Das Ideal einer nicht durch solche Interessen eingeschränkten Opposition – so unverzichtbar es, auch für den Historiker, bleibt – orientiert sich hingegen letzten Endes an einer, die Zumutbarkeit meist überfordernden, metapolitischen Gewissens- und Sittlichkeitsvorstellung.

IV.

Wie schon angedeutet, zeichnen sich in den nun vorliegenden vier Bänden der Reihe „Bayern in der NS-Zeit" zwei große sektorale und inhaltliche Schwerpunkte ab: Zum einen der innerhalb der Struktur Bayerns bedeutende Sektor der agrarischen Provinz; ihm ist nicht nur die Vielfalt der größeren und kleineren Konflikte, die sich aus der Konfrontation der materiellen und sozialen Lebensbedingungen auf dem Land mit dem NS-Regime ergaben, sondern auch der hier stattfindende Weltanschauungskampf zwischen Nationalsozialismus und den beiden christlichen Kirchen bzw. den religiösen Einstellungen der Bevölkerung zuzuordnen; auf der anderen Seite der Sektor Industrie und Arbeiterschaft und, ihm korrespondierend, das Thema Widerstand und Verfolgung der Arbeiterbewegung. Wir wollen bei unserer Zwischenbilanz im folgenden versuchen, die inhaltlichen und methodischen Aspekte bei der Erforschung dieser beiden Themenschwerpunkte eingehender darzustellen und dabei nochmals auf die Widerstandsproblematik zurückkommen.

Die agrarische Provinz war schon in dem zuerst veröffentlichten Dokumentationsband in überproportionalem Maße Beobachtungsgegenstand und Provenienz der dort wiedergegebenen, sich über die Gesamtzeit des Dritten Reiches erstreckenden Berichterstattung verschiedenster Bezirksämter, lokaler Polizeistationen und NSDAP-Behörden, Ortsgruppen, kirchlicher Dekanate etc. Im Rahmen dieser Dokumentation sind unter anderem die agrarwirtschaftlichen Verhältnisse in der NS-Zeit unter den Bedingungen des „Reichsnährstands"-Reglements bis hin zu den Produktions- und Ablieferungskontrollen der Kriegszeit, die Rolle sozialer Verhaltensformen und Meinungsführer auf dem Lande, das Ansehen und Durchsetzungsvermögen der NSDAP auf dem Dorfe und das sich überall hindurchziehende Thema des Kirchen- und Weltanschauungskampfes in seinen örtlichen Ausdrucksformen, das Problem des Kriegseinsatzes oder der uk-Stellung von Bauern und das Verhältnis zu den zwangsverpflichteten Fremdarbeitern sowie der Stimmungsverlauf bei der ländlichen Bevölkerung während des Krieges vielfältig beleuchtet worden. Der oberfränkische Bezirk Ebermannstadt und der oberbayerische Bezirk Aichach, zwei Regionen mit unterschiedlicher Agrarstruktur und politisch-kultureller Prägung, wurden in mehr oder weniger umfangreichen Dokumentationsabschnitten als Muster herausgegriffen. Bei dem Versuch, die „epische" Beständigkeit, aber auch die primären Konfliktzonen in der ländlich-agrarischen Lebenswelt während der NS-Zeit in ihrer Vielfalt und zeitlichen Entwicklung an diesen regionalen Beispielen darzustellen, konnte u.a. sichtbar gemacht werden, daß die seit 1935/36 erneut stark einsetzende wirtschaftliche und soziale Unzufriedenheit und „Enttäuschung" der bäuerlichen Bevölkerung kräftigen materiellen Nährboden auch für die gesellschaftliche Relevanz der kirchlich-religiösen Opposition gegenüber dem NS abgab.

Nach dieser Dokumentationsvorarbeit konnte der agrarische Sektor in den anschließenden Einzeluntersuchungen zurücktreten. Unter den Lokalstudien dieser Serie befaßt sich nur eine mit einer weiteren überwiegend agrarischen Region: Der Beitrag Zofkas über die dörflichen Gemeinden des schwäbischen Bezirks Günzburg, einer ehemaligen Hochburg des Bayerischen Bauernbundes, mit dem der Verfasser seine regionalgeschichtliche Dissertation über den Aufstieg und die Machtergreifung der NSDAP in diesem Bezirk durch eine auch methodisch reizvolle „erzählte Typographie" der politischen und sozialen Umstände des von Dorf zu Dorf keineswegs einförmigen Prozesses der Gleichschaltung der Gemeinderäte und dörflichen Vereine ergänzt hat. In den Umkreis dieser Thematik gehören auch zwei unmittelbar aus dem Projekt erwachsene, aber separat veröffentlichte Aufsätze von Elke Fröhlich über die Durchsetzung der NSDAP auf dem Lande[5] sowie ein Aufsatz Falk Wiesemanns über Ar-

[5] Fröhlich, Elke und Martin Broszat: Politische und soziale Macht auf dem Lande. Die Durchsetzung der NSDAP im Kreis Memmingen, in: VfZ (1977), H. 4; ferner Fröhlich, Elke: Die Partei auf lokaler Ebene zwischen gesellschaftlicher Assimilation und Veränderungsdynamik, in: Der „Führerstaat": Mythos und Realität. Studien zur Struktur und Politik des Dritten Reiches, hrsg. von Gerhard Hirschfeld und Lothar Kettenacker. Stuttgart 1981, S. 255-269.

beitskonflikte in der Landwirtschaft in der NS-Zeit[6]. Leider konnte eine von Wiesemann geplante Studie über die Auswirkungen des nationalsozialistischen Reichserbhofgesetzes in Bayern vor der Insatzgabe der Bände III und IV dieser Reihe nicht mehr fertiggestellt werden.

Die bayerische ländliche Provinz ist als Nebenschauplatz aber auch in einer Reihe anderer Studien dieser Serie (Kershaw, Sonnenberger, Kleinöder, Klönne, Troll) präsent und wird hier unter verschiedenen sachthematischen Aspekten (Judenverfolgung, Schulkampf, katholische Jugend und Kirche, Hitlerjugend und Jugendopposition. Aktionen zur Kriegsbeendigung) vielfältig beleuchtet.

Alle diese aus dem Projekt hervorgegangenen Dokumentationen und Darstellungen fügen sich zusammen zu einer intensiven Erkundung der dörflich-agrarischen Lebensverhältnisse und bäuerlichen Verhaltensformen in der NS-Zeit, zur „Entdeckung" eines auch unter dem Gesichtspunkt der Resistenz bemerkenswerten Feldes der politischen Sozialgeschichte des Dritten Reiches, das vordem von der Forschung stark vernachlässigt worden ist. Das innerhalb des Projekts durchwegs angestrebte Ziel, die Interdependenz von gesellschaftlicher Zuständigkeit, konkreter Auswirkung des NS-Regimes und Verhalten der jeweiligen Bevölkerungsgruppen zum Ausgangspunkt einer realistischen und differenzierten Bewertung der Widerstandsproblematik zu machen, hat sich gerade auf diesem Felde bewährt. Zeigen die vorgelegten Dokumente und Untersuchungen doch weitgehend einhellig, daß nationalsozialistische „Herrschaft" sich auf dem Lande den hier mit großer Beharrungskraft fortwirkenden tradierten sozialen Strukturen und Gewohnheiten in starkem Maße anzupassen hatte und sich deshalb oft nur gemildert und „gebrochen" etablieren konnte. In die agrarische Provinz wirkte die nationale, gesamtstaatliche Politik und Propaganda des Regimes schon infolge der geringen öffentlich-politischen Partizipation der Bevölkerung nur in abgeschwächter Form hinein. Manches von dem totalitären Anspruch verlief sich schon in der Weite und Abgelegenheit des Landes, aufgrund des hier noch meist schwachen Anschlusses an die öffentlichen Nachrichtenmittel (Presse, Rundfunk) und der – anders als in den Städten – weniger präsenten, oft nur hier und da stützpunkthaft vorhandenen Parteiorganisation und Staatsverwaltung Die Extreme des Machtgebrauchs schliffen sich vielfach ab, auch weil dem Bauernstand als „Nährstand" eine ideologisch präformier-

[6] Wiesemann, Falk: Arbeitskonflikte in der Landwirtschaft während der NS-Zeit in Bayern 1933-1938, in: VfZ (1977), H. 4.

te größere Toleranz eingeräumt wurde als z.B. der Arbeiterschaft, vor allem aber, weil die ideologischen und organisatorischen Zielsetzungen des Regimes, wenn sie nicht von vornherein als Fremdbestimmung empfunden werden sollten, über die – in den dörflichen Primäreinheiten vor allem Politischen rangierenden – Transmissionsriemen des vorgegebenen sozialen Einflußgefüges geleitet und, ihnen entsprechend, vielfach abgewandelt werden mußten.

Der von der Provinz ausgehende Druck zur Adaption an die lokalen Gegebenheiten war – in bezug auf die totalitären Ansprüche des Regimes – schon an sich ein Resistenzfaktor. Dieser Adaptionsprozeß erklärt auch manches von der relativen „Harmlosigkeit", dem nicht prinzipiellen Charakter vieler Konflikte mit dem so moderierten NS-Regime in der Provinz. Dabei trat zugleich der häufig ambivalente Charakter dieser Konflikte in Erscheinung. Manche der – unbezweifelbar – revolutionierenden Wirkungen des NS auch auf dem Lande hatten den Aspekt einer, wenn auch zwanghaften, „Modernisierung", freilich oft um den Preis einer Auflösung und Fraktionierung noch relativ homogener Normen und Dorfgemeinschafts-Strukturen. Und was sich unter solchen Voraussetzungen als bäuerliche oder ländlich-kirchliche Resistenz gegenüber dem Nationalsozialismus zeigte, trug vielfach die Züge eines antimodernistischen Traditionalismus oder eines politisch prinzipienschwachen Interessenegoismus, daneben aber auch die einer erstaunlichen Immunität gegenüber weltanschaulichen Phraseologen und totalitären Mobilisationsversuchen. Die agrarische Provinz, die in ihren protestantischen Teilen vor 1933 nicht nur eine Massenbasis nationalsozialistischer Wahlerfolge gewesen war, sondern auch, einschließlich ihrer katholischen Teile, ein Rekrutierungsfeld von sozialen und kulturellen Feindbildern und antidemokratischen Ressentiments, an die die nationalsozialistische Propaganda erfolgreich hatte anknüpfen können, bildete nach 1933 keineswegs eine starke Bastion des Enthusiasmus für das NS-Regime. Nur wenig tangiert von massiver Verfolgung oder aktivem Widerstand, strandete hier doch mehr als in anderen Gesellschaftsschichten der ideologische Dogmatismus ebenso wie die Werbekraft der nationalsozialistischen Herrenrasse-Utopie und der ihr folgenden expansiven Hitlerschen Kriegführung. Ein besonders fatales Suggestionsmittel des Nationalsozialismus war bei den Bauern am wenigsten wirksam: der Appell zur Aufopferung der eigenen Interessen zugunsten einer emotionalisierten volksgemeinschaftlichen Fiktion. Auf dem Boden solcher Verhältnisse konnten starke politische Gegenkräfte gegen den Nationalsozialismus kaum entstehen, wohl aber die aus Gewohnheiten und tradierten Normen vermittelte

Kraft abweichenden sozialen Verhaltens, das sich, nicht selten auch gegenüber verfolgten oder diskriminierten Juden oder polnischen Fremdarbeitern, unter den Bedingungen einer propagandistisch geschürten Haß-Ideologie humanisierend zur Geltung brachte.

Vor allem aber zeigt sich: in den überwiegend kirchenfrommen Teilen der bayerischen Landbevölkerung gewannen die Kirche und der kirchliche Rückhalt den Rang einer außerordentlich wirksamen Resistenzkraft gegenüber dem Nationalsozialismus. Wenn auch längst nicht aller kirchlich-religiöse Widerstand gegenüber dem NS-Regime so erfolgreich war wie der Boykott gegen die 1941 angeordnete Entfernung der Kruzifixe aus den Volksschulen (die vergebliche Opposition gegen die Gemeinschaftsschule ist hierfür ein Beispiel), so zeigen die zu den verschiedensten Aspekten dieses Themas vorgelegten Dokumente und Darstellungen doch eindringlich, wie sehr dieser Widerstand dem NS-Regime in Bayern zu schaffen machte. Unter wirkungsgeschichtlichem Gesichtspunkt war diese Front des Widerstandes in Bayern, aber sicher nicht nur hier, die bedeutendste, trotz und vielleicht gerade wegen der nur teilhaften, im wesentlichen auf den Bereich der christlichen Weltanschauung und der Erziehung in Kirche und Schule beschränkten, hier aber prinzipiell geführten Auseinandersetzung.

Auf der anderen Seite – dies ist unter dem Gesichtspunkt des moralischen Ranges nicht zu übersehen – hatten es die Träger und Wortführer dieser Opposition auch leichter als andere. Oppositionelle katholische Pfarrer und Bischöfe mit starkem sozialen und geistlichen Einfluß konnten sich in Regionen mit dichtem katholischen Milieu, infolge auch der relativen Zurückhaltung von Amts- und Parteistellen ihnen gegenüber, häufig mehr „leisten" als andere Oppositionelle. Oft bestand ein konkurrierendes Neben- und Gegeneinander kirchlichen und nationalsozialistischen Weltanschauungs-Einflusses, in seltenen Fällen gerieten die lokalen Repräsentanten der NSDAP sogar in die Defensive.

Es schmälert nicht die große Reihe eindrucksvoller oppositioneller Geistlicher, wenn deshalb anzumerken ist, daß es alles in allem nicht in erster Linie das Einzelverhalten war, das die Durchschlagskraft dieser Opposition ausmachte, sondern die Resistenz einer mächtigen traditionellen katholischen „Struktur", in die der Nationalsozialismus zwar immer wieder einbrechen, die er im ganzen aber nicht auflösen konnte.

V.

Stärker als der agrarische Sektor treten in der Serie der jetzt vollständig vorliegenden Forschungsbeiträge die Lebensverhältnisse der industriellen Arbeiterschaft und – ihnen zugeordnet – das Thema Widerstand und Verfolgung der Arbeiterbewegung hervor; ein thematischer Schwerpunkt, der in der vorangegangenen Berichts-Dokumentation (Band I) nur durch einen kursorischen Überblick vermittelt wurde. Zu verweisen ist dabei besonders auf die umfangreiche Lokalstudie über Augsburg, einem bayerischen Zentrum der Maschinen- und Textilindustrie (Hetzer, Bd. III), und die große Arbeit über die oberbayerische Bergarbeiter-Kommune Penzberg (Tenfelde, Bd. IV); sekundär auch auf die Spezialstudien über Konfliktsituationen in der bayerischen unternehmerischen Wirtschaft (Blaich, Bd. II) und den Arbeitseinsatz der Frauen in der Rüstungsindustrie (Eiber, Bd. IV). Das Nebenthema der Arbeiter in städtischen Diensten wird außer für Augsburg auch in dem kommunalhistorischen Beitrag über München (Hanko, Bd. III) behandelt.

Abweichend von den meisten bisher erarbeiteten Lokalstudien über den Widerstand aus den Reihen der Arbeiterbewegung ist vor allem in den beiden genannten Arbeiten von Hetzer und Tenfelde der – wie wir meinen – gelungene Versuch gemacht worden, die oppositionelle Aktivität der in der Tradition der sozialistischen oder christlichen Arbeiterbewegung stehenden Arbeiterschaft in der NS-Zeit nicht zu isolieren, sondern sie in vollem Maße einzubinden sowohl in die seit den Anfängen der industriellen Revolution und der Arbeiterbewegung im 19. Jahrhundert gemachten Vorerfahrungen und historisch gewachsenen Strukturen wie in den Gesamtzusammenhang der politischen, wirtschaftlichen, sozialen und atmosphärischen Lage in diesen lokalen Milieus nach 1933.

Erst einem solchen methodischen Vorgehen erschließen sich auf exemplarische Weise wesentliche Bestimmungsgründe für das politische Verhalten: der Betrieb und die innerbetrieblichen Arbeits- und Sozialverhältnisse, das Arbeiter-, Wohn-, Nachbarschafts- und Kommunikationsmilieu; die sozialkulturellen Außenbeziehungen zu Kirche und Schule, zur kleinbürgerlich-mittelständischen oder agrarischen Umwelt; die politische Gemeinde als Forum der Vermittlung oder des Konflikts zwischen den Interessen der Arbeiter und anderer Bevölkerungsgruppen; die Wirksamkeit der verschiedenen, in ihrer Sozial- und Arbeiterpolitik keineswegs einheitlichen Organe und Repräsentanten des NS-Regimes; die politische Verfolgung nach 1933 als Form auch der „Abrechnung“ mit besonders gehaßten lokalen

Gegnern; die Toleranz- und Immunitätsbreite für oppositionelles oder nonkonformes Verhalten unter bestimmten lokalen und betrieblichen Milieu-Bedingungen etc. Nur wenn die Objektnähe des ausgewählten lokalen Gegenstandes, die intensive Vertrautheit mit ihm und die systematische Erfassung der auf lokaler Ebene verfügbaren Quellen methodisch dazu benutzt werden, diesen und anderen für eine Sozialgeschichte politischen Verhaltens wesentlichen Fragen nachzugehen, vermag die Lokalstudie, über szenarische, episodische und individuelle Details und Zufälligkeiten hinaus, zur Beschreibung qualitativer Strukturen zu gelangen, die der generellen Betrachtung meist verborgen bleiben.

Die Herausgeber glauben, daß dieser Anspruch durch einige der hier veröffentlichten Studien erfüllt und damit auch ein Maßstab zur Bewertung der inzwischen in Mode gekommenen, nicht immer den Erwartungen genügenden Kategorie lokalhistorischer Untersuchungen gewonnen worden ist. Über heimat- und ortsgeschichtliche Bedeutung hinaus werden solche lokalgeschichtlichen Studien exemplarische Signifikanz und einen entsprechenden Rang innerhalb der Geschichtswissenschaft nur erlangen können, wenn sie am lokalen Beispiel nicht nur Konkretisierung und Veranschaulichung des schon aus der allgemeinen Geschichte Bekannten leisten, sondern mehr und Neues ans Licht zu heben oder das Generelle sozialer Verhältnisse feiner zu strukturieren vermögen.

Die Arbeitserfahrung mit diesem Projekt hat aber auch gezeigt, daß es nur in relativ seltenen, von zahlreichen Faktoren (nicht zuletzt der Quellenlage) abhängigen Ausnahmefällen annähernd gelingt, solchen Ansprüchen auf dem Wege einer Lokaluntersuchung zu genügen, bei der nicht nur ein eng begrenzter Ausschnitt von Aktivitäten und Zuständen, sondern möglichst das Gesamtgefüge einer lokalen Gesellschaft und eines historischen Handlungsraumes aus der toten Vergangenheit herausgeholt wird. Auch im Rahmen dieses Forschungsprojekts mußten daneben die herkömmlichen Methoden der monographischen Spezial-Darstellung einzelner, aus dem gesamtgesellschaftlichen Zusammenhang herausgelöster Themen genutzt werden. Auch bei einem solchen Vorgehen können, wie z. B. die Dokumentation über die Frauenarbeit in der Rüstungsindustrie zeigt, die Möglichkeiten der Veranschaulichung und Konkretisierung mit Hilfe lokaler, betrieblicher u. a. Basis-Quellen ausgeschöpft und unergiebige, abstrakte Verallgemeinerungen durchaus vermieden werden.

VI.

Die beiden umfangreichen Lokalstudien zu diesem Themenkreis, vornehmlich der Beitrag über das großstädtische Arbeiterschaftszentrum Augsburg, liefern aus der Nahoptik der Fallstudie auch methodisch weiterführende Beiträge zu dem großen Thema Widerstand und Verfolgung der sozialistischen (kommunistischen, sozialdemokratischen u. a.) Arbeiterbewegung. Was in dem noch ausstehenden Band über den parteipolitischen Gruppenwiderstand für Bayern mit noch höherem repräsentativen Anspruch gezeigt werden wird, bestätigt schon der lokalhistorische Einstieg in dieses Thema erneut: Aus keinem politisch-weltanschaulichen Lager begegnete dem NS-Regime von Anfang an so hartnäckiger, aktiver Widerstand wie aus den Reihen der sozialistischen, insbesondere der kommunistischen Arbeiterschaft. Ebenso wird abermals deutlich, daß die Aktivisten der kommunistischen und – wenngleich nicht ebenso umfassend – auch der sozialdemokratischen Partei und ihrer Nebenorganisationen weit mehr als die Repräsentanten anderer politisch-weltanschaulicher Gruppierungen von Anfang an massiven Verfolgungen durch das NS-Regime ausgesetzt waren. Auch in Bayern wurden Hunderte von Kommunisten und Sozialdemokraten zu Tode gebracht, Tausende zum Teil jahrelang verhaftet. Die Aggressivität dieser – häufig prophylaktischen – Verfolgung bewirkte auch, daß das breite Potential besonders der kommunistischen Resistenz schon in den ersten Wochen und Monaten des Regimes dezimiert wurde und sich aktive illegale Untergrundarbeit von Kommunisten und Sozialisten meist über die Mitte der dreißiger Jahre hinaus nicht halten konnte.

Am Beispiel der kommunistischen illegalen Aktivität läßt sich freilich auch ein Widerstandstypus markieren, der, gemessen an unseren Begriffen der „Resistenz“ und „Zumutbarkeit“, am äußeren Ende der Skala oppositionellen Verhaltens stand. Vergleichbar fast nur noch den – ebenso von einem eschatologischen Weltbild beherrschten – Bibelforschern, wurden ungeheuer schwere und zahlreiche Opfer „gezahlt“ für eine Aktivität, deren Wirkung im Sinne faktischer Herrschaftsbegrenzung des Nationalsozialismus äußerst gering war. Einsatz- und Risikobereitschaft standen in offenbarem, oft krassem Gegensatz zum Erfolg dieser Widerstandstätigkeit. Dieses Mißverhältnis ist im Falle des kommunistischen Widerstandes besonders auffällig – auch deshalb, weil dieser, anders als z. B. bei Gruppierungen wie der „Weißen Rose“, *politisch* geführt wurde, d. h. einer auf politische Wirkung bedachten Partei-Strategie folgte. Infolgedessen läßt sich im Namen der Kommunistischen Partei auch nicht so ohne weiteres geltend machen, was der *einzelne* kommunistische Widerstandskämpfer durchaus in Anspruch nehmen kann daß es bei diesem Widerstand, auch wenn er aussichtslos war, vor allem darum gegangen sei, angesichts des breiten Stromes allgemeiner Anpassung ein Zeichen zu setzen und dem Gebot der Selbstachtung zu folgen.

Wenn Widerstand gegen das NS-Regime nicht nur an der Größe der Opfer und der Einsatzbereitschaft gemessen werden soll und kann, sondern – was unter humanitären ebenso wie unter politischen Gesichtspunkten legitim und erforderlich ist – auch unter dem Aspekt der Rationalität und angemessenen Zweck-Mittel-Relation betrachtet werden muß, so läßt sich nicht übersehen, daß jedenfalls die parteioffizielle Führung, Begründung und Forcierung der kommunistischen Untergrundarbeit in starkem Maße gekennzeichnet ist durch einen sich und andere oft mehr fahrlässig als bewußt aufopfernden irrationalen Fanatismus. Unter der Perspektive der parteiideologischen Zielsetzung und Motive rücken Widerstand und Verfolgung der kommunistischen Bewegung unter dem NS-Regime in die Dimension eines fanatischen Krieges zweier politischer Religionen. Dieser Krieg war schon vor 1933 in Straßenkämpfen und Versammlungsschlachten beiderseits mit gewaltsamer Radikalität ausgetragen worden. Er wurde dann nach 1933, nach der nationalsozialistischen Machtübernahme, überwiegend in der Form der nationalsozialistischen Kommunistenjagd bis hin zum reinen Mordterror weitergeführt.

Die aufgrund solcher Vorgeschichte eingeübte kommunistische Ideologie und Agitation und die durch sie geförderte Selbsttäuschung über eine nur kurzfristige Dauer des NS-Regimes, dem bald die proletarische Revolution folgen müsse, das starre Festhalten an der Chimäre, daß man die proletarischen Massen durch immer neue Agitation aus der Illegalität heraus hierfür gewinnen könne, sind für das tragische Mißverhältnis von Einsatz und Wirkung bei der kommunistischen Untergrundarbeit vielfach bestimmend gewesen.

Die exemplarische Untersuchung einzelner örtlicher illegaler Gruppierungen der Arbeiterbewegung, wie sie z. B. für Augsburg vorliegt, offenbart aber auch – was in der noch ausstehenden systematischen Darstellung über den Widerstand von Kommunisten und Sozialdemokraten genauer zu zeigen sein wird –, daß die ideologisch-organisatorische Zugehörigkeit zu den weltanschaulich-politischen „Großgruppen" der KPD oder SPD allein in der Regel noch nicht ausschlaggebend war für die Bereitschaft und Entschlossenheit zu aktiver Widerstandstätigkeit.

Das große Risiko illegaler Arbeit erforderte, wenn auch nur eine zeitweilige konspirative Tätigkeit möglich sein sollte, noch andere, spezifische Voraussetzungen: den engen persönlichen Kontakt zwischen den Beteiligten, oft vermittelt durch die gemeinsame Zugehörigkeit zu kleinen Freundeszirkeln (sozialistische Jugendgruppen, Arbeiter-Sportvereine u. a.), durch Familien- oder Betriebszugehörigkeit. Es verlangte ferner ein solche illegalen Tätigkeiten wenigstens partiell absicherndes, sie auch psychologisch ermöglichendes sozialistisches „Milieu" in bestimmten Stadtvierteln, Gartensiedlungen, Gaststätten-Treffpunkten etc., relative Ungebundenheit der Beteiligten (als unverheiratete Jugendliche, Arbeitslose, Geschäftsreisende o. a.); darüber hinaus aber eine ausreichende persönliche Motivation, die sich nicht einfach nur aus der politisch-ideologischen Überzeugung ergab, sondern zusätzliche Impulse aus individuellen lebensgeschichtlichen Erfahrungen oder Disponiertheiten erfuhr. Gerade angesichts des vorwiegend jugendlichen Alters der Aktivisten, die die kommunistischen Untergrundgruppen bildeten, kann eine große Festigkeit der ideologischen Überzeugung im Sinne des Kommunismus häufig kaum angenommen werden.

Die auf lokaler Ebene hierzu eruierbaren Daten machen diese Bedingungshintergründe zwar meist nicht exakt bestimmbar, lassen ihre Bedeutung aber doch immer wieder durchscheinen. Gewiß wurde – zumindest bei den KPD-Aktivitäten – die hierarchische Struktur- und Befehlsgebung der Partei auch im Untergrund formal beibehalten, und „Aufträge" oder gar „Befehle" an die noch verfügbaren „Genossen" muteten diesen illegale Arbeit als Loyalitätspflicht gegenüber der Partei 1933/1934 oft bedenkenlos zu. Doch gerade die lokalgeschichtliche Nah-Sicht erweist, daß, auch im kommunistischen Lager, diese konspirativen Kommando-Strukturen von „Bezirksleitungen" und „Fünfer-Gruppen" meist eine Fiktion waren und die praktische Entscheidung darüber, ob illegale Arbeit stattfand oder nicht, letzten Endes nicht von einer Untergrund- oder Emigrationszentrale getroffen werden konnte, sondern in der Regel von einzelnen kommunistischen Gesinnungsgenossen und ihren Freunden abhing, die dazu aus eigenem Antrieb bereit waren. Der einzelne arbeitslose Jungkommunist oder die Jungkommunistin, die nach der Verhaftung der meisten ortsbekannten KPD-Funktionäre im Sommer 1933 oder im Frühjahr 1934 im Kontakt mit einigen Gesinnungsfreunden die illegale Verteilung kommunistischer Schriften, die selbständige Herstellung von Flugblättern oder – im Namen der „Roten Hilfe" – die Sammlung von Unterstützungsbeiträgen für die Angehörigen der nach Dachau verbrachten Genossen vornahmen, handelten dabei oft nur äußerlich „im Auftrag" der illegalen Parteiorganisation, während die eigentlichen Beweggründe vielfach persönlicher Art waren und die sie zeitweilig tragende „Gemeinschaft" im lokalen Milieu und Freundeskreis beschlossen lag, in der desperaten Entschlossenheit Einzelner, sich trotz des Gestapo-Terrors nicht unterkriegen zu lassen, wobei häufig persönliche Deklassierungs- oder Diskriminierungserlebnisse und/oder schon vor 1933 eingeübte Protesthaltungen gegen die „herrschenden Verhältnisse" im Hintergrund standen.

Hier artikulieren sich denn auch, unter sozialhistorisch-verhaltensgeschichtlichem Aspekt, andere Verbindungslinien zwischen dem Widerstand der Jahre 1933 bis 1935/36 mit der vorangegangenen, überwiegend unter kommunistischem Vorzeichen stehenden politischen Radikalisierung großer Teile der Arbeiterschaft als unter dem Gesichtspunkt von Parteiorganisation oder -ideologie. Versteht man – und dafür sprechen in hohem Maße die sich aus der lokalhistorischen Feinuntersuchung ergebenden Befunde – diese politische Radikalisierung während der Wirtschaftskrise und Massenarbeitslosigkeit weniger als eine ideologische oder parteiorganisatorische Ausbreitung „des Kommunismus", sondern vor allem als eine Akkumulation verzweifelter politisch-sozialer Protesthaltungen, die sich der kommunistischen Argumentation als Ausdrucksform bedienten, so erscheint auch die Entschlossenheit zu illegalen Aktionen unter den Bedingungen des NS-Regimes als Fortsetzung dieser Linie eines radikalen Ankämpfens gegen die bestehenden Verhältnisse, nun allerdings kräftig motiviert durch die „faschistische" Zuspitzung der „Herrschaft" und das schwere Verfolgungsschicksal zahlreicher Freunde und Gesinnungsgenossen.

Die Entschlossenheit zur „revolutionären", notfalls konspirativen kämpferischen „Aktion", die sich, abgesehen von ihren intellektuellen Wortführern, vor allem auf die am meisten desperaten, am stärksten „entwurzelten" Teile der Arbeiterschaft und z. T. auch des Kleinbürgertums und einen bemerkenswert hohen Anteil der Arbeiterjugend stützte, hatte schon im 19. Jahrhundert immer wieder *eine* Traditionslinie der deutschen Arbeiterbewegung gebildet. Unter Einschluß auch derjenigen sozialdemokratisch-freigewerkschaftlichen Kräfte, die die vorsichtig-defensive Taktik ihrer Führung gegenüber dem heraufziehenden NS-Regime zunehmend mißbilligt hatten, formierte sich diese Tradition nach 1933 neu in der meist nur bis Mitte der dreißiger Jahre fortsetzbaren illegalen sozialistischen Untergrundarbeit. Was dabei an Tapferkeit und Unbeugsamkeit im Einzelfall zum Ausdruck kam, verdient keinen geringeren Respekt als die Haltung der Männer des 20. Juli, zumal das Ziel des Regimesturzes von den illegal tätigen Kommunisten und Sozialdemokraten nicht erst nach der für Deutschland ungünstigen Wende des Krieges konzipiert worden war.

In dem Maße, in dem solche Widerstands-Aufopferung, unbeschadet ihrer kommunistischen Ausdrucksformen, ihre persönlichen Gründe und ihre persönliche Würde hatte, kann sie deshalb auch nicht durch den Hinweis auf die ideologisch-politischen Zielsetzungen „der Kommunisten" relativiert werden. Sie kann aus denselben Gründen aber auch nicht nachträglich von der KPD in dem Sinne reklamiert werden, als habe *die* kommunistische Partei mit der von ihr – gegen alle politische Rationalität – proklamierten, illusionäre Ziele verfolgenden Aktivität historisch recht behalten und als verkörpere sie in besonderem Maße oder gar exklusiv das Vermächtnis des Widerstandes.

Abgesehen von den Fehleinschätzungen der Realität des NS-Regimes und der eigenen Möglichkeiten, von denen die kommunistische Untergrundarbeit weithin geleitet war, wird gerade unter verhaltensgeschichtlichem Aspekt deutlich, daß auch innerhalb der vor 1933 kommunistisch gesinnten Arbeiterschaft die illegale Betätigung während des NS-Regimes – aus guten Gründen – alles in allem eine Ausnahme bildete. Es scheint uns bezeichnend, daß in den ausführlichen Darstellungen, die in den Fallstudien Augsburg und Penzberg über die Arbeiteraktivitäten und innerbetrieblichen Vorgänge in Großbetrieben wie der MAN oder der Oberkohle AG enthalten sind, konspirative Widerstandsaktionen oder Sabotagehandlungen von kommunistischen und sozialdemokratischen Arbeitern kaum in Erscheinung treten, wohl aber zahlreiche Formen passiver oder partieller Opposition der Arbeiterschaft. In solcher Haltung kam, wie dies Tenfelde für die Bergarbeiter von Penzberg überzeugend herausgearbeitet hat, durchaus eine *andere* gewichtige, ja historisch dominante Tradition der deutschen Arbeiterbewegung zum Ausdruck: Eine auf leidgeprüfter Erfahrung beruhende pragmatische Nüchternheit angemessener Interessenwahrung, von der her märtyrerhafte, unnötige Risiken und Opfer herausfordernde, putschistische Aktivitäten aus realistischer Sicht der Machtverhältnisse gerade im Interesse des Überlebens der Arbeiterbewegung abgelehnt wurden. Es war dies eine Haltung, die oft keineswegs auf Schwäche beruhte, unter Umständen sogar auf mehr Festigkeit und Verläßlichkeit kollektiver Arbeiter-Resistenz, als sie in der fluktuierenden, von Überläufern und Gestapo-Agenten durchsetzten Szene kommunistischer Widerstandsgruppen manchmal anzutreffen war.

Auch die Mehrzahl der vor 1933 kommunistischen Bergarbeiter Penzbergs oder der kommunistischen Metall- oder Textilarbeiter Augsburgs folgten nach 1933 nicht den Empfehlungen zu illegaler Arbeit, sondern der Tradition der in der deutschen Arbeiterbewegung schon seit den Erfahrungen des Sozialistengesetzes herausgebildeten Linie einer pragmatisch-attentiven passiven Resistenz. Wenig spektakulär und zu monumentaler Darstellung kaum geschaffen, eignet einer solchen Haltung, wie sie für große Teile besonders der sozialdemokratisch gesinnten Arbeiterschaft in der NS-Zeit kennzeichnend war, gerade unter politischen und humanen Gesichtspunkten gleichwohl die Würde einer angemessenen Opposition gegenüber dem NS-Regime. Die kategoriale Bestimmung, daß nur ein auf den Sturz des Regimes abgestelltes aktives Handeln den eigentlichen Begriff des Widerstandes erfülle, läßt sich auch in bezug auf die kommunistische und sozialdemokratische Arbeiterschaft nicht aufrechterhalten, weder verhaltensgeschichtlich noch unter dem Gesichtspunkt des Vermächtnisses der tatsächlichen historischen Arbeiterbewegung.

Die durch kollektive weltanschaulich-politische Überzeugungen und Traditionen vermittelten *überindividuellen* Impulse und die aus persönlichen Erfahrungen und Haltungen herrührenden *individuellen* Antriebskräfte für oppositionelles Verhalten waren – das suchten wir im letzten Abschnitt dieser Zwischenbilanz zu verdeutlichen – in der historischen Wirklichkeit der NS-Zeit meist eng miteinander verflochten. Die beiden noch ausstehenden, das Projekt abschließenden Bände dieser Reihe werden gerade diese Thematik, von unterschiedlichen Ausgangspunkten her, konzentriert untersuchen. Sie werden damit auch Gelegenheit geben, unsere Reflexionen zum Begriff des Widerstandes noch einmal aufzunehmen und vielleicht auch weiterzuentwickeln.

Grenzen der Wertneutralität in der Zeitgeschichtsforschung: Der Historiker und der Nationalsozialismus

Bei der Erforschung der Zeitgeschichte geht es um die erlebte Geschichte der Zeitgenossen. Das bedeutet: Sie hat es nicht nur mit einem akademischen oder schöngeistigen Liebhaberinteresse für einen bestimmten geschichtlichen Stoff zu tun, sondern mit leibhaftigen, vielfältig in individueller Lebens- und Leidensgeschichte eingravierten Wirkungen einer Geschichtsepoche und auch mit der Fülle der ganzen nachträglichen Legitimationen, Färbungen, Verdrängungen, die psychologisch einem bestimmten Zeiterlebnis gegenüber eintreten. Diese Lage einer Geschichtswissenschaft, die von elementaren, auch parteiischen gegensätzlichen Geschichtserinnerungen und Geschichtsinteressen in der Gesellschaft und Öffentlichkeit umgeben ist, gilt grundsätzlich für alle wissenschaftliche Zeitgeschichte, auch sofern sie sich, was in zunehmendem Maße geschieht, mit der Nachkriegsgeschichte befaßt.

Wissenschaftliche Zeitgeschichte, wie sie real in diesem Land, in der Bundesrepublik, entstanden ist, kam aber nicht her von *irgendeinem allgemeinen* Bedürfnis, die Spanne zwischen toter, vergangener Geschichte und Gegenwart nicht allein der partikularen und subjektiven Erinnerung der Zeitgenossen und auch ihrer Legendenbildung zu überlassen, sondern schon eine wissenschaftlich kontrollierte und disziplinierte Objektivierung zu versuchen. Sie entstand vielmehr aus einem umstürzenden, auch die gewohnten Begriffe historischen Denkens in Frage stellenden epochalen Ereignis, der Erfahrung des Nationalsozialismus. *Er* bildete den Ausgangspunkt, die prägende, konstitutive Herausforderung für das, was seitdem in der Bundesrepublik wissenschaftliche Zeitgeschichte wesentlich ausmacht. Die nationalsozialistische Zeit – das war nur eine kurze Spanne von 12 Jahren, ein kurzer Atemzug der Geschichte, so mag es heute nach über 35 Jahren manchmal erscheinen. Aber die Geschichte hat leere und vollbeschriebene Blätter, und ihre Bedeutung läßt sich nicht an der Zahl der Jahre messen. „Wir haben Jahre hinter uns, die, gemessen an der Fülle des in ihnen zusammengedrängten Geschehens, hundertfach, tausendfach zählen. Epochen, die so gesättigt sind mit geschichtlichem Inhalt, bilden seltene Ausnahmen.“ So schrieb Theodor Litt, einer derjenigen, die wissenschaftliche Zeitgeschichte in Westdeutschland geistig mitbegründen halfen.

Der elementare Charakter der außerordentlich intensiven, aber kaum schon begriffenen Erinnerung an die erlebte NS-Zeit, der aus massiven Verletzungen, Enttäuschungen, Erschütterungen herrührende Schock dieser Erinnerung, bildete eine außerordentlich starke Motivation auch für die wissenschaftliche Zeitgeschichte. Es ging dabei nicht nur um die Auswahl und Relevanzbestimmung eines wissenschaftlichen Gegenstandes, die auch sonst vor- und außer-wissenschaftlich geschehen und bestimmt sind von Standortgebundenheiten, Interessen, persönlichen Neigungen. Das übermächtige moralisch-praktische Interesse an der Auseinandersetzung mit dem Nationalsozialismus bestimmte fast unvermeidlich nicht nur die der wissenschaftlichen Arbeit vorangehende Motivation, sondern auch Art und Weise der historisch-wissenschaftlichen Forschung über diese Zeit, die Kategorien geschichtlichen Nachfühlens, Sehens und Darstellens. Wenn heute nach 30 Jahren zeitgeschichtlicher Forschung über das Dritte Reich in der Bundesrepublik, auf die wir uns bei unserer Betrachtung bewußt beschränken wollen, keineswegs ein einheitliches Bild dieser Zeit besteht, so ist das nicht nur auf die Pluralität unterschiedlichen Frageinteresses der wissenschaftlich arbeitenden Historiker zurückzuführen, sondern auch, und in nicht geringem Maße, auf das Eindringen und das große Gewicht von Geschichtsmythen, in denen der noch unbegriffene, traumatische Schock der Erfahrung der NS-Zeit Gestalt bekommen hat, und den damit verbundenen Legitimationen.

Mit *diesem* Problem der Neutralität oder Nichtneutralität der wissenschaftlichen Erforschung und Darstellung des Nationalsozialismus möchte ich Sie heute konfrontieren. Was dabei zu sagen ist, das ist unvermeidlicherweise ein Stück reflektierendes Selbstgespräch aus der Werkstatt dieser Forschung und insofern natürlich auch nicht unabhängig von den eigenen Erfahrungen. Das Problem, das zu erörtern ist, hat eine inhaltlich-sachliche und selbst eine historische Dimension. Die wissenschaftliche Erforschung des Nationalsozialismus in der Bundesrepublik ist eingebettet in die Geschichte des allgemeinen Umgangs mit dieser Vergangenheit in Westdeutschland, die man im Positiven und im Negativen als ein wesentliches Stück der politischen Kultur der Bundesrepublik bezeichnen kann. Ich möchte deshalb zunächst historisch zurückblenden und dabei vor allem auf die Anfänge zu sprechen kommen, die nicht nur Anfänge waren, sondern begründende, prägende Bedeutung hatten.

Um zu kontrastieren, wie und von welchen Quellen und Bedürfnissen her die historische Auseinandersetzung mit dem Nationalsozialismus in der Bundesrepublik begann, gehe ich ein Stück weiter zurück und nenne drei Namen und Werke von Wissenschaftlern, die schon während des Zweiten Weltkrieges oder unmittelbar danach als deutsch-jüdische Emigranten in den USA aufgrund ihrer Vertrautheit mit den deutschen Verhältnissen und ihrer intensiven Beobachtung der Nachrichten und zugänglichen Informationen über Hitler-Deutschland erste große Analysen des politischen, gesellschaftlichen und Rechtssystems des Dritten Reiches und über die Struktur der nationalsozialistischen Bewegung und der sie formierenden Kräfte lieferten. Ich meine die schon 1940 entstandene Studie des späteren Berliner Politologen Ernst Fraenkel mit dem wegweisenden Begriff vom Doppelstaat, gewonnen noch aus unmittelbaren justizpraktischen Erfahrungen, die Fraenkel vor seiner Emigration aus dem halb rechtsnormativen, halb prärogativen, polizeistaatlichen System des Dritten Reiches gewann. Von ähnlicher Deutungskraft war der erste großangelegte Versuch einer Beschreibung der verwirrenden Erscheinungsformen des ökonomisch-sozialen, politischen Systems des Dritten Reiches, den der ebenfalls aus Berlin stammende Sozialwissenschaftler Franz Neumann, wie Fraenkel der Sozialdemokratie nahestehend, wenig später vorlegte, ein Thema, das er umschrieb mit dem von Thomas Hobbes entlehnten biblischen Fabeltier „Behemoth“ – bei Hobbes nicht, wie „Leviathan“, Sinnbild des absoluten rationalen Machtstaates, sondern Metapher eines immer neue Macht fressenden, institutionelle wie rechtliche Ordnung verschlingenden unheimlichen Großtiers. Als drittes am meisten bekannt gewordenes Werk ist zu nennen Hannah Arendts gedankenreiche Darstellung über die Ursprünge des Totalitarismus, zwei Jahre nach dem Krieg erschienen, als zur Zeit des beginnenden Kalten Krieges der Totalitarismus-Begriff Schule zu machen begann, aber nicht gleichzusetzen mit dem viel schwächeren später geschriebenen Buch von Carl Joachim Friedrich und Brzesinsky mit seiner Typologie totalitärer Herrschaft, in der Nationalsozialismus und Stalinismus als im wesentlichen identische moderne Formen perfektionierter Diktatur eher spekulativ als historisch beschrieben wurden. Hannah Arendts Analyse war demgegenüber in ihren eigentlichen, substantiellen Elementen ganz auf den Nationalsozialismus abgehoben, und weniger auf dessen institutionelles Gefüge als auf die historisch-ideologischen und -gesellschaftlichen Deformationsprozesse, die ihm vorangingen; sie suchte zu erklären, wie es kommen konnte, daß große Teile der Massengesellschaft des hochindustrialisierten deutschen Nationalstaats für die nationalsozialistische Massenmobilisation verfügbar wurden.

Das waren erste, bahnbrechende Versuche Gesellschafts- und Machtaufbau im Dritten Reich herauszuarbeiten und zu begreifen. Und sie stellten bemerkenswerterweise sämtlich, wenn auch von verschiedenen Aspekten her, das Unsystematische, Unberechenbare, das Parasitäre, das irrationale Bewegungselement als auffällige Merkmale des NS-Regimes heraus. Das Auffällige aber war, daß diese Werke in Westdeutschland, von der sich dort nach 1945 etablierenden Zeitgeschichtsforschung über den Nationalsozialismus zunächst kaum rezipiert wurden und man von Hannah Arendts Buch vor allem den Begriff Totalitarismus abnahm und fälschlich einer Theorie und Vorstellung totalitärer Herrschaft einverleibte, wie sie so bei ihr gar nicht vorkam, jener Totalitarismus-Theorie, die aus politisch-psychologischen Gründen im Zeichen der Legitimation und Abgrenzung der neuen Bundesrepublik vom „totalitären" Kommunismus des Ostblocks lebhaft aufgegriffen wurde. Die genannten Werke blieben Vorläufer einer wissenschaftlichen Entwicklung der Erforschung des Nationalsozialismus, die in der Bundesrepublik erst sehr viel später, eigentlich erst in den sechziger Jahren, einsetzte. Zu diesen Versuchen intensiver analytischer Deutung des Nationalsozialismus war in Deutschland unmittelbar nach 1945 die innere Distanz noch nicht vorhanden. Auch in der SBZ und späteren DDR setzte die von der dogmatischen Faschismustheorie der Komintern geleitete systematische Darstellung der NS-Zeit erst später, in den fünfziger Jahren, ein, nach der vollzogenen Teilung Deutschlands, und polemisch, legitimatorisch darauf gerichtet, das Deutschland der DDR als alleinigen, konsequenten Erben des „anderen Deutschland" und seines antifaschistischen Kampfes gegen die Hitler-Diktatur im illegalen Widerstand und in der Emigration nach 1933 darzustellen.

Was statt dessen unmittelbar nach 1945 in Deutschland, vor allem im Westen, die Gemüter der meisten Intellektuellen, auch der Historiker, beherrschte, war eine eher ratlose als schon begriffsfähige schwere Erschütterung des Selbstbewußtseins. Diese Erschütterung und die aus ihr hervorgegangenen Umschreibungen dessen, was in der Hitlerzeit in Deutschland geschehen war, entstammten und waren geprägt von einer Grundstimmung, die ich bezeichnen möchte als Verinnerlichungskultur der unmittelbaren Nachkriegsjahre.

Die in den letzten Kriegsmonaten des katastrophalen Zusammenbruchs der militärischen und politischen Macht des NS-Regimes von vielen Deutschen mehr und hautnäher als zuvor erlebten brutalen, selbstbetrügerischen und selbstzerstörerischen Züge der Nazi-Herrschaft, die vollständige Verwüstung und militärische Besetzung Deutschlands, die Auslöschung, Amputation und zonale Aufsplitterung seines nationalstaatlichen Zusammenhangs – das alles verbreitete ein mehr nach innen als nach außen gewendetes Gefühl vollständiger Hilflosigkeit und Geschlagenheit. Deutschland kleidete sich in Trauer. Nach den vergangenen Räuschen und Euphorien in der sensationellen nationalen und kriegerischen Erfolgsphase des Regimes zwischen 1936 und 1940 hatte schon seit 1942/43, vor allem nach Stalingrad, hinter der Fassade des äußerlichen, verbitterten Weitermachens der Bevölkerung ein innerer Rückzug aus dem Dritten Reich begonnen, ein Rückzug ins Private, eine Rückwendung von übermäßiger, politisch-nationaler Beanspruchung zu vergessenen individuellen Interessen, Werten und den primären sozialen Beziehungen in Familie und Freundschaft. Nach dem unrühmlichen, schandbaren Ende des Dritten Reiches brach diese geistig-kulturelle Grundstimmung der Verinnerlichung voll durch, auch z.B. in religiöser Hinsicht, fand u.a. Ausdruck in der intensiven Hinwendung zu authentischer Kunst und Kultur, von der man so lange abgesperrt war. In den zahlreichen Kulturzeitschriften der Zeit vor der Währungsreform (1948) sprach sich dies ebenso aus wie in der schöngeistigen Literatur der Zeit. Aus dieser Stimmung heraus entstanden auch Grundimpulse und Kategorien des westdeutschen historischen Umdenkens über den Nationalsozialismus, weniger bestimmt von wissenschaftlich-analytisch gewonnenen Erkenntnissen, als von der Projektion seelischer Erlebnisse, der in Sprache gefaßten, sinnierenden Erschütterung.

Führt man sich die ersten westdeutschen Versuche einer historischen Auseinandersetzung mit der NS-Vergangenheit vor Augen, auch z.B. Friedrich Meineckes Schrift „Die deutsche Katastrophe" aus dem Jahre 1946, so ergibt sich dieser Eindruck auch hier: Eine weniger den Verstand als die Seele ansprechende beschwörend-beschreibende Vergegenwärtigung des Geschehenen, in einer auffällig allgemeingehaltenen, metaphorischen Sprache. Beim Nachlesen wird man noch immer berührt, freilich auch von der psychologischen Durchsichtigkeit dieser geistigen Vorgänge.

Zur Veranschaulichung gebe ich ein längeres Beispiel: Am Weihnachtstag 1945 kam die erste Nummer der in Freiburg erscheinenden Halbmonatsschrift „Die Gegenwart" heraus, zu deren Herausgebern so bedeutende Publizisten wie Bernhard Guttmann, Robert

Haerdter, Benno Reifenberg gehörten und die bald zu einer der angesehensten kulturpolitischen Zeitschriften Westdeutschlands werden sollte. Die erste Seite der ersten Nummer brachte, sozusagen als traurige Weihnachtsbotschaft, eine Betrachtung über den Nürnberger Prozeß, der einen Monat zuvor von den Siegermächten eröffnet worden war. Wir lesen dazu folgende Sätze:

„Es sind die Sieger, die in Nürnberg urteilen, sie erheben Anklage gegen Anschläge auf den Frieden, Anschläge auf die Sicherheit der Völker und Anschläge auf das Menschenrecht. Aber den Anschlag auf die deutsche Seele, den Ursprung des Verderbens, vermöchten nur die Deutschen selbst einzuklagen und zu sühnen ...

So vermag von dem (Gerichts-)Saal, dessen Fenster verhängt sind, damit die Trümmerlandschaft nicht allzu lästig die Szene verstellt, für Deutschland nicht jene Befreiung auszugehen, die sonst wohl das Ende einer Gewaltherrschaft hervorrufen sollte ... Deutschland, so nahe beteiligt an der Sache, so gänzlich ungefragt an ihrem Ausgang, hat zu warten. Die Zeit der Führer liegt ab; die Phantasmagorien entschwanden; aberwitzige Hoffnungen wurden zunichte. Einsam geworden, vermag die Nation der schreckenden Wirklichkeit nichts Besseres entgegenzuhalten als die schrankenlose Erkenntnis ihrer selbst. Von hier aus allein ist Leben möglich."

Und dann unmittelbar folgend, zum Abschluß des Artikels diese Wendung:

„Vielleicht erinnert sich der Geist der Deutschen an den Mann, der unweit jenes Saales, in dem die Welt das Recht ergründet, vor über vierhundert Jahren seine Zeichen in die Kupferplatte ritzte. Er sieht nicht auf, er weiß nicht, was draußen geschieht, er sieht um so deutlicher das innere Ereignis. Er blickt in die Tiefe der menschlichen Seele und weiß, daß da auch der Abgrund lauert. Das Wesen, das er zeichnet, hat aus der erlahmten Hand den Zirkel, das Gerät des rechnenden Verstandes, sinken lassen; das von so viel Ruhm bekränzte und beschattete Haupt rührt sich nicht, als sei es versteint. Nur die Augen glühen, großartige Fackeln der Trauer. Der Mann, in dessen Seele diese Figur aufgetaucht ist, Albrecht Dürer, hat seinem Volk das letzte Hoffen, das in der Nachdenklichkeit verborgen liegt, auch dann nicht geraubt, als er das Wort ‚Melancholia' den brütenden Himmel zerschneiden ließ."

Was hier schon in der Sprache versammelt ist, will ich gar nicht herauszuholen versuchen. Schon das Inhaltliche ist klar genug. Aufforderung zur Selbsterkenntnis, aber vor allem zur inneren, seelisch-geistigen; die bedrückende Auseinandersetzung mit den harten politischen Tatsachen aus der Vergangenheit wird rückverlagert und -verwandelt in die beschwörende Erinnerung unverlierbarer deutscher kultureller Werte.

Von der geistes- und kulturgeschichtlichen Grundlage dieser Verinnerlichungs-Strömung der deutschen Nachkriegszeit her bestanden starke Verbindungen auch zu der in der deutschen Geschichtswissenschaft dominanten Tradition jenes konservativen oder christlich-konservativen historischen Denkens und ihr besonders verpflichteter namhafter deutscher Historiker, die bei aller Hineinverwicklung in die politisch-nationale Indienstnahme der Historie während der Weimarer und NS-Zeit doch mit kritischem Gespür Distanz gehalten hatten zu den extremen völkisch-nationalsozialistischen Ausformungen nationaler Politik. Und sie vor allem wurden nun in Westdeutschland zu den geistigen Gründungsvätern der zeitgeschichtlichen Auseinandersetzung mit dem Nationalsozialismus. Der schon erwähnte Friedrich Meinecke, Gerhard Ritter und vor allem Hans Rothfels sind hier zu nennen. Ihre Führungsrolle jetzt im nachhinein nüchtern abwägend zu bewerten, fällt um so schwerer, als die eigene persönliche und geistige Berührung, der Anfang der eigenen Begeisterung für Zeitgeschichte eng darin verwickelt sind.

Erinnern wir uns dessen, was Ernst Fraenkel, Franz Neumann und Hannah Arendt in ihren ersten großen Studien über die NS-Zeit vor allem bewegte, so fällt deutlich auf: Was bei Meinecke, Ritter, Rothfels und anderen den Grundimpuls bildete, war vor allem das Nationale, die nationale Betroffenheit, ein Bemühen um Zeitgeschichte in einem, von heute her gesehen, ganz altertümlichen national-erzieherischen Sinne und mit solchem Anspruch. Die zwei Grundtatsachen, die auch den Bezugspunkt des zitierten Artikels aus der „Gegenwart" darstellten, bildeten auch für sie den Ausgangspunkt: Hitler hatte den deutschen Namen, das deutsche Kulturerbe und auch die eigenen historischen Bemühungen um eine differenziertere Begründung und Erfassung historisch-nationaler Gegebenheiten und Verpflichtungen geschändet und den deutschen Nationalstaat verspielt. Und die Alliierten waren dabei, als Sieger über diese Vergangenheit mit zweifelhaftem Recht Gericht zu halten, und machten dabei nicht immer einen feinen Unterschied zwischen nationalsozialistischer und deutscher Schuld.

Ehe wir den, auch problematischen, Folgen, die sich aus solchem Grundimpuls für die Zeitgeschichte und die Strukturierung des historischen Bildes vom Dritten Reich entwickelten, weiter nachgehen, ist zunächst eines festzuhalten: Daß es angesichts der genannten objektiven und subjektiven Faktoren innerhalb der deutschen Geschichtswissenschaft in der Bundesrepublik letzten Endes nicht wie nach 1918 zum Rückzug ins nationale Ressentiment oder zu einem vollständigen Ausweichen in andere heilgebliebene Bestände der Vergangenheit, sondern zu einer selbstkritischen nationalen Zeitgeschichte der Hitler-Zeit kam, das war nicht zuletzt das Verdienst solcher Männer wie Hans Rothfels und ihres damals dominierenden Ansehens innerhalb einer sonst stark verwirrten, unentschlossenen Historikerschaft. Es würde freilich die Dinge zu sehr personifizieren und auch das wissenschaftsgeschichtlich Neue, das sich damals anbahnte, nicht zutreffend erfassen, wenn nur von diesen konservativen Altmeistern der deutschen Geschichtswissenschaft die Rede wäre. Besonders bemerkenswert war vielmehr, daß sich zwischen ihnen wenigstens teilweise – das gilt wiederum vor allem für Hans Rothfels – eine Begegnung und Gegenseitigkeitsbeeinflussung anbahnte mit einer Reihe namhafter Politik- und Sozialwissenschaftler, die aus anderer, mehr liberal- oder sozialdemokratischer politisch-geistiger Tradition herkamen und auch z. T. ganz andere Erfahrungen im Dritten Reich hinter sich hatten, mit Männern wie Theodor Eschenburg, Ludwig Bergsträsser, Hermann Brill, so z. B. bei der Gründung und Aufgabenbestimmung des Instituts für Zeitgeschichte. Eine andere Variante kam sicher auch schon bald ins Spiel durch die Jüngeren, die damals in Westdeutschland nach der wüsten Hinterlassenschaft des Dritten Reiches und enttäuschten Hitler-Jugend-Idealen diese Aufgabe sahen und sich ihr zuwandten: Zeitgeschichte als eine notwendige Nacharbeit. Dabei gingen diese Jüngeren, bei denen dann bald überwiegend die praktische Arbeit der Editionen und Forschungen zur nationalsozialistischen Zeit lag, wohl unbelasteter und unbekümmerter zu Werke. Sie setzten vor allem auf eine voraussetzungslose Vernünftigkeit, verstanden Zeitgeschichte vor allem als kritische Aufklärungsarbeit. Aufklärung hieß damals aber vor allem Aufräumung, hieß: ans Licht zu holen, was die Nazis verborgen oder nur verschleiert öffentlich zur Kenntnis gebracht hatten, die Verbrechen an den Juden und in den Konzentrationslagern, in den besetzten Gebieten und bei der Unterdrückung und Verfolgung der politischen Gegner. Eugen Kogons „SS-Staat", in der Erstausgabe schon 1946 erschienen, war eine der frühesten Bemühungen um solche Offenlegung, die als die erste, ureigenste deutsche Aufgabe erschien, auch um klarzustellen, ob das, was in Nürnberg und den anderen alliierten Prozessen als Kriegs- und Menschlichkeitsverbrechen zur Anklage kam, historisch verifiziert werden konnte. Dabei ergab sich z. B. auch in bezug auf die Vorgeschichte des Zweiten Weltkrieges, daß an dem Faktischen, was da in Nürnberg dokumentiert und mit den Nürnberger Dokumenten belegt worden war, kaum gerüttelt werden konnte, das mußte eingestanden werden, auch nach der quellenkritisch historischen Inaugenscheinnahme der Dokumente, so etwa in der frühen Veröffentlichung Walter Hofers über Hitlers „Entfesselung des Zweiten Weltkrieges". Bei der Offenlegung ging es natürlich auch um das Aufzeigen des weltanschaulich-geistigen Hintergrundes, etwa durch die Veröffentlichung der „Tischgespräche Hitlers im

Führer-Hauptquartier", eine der ersten Publikationen des Instituts für Zeitgeschichte.

Es muß rückblickend offen und selbstkritisch eingestanden werden, daß solche Art von Offenlegung, Bestandsaufnahme des Faktischen, das ebenso enthüllende wie suggestive Herzeigen von Zeugnissen der Gewalttätigkeit und peinlicher Selbstaussagen aus dem Arkanum nationalsozialistischer Herrschaft, so notwendig es war und immer wieder ist, daß solche Aufklärung meist nicht auch schon Erklärung war und sein konnte. Auch in der Zeitgeschichte gibt es, das soll nicht verschwiegen werden, jenes problematische „nur die Fakten und Dokumente sprechen lassen", das einen Max Weber einst veranlaßte, von pharisäerhaftem moralischen Priestertum vom Katheder zu sprechen. Die grundsätzliche Wendung zur selbstkritischen Aufarbeitung gerade auch der eigenen nationalen Geschichte, die mit dieser jungen Disziplin der Historie vollzogen war, ergab um so mehr ein fast zwangsläufiges Spannungsverhältnis zur vorgegebenen Tradition der deutschen Geschichtswissenschaft, die – vom grundlegenden Begriff des Verstehens ausgehend – darauf gestimmt war, im verstehenden Nachvollzug des geschichtsmächtig Gewordenen dieses nicht nur zu bejahen, sondern historisch zu legitimieren, einer Geschichtswissenschaft, die im 19. Jahrhundert mit Heinrich von Treitschke und anderen auf die Bahn geraten war, auch den nationalen Machtstaat und seinen Imperialismus zur Idee eines Geschichtsfortschritts hinaufzustilisieren, nationale Macht zu adeln und zu ästhetisieren, und die nach dem Ersten Weltkrieg sich auf die ermüdenden apologetischen Plädoyers in der Kriegsschuldfrage eingelassen und dem eifernden Anti-Versailles-Revisionismus der Zeit erstaunlich unkritische Dienste erwiesen hatte. Die Spannung zwischen dieser Tradition der Geschichtswissenschaft und der so resolut selbstkritischen Zeitgeschichtswissenschaft blieb in den fünfziger Jahren oft verdeckt nur dadurch, daß die akademische Historie das Feld des Nationalsozialismus den Zeitgeschichtlern außerhalb der eigenen Zunft weitgehend überließ, oder Politologen wie Karl Dietrich Bracher. Erst allmählich öffneten sich der Zeitgeschichte die Tore der Universitäten.

Der Gegensatz der historischen Sicht- und Behandlungsweise, bis in die Sprache hinein, blieb aber auch später spürbar und nicht selten gerade, wenn Historiker alter Schule sich mit dem Nationalsozialismus befassen. Da spürt man oft: Wo es mit dem Nationalsozialismus anfängt, ändert sich die Diktion. Hier beginnt, man merkt es, ein unwürdiges Kapitel der Geschichte. Die Hauptpersonen des historischen Schauspiels, sonst ein besonderer Anziehungspunkt feinsinnig-biographisch deutender Historie, Männer wie Hitler, Göring, Goebbels, Heydrich, Himmler – wie sollte man diese Figuren, hochgeschwemmt aus der Gärung eines ungebildeten Massenkleinbürgertums, auch einordnen in die Galerie geschichtlicher Persönlichkeiten – werden reduziert zu Schemen, Ausgeburten des Bösen, die Beschreibung flüchtet in den Wortschatz der Dämonologie. Golo Mann verweigert Hitler, der Unperson, in seiner „Geschichte des 19. und 20. Jahrhunderts" sogar den Namen, spricht nur von „H.".

Das alles waren und sind noch Anzeichen dafür, daß das Thema Nationalsozialismus nicht mit den normalen Maßstäben der Geschichtswissenschaft gemessen wird, daß die Geschichtswissenschaft von ihrer geistesgeschichtlich-idealistischen Grund- und Ausgangslage her besondere Schwierigkeiten hatte und hat, diesem Gegenstand beizukommen, und gerade auch deshalb in die Vision, in die Metapher flüchtet. Hinter dieser Schwierigkeit steht auch der von den deutschen Theoretikern der Geisteswissenschaften im 19. Jahrhundert entwickelte heuristische Grundbegriff des Verstehens. Dieser Begriff des Verstehens, wie Dilthey und andere ihn im 19. Jahrhundert begründeten, war ja nicht einfach identisch mit rationaler Vernünftigkeit des Erklärens, sein wesentliches Element war das einfühlend sympathetische Sehen und Betrachten eines früheren historischen Kulturzustandes. Der Verstehens-Begriff hatte sein Rücklager in einem kulturoptimistischen, idealistischen Begriff der Geschichte. Es ist verständlich, daß von solcher Tradition her kommendes historisches Denken unsympathische Gegenstände auszuscheiden trachtete, daß der Nationalsozialismus sozusagen außerhalb dieser Heuristik blieb. Hier liegt, so scheint mir, neben vordergründigen politischen Legitimationen, ein gewichtiger Grund dafür, daß bei der historischen Beschreibung der nationalsozialistischen Zeit das hier mit Sympathie und auf dem Wege verstehender Identifikation nicht Nahezubringende in die Gestalt einer gleichsam auf Distanz gehaltenen Vision gebracht wurde, daß die Sprache des Historikers in die Metapher floh und – anstelle begrifflicher Deutung – die emotionalisierte Vision von der totalitären Schreckensherrschaft des Dritten Reiches eine solche Rolle spielte, eines Bildes, das wegen der suggestiven Wirkung und Eingängigkeit seiner Bildkraft viel mehr als wegen seiner Tauglichkeit als Erklärungsmuster soviel Beharrungskraft behielt.

Ehe ich darauf ausführlicher eingehe, bleibt noch nachzutragen, daß die Spannung zwischen aufklärerischer Zeitgeschichtswissenschaft und traditioneller historischer Geschichtswissenschaft nicht immer nur latent blieb, sondern gelegentlich auch zur Entladung kam, dann z.B., wenn das für die nationalsozialistische Vergangenheit als zulässig erachtete Vorgehen rückhaltloser nationaler Selbstkritik und einer, vielleicht auch manchmal vergröbernden, aufklärerischen Offenlegung auf vorangegangene Perioden und Figuren der deutschen Nationalstaatsgeschichte angewandt wurde, auf ein Feld, das noch nach den Grundsätzen des verstehenden, idealisierenden geistesgeschichtlichen Historismus beackert worden war und das man ihm vorbehalten wollte. Die heftige Kontroverse um den Reichskanzler Bethmann Hollweg und das Buch des Hamburger Historikers Fritz Fischer über Deutschlands Rolle beim Ausbruch des Ersten Weltkrieges, die auf dem Berliner Historikertag im Jahre 1964 ihren Höhepunkt hatte, ist dafür ein Beispiel. Andere folgten, ausgelöst z.B. durch Ulrich Wehler und die von ihm besorgte Reproduktion der in der Weimarer Zeit kaum bekanntgewordenen Studien von Eckart Kehr mit ihrer sozialwissenschaftlich funktionalisierenden und entlarvenden Deutung des politischen Systems und der imperialistischen Machtpolitik des wilhelminischen Kaiserreichs.

Mit den letztgenannten Namen berühren wir freilich schon eine Herausforderung anderer Art, die dann im Zeichen der Studentenrebellion und der Diskussion über neo-marxistische, mehr spekulative als empirische Faschismus-Theorien die traditionelle Historie ebenso wie die empirische Zeitgeschichtsforschung provozierte. Diesen Komplex will ich im folgenden auslassen, vor allem weil mir scheint, daß er Episode geblieben ist und, abgesehen von z.T. langfristigen persönlichen Irritierungen, bleibende Spuren bei der historischen Erforschung und Darstellung des Nationalsozialismus kaum hinterlassen hat.

Wenn ich im folgenden kritisch auf die Vision totaler Herrschaft zu sprechen komme, will ich aus denselben Gründen auch auf sich beruhen lassen, was in der Diskussion hierüber zwischen den Verfechtern einer neo-marxistischen Faschismus-Theorie und den Anhängern der Totalitarismus-Theorie an gegenseitigem Ideologie-Verdacht hin- und hergeworfen wurde, und will mich statt dessen beschränken auf die Frage, was von der empirisch forschenden Zeitgeschichtswissenschaft hierzu zu sagen ist.

War es für die erste Phase dieser Zeitgeschichte in den fünfziger Jahren noch weitgehend charakteristisch, daß sie mit der faktologischen und dokumentarischen Offenlegung und Bestandsaufnahme beschäftigt und darauf beschränkt blieb, während das Bild vom Totalitarismus und der totalen Herrschaft von anderer Seite geliefert wurde, veränderte sich die Situation der Zeitgeschichtswissenschaft mit den sechziger Jahren. Das war vor allem ein Ergebnis differenzierter empirischer Erforschung des Nationalsozialismus, die seit Ende der fünfziger Jahre auf breiter Front einsetzen konnte, nachdem die große Masse der amtlichen und nichtamtlichen Akten der NS-Zeit in Ost und West aus alliierter Beschlagnahme an die deutschen Archive zurückgegeben worden war und zeitgeschichtliche Forschung nun auch an den Universitäten in der Form von Dissertations- und Habilitationsschriften in wachsendem Maße betrieben wurde. Das Neue bestand auch darin, daß das Thema Nationalsozialismus zunehmend Gegenstand einer internationalen Forschung wurde. Damit hörte die Zeitgeschichte auf, ausschließlich oder primär nur eine nationale selbstkritische Aufgabe deutscher Historiker zu sein. Die nationalpädagogische Motivation, die am Anfang so stark war, verschwand nicht, aber trat zurück. Zu dem internationalen Verbund einer versachlichten Erforschung des Nationalsozialismus trug sicher auch bei, daß vorurteilsvolle antideutsche Töne, die es in französischen, englischen oder amerikanischen Darstellungen zur jüngsten deutschen Vergangenheit anfangs gegeben hatte, bei einem Edmond Vermeil, Wheeler Bennett oder William Shirer, zusehends schwanden. Verfall der Weimarer Republik, Aufstieg, Politik und Struktur des nationalsozialistischen Regimes wurden paradigmatische Forschungsgegenstände einer weltweiten Geschichtsforschung. Die deutsche Katastrophe wurde nun auch begriffen nicht nur als Teil und Ergebnis spezifisch nationaler und deutscher Geschichte, sondern auch als exemplarischer Fall der Explosion von Spannungen, die auch in anderen Industriegesellschaften und Nationalstaaten unter bestimmten Krisenbedingungen grundsätzlich möglich schien oder in anderen Varianten anzutreffen war. Schon von daher kam ein stärker vergleichender, soziologischer, politologischer Zug in die Zeitgeschichtsforschung herein, auch durch begriffliche Anregungen von diesen Nachbardisziplinen aus, etwa von Helmuth Plessners Studie „Die verspätete Nation" (1959) und von Dahrendorfs „Gesellschaft und Demokratie in Deutschland" (1965). Symptomatischer Ausdruck solcher epochenbezogenen, nicht mehr nur nationalen Betrachtung war Ernst Noltes Werk „Der Faschismus in seiner Epoche" (1963).

Was sich da in der Zeitgeschichtswissenschaft über den Nationalsozialismus in den 60er Jahren in der Bundesrepublik veränderte, läßt sich auch bezeichnen als eine Professionalisierung, Akademisierung und Spezialisierung der Forschung, verbunden mit einem Abbau der beschriebenen Spannung zur Geschichtswissenschaft alter Schule. Diese Akademisierung und Spezialisierung ist immer wieder auch kritisch vermerkt und angegriffen worden, so vor einigen Jahren vehement von Joachim Fest in der Frankfurter Allgemeinen Zeitung, als Brutstätte akademischen Kleinkrämertums, subalterner Pedanterie und Gedankenlosigkeit, als Quelle und Anzeichen eines Unvermögens, sich in großer synthetischer Geschichtsschreibung auszudrücken. So wahr es ist, daß innerhalb der Fülle zeitgeschichtlicher Dissertationen, Staats- und Magisterarbeiten, die im Laufe solcher spezialisierten Forschung zustande kamen, nicht alles den Druck verdiente, so steht hinter diesen von seiten der Publizistik erhobenen Vorwürfen doch auch manches gründliche Mißverständnis der Bedeutung, die dieser über die Jahre hinaus geleisteten empirischen Forschung gerade in bezug auf ein besseres Verständnis des Nationalsozialismus doch insgesamt und vor allem natürlich in Gestalt ihrer besten Produkte zukommt. Ich denke dabei, um nur wenige aus Dutzenden von Titeln zu nennen, an Werke wie die exemplarische Studie von Helmut Heiber über den Zustand der Geschichtswissenschaft im Dritten Reich, von David Schönbaum über die soziale Revolution des Nationalsozialismus, von Petzina und Milward über die Wirtschafts- und Rüstungspolitik und ihre Organisation im Dritten Reich, von Jacobsen über die vielfältigen außenpolitischen Apparate der NSDAP, von Hans Mommsen über die nationalsozialistische Beamtenpolitik oder von Reinhard Bollmus über den in der Anarchie der nationalsozialistischen Führer- und Ämterkonkurrenz gescheiterten Versuch einheitlicher ideologischer Kontrolle und Überwachung des deutschen Schrifttums.

Erst die Fülle dieser Untersuchungen, die fast durchweg ohne vorgegebene Theorie ihre Begriffe erst aus der Empirie der Sache entwickelten, hat, gleichsam anknüpfend an die alten Fragestellungen von Ernst Fraenkel, Franz Neumann und Hannah Arendt, nicht nur unser Tatsachenwissen über den Nationalsozialismus und seine Herrschaft enorm vergrößert und verbreitert, sondern auch, nun zwar gewiß nicht ganz allgemeine griffige Theorien, die nun einmal nur von spekulativer Warte her möglich sind, eine ganze Reihe wichtiger Verständnis- und Erklärungsbegriffe von sozusagen mittlerer Reichweite geliefert.

Gemeinsam war dieser empirischen Forschung, das liegt in der Natur der Sache, daß sie sich nicht damit begnügte, die Selbstaussagen, die Ideologie, die Zielsetzungen, die positiven und negativen Normen des NS-Regimes zu untersuchen, sondern die Wirklichkeit ihrer Durchsetzung oder Nichtdurchsetzung. Dabei kam übereinstimmend heraus, daß zwischen dem Inhalt dessen, was man als die positiven Normen, die Programmversprechungen, die sozialen Utopien oder Absichtserklärungen des Nationalsozialismus bezeichnen kann, und der Wirklichkeit nationalsozialistischer Politik eine oft extrem große Kluft durchgängig festzustellen ist. Das war *ein* solches Erkenntnisresultat „mittlerer Reichweite", wie ich es nannte. Ein Resultat, das, wie ich meine, auch methodische Konsequenzen hat, in bezug auf die Einschätzung von Darstellungen über die NS-Herrschaft, die ausschließlich oder fast ausschließlich aus der Welt seiner Ideologien, Selbstaussagen und Normen abgeleitet sind und damit im Sinne einer historischen Wirklichkeitserkenntnis als weitgehend wertlos qualifiziert werden müssen.

Zu den Begriffen mittlerer Reichweite, die sich als Ergebnis dieser empirischen Forschung herausgebildet haben, gehört auch, was ich als das *Prozeßhafte* der NS-Herrschaft bezeichnen möchte. Das bedeutet nicht nur, daß die Struktur und Qualität der politischen Verfassung des Dritten Reiches in den zwölf Jahren seines Bestehens vielfältigen Veränderungen unterworfen waren, sondern überhaupt, daß die dauernde Veränderung, die ständige Neuorganisation und Neumobilisation auf jeweils wechselnde, bestimmte Primärzwecke hin, insgesamt für das NS-Regime und seine Teilbereiche das eigentlich durchgängige, charakteristische Merkmal ist, viel mehr als das Stabile, das Systemhafte dieser Herrschaft.

Damit hängt, auch dies könnte man als solchen Begriff mittlerer Reichweite bezeichnen, wenigstens mittelbar zusammen, was in der empirischen Einzelforschung fast überall als *Ungleichmäßigkeit* oder *wechselnde Bündnisstruktur* dieser Herrschaft hervortritt. Das bedeutet u. a.: weder dem Grade noch dem Inhalt nach war diese Herrschaft gleich. Sie konnte es nicht sein, weil der Machtaufbau unter nationalsozialistischer Führung nur gelang und stabilisiert werden konnte durch wechselnde Bündnisverhältnisse mit wichtigen Trägern der Staatsmacht und einflußreichen gesellschaftlichen Institutionen. Diese wechselnden Bündnisverhältnisse drücken sich u. a. sehr plastisch aus in dem, was in den verschiedenen Phasen des Regimes die Führungselite des Dritten Reichs ausmachte. Vergleicht man unter diesem Gesichtspunkt der jeweiligen Führungselite den Anfang, die Mitte und das Ende des Regimes, so wird auch deutlich, daß es sich hierbei nicht nur um einen Personen-Wechsel, sondern tatsächlich um eine qualitative Veränderung der Macht- und Einflußstruktur handelt.

Schließlich ist unter den Begriffen mittlerer Reichweite vor allem aufzuführen: die für das Dritte Reich charakteristische Vorrangigkeit personeller Führung vor institutioneller Kompetenz, das, was man mit Recht die führerstaatliche Grundverfassung genannt hat. Diese bezeichnet nicht nur, das ist ein häufiges Mißverständnis, den Führerabsolutismus Hitlers an der Spitze, sondern die Vielzahl der ihm sozusagen nachgebildeten Führerabsolutismen in allen Bereichen und auf allen Ebenen des Regimes. Dieses personalistische Prinzip, das schon in der Hitler-Bewegung vor 1933 ausgebildet war und ihr den Namen gab, hat vielfältige Auswirkungen gehabt: z.B. die Klientel-Bildung zwischen subsidiären Führern anstelle amtsbezogener Kollegialität bei der Ausübung von Regierungsgeschäften, das Konkurrenzprinzip anstelle der Kompetenzabgrenzung, die Parallelität von Vollmachten und ihre polykratische Aufsplitterung mit einem hohen Maß von Selbständigkeit und Spielraum für dezisionistische Entscheidungen durch Generalbevollmächtigte, Gebietskommissare, Sonderbeauftragte etc., insbesondere wenn diese sich jeweils von Hitler unmittelbar einsetzen und beauftragen ließen. Diese führerstaatliche Struktur hatte gerade nichts mit strenger Hierarchie im Sinne der rationalen Machtorganisation eines absoluten Staates zu tun, sie wirkte eher staatszersetzend, löste die Regelhaftigkeit, Rationalität und Kalkulierbarkeit staatlichen Handelns auf und erklärt wohl auch den zunehmenden Verlust an Realitätskontrolle bei den politischen und militärischen Entscheidungen des Regimes während des Krieges.

Alles dies bedeutet aber auch, daß die Grundvorstellung von einer im Dritten Reich durchgesetzten totalen Herrschaft, einer den ganzen Bereich auch des gesellschaftlichen Lebens zielstrebig und einheitlich lenkenden, kontrollierenden, erfassenden totalitären Diktatur nicht aufrechtzuerhalten ist. Diese Grundvorstellung, die, es ist erstaunlich, trotz der Ergebnisse der empirischen Forschung, aber auch gegen alle Erinnerungs- und Erlebnisevidenz, die wir ja noch haben, so viel Beharrungskraft entwickelt hat, läßt sich nicht aufrechterhalten. In ihr drücken sich Mythen aus, nicht die wirkliche Vergangenheit der NS-Zeit. Lassen wir uns einen Moment auf diese Mythen ein, um besser zu verstehen, warum sie, das ist *eine* Erklärung auch ihrer Stabilität, in oft idealer Weise eine Vergangenheitsbewältigung ermöglichen, die wenig kostet und an der sich auch die Rechtfertigung festmachen konnte.

Eines der Elemente, das der Vorstellung totalitärer Herrschaft innewohnt und in den entsprechenden Darstellungen immer wieder anzutreffen ist, besteht in der Mystifizierung der Herrschafts- und Propagandatechnik des Nationalsozialismus. Diese war, als Gestapo-Terror einerseits und als raffiniertes, auch reklametechnisch modernes Werbungsmittel andererseits – wir wissen es – außerordentlich, aber sie war keineswegs grenzenlos, konnte Gesinnungen und Einstellungen nicht einfach fabrizieren und trotz aller Einschüchterung auch nicht einen durchgängigen Zwang herstellen, wenn das

Regime sich nicht selbst in den Arm fallen wollte. Die Überbetonung und Mystifizierung des Machiavellismus, der Subtilität und Ingeniosität der terroristischen oder propagandistischen Herrschaftsmittel des NS rückt aus dem Blick, was gerade die empirische Forschung immer wieder neu belegt: Das hohe Maß von Disponiertheit großer Teile der deutschen Nation für die Ziele oder wenigstens die erkennbaren Ziele dieser Herrschaft und die freiwillige Gefolgschaft ihr gegenüber gerade in den entscheidenden Anfangsstadien des Regimes. Selbst noch der Führer-Mythos, wohl das mit Abstand am meisten stilisierte und am raffiniertesten eingesetzte Suggestiv- und Propagandamittel des Dritten Reiches, das ergibt sich gerade auch aus neueren Forschungen zur Volksmeinungsbildung im Dritten Reich, wäre ohne die Erwartungshaltung, ohne die selbstschöpferische, selbst Mythen-bildende Kraft der Gläubigen des Hitler-Kults und die solchem politischen Messianismus zugrunde liegenden Disponiertheiten nicht oder längst nicht in dem tatsächlich geschehenen Maße durchsetzbar gewesen.

Diesem Element der Totalitarismus-Vorstellung entspricht ein anderes, es ergänzendes: die Vorstellung, Deutschland sei vom Nationalsozialismus überfallen worden. Das Bild von der totalen Herrschaft assoziiert unausgesprochen das der Fremdherrschaft. Diese Vorstellung korrespondiert auch mit Elementen der ursprünglichen Betroffenheit, die wir schon kennenlernten: Die Nazis, die nichts mit den eigentlichen Traditionen der deutschen Kultur und Geschichte zu tun haben, usurpieren Deutschland und schänden es. Auf dieses Grundmuster gehen bewußt oder unbewußt besonders häufig solche Darstellungen zurück, die aus der Perspektive einzelner Institutionen geschrieben und nach dem durchgängigen Schema angelegt sind: Der Nationalsozialismus *und* die Justiz, der Nationalsozialismus *und* die Wehrmacht, der Nationalsozialismus *und* die Universitäten, etc. Ich spreche dabei nicht von Titeln für durchaus verständige und sinnvolle Untersuchungen, sondern von falschen Konstruktionsschemata geschichtlichen Denkens, das aus der politisch-gesellschaftlichen Interdependenz und der Interaktionsgeschichte der NS-Zeit a posteriori die Einbahnstraße *eines* Fremdeinflusses, *eines* Aggressors, zu machen sucht.

Zu den Elementen des Totalitarismus-Bildes gehört ferner, das möchte ich als letztes Beispiel erwähnen, der Begriff der Gleichschaltung, der aus der irreführenden Normativität des Dritten Reiches selbst entnommen ist und doch ein bloßer Etikettenschwindel war. Die in Wahrheit höchst unterschiedliche, z. T. nur nominelle, z. T. mit brachialer Gewalt durchgesetzte sogenannte Gleichschaltung etwa im Bereich wirtschaftlicher Interessenvertretungen wird deutlich, wenn man das Schicksal der Freien Gewerkschaften mit dem der Arbeitgeberverbände im Dritten Reich vergleicht, und diese Verschiedenheit kann an vielfältigen anderen Beispielen empirisch nachgewiesen werden. Der Begriff der Gleichschaltung verdeckt vor allem auch, daß die gegensätzlichen wirtschaftlichen und sozialen Interessen im Dritten Reich keineswegs eliminiert sondern lediglich kaschiert wurden, daß die Austragung dieser weiter bestehenden Gegensätze nur, weil sie in freier Öffentlichkeit nicht mehr möglich war, nach innen verlagert wurde, in die vermeintlich gleichgeschalteten Organisationen selbst, und dort zu den für das Dritte Reich typischen Formen interner Kompetenz- und Konkurrenzkämpfe führte. Der Gleichschaltungsbegriff erzeugt vor allem auch, und das ist im Zusammenhang unserer Betrachtung das Wesentliche, die falsche Vorstellung, als sei vor dem totalitären Herrschaftswillen des Dritten Reiches jeder gleich gewesen, als habe der Nationalsozialismus alles, was, z. B. ideologisch, nonkonform war, mit gleicher Unnachsichtigkeit verfolgt. Gerade aber davon kann nicht die Rede sein. Der Nationalsozialismus hatte seine besonderen Affinitäten, auch erstaunliche Toleranzen, und er hatte seine besonderen Feinde, seine besonderen Gruppen von Verfolgten. Im Grunde wissen wir das ja alles: Die Kirchen wurden nicht genauso verfolgt wie die Kommunisten und Juden, eigenwillige Beamte der Justiz oder Ministerialbürokratie nicht ebenso wie die Bibelforscher oder Zigeuner. Die Vorstellung totaler Herrschaft, d. h. einer allein von oben, vom politischen Machtsystem her kommenden brutalen Diktatur und Unterdrükkung läßt gerade diese unterschiedlichen gesellschaftlichen Verankerungen dieser Verfolgung aus dem Blick. Tatsächlich aber konnte sich doch die massive, gewalttätige oder gar tödliche Verfolgung nur dort voll durchsetzen, wo die nach wie vor bestehenden Einflußmöglichkeiten gewichtiger Institutionen und Kräfte der Gesellschaft, wie z. B. die Kirchen, Wehrmacht und Justiz, nicht unmittelbar tangiert waren, wo diese Institutionen sich nicht oder nicht genügend engagierten, wo der gesellschaftliche Schutz vor Verfolgung versagte. Wenn wir uns fragen, warum gleichwohl dieses Vorstellungs-Gerüst von totaler Herrschaft, auch als Sprach- und Bildprofil vom Dritten Reich, so lange gehalten hat, reicht es sicher nicht aus, nur auf die genannten exkulpatorischen Entlastungsstrukturen hinzuweisen, die ihr innewohnen. Was hier hereinspielt, ist nicht einfach nur Apologie, sondern mehr vielleicht noch eine Art Trägheit, Undifferenziertheit und Ungenauigkeit der Moral mancher gutgemeinter Vergangenheitsbewältigung, die der sensationellen Monumentalisierung des ohnehin schon schrecklichen Dritten Reiches gleichsam aus prophylaktischen didaktischen Gründen meint nicht entraten zu sollen.

Hier kommen wir auf das Problem zurück, das sich aus der besonderen öffentlichen Relevanz von Zeitgeschichte ergibt und an dem sich historisches Erkennen nicht selten auch stößt. Schulunterricht, politische Bildung, aber auch öffentliche Medien, die sich weit wirkungsvoller, als der Historiker das kann, des Themas Nationalsozialismus bemächtigten, brauchen Vereinfachungen und grobe Profile. Von daher gewinnen die exzessiven Grenzsituationen, gewinnen die Elemente der positiven und negativen Sensation innerhalb des Nationalsozialismus einen besonderen Stellenwert und eine oft unbedachte verführerische Wirkung. Die Dokumente der ungeheuer wirkungskräftigen Selbststilisierung, die der Nationalsozialismus hinterlassen hat, der aus Filmarchiven bei jeder Gelegenheit wieder herausgeholte, ins Bild gefaßte Massenjubel zu Hitlers 50. Geburtstag in Berlin oder Leni Riefenstahls ästhetische Filmstilisierung der Licht-, Architektur-, Fahnen- und Aufmarsch-Monumentalität des Nürnberger Parteitages unter dem Motto: „Triumph des Willens" sind hier nur besonders bekannte Beispiele. Und ebenso suggestiv stehen ihnen gegenüber: die Bilder der aufgeworfenen Massengräber mit den Leibern erschossener jüdischer Männer, Frauen, Greise und Kinder, maschinengewehrbestückte Wachtürme am elektrisch geladenen Zaun um die endlosen Reihen von Häftlingsbaracken in den Konzentrationslagern.

Ich getraue mir nicht rigoros zu behaupten, daß wir den Schock dieser Erinnerung, dieser Sensationen, nicht mehr brauchten. Sehr zu bedenken ist aber das große Risiko einer Verkümmerung verstehender Geschichte, wenn diese Erinnerung vor allem nur festgemacht wird an Euphorie oder Inferno. Mir scheint, daß auch die so starke Besetzung des Themas Nationalsozialismus mit diesen – meist in bester moralischer Absicht reproduzierten – exzessiven Bildern und Suggestionen die emotionale Sphäre unseres Nacherinnerns immer wieder zurückzwingt in die Vision totaler Herrschaft, damit aber auch dem geschichtlichen Nachdenken und Begreifen den Zugang versperrt, kaum noch begriffene Erfahrung vermittelt.

Stellen wir uns zum Schluß die Frage, was statt dessen eine historisch realistische Annäherung an unser Thema, sie bildet eine keineswegs schon abgeschlossene Aufgabe, besser zu leisten vermöchte. Dabei muß zunächst ein Hauptmißverständnis ausgeräumt werden. Die Begriffe mittlerer Reichweite, die ich nannte, nehmen vom Schrecklichen, das in der NS-Zeit geschehen ist, nichts weg, sie verharmlosen nicht, zwingen im Gegenteil genauer und vielleicht auch peinlicher nachzufragen und darzustellen, wie die Verantwortung und Mitverantwortlichkeiten verteilt waren. Sie entpauschalisieren auch die moralische Bewertung, lösen diese aus einer oft unverbindlichen Allgemeinheit. Größere empirisch-historische Realitätserkenntnis macht frei davon, alles und jedes, was in der NS-Zeit geschehen, verändert und verantwortet worden ist, gleichermaßen mit der Gesamthypothek zu belasten, die sich erst dem historischen Rückblick als solche ergibt. Auch dies aber bedeutet nicht Entlastung im moralischen Sinne, sondern im Gegenteil Öffnung der Sperre, die durch historische Sonderbehandlung des Nationalsozialismus gegenüber dem geschichtlichen Vorher und Nachher aufgerichtet wird; es fördert die historische Zusammenhang-Erkenntnis, auch Problemen gegenüber, die in der NS-Zeit moralisch besonderes Gewicht erhielten, aber schon vorher angebahnt, nur in ihrer Problematik weniger spektakulär waren.

Als eines von vielen Beispielen nenne ich die Verfolgung der sogenannten Asozialen im Dritten Reich. Ihre Abschiebung nach Dachau war sicher eine spezifisch nationalsozialistische Form staatlicher Machtanwendung; aber dem historischen Rückblick kann nicht entgehen, daß zur Vorgeschichte von Dachau, Flossenbürg oder Sachsenhausen die Einrichtung der staatlichen Arbeitshäuser gehört, der Anstalten in Rebdorf in Bayern, in Brauweiler bei Köln und wie sie alle hießen, deren Insassen 1933 mit als erste in die Konzentrationslager überführt wurden. Der weniger kurzschlüssigen historischen Nachdenklichkeit erschließt sich, daß hinter der zynischen Konzentrationslager-Devise „Arbeit macht frei" ein schon im 19. Jahrhundert mit der Entwicklung der industriellen Gesellschaft einhergehender, von Staats wegen forcierter Normenwandel steht, der das Bettler- und Vagantentum nicht mehr wie früher tolerierte und ihm nicht mehr als einer zur Gesellschaft gehörigen Erscheinung die Caritas kirchlicher oder kommunaler Verpflegungsstationen und Herbergen selbstverständlich gewährte, daß Arbeitsunwilligkeit jetzt vielmehr als soziale Krankheit diagnostiziert und entsprechend in staatlichen Anstalten behandelt wurde. Heißt, solche historische Perspektiven einschalten, das NS-Regime entlasten? Es heißt, so scheint mir, nur historisch gerechter, nicht amoralisch zu beschreiben.

Lassen Sie mich zum Schluß noch auf ein Problem zu sprechen kommen, bei dem der Zusammenhang zwischen wirklichkeitsgerechter historischer Erforschung des NS und der Differenzierung und Konkretisierung auch der moralischen Bewertungskategorien meines Erachtens besonders sprechend ist. Ich meine das Problem des Widerstandes im Dritten Reich. Gerade auch hier scheint mir, schien uns im Institut für Zeitgeschichte, eine Ent-Monumentalisierung angezeigt. In einem größeren Projekt, dessen neue Ergebnisse gerade in diesen Tagen der Öffentlichkeit vorgelegt worden sind, haben wir versucht, diesen Weg auch praktisch zu gehen. Ich zitiere aus dem, was ich zur Begründung dabei selbst geschrieben habe: Die meist isolierte, aus dem Gesamtzusammenhang der Wirkungs- und Erfahrungsgeschichte des Dritten Reiches herausgelöste Darstellung des Widerstandes, wie sie überwiegend bei der Geschichtsschreibung über die Männer des 20. Juli, aber auch bei den Untersuchungen zum Widerstand der Arbeiterbewegung zu beobachten ist, enthält eine problematische Verengung ... Diese wird häufig verstärkt durch die fast ausschließliche „Besetzung“ des Themas mit der Geschichte herausragender Märtyrer. Das Lebensopfer, das sie brachten, verpflichtet noch den Gestus und die Sprache des Historikers auf das statuarisch Vorbildliche, sperrt damit aber oft auch den Weg für historisches Fragen. Das monumentale Geschichtsbild vom „anderen Deutschland“, so gewichtig die politisch-legitimatorischen Gründe seiner Entstehung sind, vereinfacht auch moralisch das Problem. Die Verschwörer des 20. Juli mit ihren vielfach problematischen Zukunftsvorstellungen und die deutschen Kommunisten mit ihren gravierenden Irrtümern in der Einschätzung des Nationalsozialismus gehören in die Wirklichkeit der zerrissenen deutschen Geschichte ebenso hinein wie die politische Emigration, auch wenn der Begriff vom „anderen Deutschland“ dazu angetan ist, ihnen eine fiktive Position neben, nicht in der Wirklichkeit dieser Geschichte zuzuweisen. Die Tendenz zur Identifizierung des Widerstands mit dem großen Märtyrertum korrespondiert mit dem falschen Bild des Dritten Reiches als eines monolithischen Systems totaler Macht und Herrschaft, demgegenüber nur eine alles aufopfernde, alles riskierende Oppositionshaltung möglich gewesen sei. Das aber sind problematische Säulen eines Geschichtsbildes, das kaum noch Stützen hat in der Erlebniswelt gerade auch der Jüngeren und eher geeignet erscheint, statt nachvollziehbarer, reflektierter Erfahrungsbildung aus Geschichte einer Rigorosität moralisierender Geschichtsbetrachtung und vielleicht auch ihrer unkritischen Projektion auf die Gegenwart Vorschub zu leisten. Mit dem genannten Projekt haben wir stattdessen versucht, im Rahmen einer breiten Entfaltung politischer Wirkungs- und Verhaltensgeschichte im Dritten Reich neben den grundsätzlichen politisch-weltanschaulichen Antihaltungen auch die vielfältigen kleinen ad-hoc-Widerstände darzustellen, die das NS-Regime durch seine Zumutungen und Maßnahmen erst selbst produzierte, und auch das einzufangen, was sich besser als unter dem Begriff des Widerstandes unter dem der gesellschaftlichen „Resistenz" fassen läßt, einer Resistenz, die nicht, wie der meiste aktive Widerstand, in der Regel scheiterte, sondern durchaus wirkungsvoll sein konnte, z.B. in der Geltendmachung dem NS widerstrebender Normen durch die Kirchen, dem Streik in einem Betrieb gegen die zunehmende Ausbeutung der Arbeitskräfte, in der Aufrechterhaltung von Gesinnungsgemeinschaften außerhalb der gleichgeschalteten NS-Organisationen und vielem anderen mehr – ein Feld der Forschung also, das die vielen Kleinformen zivilen Mutes, der möglichen und auch wirksamen Opposition und Nonkonformität erschließt, das den Blick öffnet für das, was im Dritten Reich an Herrschaftsbegrenzung möglich war, damit aber auch für einen ganz anders denkbaren Verlauf dieser Geschichte, wenn es mehr solcher kleinen Widerstände gegeben hätte. Bei solcher Betrachtung verliert sich aber auch die falsche, selbstgerechte moralische Einschätzung, die das Attribut des Widerstandes nur denen zumißt, die von vornherein, aus welchen Gründen auch immer, klare ablehnende Stellung bezogen hatten, nicht auch denen, die erst Mitläufer waren, aber in einer bestimmten Situation nicht mehr mitmachten. Solche Betrachtung verdeutlicht, daß das Moralische des Handelns in dem Maße, in dem es historisch konkret wird, in aller Regel auch teilhaft und oft auch interessengebunden ist. Auch das Handeln im Dritten Reich kann nicht, weil wir hinterher besser wissen, was es insgesamt an Immoralität bedeutete, an einer die Zumutbarkeit meist überfordernden metapolitischen Gewissens- und Sittlichkeitsvorstellung rigoros orientiert sein. Das Menschliche humanen Verhaltens liegt nicht in seiner Größe, sondern gerade in seiner Gebrochenheit.

Ich habe in diesem Vortrag nicht von irgendwelcher außerwissenschaftlichen Moral geredet, der der Historiker wie jedermann verpflichtet ist. Das ist seine persönliche Sache. Ich habe ausschließlich geredet von der Moral, die sich aus seiner wissenschaftlichen Aufgabe ergibt, seiner Aufgabe bestmöglicher, gerechter Erkenntnis. Es mag sein, daß sich diese Wertfrage noch anders stellt im Bereich der Medizin oder Naturwissenschaften, wo das Verwerten der Ergebnisse wissenschaftlichen Forschens vielleicht das eigentliche moralische Problem ist. Bei der Erforschung des Nationalsozialismus ist das Moralische im Gegenstand des historischen Erkennens so sehr impliziert, daß der Historiker genug damit zu tun hat, genau zu unterscheiden, ob er versucht ist, sich der Moralität dieses Gegenstandes nur legitimatorisch zu bedienen oder über das bestmögliche Erkennen auch zu einer Bewertung zu gelangen, die es sich mit der Moral nicht zu leicht macht. In der Erforschung des NS gilt noch, was Max Weber vor über 60 Jahren sagte: In der redlichen Rechtschaffenheit ihrer Arbeit liegt die eigentliche Wertgrundlage der Wissenschaft als Beruf.

Eine Insel in der Geschichte?

Der Historiker in der Spannung zwischen Verstehen und Bewerten der Hitler-Zeit

Das Sensationelle, Verkaufsträchtige, das aus Hitler noch immer herauszuschlagen ist, läßt die behutsame und entsprechend auflagenschwache Geschichtsdarstellung ohnmächtig werden. Die Suggestivität einer primär nur emotional-moralischen Vermittlung der Hitler-Zeit hat eine fatale Entsprechung in den Bedingungen mediengerechter Aufmachung. Dabei ist es letztlich gleichgültig, ob fratzenhafte Comic-Zerrbilder vom Teppich-Beißer Hitler oder eine neue sensationelle Legende vom „Führer", der von allem nichts wußte, geboten werden.

Manfred Hättich, der Direktor der Politischen Akademie Tutzing, hat kürzlich in dieser Zeitung (Wochenendausgabe vom 19./20. März 1983) seinen Überdruß ausgesprochen angesichts der Häufung öffentlicher Programme über die NS-Zeit und die „schulmeisterliche Penetranz", die allein schon in dieser Massivität beschlossen liege. Es ist gewiß richtig: Der 50. Jahrestag der „Machtergreifung", der pflichtschuldige moralisch-politische Erinnerung nahelegt, fördert auch die Routine. Der eingeübte Gestus von „Vergangenheitsbewältigung" will nicht mehr recht gelingen, zumal für die meisten Zeitgenossen des Jahres 1983 das Dritte Reich längst Geschichte geworden ist.

Hättichs Betrachtungen sind Anlaß zum Nachdenken über die Gründe mancher Verlegenheit, die im Umgang mit der Hitler-Zeit gerade gegenwärtig wieder sichtbar werden. Diese Gründe sind meines Erachtens aber anders gelagert, als Hättich meint. Die Erosion der Moralität in der Beschäftigung mit der NS-Zeit durch Abnutzung hohl gewordener Aufrufe „zur Besinnung" kann nicht wettgemacht werden durch die Reduzierung auf bloß lehrhafte ordnungspolitische Begriffe, sondern nur durch vertiefte historische Auseinandersetzung. Der gegenwärtigen Umtriebigkeit zur Vermittlung von handlichen Lehrgehalten aus der Erfahrung des Dritten Reiches steht das längst angewachsene Verlangen nach einer bedächtigeren, vielleicht auch gerechteren Historisierung dieser nicht mehr „jüngsten" Vergangenheit gegenüber. Aber was damit gemeint, dabei oft mehr unsicher als präzise beabsichtigt ist, zum Beispiel wenn Franz Wördemann im Bayerischen Fernsehen auch ehemalige Hitler-Wähler zu Wort kommen läßt, ist kaum weniger mißdeutbar oder mißbräuchlich als die vordergründige Pädagogisierung der Hitler-Zeit.

Längst vor dem jetzigen, durch den Gedenk-Anlaß hervorgerufenen Boom der Erinnerung an die NS-Zeit ist in der Bundesrepublik ein neues Interesse für deutsche Geschichte herangewachsen, das sich ganz anderen, weniger verderbten Perioden der deutschen Vergangenheit zuwendet und in ihnen ein Stück nationaler Identität zurückzugewinnen sucht. Dabei macht sich innerhalb der Historie auch manche Rückwendung zu feinsinnig ästhetisierender oder realpolitisch affirmierender nationaler Geschichtsbetrachtung bemerkbar, ein neuer Historismus, der geeignet ist, den Kontrast zum gewohnten Stil der „Bewältigung" der NS-Vergangenheit noch zu verstärken, womöglich auch in der Form einer fatalen „Arbeitsteilung" zwischen lehrhafter politischer Bildung, zuständig für die NS-Zeit, und verstehendem Historismus für die „normalen" Perioden der deutschen Geschichte. Die Spaltung unseres historischen Bewußtseins, bewirkt durch das katastrophale Geschehen des Dritten Reiches, die zu überwinden gerade Aufgabe einer aus dieser Erfahrung inspirierten kritischen und zugleich verstehenden Geschichtsschreibung ist, würde dadurch noch weiterhin zementiert.

Hättichs Betrachtungen über „Die zwölf Jahre als Exempel" liefern dafür selbst Anhaltspunkte. Ausgehend von der inzwischen entstandenen historischen Distanz zum Nationalsozialismus, dem Ausrinnen persönlicher Erfahrungen, fordert Hättich bemerkenswerterweise nicht ein Mehr an historischer Perspektive und geschichtlichem Verstehen vor jedem Bewerten, sondern im Gegenteil ein Mehr an klarer Bestimmung der aus dieser Vergangenheit zu gewinnenden Lehrgehalte bis in die Terminologie der Geschichtsschreibung hinein. Die Zeit des Dritten Reiches solle man in den Geschichtsbüchern künftig als „Zeit der totalitären NS-Herrschaft" und die Niederlage von 1945 besser als „Ende der NS-Schreckensherrschaft" bezeichnen. Die guten Gründe Hättichs – Prophylaxe gegen eine mögliche Verharmlosung aus späterer Sicht – sind offenkundig. Aber symptomatisch ist doch auch das beinahe selbstverständliche Zugriffsrecht politischer Pädagogik auf geschichtliche Begriffe, das hier beansprucht wird, eine Tendenz zur Kanonisierung bestimmter „Lehren" aus der NS-Zeit, die – ohne viel Federlesens – vor diese Geschichte gestellt werden.

Solche Ausmusterung des Dritten Reiches für die politische Bildung oder für andere Zwecke hat eine lange Tradition, an die man sich beinahe gewöhnt hat, die deswegen aber nicht begründeter wird. Weil dieses Kapitel deutscher Vergangenheit – so der übliche Kurzschluß – von extremen Verfehlungen und Verbrechen angefüllt ist, hat es den Anspruch verwirkt, geschichtlich genaugenommen und mit den in der Geschichtswissenschaft üblichen Methoden quellenkritischen Verstehens erforscht und dargestellt zu werden. Historische Deutung hat da keinen Platz. Die Nazi-Zeit ist und soll vor allem bleiben: Arsenal für politisch-pädagogische Nutzanwendung und Legitimation in der Gegenwart, insbesondere Musterfall für den Totalitarismus-Begriff. Solch dürftiges ordnungspolitisches Fazit, auf das Hättich seinen optimistisch vorgetragenen Glauben an die Möglichkeit des Lernens aus der Hitler-Zeit letzten Endes stützt, führt in Wahrheit zur Absperrung dieser Zeit gegen differenzierte historische Erfahrung, bekräftigt eher die apostrophierte „Arbeitsteilung" zwischen politischer Pädagogik und Historismus, die sich zu bestätigen scheint, wenn Hättich bemerkt: Das Erfordernis eindeutig wertender Beschreibung der NS-Zeit „konkurriert nicht mit dem Bedürfnis nach einer patriotischen Geschichtsschreibung – wenn Patriotismus heißt, daß man es mit seinem Volk gut meint".

Es versteht sich von selbst, daß die zutiefst inhumane Qualität nationalsozialistischer Weltanschauung und politischer Praxis eine wertneutrale historische Darstellung heute ebensowenig wie in den Anfängen der zeitgeschichtlichen Aufräumungsarbeit nach 1945 zuläßt. Aber die damals gleichsam existentielle Notwendigkeit und Übermächtigkeit der moralischen Distanzierung, die ein wesentliches Stück des Selbstverständnisses und der Konsensfähigkeit des neubegründeten Gemeinwesens Bundesrepublik ausmachte, ließ und läßt sich nicht unbegrenzt unverändert fortschreiben. Was damals aus elementarem Bedürfnis an Primärbegriffen weniger zur historischen Erklärung des Nationalsozialismus als zur Distanzierung von ihm entwickelt wurde, ist zumindest im Bereich der empirischen Zeitgeschichtsforschung schon seit den sechziger Jahren längst überwunden worden durch historische Differenzierung, die diese statuarischen Begriffe relativierte, deswegen aber keineswegs allgemeinem Werte-Relativismus Vorschub leistete.

So relativiert es zum Beispiel nicht die Beurteilung der katastrophal falschen und verbrecherischen Konsequenzen, die der Nationalsozialismus aus der politischen, sozial-ökonomischen und geistig-kulturellen Krise der Zeit gezogen hat, wenn man die Gründe für die Krisenängste und das historische Gewicht der durch sie mobilisierten Kräfte, die hierbei mißbraucht wurden und sich mißbrauchen ließen, aus authentischen Zeitzeugnissen genauer und gerechter herausarbeitet, als dies bei einer pauschalen politisch-moralischen Betrachtung oft geschieht. Historisierung des statuarischen Begriffs von totalitärer Herrschaft bedeutet aber gerade auch, daß die während des Dritten Reiches entfesselte Gewaltsamkeit nicht nur einem bestimmten politisch-ideologischen System zugeordnet wird, das wie eine Art omnipotente Fremdherrschaft die autonomen Kräfte und Normen der Gesellschaft gänzlich niedergedrückt habe. Sie zwingt vielmehr dazu, die Verankerung von Gewaltpotentialen auch in der Gesellschaft selbst aufzudecken und die durch diese Potentiale bedingten desperaten Veränderungswünsche, die glaubten, sich nur mit Gewalt auf Kosten anderer Gruppen und mystifizierter Feinde Durchbruch schaffen zu können. Während das statische Bild totalitärer Herrschaft zu der auch pädagogisch problematischen Vorstellung einer unentrinnbar perfekten Diktatur führt, die dem einzelnen nur die Wahl gelassen habe zwischen vollständiger Unterwerfung oder alles riskierendem märtyrerhaften Widerstand, öffnet die historische Differenzierung den Blick dafür, daß es auch im Dritten Reich durchaus möglich war, auf zumutbare Weise Opposition zu leisten und zivilen Mut wirksam zur Geltung zu bringen.

Die genauere Erforschung des deutschen Widerstandes im Dritten Reich hat dabei deutlich gemacht, daß der Idealtypus einer politisch-moralischen Fundamentalopposition, die von keinerlei Konzessionen oder mit dem Nationalsozialismus vergleichbaren Denkmustern beeinträchtigt war, daß ein solcher Idealtypus, mit dem die politische Bildung so gern arbeitet, in der historischen Wirklichkeit kaum aufzufinden ist. Statt dessen zeigt sich – um bei dem Beispiel zu bleiben –, daß die „unreine" Mischung von Anpassung und begrenztem Widerstand, von prinzipiellen und Interessen-Motivationen solcher Resistenz die Regel darstellt und die eigentliche historisch-menschliche Wirklichkeit der Anti-Hitler-Opposition ausmacht. Diese der historischen Wahrheit verpflichtete Erkenntnis ist zwar geeignet, die „Heiligkeit" des Widerstandes ebenso aufzulösen wie die reinliche Unterscheidung zwischen dem nationalsozialistischen und dem – im illegalen Untergrund oder Exil überdauernden – „anderen Deutschland". Sie ist deswegen aber keineswegs „zersetzend", sondern bringt über die gerechtere Erkenntnis in vollerem Maße erst die nachvollziehbare Realität des Historischen und Humanen in die Betrachtung der NS-Zeit ein, sie schafft mit der Abschwächung monumentaler Leitbilder, die allzu leicht auch zu unpolitischem moralischen Rigorismus führen können, erst die Voraussetzung für eine Konkretisierung des Moralischen in seiner real-historischen, das heißt aber fast immer auch gebrochenen menschlichen Gestalt. Historisierung der NS-Zeit – infolge des gewachsenen Abstandes mehr und mehr geboten – bedeutet in diesem Sinne selbst „Bildung“, indem sie verhindern hilft, daß man es sich – intellektuell *und* moralisch – mit der Hitler-Diktatur zu leicht macht. Sie mutet dem, der sich mit der NS-Zeit gewissenhaft beschäftigt, gerade zu, die Spannung zwischen Verstehen und Bewerten auszuhalten.

Die Historisierung der NS-Zeit hat dabei zwangsläufig auch kritisch aufzuarbeiten, was im Zeichen einer primär legitimatorischen Phase und Motivation der Vergangenheitsbewältigung zu glatt und vordergründig geleistet wurde. Wie sie veränderten Zugang zum Grundbegriff des Widerstandes zu eröffnen vermag, hat sie gerechterweise auch einzugestehen, daß zum Beispiel die in der unmittelbaren Nachkriegszeit aus einer Verteidigungshaltung heraus überstrapazierte Erklärung vieler „Ehemaliger“, sie seien auf ihrem Posten geblieben oder in die Partei eingetreten, um „Schlimmeres zu verhüten“, nicht generell als feige Ausrede abzuqualifizieren ist. Steht doch hinter diesem pädagogisch verpönten Diktum, wie immer ehrlich oder unehrlich es im Einzelfall war, tatsächlich ein breites, auch moralisch ernstzunehmendes Spektrum historischer Verhaltensrealität im Dritten Reich, ohne die eine authentische Geschichte dieser Zeit gar nicht geschrieben werden kann. Denn es war natürlich nicht gleichgültig für die reale Durchsetzungsfähigkeit des Nationalsozialismus zum Beispiel in einem Theater wie den Münchner Kammerspielen, ob hier weiterhin Otto Falckenberg als Intendant trotz mancher Konzessionen, die auch er machen mußte, den Spielplan gestalten, damit aber auch bestimmte Maßstäbe der Theaterkultur und einen gewissen Bezirk der Immunität aufrechterhalten konnte oder nicht. Gewissenhafte Historisierung der NS-Zeit wird dabei freilich ebensowenig ausklammern können, daß das Verbleiben, Stillhalten oder Mitmachen so vieler ansehnlicher Repräsentanten des alten kulturellen Deutschland in der NS-Zeit in eben dem Maße, wie es resistent wirkte, auch dazu beitrug, das Hitler-Regime aufzuwerten und zu stabilisieren.

Allgemeiner gesprochen: Gerade weil das Arrangement so zahlreicher Nicht-Nationalsozialisten mit dem Nationalsozialismus Funktionsfähigkeit und Wesen des Dritten Reiches so sehr bestimmte, weil eine solche Fülle von gesellschaftlich-politischen Abhängigkeiten dabei mitwirkte, paßt das holzschnitthaft vereinfachende Bild einer einheitlich von oben ausgeübten totalitären Herrschaft so wenig, auch wenn es so gut korrespondiert mit der oft auch nur bequemen Neigung, einfache Lehrformeln aus der NS-Zeit zu destillieren. Die historisch-empirische Kritik an der Überstrapazierung des Totalitarismus-Begriffs richtet sich dabei keineswegs in erster Linie gegen die grundsätzlich durchaus zu bejahende Vergleichbarkeit totalitärer politischer Ideologien und Systeme und auch nicht nur gegen die Munitionierung politischer Auseinandersetzungen der Gegenwart aus dem Arsenal der NS-Geschichte. Sie richtet sich vielmehr vor allem gegen die mit dem Totalitarismus-Begriff gesetzte Pauschalierung und Versteinerung eines statischen Bildes politischer Herrschaft, das der realen Geschichte, den vielfältigen Ambivalenzen, prozessualen Veränderungen und auch der Bedeutung des Gesellschaftlichen so wenig Raum gibt.

Bei alledem ist nicht zu übersehen, daß der so stark von der differenzierten Realität abgehobene Begriff totalitärer Herrschaft einen idealen gemeinsamen Nenner bildete, auf den sich nach 1945 in der Bundesrepublik sehr unterschiedliche Kräfte und Parteilager bei der Distanzierung von der Nazi-Vergangenheit um so leichter einigen konnten, als sie ihre konkreten, sehr unterschiedlichen Betroffenheiten während der NS-Zeit zu vergessen oder – um der neuen gemeinsamen Sache willen – bewußt auszuklammern suchten. Hermann Lübbe hat kürzlich ebenso originell wie idealisierend diesen Prozeß pietätvollen Schweigens über eine jedermann bekannte NS-Vergangenheit gedeutet, bei dem es darauf angekommen sei, Massen ehemaliger Verfolgter mit Massen ehemaliger NS-Mitläufer wieder konsensfähig zu machen. Der Totalitarismus-Begriff, der niemanden naß machte, weil Christen wie Sozialdemokraten, Liberale wie Deutschnationale gegen das Totalitäre waren und sind, bot sich hier an, auch um einer Konkretisierung gegensätzlicher geschichtlicher Erinnerung zu entgehen, um Entnazifizierungstoleranz auch den Globkes und Oberländers zu gewähren.

Man mag dies, wie Lübbe, als notwendige Bedingung einer – mit dem Begriff „Verdrängung" falsch beschriebenen – Integration der neuen Staatsgesellschaft Bundesrepublik interpretieren. Daß die im Kontext solcher Bedingungen entwickelten Begriffsfiguren zur Distanzierung von der NS-Zeit dadurch besonderen historischen Erkenntniswert erhalten hätten, wird man aber nicht behaupten können. Vor allem aber liegt dies alles weit zurück und beschreibt nicht mehr unser jetziges, inzwischen weit mehr historisch gewordenes Verhältnis zur NS-Zeit, das deshalb auch nicht mehr nur auf politisch-pädagogische Begriffe zu bringen ist.

Historisierung des Dritten Reiches heißt vor allem auch, diesen zwölf Jahren nicht länger eine falsche negative Zentralstellung in der deutschen Geschichte einzuräumen, von der her sich vorangegangene oder nachfolgende Perioden nur als präfaschistisch oder postfaschistisch darstellen. Auch die Zeit des Dritten Reiches selbst ist nicht ausschließlich Geschichte der politischen Diktatur, sie ist auch deutsche Geschichte, die vorher anfing, die NS-Zeit durchlief und nachher weiterging. Und manche ihrer Aspekte, zum Beispiel auf dem Gebiet der Sozial-, Rechts- oder Mentalitätsgeschichte, sind unter der Perspektive einer historisch übergreifenden Betrachtung historisch angemessener zu bewerten als nur unter dem starren Blickwinkel ihrer Funktion für die NS-Herrschaft.

Gewissenhafte Historisierung des Dritten Reiches bedeutet schließlich aber auch, Verständnis zu eröffnen für jene aus der Geschichte nicht wegzudenkenden „blinden" Zufälle von Konstellationen, die das in jeder Gesellschaft und in jeder Zeit vorhandene Gemisch positiver und negativer Kräfte in dem einen Fall zum schlimmen „Unheil", im anderen Fall zu unverdientem „Segen" zu wenden vermögen. Das ist kein Plädoyer für eine fatalistische Geschichtsschreibung, aber ein doch notwendiger Hinweis auf die Bedeutung geschichtlicher Zufälligkeit, die wahrzuhaben sich unser auf Erklärbarkeit fixiertes Denken so sehr sträubt. Der vielfältigen Zufälligkeiten innezuwerden, die den Weg des Dritten Reiches bestimmten, ermöglicht es dem Historiker, selbst der Hitler-Zeit gegenüber ein Maß mitfühlender Identifikation (mit den Opfern, aber auch mit den in diesem „Unheil"-Kapitel der deutschen Geschichte fehlinvestierten Leistungen und Tugenden) aufzubringen, ohne das geschichtliches Verstehen nicht auskommen kann.

Während vorrangige Pädagogisierung unter dem Gesichtspunkt des politischen Lernens zur weiteren Verinselung der Hitler-Zeit führen muß, kommt es gerade auf deren Re-Integration in den Gesamtverlauf der neueren deutschen Geschichte an. Die lautstarke Distanzierung, die so lange erfolgte und noch geschieht, muß verträglich gemacht werden mit einer recht verstandenen historischen Aneignung dieser Zeit, die kritisches und verstehendes Vermögen verbindet. Eine Rahmenbedingung hierfür wird aber auch sein, daß die in der Auseinandersetzung mit dem Historismus des 19. Jahrhunderts nicht zuletzt aufgrund der Erfahrung der NS-Zeit neugesetzten Maßstäbe einer zugleich kritischen und verstehenden Geschichtsschreibung bei der Betrachtung älterer und jüngerer Phasen dieser neuesten deutschen Geschichte erhalten bleiben.

Literatur und NS-Vergangenheit

Wenn ich den Sinn des Gesprächs richtig verstehe, das heute abend geführt werden soll, dann geht es nicht darum, daß wir uns zum Gewissen der Nation verwandeln, Tucholsky spielen und frühere oder heutige Kräfte der Gesellschaft anklagen, die das Nazitum ermöglichten oder hinterher verharmlosten, sondern zunächst einmal um Selbstkritik an uns, die Verfasser historischer oder literarischer Arbeiten.

Was ist in der Literatur Westdeutschlands und der Bundesrepublik geleistet worden zur Verarbeitung der braunen Vergangenheit und was nicht?

Der äußere Rekord sieht glänzend aus. Bibliographien zur Zeitgeschichte und Handbücher zur Literaturgeschichte verzeichnen viele Hunderte einschlägiger Werke. Aber das äußere Bild täuscht.

Zu den Themen aus der Geschichte der Nazizeit, über die wir am wenigsten Genaues wissen, gehört die Situation der Schriftsteller, die Geschichte des Bücher- und Artikelschreibens im Dritten Reich. Die nicht-nationalsozialistischen Schriftsteller, die während des Dritten Reiches in Deutschland blieben, haben darüber fast nichts geschrieben, und auch die nachfolgende Schriftstellergeneration hat sich um das Thema, das ihre eigene Geschichte darstellt, wenn ich recht sehe, kaum gekümmert. Ein erstaunliches Schweigen derjenigen, die mit dem Wort professionell umgehen. Eine bisher versäumte Aufgabe gleichermaßen der Historiker wie der Literaten, die wahrscheinlich nur kooperativ hätte bewältigt werden können. Damit bin ich bei der ersten meiner drei Anmerkungen, die ich zur Eröffnung der Diskussion machen will.

I.

Zur befremdlichen Beziehungslosigkeit zwischen historischer und literarischer Verarbeitung der Hitler-Zeit.

Als Oskar Maria Graf seinen Roman „Unruhe eines Friedfertigen" schrieb, diese bewegende politische Gesellschaftsgeschichte eines oberbayerischen Dorfes vom Ersten Weltkrieg bis zum Beginn der Nazizeit, wußte er ebensowenig wie seine damaligen und späteren literarischen Freunde und Bewunderer, daß die Akten bayerischer Bezirksämter und Amtsgerichte prall gefüllt sind mit Figuren, Vorfällen und Mentalitätsbildern, die sich wie eine historische Quellenparaphrase zu Oskar Maria Graf lesen. Autoren literarischer Werke, die über Historisches schreiben, beziehen sich, von Ausnahmen abgesehen, eher auf ihren eigenen autobiographischen Erlebnisraum und nutzen kaum die literarische Ergiebigkeit massenhaft vorliegender, wenn freilich auch nur mit Mühe zu durchforstender zeitgeschichtlicher Quellen. Das mag Ihnen als pedantische Anmerkung eines Historikers erscheinen, aber ich will noch auf anderes hinaus. Die Beziehungslosigkeit zwischen Literatur und Geschichte bei der Verarbeitung der Nazizeit ist nicht nur begründet in solchen u.a. überwindbaren Mängeln des Gedanken- und Informationsaustausches, sondern scheint grundsätzlicher geartet und sollte meines Erachtens eben deshalb erwähnt werden. Es geht dabei auch nicht nur darum, daß sich der Historiker häufig stößt an mancher oft schwacher geschichtlicher Realitätsgrundlage literarischer Werke über das Dritte Reich, daß er selbst in Anna Seghers berühmtem KZ-Roman „Das siebte Kreuz“ manche Verzeichnungen historischer Authentizität entdeckt, oder sich stören mag an der nur parabolischen Szenerie von Max Frischs „Andorra“, wo das Gemeinte doch auch konkret historisch hätte bezeichnet und lokalisiert werden können. Und umgekehrt geht es auch nicht nur darum, daß der Romanschriftsteller, der auf Historisches rekurriert, in den einschlägigen akademischen historischen Studien wenig findet, was ihn für seine Aufgabe der literarischen Gestaltung zu inspirieren vermag, daß schon die häufig fachterminologische Fremdsprache der akademischen Geschichtswissenschaft ihn eher abstoßen muß. Es geht, so scheint mir, beiderseitig um schwerer überwindbare Positionen. Die unaufhebbare Bindung des Historikers an quellenmäßig nachweisbare historische Faktizität, die für sprachliche Verdichtung und kreative Imagination wenig Raum läßt, überhaupt der historische Faktizitätsbegriff erscheint den meisten Schriftstellern nur formal und äußerlich, weit entfernt von ihrem Begriff der inneren Wahrheit. Und der Historiker, auch wenn er sich der literarischen und sprachlichen Möglichkeiten durchaus bewußt ist, wenn er den Schriftsteller gar beneidet wegen dessen Freiheit zu fiktiver Gestaltung eines Stoffes, bleibt doch grundsätzlich irritiert wegen des bloß Impressionistischen oder Konstruktivistischen der freien literarischen Gestaltung historischer Wirklichkeit. Am wenigsten aufhebbar scheinen mir die Gegensätze dort, wo es um den Kernpunkt historischer Begrifflichkeit, die Herausarbeitung der unverwechselbaren Historizität bestimmter politisch-gesellschaftlicher Zustände und Systeme geht und um den dazugehörigen Begriff der prozessualen Veränderung alles Geschichtlichen. Wenn es sich, auf unser Thema angewandt, z.B darum handelt, das Spezifische *nationalsozialistischer* Herrschaft und Gewalt von anderen Formen politischer Machtanwendung genau zu unterscheiden und die vielfältigen Konstellationen herauszuarbeiten, die erst *zusammenkommen* mußten, um nationalsozialistische Herrschaft in Deutschland zu ermöglichen, und die erst *zusammen* den historischen Begriff „Nationalsozialismus" ergeben.

Das weniger unterscheidende, mehr assoziative, Verfahren literarischer Verarbeitung historischer Stoffe, das diesen zwar nicht bewertbare, aber durch Sprache und szenische Gestaltung gleichwohl zwingende Evidenz zu verschaffen sucht, ist mit solchen Prinzipien des Historikers nicht ohne weiteres vereinbar. Aufgrund der mehr imaginativen als begrifflichen Sensibilität des Schriftstellers, seines mehr auf synthetisierendes Wiedererkennen von Früherem, als auf dessen Analyse abgestellten Vermögens, tendiert er eher dazu, das Bleibende, das Statische als das sich Verändernde in den Blick zu nehmen. Dem einen geht es darum, etwas zur Evidenz, dem anderen darum, etwas auf den Begriff zu bringen. Das heißt zum Beispiel konkret, der Schriftsteller neigt schneller dazu, Geist und Mentalität des Nationalsozialismus auch in der Bundesrepublik wieder zu entdekken, wo der Historiker, im Blick auf die Gesamtbedingungen der veränderten Verhältnisse, solche Erscheinungen sehr viel zurückhaltender zu bewerten sucht. Es gibt dabei auch so etwas wie einen ausgesprochenen oder unausgesprochenen, unterschiedlich begründeten gegenseitigen Naivitäts-Vorwurf. Dem Vorwurf mangelnder moralisch-politischer Sensibilität steht gegenüber der Vorwurf begrifflich nicht genügend verarbeiteter Impression.

In diesem Zusammenhang ist es fast zwingend, auch von dem vieldeutigen Begriff des „Realismus" zu sprechen, in dem sich historisches Bestehen auf Authentizität und literarisches Drängen auf Bedeutungsevidenz sozusagen überkreuzen.

Der Mangel an konkreter Bezeichnung, an genau beschriebener historischer Realität war in der ersten Nachkriegsphase charakteristisch sowohl für literarische wie historistische Vergangenheitsbewältigung. Der mythisierenden Deutung Rudolf Kasacks in „Die Stadt hinter dem Strom" entsprach in der Geschichtswissenschaft ein Werk wie Friedrich Meineckes „Die deutsche Katastrophe" mit ihren starken Rückgriffen auf die Sprache der Dämonologie, um dem schockartig Erlebten Ausdruck zu geben. Der Vorwurf des „hilflosen Antifaschismus", der solcher Darstellung dann später in den sechziger Jahren gemacht wurde, war nicht falsch, wenn auch oft ungerecht. Berücksichtigte er doch nicht die Situation der damals Schreibenden. Wolf-Dietrich Schnurre hat sie später rückblickend beleuchtet, als er erläuterte, wie es zwei Jahre nach Kriegsende in der sich formierenden Gruppe 47 zu der Parole vom „magischen Realismus" gekommen sei: „Man war sich der Wirklichkeit einfach noch nicht sicher genug, ließ man sie in der Schwebe, konnte sie auch als magisches Abbild gelten." Man hatte noch zu sehr mit den eigenen seelischen Spuren der Nazi-Zeit zu tun, zur distanzierten realistischen Schilderung fehlte noch die Distanz. Darin waren die in Deutschland gebliebenen Schriftsteller auch den im Exil von außen Beobachtenden unterlegen.

Erst mit den späteren fünfziger Jahren, mit den großen Zeitromanen von Böll, Graß, Siegfried Lenz u. a. erlangte die deutsche Nachkriegsliteratur, wie mir scheint, nicht zuletzt wegen ihrer realistischen, Milieu-gesättigten Darstellung deutscher Mentalitäten und Zustände in der Hitler-Zeit, den Rang vielbeachteter Weltliteratur. Die reale Wirkungs- und Alltagsgeschichte im Dritten Reich wurde hier trotz aller satirischen und konstruktivistischen Elemente der Darstellung überzeugend ins Bild gesetzt, ein Jahrzehnt bevor die Geschichtswissenschaft sich solcher Alltagsgeschichte stärker zuwandte, und einer Perspektive, die inzwischen fast zur Mode geworden ist.

Mit diesen großen Romanen und ihrer Realistik war ein Weg der Vermittlung differenzierter historischer Evidenz angebahnt, dem gegenüber das moralisch-rigoristische Dokumentationsdrama à la Hochhuth und Peter Weiß aus der Sicht des Historikers eher einen Rückschritt zur pamphletistischen Vereinfachung darstellte, obwohl im Falle von Hochhuths Stück „Stellvertreter" wie nirgends vorher und nachher eine unmittelbare Wirkung der Literatur auf Öffentlichkeit und Geschichtsforschung ausging. Geht es doch in der realistischen literarischen wie historischen Schilderung gerade darum, auch so zentrale Themen wie Widerstand und Verfolgung von der Monumentalität überlebensgroßer Märtyrergeschichten herunterzuholen in die Wirklichkeit zumutbaren menschlichen Verhaltens im Dritten Reich mit seinen vielfältigen Brechungen und Widersprüchen von partieller Feigheit und Tapferkeit, d. h. auch Geschichte der NS-Zeit zu schildern als wirkliche histoire humaine.

Ich habe schon angedeutet, daß auch der epische Realismus eines Böll und Grass nicht völlig frei ist von Tendenzen politischer Pamphletierung. Der dreijährige Blechtrommler Oskar Matzerat steht nicht nur für die infantile Zurückgebliebenheit provinzieller politisch-sozialer Milieus, auf denen das Nazitum aufbauen konnte, er symbolisiert auch den ehrlich-naiven Trommler Günther Grass, der hypersensibel in der Bundesrepublik Umschau hält, wohin sich der kleinbürgerliche Mief von damals verkrochen hat, und der dann nicht lange zögert, diesen schlicht als faschistisch zu bezeichnen.

Noch irritierender aber können, so scheint mir, jene Formen des anscheinend perfekten Realismus sein, wie sie in Kempowskis Erfolgsroman „Tadellöser & Wolff" so wirkungsvoll auch fernsehfilmisch vorgestellt worden sind. Gerade die hier so satte Einfärbung des geschilderten bürgerlichen Rostocker Familien-Milieus mit hautnaher Realistik bis in den familiären Sprachjargon und Gestus hinein, vermag zwar dieses Milieu und seine schwache Reaktion auf die Hitlerbarbarei zu entlarven, den Zugang zur historischen Bedeutungs-Realität stellt sie aber eher in Frage. Die punktuelle Authentizität vermittelt nichts weiter als sich selber, lädt zur genießerischen Identifikation ein, aber nicht zum darüber hinausgehenden Verstehen, bleibt daher eher Trivialroman als erhellende Literatur. Gerade weil Kempowskis Rekonstruktion so genau und gekonnt ist, stellt sich von hier aus auch die Frage nach dem Zeigewert bloß positivistischer historischer Quellen- und Bildrekonstruktion, die Frage, ob unreflektierte Objektnähe historische Erkenntnis nicht gerade auch verfehlen kann. Der Fortschritt von der parabolischen oder mystischen Darstellung der NS-Zeit zur realistischen Schilderung ist nicht selbstverständlich, er muß immer wieder abgesichert werden gegen verharmlosendes Mißverstehen solcher Realistik, sei es durch Reflexion oder andere Formen der Distanzierung und Verfremdung. Alexander Kluges Stalingrad-Buch „Schlachtbeschreibung" von 1962 scheint nur ein Beispiel für die gerade durch klinische Verfremdung des Gegenstandes erreichbare Form eines Radikalrealismus, der wegen seiner Schonungslosigkeit auch äußerste Betroffenheit zu erzielen vermag.

II.

Nach diesen etwas länger geratenen propädeutischen Bemerkungen komme ich zu einem zweiten, mehr inhaltlichen Punkt. So unterschiedlich Perspektiven und Deutungen historischer und literarischer Verarbeitung der Nazi-Vergangenheit sein mögen, die wechselvolle Geschichte dieser Verarbeitungen seit 1945 gründet letzten Endes in den gleichen Schüben und Veränderungen der politischen Kultur der Bundesrepublik. Die Währungsreform, das Auslaufen der ersten Phase der Adenauer-Zeit, die Studenten-Rebellion 1968 und die neue, von manchen als neokonservativ beschriebene Wende seit Mitte der siebziger Jahre sind Zäsuren auch der Literaturgeschichte und des Historismus. Der auf den ersten Aufschwung literarischer Diskussion und Deutung der Hitler-Zeit nach 1945 dann folgende Abschwung in der ersten Hälfte der fünfziger Jahre charakterisiert die historiographische ebenso wie die literarische Szene, aber auch die damalige politische oder justizielle Form der Auseinandersetzung mit der NS-Zeit. Es ist nicht zufällig, daß in diesen frühen fünfziger Jahren im Zeichen der neuen Prosperität, des vehementen Wiederaufbau-Pragmatismus, des Konsum- und Besitzgründungsfiebers, während der von Adenauer geprägten Stabilisierung, Westintegration und Wiederaufrüstung der Bundesrepublik unter Anknüpfung an ein eher Wilhelminisches als Weimarianisches Staatsverständnis, daß in dieser Zeit Hans Hellmut Kirsts 08/15-Kriegsromane mit ihrer Landserromantik, Gerd Gaisers Luftwaffenepos „Sterbende Jagd" von 1953 oder Peter Bamms moralisch und politisch allzu gefälliger Kriegsbericht „Die unsichtbare Flagge" so erfolgreich publiziert werden konnten.

In der Geschichtswissenschaft entsprach dem eine Phase, in der schonungslose Aufklärungsarbeit über die braune Vergangenheit sich nur mühsam gegen die Resistenz der Zunft durchsetzen konnte. Und die strafrechtliche Verfolgung von NS-Verbrechen sackte damals ab in ein Tief der Vergessenheit, auch gefördert durch eilfertige Begnadigungen der westlichen Besatzungsmächte. Dieses jahrelange Versäumnis konnte später nicht wieder aufgeholt werden, verursachte zahlreiche auch für das Ansehen der Bundesrepublik im Ausland schädliche Freisprüche von Beschuldigten wegen zu später, nicht mehr exakt genug möglicher Zeugenbeweise und die peinliche mehrfache Aufhebung von Verjährungsfristen, um wenigstens Massenmord-Verbrechen noch verfolgbar zu machen. Diese frühen fünfziger Jahre waren auch die Zeit der übergroßen Entnazifizierungstoleranz, an der sich der zeitkritische Restaurationsvorwurf dem neuen Staat Bundesrepublik gegenüber in besonderem Maße entzündete. In Wolfgang Koeppens „Treibhaus" war die literarische Kritik an der seifigen, verlogenen Atmosphäre der Wirtschaftswunderhauptstadt wohl am schärfsten formuliert.

Alle diejenigen, die, wie ich selbst, aufgrund solcher Beobachtungen diese Zeit mit viel unguten Gefühlen erlebten, werden sich davon auch im nachhinein schwerlich ganz lösen können, wenngleich das nachträgliche historische Urteil revidierend zu berücksichtigen hat, ob die damals prognostizierten verheerenden Wirkungen tatsächlich eingetreten sind oder ob aus der größeren Distanz nicht auch ganz anderes zu bilanzieren ist. Hermann Lübbe hat jüngst eine solche Revision der Beurteilung der seinerzeit scharf kritisierten Form der unehrlichen Vergangenheitsbewältigung der frühen Adenauer-Zeit unternommen und dabei auf zwei zusammenhängende Fakten hingewiesen:

Erstens: Die einhellige, wenn auch sehr allgemein gehaltene, offizielle Distanzierung vom Nationalsozialismus, seit Gründung der Bundesrepublik auch in allen führenden Medien, wodurch jede abweichende Meinung zum unwirksamen Außenseitertum verurteilt worden sei.

Zweitens: Den unter der Decke dieser tonangebenden Distanzierung stattfindenden Prozeß pietätvollen Schweigens und persönlicher Nachsicht gegenüber den zahllosen kleinen Parteigängern der Hitler-Zeit, ein Prozeß, ohne den, so Lübbe, die für das neue Gemeinwesen Bundesrepublik notwendige Konsensbildung unmöglich gewesen wäre.

Diese nachträgliche historische Sinngebung für Entnazifizierungspraktiken, die solchen Sinn zweifellos in vielen Fällen nicht hatten, scheint reichlich idealisierend. Es bleibt aber doch zu fragen, ob Lübbe im Kern nicht etwas Richtiges gesehen und auf den Begriff gebracht hat. Diese Frage richtet sich auch konkret an die Adresse der Literatur und Geschichtswissenschaft. In beiden Bereichen unterblieb zweifellos nach 1945, von wenigen Ausnahmen abgesehen, ebenso wie in anderen Bereichen der Gesellschaft eine Selbstreinigung und offen ausgetragene, nachträgliche Fehde zwischen ehemaligen Mitträgern und Mitsingern des NS-Regimes auf der einen Seite und Nicht-Nationalsozialisten und Antifaschisten andererseits. Auch hier wurde der Mantel gnädigen Vergessens schnell ausgebreitet. Der literarischen Sensibilität nicht-nationalsozialistischer Schriftsteller, die während des Dritten Reiches in Deutschland geblieben waren und sich 1945 aufrichtig von schwerem Alpdruck erlöst fühlten, entsprach wenig Bedürfnis nach streitbarer Abrechnung innerhalb der eigenen Zunft, und bei den Historikern war es nicht anders. Man konnte sich freilich dabei zurecht darauf berufen, daß es etwas ganz anderes sei, *vor* und *nach* 1945 anti-nationalsozialistisch eingestellt zu sein, zumal die Siegermächte die politische Reinigung in eher abschreckender Form in ihre Hände genommen hatten und zunächst der Eindruck entstand, das Nazitum sei mit einem Schlag sang- und klanglos von der Bühne abgetreten. Heinrich Böll und Hermann Lenz äußerten sich dazu rückblickend in einem Interview mit Jürgen

Manthey und Nicolas Born (wiedergegeben im Literatur-Magazin von 1977) folgendermaßen:

Lenz: „Nach 1945 waren für mich die Nazis nicht mehr interessant, sie hatten keine Macht mehr und der Haß gegen sie hat mich nicht mehr interessiert.“

Böll: „Ja, so war es, die Nazis waren ja nicht mehr da. Das war für mich die größte Überraschung, daß es keinen Nazi-Widerstand mehr gab. Die waren derart eingeschüchtert und die Funktionäre auch in Internierungslagern, daß gar kein Anlaß bestand, sich mit denen noch auseinanderzusetzen.“ Und dann kam, so Böll weiter, „aus wahrscheinlich törichtem bürgerlich-humanistischem Erbe“ noch etwas anderes dazu: Die Abneigung, „den Unterlegenen etwas am Zeuge zu flicken“.

Diese letztere Aussage scheint mir für Böll charakteristisch auch insofern, als sich in seinen zeitgeschichtlichen Romanen Ähnliches zeigt, die eher mitleidsvolle Sympathie mit den kleinen Leuten, die mehr aus Dumpfheit und Verzweiflung Mitläufer der Nazis, aber bald nach 1933 wieder deren Opfer wurden. Hier spielt auch eine soziale, eine proletarische Komponente der pietätvollen Nachsicht mit den Lämmern hinein, begleitet von um so schärferer Aversion gegen „die da oben“, die damals wie heute die Sache machten, gegen die Büffel, um in Bölls Sprache zu bleiben, denen die Lämmer hinterherliefen.

Dieses gewiß vereinfachte Geschichtsbild vom entscheidenden Versagen vor allem der Oberschichten und Meinungsführer während der Vor- und Frühgeschichte der Nazi-Zeit kann auch der Historiker weitgehend mittragen. Es erklärt aber gerade nicht, weshalb die deutsche Literatur nach 1945 ebenso wie die Geschichtswissenschaft so zurückhaltend war in der Kritik an den Meinungsführern der eigenen Zunft während der NS-Zeit, warum beispielsweise bei den Literaturwissenschaftlern 20 Jahre vergehen mußten, ehe auf dem Germanistentag von 1966 zum erstenmal der verhängnisvolle Beitrag der germanistischen Deutschkunde zur Ausformung völkisch-nationalsozialistischen Gedankengutes von jungen Germanisten wie Conrady und Lämmert kritisch unter die Lupe genommen wurde.

III.

Das führt zu einem letzten, dritten Punkt, den ich herausstellen möchte: der jahrelang festgehaltenen Stilisierung des Bildes einer im Dritten Reich total niedergehaltenen oder exilierten nicht-nationalsozialistischen Literatur und der pauschalen Behauptung eines klaren Gegensatzes zwischen nationalsozialistischer Literatur und Literatur der äußeren oder inneren Emigration. Lehrreich ist hier der Rückgriff auf die scharfen Auseinandersetzungen zwischen Thomas Mann und Schriftstellern wie Frank Thieß, Walter von Molo, Wilhelm Hausenstein u. a. aus den Jahren 1945/46, als der Begriff „der inneren Emigration“ erst geprägt wurde zur Aufwertung der Position der in Deutschland verbliebenen Schriftsteller gegenüber den Schriftstellern im Exil, die die deutsche Tragödie „von den Orchester- oder Parterresesseln des Auslandes“ her beobachteten, wie Thieß damals polemisch formulierte. Wird dabei doch deutlich, daß die am meisten begründete Verbitterung sich gegen das Diktum Thomas Manns richtete, alle Literatur, die in Deutschland während der NS-Zeit erschien, sei im Grunde blutbesudelt und müsse eingestampft werden. Die Literaturwissenschaft hat seitdem längst klargestellt, wie erstaunlich viel nicht-nationalsozialistische Literatur, trotz Bücher-Verbrennung, Buch- und Berufsverboten und auch massiver Verfolgung einzelner Schriftsteller, im Dritten Reich dennoch erscheinen konnte. Ebenso deutlich ist, daß viele derjenigen, die unmittelbar nach 1945 als Repräsentanten einer neuen Literatur der Stunde Null auftraten, auch während der NS-Zeit schon Romane, Kurzgeschichten, Essays oder Gedichte hatten veröffentlichen können, ohne sich sonderlich zu kompromittieren, Wolfgang Weyrauch, Günther Eich, Wolfgang Koeppen, um nur diese wenigen Namen zu nennen.

Lange Zeit war man geneigt, diese erstaunliche Toleranz der Goebbels'schen Reichsschrifttumskammer nur als taktisches Kalkül des wendigen Reichspropagandaministers zu erklären, der aus Gründen kultureller Image-Pflege Zeitschriften wie die „Neue Rundschau“ oder das „Innere Reich“ oder den nach der Arisierung von Peter Suhrkamp geleiteten S. Fischer-Verlag so lange gewähren ließ. Erst seit einiger Zeit ist vor allem von Hans Dieter Schäfer meines Erachtens überzeugend herausgearbeitet worden, daß solche Erklärung allein nicht genügt, daß die Periode und der Bezugspunkt der Nazi-Herrschaft zur sinnvollen Periodisierung literarischer Strömung in dieser Zeit nicht genügt, daß eine Abwendung von herrschenden Formen rationaler, experimenteller, avantgardistischer Literatur schon längst vor 1933 massiv eingesetzt hatte im engsten Zusammenhang mit der tiefgreifenden wirtschaftlichen und sozialen Krise, die ja auch Kulturkrise war und nicht auf Deutschland beschränkt blieb, daß spätestens seit 1930 eine allgemeine Rückwendung der Literatur zu klassischen Ausdrucksmitteln und Gegenständen, zur Naturlyrik,

Verinnerlichung und Mythisierung der Wirklichkeit in Gang gekommen war, eine Strömung, die dem Nationalsozialismus zugute kommen konnte, aber keineswegs *mußte*, und die auch über 1945 hinausreichte und die prägend war für die von den Schriftstellern der sogenannten inneren Emigration stark mitbestimmte nachkriegsgeschichtliche Verinnerlichungskultur.

Innerhalb eines solch veränderten literaturgeschichtlichen Begriffsrahmens wird auch überzeugend, daß eine scharfe Abgrenzung zwischen volkstümlich-völkisch-nationalsozialistischer und nichtnationalsozialistischer Literatur im Dritten Reich in vielen Fällen gar nicht so ohne weiteres möglich war, daß die völkische Literatur, die der Nationalsozialismus rezipierte, favorisierte und in den Dienst nahm, nur einen Zweig jener breiten irrationalen Strömung darstellte, für die kein geringerer als Hugo von Hofmannsthal schon 1927 das dann politisch mißbrauchte Stichwort „konservative Revolution" ausgegeben hatte. Diese Sicht markiert auf dem Gebiet der Literaturgeschichte aber nur, was auch für andere, etwa sozial- oder rechtsgeschichtliche Betrachtungen der jüngsten Vergangenheit vielfach gilt und zunehmend bewußt wird: nämlich, daß die aus dem Bezugsrahmen der politischen Herrschaft des Nationalsozialismus gewonnenen Begriffe, oft mehr geleitet von Legitimationsbedürfnissen oder Zielsetzungen der politischen Pädagogik, nicht ausreichend sind zum Verständnis der deutschen Literaturgeschichte dieser Zeit. Ihre Entwicklung war keineswegs nur von der politischen Herrschaft bestimmt. Auch literaturgeschichtlich war diese Herrschaft viel mehr parasitärer Nutznießer als prägende historische Kraft.

Unsere Besinnung auf diese Zeit aus der langen Distanz von fünfzig Jahren sollte uns endlich auch freier machen von der falschen Vorstellung einer übermächtigen negativen Zentralstellung des Nationalsozialismus in der deutschen Geschichte des 20. Jahrhunderts.

Alltagsgeschichte der NS-Zeit

Es ist noch nicht lange her, da konnte man in alltäglicher Sprache über den Alltag sprechen, ohne sich besondere Gedanken zu machen. Dieser unschuldige Zustand ist vorbei, seitdem die Wissenschaft verschiedener Disziplinen den sogenannten Alltag als eine merkwürdige und anscheinend faszinierende „terra incognita" unmittelbar vor der eigenen Haustür nicht nur zu erkunden begonnen, sondern z. T. auch mit übermäßig theoretischen Spekulationen befrachtet hat. Die hier zitierte Klage, der Soziologe Norbert Elias sprach sie schon vor fünf Jahren aus, ist in letzter Zeit immer neu abgewandelt worden, vor allem als Kritik an ehemals linken Historikern und Sozialwissenschaftlern, die inzwischen auf Zivilisationskritik umgesattelt haben und in der vorindustriellen Unterschichtenkultur und der antimodernistischen Resistenz von Maschinenstürmern und Vaganten suggestive Themen einer alternativen Sozialgeschichte entdeckt zu haben meinen. Idyllischer Neoromantizismus, neohistorizistische Sackgasse, Rückwendung zur antiquarischen Volkskunde à la Wilhelm Heinrich Riehl, so oder noch schärfer lautet manche Kritik, und sie stammt vor allem aus der Feder von Sozialhistorikern der Neuzeit und der Arbeiterbewegung. Ein besonders heftiger Familienstreit derjenigen, so scheint es mitunter, die noch vor fünfzehn Jahren in Theoriegläubigkeit und der Einschätzung der Historie als emanzipatorischer Sozialwissenschaft vereint waren. Es ist von daher nicht von ungefähr, daß sich der Streit um den Alltagsbegriff vor allem auf dem Forschungsgebiet der Arbeiterbewegung und der Sozial- und Kulturgeschichte der Arbeiterschaft abspielt. Unser engeres Thema, Alltagsgeschichte des Dritten Reiches, ist davon aber durchaus auch berührt, und es lassen sich sogar zusätzliche Einwände denken, die z. T. auch schon ausgesprochen worden sind.

Läuft alltagsgeschichtliche Perspektive nicht darauf hinaus, die kleine Welt der von Politik und politischer Herrschaft, von Weltanschauung und nationalen Ereignissen nur sehr wenig berührten, am Geschichtsprozeß kaum aktiv beteiligten einfachen Leute übergewichtig zu machen und damit das eigentlich Historische, das Besondere und Außerordentliche, das gerade nicht das Alltägliche ist, a priori auszublenden? Ist Alltag in diesem Sinne nicht tatsächlich eine ungeschichtliche Residual-Kategorie, von der her die Strukturen gesamtgesellschaftlicher Verhältnisse, geschweige denn die Verfassungsmerkmale nationalsozialistischer Herrschaft gar nicht erfaßt und erfahren werden können? Führt die Betrachtung der nationalsozialistischen Zeit unter dem Blickwinkel der Erfahrungen und Verhaltensformen der kleinen Leute nicht fast zwangsläufig zu einer Verniedlichung, einer Trivialisierung des katastrophalen Geschehens, das sich damals abspielte, zumal Außenpolitik, Kriegführung und Besatzungspolitik als die Felder der am meisten exzessiven Formen dieser Herrschaft, in der Alltagsgeschichte der Deutschen in Deutschland kaum angemessen eingefangen werden können? Liegt der Absicht der Alltagsgeschichte, an die konkrete Lebenssituation und Geschichtserfahrung der durchschnittlichen Menschen heranzuführen und auf solche Weise eine neue, angeblich realistischere Sicht zu vermitteln, nicht ein ganz problematischer Begriff historischer Realität zugrunde? Ist das nicht Geschichte à la Kempowski im Stile des Romans und Fernsehfilms „Tadellöser & Wolff", d.h. bestenfalls außerordentlich plastische Reproduktion eines zeitgeschichtlichen Genres, in diesem Falle einer halb nazistischen Rostocker Bürgerfamilie? Perfekter Realismus im Detail, aber vielleicht eben deshalb ganz und gar dazu angetan, nur das Wiedererkennen des damaligen Zustandes einer verhängnisvoll schwachen Wirklichkeitserkenntnis des Dritten Reiches zu evozieren, ebenso wie den richtigen und zugleich so falschen Ausspruch: „Ja, so war es damals." Ein Realismus ohne neu aufschließende Kraft? Die Kette solcher kritischer Einwendungen könnte mit Sicherheit verlängert werden.

Wenn angesichts solcher gewichtiger Argumente ein Plädoyer für Alltagsgeschichte der NS-Zeit überzeugend sein will, kann dies m.E. nur geschehen durch Präzisierung des Begriffs und Reduzierung auf diejenigen Elemente, die innovatorischen Zugang zu dem Thema mit Aussicht auf Erfolg versprechen. Wenn es Ziel der Alltagsgeschichte der NS-Zeit sein soll, neue und genauere Kenntnis dieser Herrschaft und ihrer Wirkungsweise zu vermitteln, kann der Alltagsbegriff nicht begrenzt sein auf die Kategorie der eigentlich unhistorischen Welt des Volkslebens, aber auch nicht begrenzt auf die Zielsetzung, im kleinen Ausschnitt einer Geschichte von unten lediglich genauer und plastischer zu veranschaulichen, was man im großen und ganzen schon weiß: z.B. wie die Partei, die Hitler-Jugend oder die Deutsche Arbeitsfront agierten, wie Hitler-Reden wirkten, welche

Rolle der Kirchenkampf spielte, wie die Bevölkerung auf die Reichskristallnacht reagierte, etc. etc. Die Hauptmotivation zur Alltagsgeschichte der NS-Zeit liegt nicht auf der Linie alternativer Volkskulturforschung, gründet allerdings auch auf dem Empfinden der Überprüfungsbedürftigkeit mehr deduktiv als empirisch erstellter Systemtheorien über den Nationalsozialismus und einer ganzen Reihe typologisierender Begriffe, die in diesem Zusammenhang in unser Geschichtsbild vom Dritten Reich eingegangen sind. Als Beispiel nenne ich den Begriff der Gleichschaltung, der zwar richtig eine Tendenz der NS-Herrschaft bezeichnet, die interessante Ungleichheit der Maßnahmen gegenüber den verschiedenen Interessengruppen und Instanzen der Gesellschaft, die sich dahinter verbirgt, aber eher zudeckt. Ich nenne als weiteres Beispiel vor allem den Begriff Widerstand, das Leitmotiv der jahrelangen Forschungen des Instituts im Rahmen des Bayern-Projekts: Ein Begriff, der im allgemeinen Verständnis noch immer mehr idealtypisch, politisch-moralisch, aber auch legitimatorisch und zu wenig empirisch-historisch gefaßt ist, wie auch die Widerstandsforschung aller Sparten in der Regel ihren Gegenstand isolierte, als Organisations- und Aktionsgeschichte kleiner Gruppen oder als Dokumentation der Gesinnung einzelner meist herausgelöst wurde aus dem Kontext der Lage und der Erfahrungen der Gesamtgesellschaft wie der jeweils konkreten Erscheinungsformen und Zumutungen des NS-Regimes, die solchen Widerstand herausforderten. Wenn als Ergebnis unseres Forschungsprojekts, das von zahlreichen Einstiegen her versuchte, diesen Kontext paradigmatisch, z.B. in einem bestimmten lokalen Milieu, zu rekonstruieren und die Stimmungs- und Reaktionsweise einzelner Gruppen der Bevölkerung und ihrer Meinungsführer auch vor den Hintergründen überlieferter Verhaltensnormen und Interessen so genau wie möglich in den Blick zu nehmen, wenn bei solchem Vorgehen die Eindeutigkeit des idealtypischen Widerstandsbegriffs sich auflöste, statt dessen aber die Respektabilität und – ich scheue mich nicht, dieses Wort zu gebrauchen – die Dignität des real Menschlichen gerade auch in der Gebrochenheit von Tapferheit und Feigheit, von Interessen und Prinzipien, Vorurteilen und sicherem Gespür, in vielen Fällen ganz unheldischer Opposition oder Verweigerung zum Sprechen gebracht wurden, so möchte ich darin ein solches innovatorisches Element des Zugangs zur Wirklichkeit der NS-Zeit auch unter didaktischen Gesichtspunkten sehen.

Um an einem anderen Beispiel zu verdeutlichen, was alltagsgeschichtliche Sicht meines Erachtens erbringen kann, nenne ich das Thema Volksmeinung im Dritten Reich, das auf der unteren Ebene kontinuierlicher Berichterstattung von Bürgermeistern, Ortsgruppenleitern, Bezirkspolizisten, Landräten und kirchlichen Kreisdekanen u. a. zweifellos authentischer als auf höherer Quellenebene rekonstruierbar ist und bei unserem Projekt eine wichtige Rolle gespielt hat. Das Alltägliche wird hier nicht für sich genommen, sondern gerade sichtbar gemacht in seinem Bezug zum außeralltäglichen Politischen und Nationalen. Auf solcher Quellengrundlage ist es möglich, der zentralen Frage näherzukommen, welche Rolle bei der Bewußtseinsbildung der Bevölkerung die vom NS-Regime mit soviel Propaganda-, Schulungs- und Organisationsanstrengung unternommenen Versuche einer totalitären Mobilisation einerseits und die materiellen Zustände des täglichen Lebens andererseits spielten. Wenn generalisierende Aussagen aufgrund solcher intensiven Volksmeinungsforschung auch nur mit aller Vorsicht gewagt werden können, so lassen sich als Befunde doch einige Grundzüge festhalten, die manches bestätigen, aber auch manches widerlegen, was unter dem Allgemeineindruck anderer Quellen zu dieser Frage oft behauptet worden ist. Die alltagsgeschichtliche Nahoptik bestätigt zunächst, daß das NS-Regime bei seinen enormen Bemühungen, das Bewußtsein der Bevölkerung mit großartigen nationalen Visionen, neuen Weltanschauungsnormen und vor allem der pseudo-religiösen Hitlergläubigkeit zu besetzen, bis in die kleinsten Dörfer hineinwirkte. Unter dem Gesichtspunkt der Intensität der Bewußtseinsbeeinflussung und der dadurch auch bewirkten nationalen Egalisierung und Sozialisation muß die Bedeutung der wenigen Jahre des Dritten Reiches, verglichen mit der anderer Perioden der deutschen neuzeitlichen Geschichte, deshalb zweifellos sehr hoch eingeschätzt werden. Ebenso wichtig aber erscheinen mir andere Befunde, die im Gegensatz zu vorherrschenden Annahmen umfassender Indoktrination zeigen, wie begrenzt andererseits diese nationalpolitische und weltanschauliche Bewußtseinsveränderung „von oben“ war und wie frappierend groß auch in der deutschen Gesellschaft der NS-Zeit die alltäglichen Existenzprobleme als bestimmender Faktor der Einstellung dem NS-Regime gegenüber. Ich möchte dies thesenartig in drei Punkten erläutern:

1. Die Wirkung der nationalen und weltanschaulichen Appelle, Erfolgsmeldungen etc. war am stärksten in den urbanen und industriellen Ballungszentren, schwächte sich dagegen erheblich ab in den weiten Bereichen der Provinz, in der, wenn man die kleinen Landstädte hinzunimmt, damals immerhin 30 Prozent der deutschen Bevölkerung lebten. Im Zusammenhang damit zeigt sich ebenso, daß der Grad der Erreichbarkeit durch nationalpolitische Propaganda und

weltanschauliche Erziehung altersgruppen- und schichtenspezifisch sehr verschieden war, am intensivsten bei der städtisch-bürgerlichen Gymnasialjugend und im bürgerlichen Mittelstand überhaupt, am geringsten bei den dem Jugendalter entwachsenen bäuerlichen Schichten, die, noch weit hinter der Arbeiterschaft, auf der Skala nationalsozialistischer Indoktrinationserfolge das äußerste Ende relativ großer Immunität markieren. Dieser Befund ist zwar nicht ganz und gar überraschend, widerspricht aber doch dem von der parteipolitischen Zuordnung der verschiedenen Schichten oft konzipierten Bild.

2. Die Wirkungen der außeralltäglichen nationalen politischen und weltanschaulichen Signale des Regimes waren nur so lange durchschlagend, als das alltägliche Befinden dadurch nicht stark negativ tangiert wurde. Die Euphorie, die der Nationalsozialismus zeitweilig bei der großen Mehrheit der Bevölkerung zu erzeugen wußte, war überwiegend von der Natur einer materiell nicht sehr stark belastbaren Blitzkrieg-Euphorie und feierte ihre ganz großen Triumphe eigentlich nur in den Jahren 1938 bis 1940, als die wiedererlangte soziale Sekurität und die großen nationalen Erfolge zusammenfielen und erhebliche Belastungen durch Kriegsfolgen noch nicht spürbar waren. Die Stimmungswirkungen dieser Signale waren außerdem bei großen Teilen der Bevölkerung nur sehr kurzlebig und flüchtig, das Narkotikum der Erfolgs-Sondermeldungen und aufputschenden Führerreden mußte in relativ kurzen Abständen wiederholt werden, wenn die Stimmung wegen widriger Alltagserfahrungen nicht schnell wieder einbrechen sollte. Und als dieses Aufputschmittel ab 1942/43 fast gar nicht mehr verabreicht werden konnte, begann die irreversible Krise der Integrationskraft des Regimes.

3. Der Bedeutung der Alltagsfaktoren für die Meinungsbildung im Dritten Reich entspricht es aber auch, daß die Attraktivität des Regimes in viel höherem Maße als häufig angenommen nicht nur auf den nationalen Erbauungen, sondern auch auf den sozialen Lageveränderungen gründete, die das Regime auch noch in der Kriegszeit bewirkte, allein schon durch die große horizontale Mobilisation mit Hilfe von Hitler-Jugend, BDM, männlichem Arbeitsdienst, weiblichem Landdienst, KdF und natürlich vor allem auch der Wehrmacht während des Krieges. Von vielen Angehörigen gerade kleinbürgerlicher, proletarischer oder bäuerlicher Unterschichten ist diese Mobilisation als Emanzipation aus engen traditionellen Lebensverhältnissen empfunden worden, verschaffte ihnen das Gefühl, durch das Dritte Reich offeneren Zugang zu bisher nicht zugänglichen Bereichen der Arbeits- und Lebenswelt zu erlangen. Das lebensgeschichtliche

Oral-History-Projekt, das Lutz Niethammer mit seinen Mitarbeitern seit Jahren mit einer Gruppe von Arbeitern und Arbeiterinnen aus dem Ruhrgebiet durchführt, kommt zu ähnlichen Ergebnissen. Auch manche im nachhinein schwer verständliche Formen des Beifalls für das Regime beruhten weniger auf der Anziehungskraft nationalpolitischer Parolen als ihrer sozialen Implikationen. Das gilt z. B. für die nicht nur im Sportpalast, sondern auch draußen im Lande bei vielen kleinen Leuten applaudierte Goebbels-Proklamation des totalen Krieges vom Februar 1943, weil man sich vom totalen Kriegseinsatz mehr volksgemeinschaftliche Gerechtigkeit der Kriegslastenverteilung versprach. Umgekehrt hatte die Breitenwirkung mancher politisch-weltanschaulichen Volksopposition durchaus auch materielle Gründe. So läßt sich z. B. zeigen, daß die Protestkundgebungen bisher ganz überwiegend nationalsozialistisch eingestellter fränkischer evangelischer Bauern anläßlich des evangelischen Kirchenkampfes 1934/35 nicht nur auf der Kirchenfrömmigkeit dieser bäuerlichen Landbevölkerung basierten, sondern wohl ebensosehr auf der zur gleichen Zeit einsetzenden Enttäuschung über die nicht eingetretenen agrarwirtschaftlichen Erleichterungen, die man sich aufgrund der jahrelangen NS-Agrarpropaganda erwartet hatte.

Anknüpfend an diese Beispiele möchte ich wenigstens drei Elemente nennen, die mir im Sinne solcher weiterführenden, neue Erkenntnisse erschließenden alltagsgeschichtlichen Forschung ganz allgemein wichtig zu sein scheinen: Man könnte diese Elemente auch als Bedingungen sinnvoller alltagsgeschichtlicher Forschung bezeichnen, die eingelöst werden sollten, wenn diese nicht in historisch unwichtigen Residualbereichen des Volkslebens steckenbleiben soll.

a) Alltagsgeschichte zielt auf die Interdependenz von Gesellschaft und Politik, die meist nur im Mikrobereich ausgewählter kleiner Einheiten in ihrem Zusammenhang erforschbar ist. Sie setzt dort ein, wo die begriffsbildende oder quantifizierende historische Sozialwissenschaft, um zu klaren Begriffen oder Anordnungen zu kommen, gerade die Isolierung einzelner Faktoren dieses Zusammenhangs vorzunehmen pflegt. Ich möchte sie insofern auch als qualitative politische Sozialgeschichte bezeichnen. Dabei ist unumwunden zuzugeben: Hinter dem modischen und überstrapazierten Wort „Alltagsgeschichte" verbirgt sich eine Forschungsrichtung, die keineswegs neu ist. Schon längst, ehe das Wort aufkam, hat der amerikanische Historiker William Sheridan Allen mit seiner paradigmatischen Geschichte einer kleinen Stadt während der NS-Machtergreifung ein überzeugendes Beispiel solcher Alltagsgeschichte geliefert. Und im Sinne einer auch qualitativen Sozialgeschichte, wie sie hier gemeint ist, würde ich die noch heute mustergültige, schon vor 1933 erarbeitete Studie von Rudolf Heberle über die schleswig-holsteinische Landbevölkerung und den Nationalsozialismus zu dieser Kategorie rechnen, gerade weil sie fast als einzige ihrer Art in so intensivem Maße wahlstatistische, wirtschaftliche und soziale Daten in Zusammenhang gebracht und vielfach überhaupt erst erschlossen hat durch das, was man altertümlich Land- und Leuteforschung nennen kann. Bezogen auf den Nationalsozialismus ist damit auch ein zentrales Motiv alltagsgeschichtlicher Perspektive bezeichnet: nämlich die gesellschaftliche Konditionierung sowohl nationalsozialistischer Herrschaft wie auch der ihr entgegenstehenden Resistenzkräfte am Beispiel unterschiedlicher sozialkultureller Milieus so genau wie möglich zur Ansicht zu bringen.

b) Alltagsgeschichte wird immer auch versuchen müssen, die subjektive Erfahrung der von der Geschichte betroffenen oder sie mitgestaltenden Menschen und entsprechende subjektive Quellen einzubeziehen. Sie steht damit auch vor dem Problem, mit der sehr unterschiedlichen Konturierung unseres Geschichtsbildes durch die akademische Geschichtswissenschaft einerseits und durch mündliche Geschichtsüberlieferungen oder generations- und schichtenspezifisch unterschiedliche Geschichtserinnerungen andererseits fertig zu werden und aus ihr neue Anregungen zu gewinnen.

c) Daraus ergibt sich auch eine gewisse methodologische Besonderheit. Weder die paradigmatische Zusammenhangsforschung, die am lokalen Beispiel die Durchdringung gesellschaftlicher und politischer Herrschaftsverhältnisse und Gegebenheiten ansichtig machen will, noch die Erkundung subjektiver Geschichtserfahrung vermögen eine totale Rekonstruktion des Vergangenen zu erreichen, können sich aber auch weniger als andere sozialhistorische Forschungsvorhaben auf quantifizierbare Daten und gesicherte Begriffe stützen. Sie bedürfen in höherem Maße des Einsatzes auch der imaginativen und intuitiven Kräfte des Historikers, seiner Fähigkeit, aus der Fülle des kunterbunt und chaotisch Überlieferten das Sprechende, Bezeichnende, auch ohne die Möglichkeit repräsentativer Absicherung, aufgrund seines Vorwissens zu erfassen und solche „sprechenden" Ereignisse, Zustände und Figuren in seiner Darstellung auch evident zu machen. Alltagsgeschichte mit solchen Zielsetzungen kommt ohne erzählende Geschichtsschreibung nicht aus. Sie kann, so hoffe ich, dazu beitragen, jene immer noch ziemlich verschütteten oder zu Unrecht in Verruf gebrachten Möglichkeiten historischer Erkenntnisvermittlung, die in der Kunst des Zeigens und Evidentmachens bestehen, wieder stärker zur Geltung zu bringen.

Um unsere anschließende Diskussion und auch Kontroversen anzuregen, möchte ich abschließend das bisher Gesagte oder Angedeutete in bezug auf den Stand der gegenwärtigen Erforschung und Darstellung des Nationalsozialismus noch etwas schärfer fassen und auf einige thesenhafte Punkte bringen:

1. Alltagsgeschichtlich orientierte Forschungen und Darstellungen können, so meine ich, einen wesentlichen neuen Beitrag leisten zur Geschichte der deutschen Gesellschaft während der NS-Zeit. Unsere Kenntnis dieser Geschichte ist immer noch sehr gering und unsicher. Das gilt einmal für den Bereich, den man als Assimilation oder Brechung der politischen Herrschaft und der politischen Zielsetzung der NS-Führung an den vorgegebenen gesellschaftlichen Verhältnissen, Milieubedingungen, traditionellen sozialen Normen etc. bezeichnen kann. Es gilt aber auch für die vielfältigen sozialen Auswirkungen der NS-Herrschaft und ihrer zahlreichen Sonderorganisationen, von denen viele noch gar nicht hinreichend erforscht sind bzw. bisher überwiegend nur unter dem Gesichtspunkt der politischen Systemstabilisierung beleuchtet wurden. Die Wirkungsrealität des Nationalsozialismus kann letzten Endes nur durch die genauere Erkundung des Zusammenhangs von politischem und sozialem System exakter bestimmt werden.

2. Solche Gesellschaftsgeschichte der NS-Zeit führt zur kritischen Überprüfung mancher gängiger kategorialer Begriffe, die meist aus der einseitigen Betrachtung nur des politischen Systems gewonnen wurden. Dies dient letzten Endes auch der Revision einer im allgemeinen Verständnis noch immer vorherrschenden Sicht des Dritten Reiches, die ausgeht von der – auch didaktisch kaum fruchtbaren – Grundvorstellung einer Totalbeherrschung der deutschen Gesellschaft durch die politische Spitze des NS-Regimes und ihre Kontroll- und Indoktrinationsinstrumente. Wenn im Zuge einer nötigen Relativierung dieses Bildes manche eingeführten Begriffe zu überdenken sind, so wird die Folge einer veränderten Akzentuierung dieses Bildes insgesamt sein, daß die Handlungsspielräume und auch die Mitverantwortlichkeiten gesellschaftlicher Institutionen und Gruppen und das, was sie ins Dritte Reich einbrachten, am Geschichtsprozeß dieser Zeit deutlicher werden. Dadurch kann eine kritische und zugleich verstehende historische Beschäftigung mit dieser Vergangenheit aber eher stärkere Anhaltspunkte finden.

3. Im Zusammenhang damit kann alltagsgeschichtliche Perspektive und Forschung, wie ich meine, auch dazu beitragen, manche scheinbar diametral entgegengesetzten Begriffe bei der Beurteilung des historischen Stellenwerts der NS-Zeit als durchaus interdepen-

dent besser zu verstehen. Ich denke etwa an das Begriffspaar totalitäre Diktatur und Modernisierung. Gerade wenn sich der alltagsgeschichtlichen Betrachtung der NS-Zeit vielerlei Vorgänge zeigen, die den Begriff der Modernisierung durchaus zu stützen geeignet sind, vermag die Nahoptik solcher Betrachtung, bis in Mentalitätsänderungen hinein, vielleicht am ehesten auch die entmoralisierende Wirkung bestimmter, im Dritten Reich mit äußerster Rigorosität erzwungener Modernisierungen sichtbar zu machen. Unter Berücksichtigung der subjektiven Geschichtserfahrungen werden auf solchem Wege auch die unverkennbaren Spuren nationalsozialistischer Erbschaft in der Verfassung und Mentalität der deutschen Nachkriegsgesellschaft aufzuzeigen sein.

4. Hautnahe alltagsgeschichtliche Betrachtung, die das sozial Konditionierte wie das Menschlich-Allzumenschliche beiderseits der durchaus flüssigen Trennlinie von Nationalsozialistisch und Nichtnationalsozialistisch in Politik und Gesellschaft des Dritten Reiches besser sichtbar macht, löst naturgemäß auch die überscharfen Konturen der Schwarz-Weiß-Beurteilung auf und verhilft zu größerer Gerechtigkeit und Differenziertheit der politisch-moralischen Bewertung. „Die Stereotypen des bösen Nazis und des guten Antifaschisten lösen sich auf", schrieb Jürgen Kocka kürzlich in einer Rezension alltagsgeschichtlicher Literatur über das Dritte Reich. Dem stimme ich zu. Zu dieser Gerechtigkeit gehört auch, ich sage es auch auf die Gefahr, sehr mißverstanden zu werden, daß es der historischen Darstellung dieser Zeit gelingt, trotz der nötigen Klarheit der Beurteilung genügend Verständnis zu vermitteln für die gewichtigen Gründe der Unsicherheit, Orientierungslosigkeit und selbst des Zornes, die zahlreiche Menschen in Deutschland zu dem nicht allein von ihnen zu verantwortenden verhängnisvollen Irrtum der Hitlergläubigkeit trieben. Das hilft vielleicht auch den Weg zu bahnen zu einer Historiographie dieser Zeit, die die nationalsozialistischen Subjekte dieses Geschehens nicht nur als monströse Figuren und Zerrbilder, sondern als verstehbare Menschen einsetzt. Ohne solche Voraussetzungen, die nichts mit Apologie zu tun haben, wird es jedenfalls schwer möglich sein, die problematische „Verinselung" der NS-Zeit in unserem Geschichtsbewußtsein zu überwinden und die auf die Dauer immer weniger überzeugende nur moralische Beurteilung dieser Vergangenheit in historische Hermeneutik zu verwandeln.

Das Dritte Reich als Gegenstand historischen Fragens

Trotz des wachsenden zeitlichen Abstands ist der Nationalsozialismus, zumal aus deutscher Perspektive, kein „normaler" Gegenstand der historischen Wissenschaft wie andere Epochen unserer neueren Geschichte. Die Spuren und Betroffenheiten, die er hinterlassen hat, sind für viele, vor allem ältere Zeitgenossen, noch unmittelbare Wirklichkeit. Das politisch-legitimatorische Element spielt noch immer eine wesentliche Rolle, sowohl für die Geschichtswissenschaft in den beiden deutschen Staaten wie für die verschiedenen politisch-weltanschaulichen Lager; es verursacht manche Politisierung der historischen Erklärung und Deutung des Dritten Reiches. Gleichwohl zeigen veränderte Fragestellungen und – auch auf internationaler Ebene – kaum noch von Gesichtspunkten der Anklage oder Apologie geleitete Darstellungen, daß die historische Erörterung des Themas Nationalsozialismus im großen und ganzen ruhiger und „akademischer" geworden ist. Bei der wissenschaftlichen Beantwortung zahlreicher Grundfragen konnte innerhalb der westlichen Geschichtswissenschaft weitgehender Konsens erzielt werden.

Zu diesen großen Fragenkomplexen gehört z. B. die Gewichtung der nationalgeschichtlichen und der epochalen Ursachen. Ernst Noltes großes Werk über den „Faschismus in seiner Epoche" (1963) hat eindrucksvoll deutlich gemacht, daß ohne den Ersten Weltkrieg und die neue Herausforderung durch die bolschewistische Revolution weder der deutsche Nationalsozialismus noch die faschistischen Bewegungen in Italien und anderen europäischen Ländern zu verstehen sind. Trotz antiwestlicher, antidemokratischer Vorläufer-Strömungen, die besonders in Deutschland im nationalen Denken seit der Romantik eine starke Rolle spielten und hier wie im deutschen Kernland der Habsburgermonarchie schon vor 1914 zur Ausbildung extremistischer alldeutscher und völkisch-antisemitischer Ideologien und Gruppierungen führten, erklärt sich das aktionistische, pseudorevolutionäre Element der faschistischen Bewegung doch erst aus den Erfahrungen des Ersten Weltkriegs und der unmittelbaren Nachkriegszeit. So wenig die Geschichtswissenschaft imstande ist, eine exakte Abmessung des Gewichts nationaler und in der Zeit liegender Ursachen vorzunehmen, so übereinstimmend ist doch ihr Postulat, *beide* Ursachenstränge in der Erklärung angemessen zu berücksichtigen. Die unmittelbare Beeinflussung des Nationalsozialismus und besonders Hitlers durch das „Vorbild“ des schon 1922 zur Macht gekommenen italienischen Faschismus, bis in die Stilformen der NS-Bewegung hinein, wie auch die deutlich erkennbare zeitgenössische Unterschätzung des Nationalsozialismus aufgrund des relativ gemäßigten italienischen Faschismus sind dabei gewichtige Komplexe der geschichtlichen Ursachenerklärung.

Im Vordergrund der historischen Erörterung von Ursachen der nationalsozialistischen Machtübernahme stehen aber vor allem diejenigen Probleme, die sich aus dem Verlauf und besonders der Endphase der Weimarer Republik ergeben. Nicht zuletzt die verstärkte wirtschafts- und sozialhistorische Forschung hat klären helfen, daß die Weltwirtschaftskrise seit 1929 zwar Katalysator, aber nicht die eigentliche Grundursache des Verfalls der Weimarer Republik und des Aufstiegs des Nationalsozialismus gewesen ist.

Der schon seit 1920 hervortretende Mehrheits- und Integrationsverlust der die Weimarer Republik tragenden Parteien (Sozialdemokratische Partei, Deutsche Demokratische Partei, Zentrum) und die unter den Rahmenbedingungen weltweiter Rezession von industrieller Produktion und Außenhandel in Deutschland aufgrund wirtschaftssozialer Nachkriegsfolgen (Reparationen, Inflation) besonders fühlbare Stagnation mit strukturell hoher Arbeitslosigkeit, unausgelasteten industriellen Kapazitäten und Preisverfall landwirtschaftlicher Produkte verschärften in den zwanziger Jahren den Interessenantagonismus innerhalb des parlamentarischen Systems. Bereits am Ende der Phase relativer Stabilität in den Jahren 1928/29 wurden seine Integrationsschwächen, erkenntlich z. B. am Hervortreten der Interessenparteien und an der kaum noch konsensfähigen letzten parlamentarischen Regierung unter dem sozialdemokratischen Reichskanzler Hermann Müller, deutlich sichtbar. In dieser strukturellen Krise des politischen Systems vor der Weltwirtschaftskrise – das ist das Ergebnis fast aller einschlägigen historischen Untersuchungen – wurden bereits die Weichen gestellt für die Richtung des politischen Umschwungs ab 1930. Hauptstränge dieser Entwicklungen waren einerseits der zielstrebige Vorsatz einflußreicher konservativer Kräfte in der Reichswehrführung und am „Hofe“ des Reichspräsidenten, die parlamentarische Regierung durch eine Präsidialregierung, gestützt auf die Notverordnungs-Vollmacht des Reichspräsidenten (Art. 48 der Weimarer Reichsverfassung), abzulösen und künftig ohne Beteiligung der Sozialdemokratie zu regieren;

andererseits die Formation einer radikalen antirepublikanischen nationalen Opposition, die nach der Ernennung Alfred Hugenbergs zum Vorsitzenden der Deutschnationalen Volkspartei (DNVP) maßgeblich von diesem initiiert wurde und, gestützt vor allem auf die DNVP, den Stahlhelm und die NSDAP, im Sommer 1929 im Zusammenhang mit dem Volksbegehren gegen den Young-Plan zustande kam. Die Brüning-Memoiren und andere neu zugänglich gewordene Quellen, die die Intentionen der Hauptbeteiligten in dieser Phase erkennen lassen, haben erhärtet, daß der Bruch der letzten parlamentarischen Regierung im März 1930 nicht nur durch die Konsensunfähigkeit der Parteien, sondern auch durch den bewußten Willen zu autoritärer Verfassungsänderung im Lager der konservativen Rechten bis hinein in die Zentrums-Partei (Brüning) zu erklären ist. Von daher haben sich auch frühere Standpunkte kontroverser Beurteilung der Brüning-Regierung – symptomatisch die unterschiedliche Bewertung bei Karl Dietrich Bracher und Waldemar Besson (Württemberg und die deutsche Staatskrise 1928-1933) – stärker angenähert. Nicht nur die verhängnisvolle deflationäre Finanzpolitik Brünings während der schnell voranschreitenden Wirtschaftskrise erscheint im Lichte der historischen Forschung als kardinaler Fehler. Die jetzt besser nachweisbare bewußte Benutzung der Krise durch Brüning für eine autoritäre Verfassungsreform hat auch der in den fünfziger und sechziger Jahren von einer Reihe von Historikern noch vertretenen Ansicht einer echten historischen Chance der Wiederherstellung der parlamentarischen Republik durch eine erfolgreiche Brüningsche Krisenbekämpfung weitgehend den Boden entzogen. Dabei ist allerdings von wirtschaftshistorischer Seite (Knut Borchardt) auch verdeutlicht worden, daß es ein finanz- und wirtschaftspolitisches „Patentrezept“ der Krisenbekämpfung nicht gegeben hat. Der bis in die Sozialdemokratie hinein verbreitete Glaube an die Selbstheilungskräfte der Wirtschaft verursachte selbst ein gutes Stück jenes resignativen politischen Attentismus auf seiten der demokratischen Parteien, der die letzte Phase der Republik als Prozeß des „Machtverfalls“ (Bracher) und zunehmenden Machtvakuums erscheinen läßt, in das die Nationalsozialisten hineinstoßen konnten.

Die unterschiedliche Perspektive struktureller und individualisierender Geschichtsbetrachtung prägt dagegen die Erklärung der unmittelbaren Vorgeschichte der Ernennung Hitlers zum Reichskanzler am 30. Januar 1933. Während die vor allem von marxistischer Seite stammende These einer ausschlaggebenden Rolle der, auch finanziellen, Unterstützung der NS-Bewegung von seiten industrieller Großunternehmen und Monopole durch die neuere Forschung widerlegt werden konnte, stehen sich noch immer ziemlich unverbunden gegenüber: der sich im Blick auf die Mächtigkeit der nationalsozialistischen Massenbewegung ergebende Eindruck einer nahezu unaufhaltsamen politischen Veränderungsdynamik, die früher oder später zu maßgeblicher Machtbeteiligung der NSDAP führen mußte, und der aus den konkreten Stadien der Entscheidungsbildung am Vorabend des 30. Januar 1933 resultierende Eindruck einer stark personen- und konstellationenabhängigen Zufälligkeit und Vermeidbarkeit der NS-Machtübernahme.

In mancher Hinsicht kontrovers ist auch die Deutung der verschiedenen Entwicklungsphasen und Antriebskräfte im Machtsystem des Dritten Reiches. Bei der gelegentlich mit unnötiger Polemik ausgetragenen Diskussion über den monokratischen oder polykratischen Charakter dieser Herrschaft spielen unterschiedliche Frageansätze eine weitaus größere Rolle als die im einzelnen kaum strittigen handlungs- und ereignisgeschichtlichen Sachverhalte. Während die weltanschauliche Zielstrebigkeit Hitlers und seine bis zum Ende nicht angefochtene absolute Führerstellung sowie die sich daraus ergebende Radikalität des NS-Regimes für zahlreiche Historiker die entscheidenden Merkmale des Dritten Reiches sind, begnügen sich andere, vor allem auch sozialhistorisch orientierte Forscher nicht mit dieser Sicht eines totalitären, monokratischen Führerstaates. Sie erblicken vielmehr in dem Zusammenhang zwischen dem Führerabsolutismus an der Spitze und der zunehmenden Auflösung ordnungsstaatlicher, regulativer und rationaler Elemente im Herrschaftsgefüge des Dritten Reiches eine wesentliche strukturelle Ursache bzw. Voraussetzung der Durchsetzungsfähigkeit extremer und verbrecherischer Ziele in der Endphase des Regimes. Trotz dieser unterschiedlichen Sicht ist unbestritten, daß die erst allmähliche Entfaltung der radikalen weltanschaulichen Zielsetzungen Hitlers in der Innen-, Außen- und Kriegspolitik wesentlich dazu beigetragen hat, daß das Regime bis 1938 und zum Teil noch darüber hinaus im In- und Ausland lange Zeit verkannt wurde und vielfältige Unterstützung auch von nicht nationalsozialistischen Kräften erhielt, die seine Stabilisierung und Machtexpansion wesentlich erst ermöglichten. Auch die in neuerer Zeit in Gang gekommene Erforschung des Alltags und der populären Stimmung im Dritten Reich hat diese lang anhaltende Fehleinschätzung, nicht zuletzt der Person Hitlers, deutlich zutage gefördert.

Dabei trat als ein neuer Gesichtspunkt historischer Erkenntnis auch die plebiszitäre Sensibilität der NS-Führung deutlich in Erscheinung. Sie markiert auch bestimmte Grenzen der materiellen Belastung, die das Regime der breiten mittelständischen Bevölkerung, den Bauern und auch den Arbeitern bei seiner Autarkie-, Rüstungs- und Kriegspolitik zumuten konnte. Neben den Instrumenten des Terrors und der organisatorischen und propagandistischen „Erfassung" der gesamten Gesellschaft erscheint diese Berücksichtigung populistischer Stimmungen und materieller Bedürfnisse der Massen als wesentlicher Grundzug der NS-Herrschaft. Daß es der NS-Führung mit alldem bis weit in den Krieg hinein gelang, Einsatzbereitschaft und Leistungsenergie nicht nur breiter Bevölkerungsschichten, sondern vor allem auch der neuen politischen und sozialen Eliten in so hohem Maße zu mobilisieren, war ein wesentlicher Grund für die – trotz der wachsenden internen Rivalitäten – sehr viel perfektere Herrschaft des Nationalsozialismus im Vergleich etwa mit dem italienischen Faschismus.

Seit Ralf Dahrendorf in seinem Buch „Gesellschaft und Demokratie in Deutschland" 1965 die These von der modernisierenden Wirkung der nationalsozialistischen Diktatur aufgestellt hat, ist in der historischen Forschung die Diskussion um die Anwendbarkeit der Modernisierungstheorie auf das Dritte Reich lebendig geblieben. Gegenthesen, etwa Henry Ashby Turners, die auf den rückwärts gewandten, sozial-konservativen Gehalt nationalsozialistischer Weltanschauungsziele und -utopien hinweisen, haben doch nicht entkräften können, daß infolge der NS-Herrschaft nicht nur auf technischem und industriewirtschaftlichem Gebiet, sondern auch in sozialer und sozial-psychologischer Hinsicht Strukturveränderungen eintraten, die unter einem freilich wertneutralen Begriff der Modernisierung zu subsumieren sind. Verstärkung der horizontalen und vertikalen sozialen Mobilität, die wenigstens psychologische Egalisierung von landsmannschaftlichen, konfessionellen und sozialen Unterschieden sowie auch manche herrschaftsorganisatorischen Instrumente, die im Dritten Reich entwickelt wurden (Reichsnährstandsorganisation, das Gemisch von Staatslenkung und Selbstverwaltung im Bereich der Wirtschaft u.ä.), lassen sich unabhängig von den politischen Intentionen als bemerkenswerte Innovationen verstehen. Sie erklären wohl auch, daß das Regime trotz des weltanschaulichen Rückgriffs auf Germanenkult, Blut-und-Boden-Mystik u.a. von den meisten Zeitgenossen im In- und Ausland als eine Form moderner Herrschaft angesehen worden ist und solche Einschätzung ihm erhebliche dynamische Schubkräfte verschaffte.

Die in der Modernisierungstheorie enthaltenen Fragestellungen zwingen die historische Forschung naturgemäß, die zwölf Jahre des Dritten Reiches in den Kontext längerfristiger vorangegangener und nachfolgender Entwicklungen zu stellen. Von daher werden sich wohl auch in Zukunft noch manche neue Aspekte des Stellenwerts der NS-Zeit im Rahmen der neuzeitlichen deutschen Geschichte ergeben. Solche Betrachtung verhilft auch dazu, besser sichtbar zu machen, daß Denkformen und Tendenzen, die im Dritten Reich zu extremem, radikalem Ausbruch gelangten (z. B. bestimmte sozial-darwinistische und sozial-hygienische Grundvorstellungen), eine lange Vorgeschichte hatten und letztlich im Umbruch und Normenwandel moderner Industriestaats-Entwicklung begründet waren.

Sofern davon ausgegangen werden kann, daß im Dritten Reich vor allem auch eine Extremform des deutschen Nationalismus und nationalen Imperialismus zum Audruck gekommen ist, stellt sich für die historische Forschung immer wieder die Frage, inwieweit die Sprengkräfte zur Zerstörung des europäischen Gleichgewichts schon in der bismarckisch-deutschen Nationalstaatsgründung und der folgenden wilhelminischen deutschen Weltmachtpolitik angelegt gewesen sind. Hervorgerufen durch das Buch Fritz Fischers über Deutschlands „Griff nach der Weltmacht" (1961) ist daraus eine lang anhaltende, zum Teil leidenschaftlich geführte Kontroverse entstanden. Die Frage nach der Kontinuität oder Diskontinuität des deutschen Nationalismus und Imperialismus von Bismarck zu Hitler steht auch im Zentrum neuer einschlägiger Darstellungen (Klaus Hildebrand, Andreas Hillgruber u. a.). Sie berührt sich zugleich mit der schon von Helmuth Plessner („Die verspätete Nation", 1959) sowie Historikern und Sozialwissenschaftlern aufgeworfenen Frage, welche Konstellationen der geistes-, sozial- und politikgeschichtlichen Entwicklung der Neuzeit den „deutschen Sonderweg" zum Nationalsozialismus im Gegensatz zur demokratischen Entwicklung der westlichen Industrienationen ermöglicht haben. Die in jüngster Zeit wieder aufgeflammte Diskussion über den „deutschen Sonderweg" hat dabei deutlich gemacht, daß es kaum einzelne „typisch deutsche" Faktoren und Entwicklungsstränge der neueren Geschichte gibt, die nicht mit Entwicklungen in anderen Ländern vergleichbar sind. Sofern die These vom deutschen Sonderweg überhaupt bejaht werden kann, wird sie deshalb eher im konstellativen Zusammenfall und der daraus folgenden „Verdichtung" einer ganzen Reihe von Krisen (der geistig-kulturellen Überlieferung, des Nationalstaates, des politischen Systems, der wirtschaftlich-sozialen Ordnung) zu suchen sein. Die hierbei implizierten Fragestellungen sind auch geeignet, die erst in Gang gekommene vergleichende Untersuchung verschiedener nationaler Entwicklungen im 19. und 20. Jahrhundert weiterhin zu befruchten.

Schon seit Beginn der Zeitgeschichtsforschung über das Dritte Reich hat das Problem des Widerstandes gegen den Nationalsozialismus eine zentrale Rolle gespielt. Die auch legitimatorischen Aspekte dieses Themas führten schon früh dazu, daß in der DDR-marxistischen Geschichtswissenschaft fast ausschließlich der Widerstand der sozialistischen Arbeiterbewegung und die führende Rolle der Kommunistischen Partei innerhalb dieses „Antifaschismus" in den Vordergrund gerückt wurden, während in der Bundesrepublik jahrelang das Ereignis des 20. Juli 1944 vor allem deshalb im Mittelpunkt stand, weil zu den Verschwörern dieses Umsturzversuches sowohl christlich-konservative wie liberale und sozialdemokratische Gegner des Regimes gehörten und die Erinnerung an diesen gemeinsamen Widerstand eine wesentliche Basis des moralisch-politischen Grundkonsenses der die Bundesrepublik tragenden Kräfte darstellte. Die sich daraus ergebenden Einseitigkeiten der Betrachtung, verbunden mit mancher unangebrachten Heroisierung, haben schon seit den sechziger Jahren in der Bundesrepublik kritische Entgegnungen und Ergänzungen erfahren. Der von Hans Rothfels, Gerhard Ritter u. a. in den Vordergrund gerückten moralischen Respektabilität des konservativen Widerstandes wurden nicht nur dessen politische Entschlußlosigkeit, sondern auch seine problematischen außen- und verfassungspolitischen Vorstellungen entgegengehalten. In den sechziger Jahren spielte daneben die Erforschung des Widerstandes der Arbeiterbewegung und darüber hinaus der vielfältigen Formen von Volksopposition und Resistenz gegenüber dem NS eine zunehmend größere Rolle. Die Widerstandsforschung weitete sich aus zu einer Gesellschaftsgeschichte politischen Verhaltens im Dritten Reich. Sie mündete damit zugleich in eine Untersuchung der konkreten Wirkungsgeschichte des Nationalsozialismus auf lokaler und regionaler Ebene und machte unter diesem Aspekt manche Strukturen der NS-Herrschaft sehr viel genauer sichtbar.

Aus der größer gewordenen historischen Distanz rücken die zwölf Jahre der nationalsozialistischen Herrschaft und des Zweiten Weltkriegs mit der vorangegangenen Phase des Ersten Weltkriegs und der Weimarer Zeit zusammen zu einer großen, dreißigjährigen Krisen- und Kriegsphase in der ersten Hälfte des 20. Jahrhunderts (Epoche der beiden Weltkriege). Dabei wird auch deutlich, daß weniger die Revolutionen und europäischen Neuordnungsversuche nach dem Ersten Weltkrieg, die weder verfassungspolitisch noch im europäischen Mächtesystem zu stabilen Lösungen führten, als vielmehr die Herausforderung durch den Nationalsozialismus sowie der Zweite Weltkrieg und seine Folgen epochale historische Ereignisse mit langfristigen revolutionierenden Wirkungen darstellten. Auf der Grundlage des Zerfalls der antihitlerischen Kriegs-Koalition sowie der Teilung Deutschlands und Europas zwischen Ost und West konnte im Westen Deutschlands und Europas erst nach dieser Herausforderung bzw. der damit verbundenen „Erschöpfung" nationalistischer Ideologien und materieller Ressourcen eine stabile demokratische Entwicklung angebahnt und auch an die wirtschaftliche Entwicklungsdynamik der Zeit vor dem Ersten Weltkrieg erfolgreich wieder angeknüpft werden. Obwohl das revolutionäre Bewußtsein in Deutschland nach dem Zweiten Weltkrieg viel geringer war als 1918/19, war der objektive revolutionäre Umbruch infolge der NS-Herrschaft und des verlorenen Krieges weit größer. Da Deutschland Zentrum oder Ausgangspunkt dieser welthistorischen Krisen- und Kriegsphase gewesen ist, hat die Erforschung der deutschen Geschichte in dieser Zeit auch für die internationale historische Wissenschaft exemplarische Bedeutung gewonnen.

Die neue Reihe „Deutsche Geschichte der neuesten Zeit"

Vor wenigen Tagen hat der Deutsche Taschenbuch-Verlag auf der Frankfurter Buchmesse sein Magnum Opus dieses Jahres, das von den Gebrüdern Grimm begonnene und in 100jähriger Nacharbeit gesamtdeutscher Sprachwissenschaft in den sechziger Jahren vollendete Wörterbuch der deutschen Sprache, in 33 Bänden herausgebracht. Angesichts dieses verlegerischen Ereignisses und der auch dem Umfang nach ungewöhnlichen Dimensionen dieser Neuherausgabe (sie füllt 1,40 Meter Regallänge) müssen die schmalen, 1-cm-dicken Bändchen der historischen Reihe, die wir Ihnen heute als Neuerscheinung präsentieren, sehr bescheiden wirken. Ein verlegerisches Ereignis aber doch, so meint Herr Friedrich, sonst hätte er diesen Empfang nicht veranstaltet. Ein Ereignis, so meinen natürlich auch wir, meine Herausgeberkollegen Wolfgang Benz, Hermann Graml und ich. Und wir meinen dies, weil es um eine eigens für dtv erarbeitete Originalproduktion geht und auch gerade wegen des schmalen Umfangs der Bände dieser Reihe, die als schlichte Sachbücher eines Taschenbuch-Verlags ganz bewußt nicht dem neuen Trend folgen, deutsche Geschichte in kostbarer Geschenk-Prachtausgabe für den Weihnachtsgabentisch präsentabel zu machen.

Neueste deutsche Geschichte seit dem 19. Jahrhundert kann längst nicht mehr nur als Fortschritts- und Erfolgsgeschichte begriffen und beschrieben werden. Gewiß, die revolutionären Veränderungen auf fast allen Lebensgebieten, die diese 150 Jahre umschließen, stellen unzweifelhaft – auch und gerade für Deutschland – „große Geschichte" dar, wenn das Wort „groß" im Sinne von Wirkungsausmaß und weltgeschichtlicher Bedeutung verstanden wird. „Große Geschichte" darüber hinaus auch in qualitativem Sinne des Zukunftsträchtigen, des weltgeschichtlich Modellhaften, wenn wir an die stupenden deutschen Entwicklungen im ökonomischen, technologischen, zivilisatorischen Bereich denken, oder an die Formation des deutschen Rechts-, Verwaltungs- und Sozialstaates. Aber es bedarf nur der Erinnerung an die Epoche der Weltkriege, die vom deutschen Zentrum Europas ausgegangen sind, um schnell bewußt zu machen, wie sehr die großartige, dynamische Entfaltung Deutschlands zur modernen, leistungsfähigen Industriegesellschaft im 19. Jahrhundert unter den Rahmenbedingungen eines von der preußischen Vormacht geprägten, innerlich noch halb feudal verfaßten monarchischen Obrigkeits- und Militärstaates und eines dann ungeduldig zu imperialer Weltgeltung drängenden wilhelminischen Patriotismus und Nationalismus schon damals verknüpft war mit konfliktträchtigen inneren Brüchen, Überfremdungen, Überanstrengungen und Illusionen, die – nach dem Scheitern der imperialen Weltmachtträume – massiv umschlugen in explosive Ressentiments, antimodernistische Gegenbewegungen, irrationale völkische Utopien und Aggressionen, die auch die erste deutsche Republik unter sich begruben und sich schließlich in der Katastrophe der Hitler-Politik entluden. Neueste deutsche Geschichte, das ist auf weite Strecken, wenn schon nicht durchweg als historischer deutscher Sonderweg zu verstehen, so doch ein Szenarium, in dem die positiven und negativen Gestaltungskräfte der Moderne, die großen Möglichkeiten und enormen Kosten der Modernisierung besonders intensiv gemischt und gleichsam paradigmatisch verdichtet waren. Die Darstellung dieses spannungsvollen Geschichtsraums ist vonnöten nicht so sehr zur Unterhaltung, sondern vor allem zur Orientierung in unserer Gegenwart. Das nüchterne Arbeitskleid des Sachbuchs steht der Reihe deshalb wohl an.

Das ihr zugrunde gelegte, schon äußerlich sichtbare Prinzip der gedrängten Kürze bei der Darbietung großer historischer Themen folgt nicht nur den Verkaufsgesetzen des Taschenbuchmarktes, sie ist von uns, den Herausgebern, auch als ein uns selbst und die Autoren verpflichtendes Programm gemeint und gewollt: als Verpflichtung zur prägnanten, auf das wesentliche beschränkten Konturierung, als Verpflichtung auf die sehr gründliche Überlegung, *was*, im Rahmen solcher Umfangsbeschränkung, von dem weitläufigen Stoff des Historischen und *wie* es dargeboten werden soll. Gerade weil das den historischen Fachgelehrten wohlbekannte Problem der Undruckbarkeit und Unverkäuflichkeit methodisch immer diffiziler und umfänglicher werdender Spezialforschung wissenschaftsintern zu einem Dilemma geworden ist, das auch die Vermittelbarkeit der historischen Wissenschaft zunehmend blockiert, ist es unentbehrlich, daß die Historiker selbst, nicht nur irgendwelche Multiplikatoren, immer wieder den eigenen Versuch machen und die Anstrengung auf sich nehmen, die Breite und Spezialität des wissenschaftlich Erforschten zu knapper und, wenn es irgend geht, gut lesbarer Darstellung zu bündeln. Daß dies möglich sein und angestrebt werden muß, ohne populäre Simplifikation, aber doch indem der Autor vom hohen Roß oder

Elfenbeinturm fachterminologischer Begriffe heruntersteigt und sich einer allgemein verständlichen Sprache bedient, macht einen wesentlichen Teil der Zielsetzung der neuen Reihe aus.

Das berührt auch einige weitere konzeptionelle Ziele, die wir mit der Reihe verfolgen und für die Autoren verbindlich gemacht haben. Die informierende, erklärende und interpretierende Gesamtdarstellung des jeweiligen Themas bildet nur *einen*, wenn auch den zentralen Teil jeden Bandes. Zu ihr soll jeweils hingeführt werden durch eine aus größerer Nähe zu einzelnen Ereignissen, Szenen und Entscheidungsprozessen geschriebene Schilderung, durch die historische Reportage sozialer oder wirtschaftlicher Zustände, die Porträtierung herausragender Geschichtspersonen, oder mit Hilfe anderer Stilmittel, die von der hohen Ebene generalisierender Abstraktion herunterführen, um Geschichte plastischer zu machen. Solches erzählerisches Element der Geschichtsschreibung wird heute landauf, landab gefördert, aber selten verwirklicht und kaum je in knappen historischen Taschenbuchbänden. Schon die Erfahrung mit den bisher eingegangenen Manuskripten zeigt, daß dieses scheinbar Einfachste für den akademischen Autor oft das Schwerste ist. Mit der Kondition solcher erzählerischer Vorkapitel haben wir allen Autoren die Erprobung eines meist erst zu entdeckenden Neulandes zugemutet. Darin kann aber vielleicht auch eine besondere Attraktivität und Innovation der Reihe liegen.

Diese ist keineswegs ausschließlich, aber doch gerade auch für Geschichtslehrer und Studiker der Geschichte bestimmt. Schon mit Rücksicht darauf sollen die genannten Darstellungs-Kategorien in jedem Band ergänzt werden durch eine Art workshop-Information über den jeweiligen Literatur- und Quellenstand, die Defizite, Richtungen und Kontroversen der Forschung, ergänzt schließlich auch durch ausgewählte Dokumente, Zeittafeln, Statistiken, Karten oder Schaubilder.

Unser Standortvorteil gegenüber den meisten Herausgebergremien vergleichbarer Reihen liegt sicher darin, daß wir uns seit Jahren kennen, nebeneinander in demselben Institut arbeiten und daß wir mit dem Institut für Zeitgeschichte nicht nur einen weiteren Mitarbeiterkreis kompetenter Berater und potentieller Autoren zur Seite haben, sondern auch die kurzen Verständigungswege und den Apparat des Instituts – alles Voraussetzungen, die es uns wesentlich erst ermöglichen, die Herausgeberpflichten der Prüfung der Autorenmanuskripte nicht nur formal, sondern sehr substantiell wahrzunehmen, um die Einhaltung der Konzeption und des gesetzten Standards zu gewährleisten. Die im Impressum der Reihe vermerkte „Verbindung mit dem Institut für Zeitgeschichte" hat in dieser Hinsicht ihre essentielle Bedeutung, nicht dagegen im Sinne irgendwelcher Exklusivität der Autorenbestellung und Themenvergabe. Im Gegenteil, Herausgeber und Verlag sind besonders erfreut, schon jetzt feststellen zu können, daß es gelungen ist, einen Kreis von erstrangigen Wissenschaftlern aus dem gesamten Bereich der Bundesrepublik für diese Reihe als Autoren zu gewinnen, Universitätsprofessoren und -dozenten, Forscher an außeruniversitären Instituten und auch historisch geschulte und versierte Publizisten.

Was macht, außer den genannten didaktisch-methodischen Zielsetzungen, die Konzeption der Reihe aus, was ist ihr inhaltliches Programm? Es wäre schlimm, auch mit der Eigenständigkeit guter Autoren ganz und gar nicht vereinbar, hätten die Herausgeber ein enges Richtungsprogramm im Auge. Es wäre freilich auch ein Zeichen ihrer Gedankenlosigkeit, und außerdem ziemlich unglaubwürdig, wenn sie behaupten würden, sie hätten nichts anderes im Sinne, als die vielen Phasen und Aspekte neuester deutscher Geschichte und die mannigfaltigen Perspektiven ihrer wissenschaftlichen Erforschung nur so paritätisch wie möglich ohne jede eigene Profilierung abzubilden. Gestatten Sie mir deshalb wenigstens einige Bemerkungen zur inhaltlichen, thematischen Bestimmung der Reihe, noch zurückhaltender sollte ich besser sagen: zur Motivation der Herausgeber. Zur Verdeutlichung spitze ich dabei gelegentlich ein wenig zu und nehme die Verantwortung dafür ganz auf mich persönlich.

Zunächst und vor allem: Die Reihe bezieht sich nicht auf Weltgeschichte oder europäische Geschichte, sondern auf deutsche Geschichte. Man trägt wieder deutsche Geschichte. Das geschieht, Sie wissen es selbst, auf die verschiedenste, oft sehr eindrucksvolle, manchmal auch irritierende Weise: In stark frequentierten Ausstellungen zur preußischen oder bayerischen Geschichte, in erstaunlichen Massenauflagen historischer Werke zum Thema Bismarck und Friedrich der Große, oder durch massenhafte Einschaltung in den neuesten deutschen historischen „Heimat"-Fernsehfilm von Edgar Reitz. Was diese neue Attraktivität lange Zeit eher tabuisierter Themen der neuesten deutschen Geschichte bedeutet, was sich in ihr eigentlich ausspricht, ob nur frische historische Neugier nach Zeiten der Geschichtsverdrossenheit, ob wirklich Bedürfnis nach und Bereitschaft zu nationaler Identifizierung, wie so oft behauptet, ob es dabei um eine Regeneration traditionellen Bildungsinteresses für klassische historische Themen wie für klassische Literatur geht – das wissen wir selbst wohl alle noch nicht sicher und können es allenfalls ahnen. Hineingemischt sein könnte auch, dafür gibt es Anzeichen, ein Schuß mehr ersehnter als wirklicher Unbefangenheit. Deutsche Geschichte als wieder angenehme Lektüre, insbesondere wenn sie einfühlsam, ästhetisch erfreulich dargeboten wird.

Bei der Programmierung dieser Reihe, deren Anfänge, in ersten Gesprächen, die ich mit meinen Herausgeberkollegen und mit Herrn Friedrich hatte, jetzt wohl an die acht Jahre zurückliegen, war diese neue Welle noch nicht klar genug erkennbar. Gleichwohl kann auch sie, mit dem Titel „deutsche Geschichte", als Ausdruck dieses, uns damals vielleicht gar nicht voll bewußt gewesenen Einstellungswandels angesehen werden. Was uns jedoch, bewußt, und zumal als Zeithistorikern, bei der Planung der Reihe vor Augen stand, war im wesentlichen etwas anderes. Es war vor allem das Ziel und Bedürfnis, die Kurzatmigkeit nur eng zeitgeschichtlicher Bestandsaufnahme deutscher Vergangenheit zu überwinden, einen veränderten, wie wir meinen, fruchtbaren Zugang gerade auch zu den katastrophalen Epochen der deutschen Geschichte zu gewinnen, durch stärkere historische Rückblendung auf die großen und konstitutiven, bis in die Frühzeit des 19. Jahrhunderts zurückreichenden modernen Schübe der deutschen Nationalstaats-, Verfassungs-, Industrialisierungs- und Demokratisierungsgeschichte bis zur allerjüngsten, gerade erst abgeschlossenen, zeitgenössischen Zeitgeschichte. Damit komme ich auf ein Problem, das mittelbar oder unmittelbar, ausgesprochen oder unausgesprochen unter Historikern und Nichthistorikern, wenn in der Bundesrepublik von deutscher Geschichte geredet und ihre Wichtigkeit unterstrichen wird, noch immer eine zentrale Rolle spielt: ich meine die Störung unseres Geschichtsbewußtseins durch die nationalsozialistische Vergangenheit. Michael Stürmer, auch Autor dieser Reihe, hat sich dazu jüngst verschiedentlich freimütiger als andere geäußert, indem er zumindest für sich und die Generation der erst in der Nachkriegszeit Aufgewachsenen in Anspruch nahm: So wichtig das Thema Nationalsozialismus auch für ihn sei, er könne es doch nicht mehr als eine Blockade in dem Sinne empfinden, daß er sich nicht frei fühle, über deutsche Geschichte *vor* dem Nationalsozialismus oder *nach* dem Nationalsozialismus nachzudenken und zu schreiben, ohne fortwährend den Bezug zu der Hitler-Katastrophe herzustellen. Was Michael Stürmer – den ich hoffentlich richtig wiedergegeben habe – ausgesprochen hat, ist, das weiß er gewiß selbst, naturgemäß auch verstehbar oder mißdeutbar als ungeduldiges Verlangen nach einer Unbefangenheit, die in dem Maße an Glaubwürdigkeit verlieren kann, in dem sie zu offenkundig gewollt wird. Ich teile aber seine Empfindungen ganz, soweit es um das Bedürfnis nach stärkerer Historisierung geht, und auch gerade darum, deutsche Geschichte bis 1933 und nach 1945 nicht nur als Vor- oder Nachgeschichte des Nationalsozialismus zu betrachten, Hitler nicht zum permanenten Angelpunkt der deutschen neuesten Geschichte werden zu lassen. Das setzt freilich voraus und kann meines Erachtens nur überzeugend geschehen, wenn auch die nationalsozialistische Vergangenheit selbst von dieser Historisierung nicht ausgenommen wird. Eine Normalisierung unseres Geschichtsbewußtseins und die Vermittlung nationaler Identität durch Geschichte kann nicht um die NS-Zeit herum, durch ihre Ausgrenzung, erreicht werden. Dabei scheint es mir, je größer der historische Abstand wird, um so dringlicher, zu begreifen, daß Ausgrenzung der Hitler-Zeit aus der Geschichte und geschichtlichem Denken in gewisser Weise auch dann schon stattfindet, wenn diese fast nur politisch-moralisch aufgearbeitet wird, nicht mit der gleichen differenziert angewandten historischen Methodik wie andere Geschichtsepochen, mit weniger gründlich abwägender Beurteilung und auch in einer gröberen, pauschalen Sprache, wenn wir der Geschichtsdarstellung der nationalsozialistischen Zeit aus gut gemeinten didaktischen Gründen eine Art methodischer Sonderbehandlung angedeihen lassen. Um zu einer Auflösung der durch den Nationalsozialismus entstandenen Blockade unseres Geschichtsbewußtseins zu gelangen, werden wir uns statt dessen immer wieder der schwierigen Aufgabe unterziehen müssen, auch gerade das Verständnis *dieser* Epoche deutscher Geschichte zu vertiefen, ihr – ohne Apologie, aber auch freier von dem schweren Schock der unmittelbaren Nachkriegsbetroffenheit – historisch gerechter gegenüberzutreten, besser zu unterscheiden zwischen dem, was als brachiale Inhumanität damals hereinbrach und die Oberhand gewann, und dem vielen anderen, was, davon nicht bestimmt, aber auch zeitweilig unter der Flagge des Nationalsozialismus mitlaufend, sich ihm irrtümlich oder oberflächlich adaptierte. Die Schändlichkeit, die im Großen die Bilanz dieser Epoche ausmacht, kann und darf nicht bedeuten, daß den vielen sozialen, wirtschaftlichen, kulturellen Wirkungskräften, den aus revolutionären oder konservativen Antrieben stammenden Veränderungs- oder Modernisierungsbestrebungen, auch den in das nationalsozialistische Gedankengut mit hineingemischten, aber von älteren und anderen Bestimmungsgründen herkommenden Utopien, Tugenden und Wertetraditionen, die sich hier in verwirrender Weise bündelten, – daß allen diesen Kräften ihre Geschichtlichkeit allein dadurch genommen wird, daß sie in die Zeit des Nationalsozialismus fielen und von ihm mißbraucht oder deformiert wurden. Die periodenübergreifende Zusammenhangbetrachtung des ganzen neuzeitlichen deutschen Geschichtsraumes, in dem sich auch der Nationalsozialismus abgespielt hat, wird solche Differenzierung in vielen Fällen erst ermöglichen. Ihr kommt deshalb auch eine wesentliche Bedeutung für die rechtverstandene Normalisierung unseres Geschichtsbewußtseins zu. Vor allem auch davon haben wir uns bei der Konzeption dieser Reihe leiten lassen.

Einen zweiten Punkt will ich sehr viel kürzer kommentieren. Die Reihe ist, wenigstens zum Teil, thematisch, nicht nur chronologisch strukturiert. Dadurch soll zum Ausdruck kommen, was als Ergebnis über einhundertjähriger moderner deutscher Geschichtswissenschaftsentwicklung an sich selbstverständlich ist, aber neuerdings unter dem Einfluß konservativer Regressionen gelegentlich verdrängt wird: Geschichte spielt sich nicht nur auf der Ebene des Politischen, des Regierungs- und staatlichen Handelns ab, sie ist auch Rechts-, Wirtschafts- und Kulturgeschichte usw., und man muß nicht Marxist sein, wenn man das Wort Sozialgeschichte in den Mund nimmt. Besonders die Kulturgeschichte scheint mir als integraler Teil der Historie in der Bundesrepublik stark verkümmert zu sein. Wenigstens durch ein bis zwei Themen dieser Reihe haben wir versucht, sie aus der Versenkung herauszuholen.

Ich komme zu einer letzten, etwas umfänglicheren Bemerkung. Die Darstellung neuester deutscher Geschichte in dieser Reihe soll nicht von Phase zu Phase in gleicher Breite erfolgen, sondern auf die Gegenwart hin jeweils dichter gestaffelt und erzählt werden. Dieser konzeptionelle Ansatz impliziert, wenn man so will, eine Gegenwendung zum Historismus im Sinne Rankes (jede Epoche ist gleich unmittelbar zu Gott), sie impliziert ein Stück der, wie ich meine, nach 1945 aus guten Gründen wiederentdeckten Aufklärungstradition und -funktion der Historie, geht von der Prämisse aus, daß Geschichte nicht nur der allgemeinen Bildung über das Menschliche und Allzu-Menschliche in seiner historischen Bedingtheit dient, sondern in besonderem Maße der Orientierung über die historischen Bestimmungsgründe unserer Gegenwart. Deshalb entfallen nicht weniger als 7 von insgesamt 30 Bänden, fast ein Viertel der ganzen Reihe, auf die deutsche Geschichte nach 1945 und die Geschichte der deutschen Teilstaaten Bundesrepublik und DDR in ihren internationalen Verankerungen.

Zeitgeschichte ist längst in hohem Maße Nachkriegsgeschichte geworden. Das Institut für Zeitgeschichte hat sich ihrer Erforschung, Dokumentation und Darstellung seit langem intensiv zugewandt. Inzwischen beansprucht dieses Forschungsfeld mehr als die Hälfte der Arbeitskapazität des Instituts, langfristige Forschungsprojekte sind ihm gewidmet, und das Institut hat allein in den letzten zehn Jahren außer einer großen Aktenedition rund zwanzig selbständige Monographien zu dieser Thematik herausgebracht. Gerade in diesen Tagen erscheinen beim Oldenbourg Verlag die ersten beiden Titel einer neuen, von meinem Kollegen Wolfgang Benz im Auftrag des Instituts herausgegebenen Reihe „Biographische Quellen zur deutschen Geschichte nach 1945“.

Auch durch die heute hier präsentierte Taschenbuchreihe und ihr im Institut entwickeltes Programm soll beleuchtet werden, daß wir uns um eine bis in die allerjüngsten Phasen fortgeführte Darstellung der Geschichte der Bundesrepublik sehr bemühen. Gehört es doch zu einer ganz wesentlichen Legitimation und Aufgabe von Zeitgeschichte, daß sie, mit den disziplinierten Methoden der historischen Wissenschaft auch in bezug auf die noch ganz gegenwartsnahe Vergangenheit, schon frühzeitig den Versuch historischer Bestandsaufnahme und Gesamtdeutung macht, um zeitgenössische Geschichtserinnerung aus der bloßen Subjektivität, Teil- und Aspekthaftigkeit des Einzel- oder Gruppenerlebnisses herauszuholen, individuelle Geschichtserinnerung kontrollierbar, vergleichbar, transparent zu machen und damit auch geschichtlicher Legendenbildung oder dem interessenpolitischen und parteiischen Mißbrauch einseitiger Geschichtserfahrung vorzubauen.

Zeitgeschichtsforschung hat gerade in diesem noch ganz gegenwartsnahen Bereich die doppelte demokratische Funktion des nachträglichen Verstehbarmachens und Nahebringens unterschiedlicher politischer Positionen und Interessen und gleichzeitig auch der nachträglichen historischen Machtkontrolle. Und was eine demokratische Gesellschaft in diesem, auch immer besonders empfindlichen, Grenzbereich zwischen Geschichte und Gegenwart der Zeitgeschichtsforschung schon erlaubt, wie tolerant und wie liberal sie auch zeitgeschichtliche Kritik aushält, das stellt gewiß einen Indikator der politischen Kultur einer solchen Gesellschaft dar.

Von einem solchen Selbstverständnis her wird allerdings mit großer Sensibilität auch zu fragen und zu prüfen sein, ob sich die Bundesrepublik-Geschichte in toto schon zu musealer und sozusagen offizieller Ausstellung und Präsentation eignet, was ja grundsätzlich eine ganz andere Sache ist als im Fluß befindliche und auch immer antithetische Geschichtsforschung und -deutung, deren Kreativität nicht zuletzt von der Kontroverse abhängt. Das zu fördernde Interesse an der Geschichte der Bundesrepublik, die Lebendigkeit der durch Geschichte zu vermittelnden Aneignung des „Abenteuers Bundesrepublik“ kann, so fürchte ich, durch vorzeitige Museums-Kanonisierung, dadurch fast unvermeidlich werdende kaschierende

Formelkompromisse, die Übertragung politischen Proporzdenkens auf Geschichtsdokumentation und -reflexion eher sterilisiert als stimuliert werden. Vor allem aber: Wenn schon die Kurzatmigkeit der Begrenzung deutscher Zeitgeschichtsforschung auf die Weimarer und nationalsozialistische Zeit je länger desto mehr als unfruchtbar und unbefriedigend empfunden werden muß, dann gilt es um so mehr, eine neue Kurzatmigkeit bundesrepublikanischer historischer Selbstbetrachtung zu vermeiden. Besonders dann, wenn sie auch nur in dem geringsten Maße in den Verdacht geraten könnte oder sich in den Verdacht brächte, es gehe dabei um eine der moralischen Entlastung dienende Wende von schmerzhafter Vergangenheitsbewältigung zu wieder heiler Erfolgsgeschichte. Kann doch das meiste von dem, was gerade wir Älteren als heilsame Normalität der Bundesrepublik-Geschichte empfinden, als glückliche und erhaltenswerte Selbstbescheidung nach so viel spektakulärer Unheils-Geschichte überhaupt erst begriffen und von dem gefährlichen Mißverständnis provinzieller Langweiligkeit und Plattheit befreit werden durch den immer wieder neu und ausführlich vor Augen zu führenden historischen Zusammenhang mit dieser vorangegangenen deutschen Geschichte.

Übrigens wird auch jeder, der einen kritischen Blick auf den Stand der Forschung und Darstellung der Bundesrepublik-Geschichte wirft, einräumen müssen, daß hier, weit mehr als bei der zeitgeschichtlichen Durchleuchtung vorangegangener Perioden, schon wegen der Ungleichartigkeit des Quellenzugangs, zur Ausbalancierung von Perspektiven und einigen zunächst dominant besetzten Forschungsfeldern noch viel zu tun ist, daß wir beileibe noch nicht jenen Stand der historischen Durchsicht und Reflexion erreicht haben, der es schon erlauben würde, ein in allen seinen wesentlichen Konturen gesichertes Bild dieser Zeit in historischen Prachtausgaben festzuschreiben. Daraus folgt auch eine besonders schwierige, sicher in mancher Hinsicht vorerst nur provisorisch zu lösende Aufgabe, die vor allem die Autoren der letzten, besonders gegenwartsnahen Themen dieser Reihe zu leisten haben. Diese Bände werden aber vielleicht gerade deswegen mit besonderer Neugier erwartet.

Der Deutsche Taschenbuch Verlag hat trotz des Druckerstreiks im Frühjahr die ersten fünf Bände pünktlich zur Buchmesse herausgebracht. Ihre Themen, vom Wiener Kongreß bis zur Gründungsgeschichte der Bundesrepublik und der DDR, umreißen schon in etwa den Spannungsbogen von 150 Jahren neuester deutscher Geschichte, die in der Reihe behandelt werden soll. Verlag und Herausgeber streben an, das ganze 30bändige Programm im Laufe von drei bis vier

Jahren abzuwickeln. Das Ergebnis wird dann sein: ein Gesamtwerk zur neuesten deutschen Geschichte auf rund 6000 Taschenbuch-Seiten zu einem Gesamtpreis von 300,- DM oder dann vielleicht 350,- DM. Wer die durchschnittlichen Buchpreise historischer Werke kennt, die gerade für Studenten oft prohibitiv sind, wird einräumen müssen, daß der Verlag hier wiederum kalkulatorisch einen mutigen, riskanten Schritt unternommen hat, zur hoffentlich möglichst breiten Aneignung deutscher Geschichte vor allem auch durch junge Leser. Das Institut für Zeitgeschichte hat sich immer wieder bemüht, neben seinen eigentlichen hauptsächlichen Forschungsaufgaben solcher Vermittlungshilfe einen wichtigen Platz einzuräumen.

Vor knapp zwanzig Jahren habe ich mit Helmut Heiber als Herausgeberpartner einen ähnlichen Versuch gemacht. Damals entstand daraus bei dtv die 14bändige „Weltgeschichte des 20. Jahrhunderts", die, zum Teil in neu überarbeiteten Ausgaben, viele Neuauflagen erlebt hat und, offenbar vor allem von Studenten, noch immer viel benutzt wird. Die Langlebigkeit und den Erfolg dieses Vorgängers erhoffen wir uns auch von der neuen, in gewisser Weise komplementären Reihe zur neuesten deutschen Geschichte.

Daß sich solche langfristigen und recht umfangreichen Unternehmungen in Kooperation zwischen dem Verlag und dem Institut ins Werk setzen ließen, beruht nicht zuletzt auf den guten, vertrauensvollen persönlichen Beziehungen, die dabei in der kontakt- und gesprächsfreudigen Münchner Atmosphäre immer wieder hergestellt und erneuert werden konnten. Auf dieser Grundlage vermochte die vor Jahren an Herrn Friedrich und Herrn Kumpmann herangetragene Idee zu dieser Reihe gut gedeihen und nach intensiven Besprechungen und auch Revisionen des anfänglichen Plans praktisch gemacht werden. Daß dieses gemeinsame Pläneschmieden und -verwirklichen von Anfang an immer erfreulich war und selbst blieb, als sich die schon fest vereinbarten Zeitplanungen von uns nicht einhalten ließen, möchte ich bei dieser Gelegenheit mit besonderem Dank vermerken, verbunden auch mit dem Ausdruck der Freude und Befriedigung über die, schon fast selbstverständliche, gewissenhafte Lektorierung, saubere Herstellung und geschmackvolle Aufmachung durch den Verlag. In den namentlich besonders an Herrn Friedrich und Herrn Kumpmann zu adressierenden Dank möchte ich aber auch alle nicht namentlich genannten Mitarbeiter des Verlages einschließen, die so oder so an dem Gelingen des Unternehmens beteiligt waren. Mein ganz besonderer Dank gilt den z.T. heute auch anwesenden Mitautoren der Reihe, von denen das Eigentliche, das gute, kenntnisreiche Vermitteln von Geschichte abhängt. Sie entscheiden mit jeder Seite, mit jedem Satz, den sie schreiben, darüber, ob Geschichte toter, spröder Stoff oder aufrührende, zu Mitleiden und Respekt anrührende, nachdenklich machende Erfahrung wird. Ihnen allen danke ich für Ihre Aufmerksamkeit und wünsche der neuen Geschichtsreihe gute Fahrt.

Plädoyer für eine Historisierung des Nationalsozialismus

Wie historisch ist der Nationalsozialismus vierzig Jahre nach der Kapitulation des Dritten Reiches; blockiert Hitler noch immer den Zugang zur deutschen Geschichte; was heißt das: vergangene Geschichte? Solche Fragen, leicht zu vermehren, richten sich nicht nur an den Historiker. Sie berühren individuelle und kollektive Geschichtserinnerung, rechtliche Festschreibung der Vergangenheitsbewertung, politische Pädagogik, zeitgeschichtliche Medien-Publizistik mit allen ihren Eigengesetzlichkeiten. Und diese Fragen nur zu stellen, hat fast etwas politisch Verdächtiges, denn der Nationalsozialismus als Negativ-Maßstab der politischen Erziehung, als Gegenmodell von Recht, Freiheit und Friedensordnung, scheint unverzichtbar für die Orientierung und Begriffswelt der Gegenwart. Dem steht gegenüber, daß die Moralität der Betroffenheit von der NS-Vergangenheit sich mittlerweile stark erschöpft hat. Sie hat durch neue weltgeschichtliche Gewalt- und Katastrophenerfahrungen an Singularität eingebüßt und ist inzwischen vielfach zu einem etablierten Set ebenso risikoloser wie vager Gesinnungsbekenntnisse ohne moralische Kraft geworden. Das zur Stereotopie verflachte Diktum der „nationalsozialistischen Gewaltherrschaft" kann wohl nur durch stärker differenzierende historische Einsicht auch moralisch neu erschlossen werden. Deshalb erscheint das schon gewandelte und sich wahrscheinlich weiter verändernde Verhältnis von Moralität und historischem Verstehen auch als der eigentliche Sinn und Angelpunkt der Frage, wie vergangen, wie geschichtlich der Nationalsozialismus inzwischen geworden ist.

Der Nazi-Schock besteht weiter

„Die Faszination der wenigen verrückten Jahre wird vielleicht eines Tages dahinschwinden, aber dieser Tag ist noch nicht in Sicht." Die Bemerkung stammt nicht von einem deutschen Beobachter der zeitgeschichtlichen Literatur- und Medienproduktion in der Bundesrepublik, sondern von dem amerikanischen Historiker Istvan Deak, ausgelöst durch die stattliche Zahl allein in englischer Sprache neu erschienener Fachliteratur über den Nationalsozialismus *(The New York Review of Books,* 31. Mai 1984). Mit Selbstverständlichkeit nennt Deak als Grund für die erstaunliche Literaturfülle den „noch immer nicht überwundenen Zivilisationsschock", den die nationalsozialistischen Massenverbrechen auslösten. Das gilt nicht nur für Israel, sondern auch für die Großstädte der amerikanischen Ostküste, wo Hunderttausende von Emigranten und Überlebenden der Hitlerzeit aus Mittel- und Osteuropa Zuflucht fanden.

Aber nicht nur die Opfer halten die Erinnerung wach. Die unerhörte Suggestions-, Mobilisations- und Leistungskraft des nationalsozialistischen Deutschland, das Image der Erfolgsfähigkeit alten oder neuen faschistischen Potentials ist präsent. Zur Hinterlassenschaft des Nationalsozialismus gehört auch die Sensibilität und Hypersensibilität des Faschismusverdachts in der Gegenwart, der sich angesichts vielfältiger verwandter Erscheinungsformen totalitärer Manipulation, ideologischer Gewaltlegitimation oder irrationaler Protestbewegungen aufdrängende Eindruck: "still, the thing exists" (Istvan Deak).

Widersprüchlichkeit und scheinbare Unvereinbarkeit vieler Züge und Erscheinungsformen des Nationalsozialismus haben ein übriges getan, um die Diskussion, aber auch die Suggestion aufrechtzuerhalten. Die verwirrende Sprach- und Geistesverfassung jener „rechtschaffen verfolgenden Unschuld", die im Frühjahr 1933 mit den Aktivisten der nationalsozialistischen Machtergreifung auf den Plan trat, gab damals schon Karl Kraus das Bild vom Hexensabbat einer „Dritten Walpurgisnacht" ein. Die pseudoreligiöse Ergriffenheit, mit der die „Unperson" Hitler große Teile des deutschen Volkes einschließlich seiner gebildeten Schichten jahrelang in den Bann schlug, trieb nicht nur deutsche Nachkriegshistoriker auf den erklärungs-ohnmächtigen Ausweg dämonologischer Deutung. Am rational nicht Reimbaren entzündete sich Syberbergs quälende Film-Neuschöpfung des Dritten Reiches mit den phantasmagorischen Stilmitteln künstlerischer Bild-, Wort- und Musikmontage. Auf intellektueller Ebene führte die aus moralischem Abscheu und Gewaltfaszination gemischte Nachwirkung zum Begriff der faschistischen Ästhetik (Susan Sontag), auf subkultureller Ebene zu der weltweit verbreiteten Groschenliteratur über das Dritte Reich und zu dem regelrechten Genre des Nazi-Abenteuerfilms. Die Wirkungen der Kulturschocks haben sich auch in *dieser* Weise verselbständigt, in der Massenproduktion von Zerrbildern über das Dritte Reich, gegen die Historiker mit ihrer geringeren Resonanz kaum aufzukommen vermögen.

Die Beschäftigung mit der NS-Zeit war nie nur eine deutsche Sache, und sie läßt sich auch nicht allein von deutscher Seite und auf deutsche Weise bestimmen. Das Besondere an unserer Situation ist die Notwendigkeit und Schwierigkeit, den Nationalsozialismus in die deutsche Geschichte einzuordnen. Vierzig Jahre Abstand haben dabei, so scheint es auf den ersten Blick, nicht viel bewirkt. Welches Geschichtsbuch man auch aufschlägt: Wenn das Dritte Reich beginnt, geht der Autor auf Distanz. Das Einfühlen in historische Zusammenhänge bricht ebenso ab wie die Lust am geschichtlichen Erzählen. Die Geschichte des Nationalsozialismus wird nicht mehr verdrängt, aber sie verkümmert zur Pflichtlektion. Eines immerhin wird deutlich: Die aus dem Rückblick so kurz erscheinende Hitlerzeit und die ihr vorangegangene Agonie der Weimarer Republik stellen ein dramatisches Geschichtskapitel mit besonders voll beschriebenen Blättern dar. Bedeutung und Nachwirkung lassen sich nicht an der nur kurzen Dauer messen, und auch nicht allein an der schon viel längeren, stabilen, erfolgreichen, in vieler Hinsicht auch sanierenden Geschichte der Bundesrepublik, die uns inzwischen davon trennt. Zu vermuten ist: Die auffällige Kargheit der Farbgebung bei der Geschichtsschreibung über das Dritte Reich entspricht nicht der – vom positiven oder negativen Erlebnisinhalt weitgehend unabhängigen – Intensität der Erinnerung im populären Geschichtsbewußtsein und seiner traditionellen Bindung an die Nation und den nationalen Staat.

Wie leidvoll die Geschichte in der Hitlerzeit auch für viele Deutsche gewesen ist oder endete, die so pathetische Erfahrung einer nationalsozialistischen „Schicksalsgemeinschaft“ bindet noch immer stark die historische Erinnerung, zumal sie die letzte Erfahrung der gemeinsamen Nationalgeschichte gewesen ist. Die Bemühungen, Bundesrepublik-Geschichtsbewußtsein dagegen aufzubieten, haben es auch deshalb schwer, weil die postnationale Erfahrung der Bundesrepublik ganz anderer, viel weniger emotionaler Art ist, nicht über eine so starke Singularität geleitet. Was an Affirmation des aus dem Abbruch der nationalen Geschichte hervorgegangenen Provisoriums Bundesrepublik in der großen Mehrheit seiner Bevölkerung mit der Zeit zustande kam, äußerte sich weniger in Erkenntnissen als durch positive Eingewöhnung in eine annehmliche Wohlstands-, Rechts- und Zivilisationsgemeinschaft.

Man sagt, die Blockade eines kräftigeren Geschichtsbewußtseins in der Bundesrepublik sei vor allem der nationalsozialistischen Vergangenheit zuzuschreiben. In gewisser Weise ist auch das Gegenteil richtig: Gerade weil die Bundesrepublik in die westliche politische

Kultur integriert ist und demzufolge nur in abgeschwächter Weise Gegenstand politisch-nationaler Identifikation zu sein vermag, bleibt in einer tieferen Schicht des kollektiven Bewußtseins die Erinnerung an die geschichtsträchtige letzte Phase der nationalen Geschichte lebendig. Darauf beruht offenbar auch ein guter Teil des zweifellos noch immer bestehenden nationalen Zusammengehörigkeitsgefühls mit den Deutschen in der DDR, mit denen man, anders als mit den Deutschen in Österreich, nicht nur die zweite, bald nur noch schlimme Hälfte der Hitlerzeit, sondern die ganze vorangegangene nationale Geschichte teilte.

Vierzig Jahre Erforschung des Nationalsozialismus

Die geschichtswissenschaftliche Auseinandersetzung mit dem Nationalsozialismus stand in der Bundesrepublik unter besonderen Rahmenbedingungen. Sie konnte sich nicht wie in der DDR einfach in die Traditionslinie der antifaschistischen Vorhut der Arbeiterklasse stellen und als Fortsetzung des „anderen Deutschland" stilisieren. Vielmehr griff sie beim Wiederaufbau in hohem Maße zurück auf die alten Funktionseliten, die schon dem NS-Regime gedient hatten. Damit war, kompensatorisch sozusagen und mit Rücksicht auf die westlichen Besatzungsmächte und späteren Bündnispartner, eine klare offizielle Distanzierung von der Nazi-Vergangenheit notwendig: einerseits nachsichtiges Vergeben und Verschweigen der *konkreten* persönlichen Mitverantwortung in der NS-Zeit, andererseits das Regulativ *grundsätzlicher* Ablehnung des Nationalsozialismus als Voraussetzung für jegliche Art von Repräsentation in der neuen Gesellschaft und Staatsordnung. Wie immer es mit der Bereitschaft zur ehrlichen Auseinandersetzung mit der NS-Vergangenheit wirklich aussah, offene Verstöße gegen die Norm hatten mit scharfen Sanktionen zu rechnen.

In diesem Rahmen begann sich die deutsche Geschichtswissenschaft neu einzurichten. Die Wortführung beim kritischen Umdenken in bezug auf die „jüngste Vergangenheit" fiel dabei fast zwangsläufig an diejenigen Neuzeit-Historiker, die aus rassischen oder politischen Gründen nach 1933 aus der Hochschulkarriere verbannt, zur Emigration gezwungen worden waren oder während der NS-Zeit bald auf kritische Distanz gegangen waren (Friedrich Meinecke, Hans Rothfels, Gerhard Ritter, Ludwig Dehio, Ludwig Bergsträsser, Hans Herzfeld, Franz Schnabel u.a.), in der Mehrzahl Historiker christlich-konservativer oder liberal-konservativer Observanz. Dabei beschränkte man sich nicht auf Dokumentation und Darstellung deutschen Widerstandes gegen Hitler, um Kollektivschuld-Vorwürfe abzuwehren. Die neue Zeitgeschichtsforschung setzte auch zu einer Generalrevision des nationalen Historismus an, nicht zuletzt dank der Repräsentanten der neuen demokratischen Disziplin der Politikwissenschaft (Heinrich Otto v. d. Gablentz, Theodor Eschenburg, Arnold Bergsträsser, Hans Rosenberg, Dolf Sternberger u. a.), die seit den fünfziger Jahren starken Einfluß auf die sich entfaltende zeitgeschichtliche Erforschung des Nationalsozialismus und der Weimarer Republik nahmen. Diese Entwicklung war gefördert worden durch den Verbund mit der von deutschen Emigranten in den USA (Franz Neumann, Ernst Fraenkel, Hannah Arendt) und vor allem einigen angelsächsischen Historikern (Alan Bullock, Wheeler-Bennett, Trevor-Roper u. a.) schon vorher im Ausland angebahnten Analyse und Forschung. Die umfangreiche Dokumentation der Nürnberger Prozesse, dann die sukzessive Freigabe großer, zunächst von den Alliierten beschlagnahmter deutscher Aktenbestände aus der NS-Zeit bildeten schließlich eine nicht unwesentliche Voraussetzung dafür, daß die deutsche Geschichte der Weimarer und nationalsozialistischen Zeit seit den sechziger Jahren zum Hauptobjekt und -exerzierfeld einer sich international ausbreitenden Zeitgeschichtsforschung wurde.

Schon bis zu Beginn der siebziger Jahre sind in ihrem Verbund unter zunehmender deutscher Beteiligung fast alle politisch-moralisch besonders „empfindlichen" Bereiche der NS-Herrschaft mehr oder weniger offengelegt, wenn auch nicht vollständig erkundet worden. Die Dokumentation der spezifisch nationalsozialistischen Politik- und Weltanschauungsinhalte stand im Vordergrund. Erst allmählich, mit zunehmender Akademisierung, geriet anderes stärker ins Blickfeld: die innere Struktur und Bewegungsdynamik des Regimes, die Motivationen der Beteiligten, Wirtschafts- und Sozialverfassung, Literatur, Kunst und Vergnügungskultur, Volksmeinung und „Alltag" im Dritten Reich. Unter dem Einfluß vergleichender Faschismus-Forschung und auch linker neomarxistischer Faschismusinterpretationen wurde das deutsche Geschichtsthema auch stärker auf eine allgemeine, komparatistische und soziologische Ebene der Betrachtung gehoben.

Alles in allem bewirkte die Verselbständigung der Forschung im Laufe der Zeit auch eine zunehmende Historisierung der Fragestellungen. Die Veränderungen der Perzeption, die sich daraus ergaben, lassen sich exemplarisch auf verschiedenen Feldern der Geschichtswissenschaft zeigen. Als ein erstes Beispiel bietet sich die Entwicklung des Nachdenkens über die geschichtlichen Voraussetzungen des Nationalsozialismus an.

Typische Disposition aus der Zeitgenossenschaft oder der noch engen Nähe zu dem eben erst beendeten Geschichtskapitel des Dritten Reiches war dabei die überwiegend nationalgeschichtliche Perspektive und die Neigung, weit zurückreichende Linien der Entwicklung – von Luther bis Hitler oder wenigstens von der deutschen Romantik bis zum Nationalsozialismus – abzustecken. Die „Deutsche Katastrophe" von 1945, durch die alles verwüstet schien, was sich an großen Leistungen und Hoffnungen in der neueren deutschen Nationalgeschichte entfaltet hatte, stellte sich dar als das verschlammte Mündungsgebiet aller verderbten, alles verderbenden Wasser aus den verschiedenen Strömen deutscher Geschichte. Friedrich Meinecke empfahl, die deutsche Geschichte nicht mehr nur mit liebevollem Verständnis, sondern mit großer „Strenge" auf die Ursache der Katastrophe abzusuchen.

Die bedenklichen Züge solcher Perspektive sind bekannt: die vielerlei Formen und Stufen deutscher Abschottung von der westlichen Kultur des Humanismus und der Aufklärung schon im 17. und 18. Jahrhundert; die dann im Zustand nationalpolitischer Frustration seit der napoleonischen Zeit aufkommenden rigoros überhöhten oder mythologisierten Ideen von deutscher Kulturnation und deutschem Volksgeist; schließlich vor allem die im 19. Jahrhundert viel zu schwach vom liberalen Bürgertum, um so mehr von der monarchischen Obrigkeit und vorindustriellen Eliten bestimmte politische Entwicklung in Deutschland, die rückschrittliche, bis 1914 stagnierende politische Verfassung des bismarckisch-wilhelminischen Nationalstaates. Diese und andere Elemente sind in gewisser Weise Allgemeingut der postnationalsozialistischen Revision der deutschen neueren Geschichte geworden. Jeder deutsche Neuzeit-Historiker kennt seinen Plessner, und der Begriff der „verspäteten Nation" ist im Kategoriensystem des historischen Nachdenkens über die deutsche Sonderentwicklung fest etabliert. An die Stelle der langfristigen, national- und stark geistesgeschichtlichen Herleitung des Nationalsozialismus trat in den sechziger Jahren die Vorstellung eines enger begrenzten „präfaschistischen" Vorraums: die Zeit der kaiserlichen nationalen Machtstaaten mit ihren inneren „Verwerfungen" (Ralf Dahrendorf), im Mittelpunkt einer allgemeinen „Krise des Liberalismus" und der Modernisierung im Zeichen des gemeineuropäischen Imperialismus, Kapitalismus und der neuen Herausforderung des Sozialismus.

Die neuere Diskussion über den deutschen Sonderweg in der Geschichte hat indessen – bemerkenswerterweise unter maßgeblichem Einfluß nichtdeutscher Historiker – auch manche daran geknüpfte

Thesen über das präfaschistische Potential des Wilhelminismus erheblich zurückgeschraubt. Sie hat vor allem unter vergleichendem Aspekt (Deutschland – Großbritannien) in Frage gestellt, ob das *Gewicht* der in Deutschland besonders brisanten inneren Spannungen so groß war, daß eine Integration und evolutionäre Spannung nur durch Krieg oder faschistische Lösung möglich gewesen wäre.

Inzwischen besteht, auch international, weitgehende Übereinstimmung: Den eigentlichen Auftakt des Nationalsozialismus und überhaupt der „Epoche des Faschismus“ (Ernst Nolte) gaben der Erste Weltkrieg und die in seinem Kielwasser entstandene neue Gefährdung der bolschewistischen Revolution, mit der Wirkung aggressiver antirepublikanischer und antisozialistischer nationalistischer Protestbewegungen vor allem in den Verlierer-Nationen oder bei den Zukurzgekommenen (Italien, Ungarn), infolge der deprimierenden nationalen und sozialen Folgen des Krieges, mit ihrer nicht mehr nur ideologischen, sondern aktivistisch-pseudorevolutionären Entschlossenheit und Energie. Trotz der massiven, hier im einzelnen nicht zu rekapitulierenden Hypotheken, die sich daraus für die Weimarer Republik ergaben, läßt sich doch auch für ihre Überlebensfähigkeit eine ähnliche heuristische These aufstellen wie für die des kaiserlichen Nationalstaates. Die allmähliche Republik-Eingewöhnung des deutschen Bürgertums und der deutschen Führungsschichten, in den kurzen Jahren der Konsolidierung zwischen 1924 und 1929 verschiedentlich schon angebahnt, hätte durchaus Chancen gehabt, wären diese nicht durch die Weltwirtschaftskrise und die mit ihr schnell entfachte Staatskrise der Republik zunichte gemacht worden.

Vierzig Jahre intensiver historischer Erforschung der geschichtlichen Voraussetzungen des Nationalsozialismus haben vom anfänglichen Determinismus wenig übriggelassen, dafür etwas ganz anderes erbracht: die Wiedereinsetzung sowohl der bismarckisch-wilhelminischen wie der Weimarer Zeit zu Perioden eigener Historizität. Ihre Entlassung aus der Rolle bloßer „Vorgeschichte“ war aber erst möglich, nachdem die durch die Nationalsozialismus-Erfahrung entstandene allgemeine Sensibilisierung für die vielen langfristigen *einzelnen* Bestimmungsgründe des Nationalsozialismus soweit entwickelt war, daß es einer pauschalen Vorgeschichtsfunktion ganzer Geschichtskapitel nicht mehr bedurfte. Dabei handelt es sich nicht um eine „neokonservative Wende“ der Geschichtswissenschaft, eher um eine Hinwendung zu Authentizität und Konkretheit auch des Moralischen in der Geschichte.

Um so mehr stellt sich die Frage, wie es mit der Historizität des Nationalsozialismus selbst steht, ob das geschichtliche Verstehen vor ihm haltmachen kann. Die verhängnisvoll falsche historische Antwort, die Hitler auf die Grundfragen der Zeit und der deutschen Entwicklung gab, seine zunehmende Flucht zu weltanschaulich egozentrischem, aggressivem und expansivem Aktionismus, in den er sich in hybrider Verkennung der inneren wie äußeren Tragfähigkeit seiner Herrschaft immer mehr stürzte, sind keinerlei Revision durch geschichtliches Verstehen zugänglich. Anders steht es aber mit den vielerlei fehlgeleiteten Motiven, Veränderungsbedürfnissen und Problemlösungsanstrengungen unterhalb der Schwelle nationalsozialistischer Weltanschauungspolitik, die in den Nationalsozialismus eingegangen sind und ohne die seine zeitweilig so hohe Zugkraft gar nicht zu verstehen wäre. Die Schwierigkeit der Historisierung der nationalsozialistischen Zeit besteht vor allem, immer noch, darin, dies zusammenzusehen und gleichzeitig auseinanderzuhalten: das Nebeneinander und die Interdependenz von Erfolgsfähigkeit und krimineller Energie, von Leistungsmobilisation und Destruktion, von Partizipation und Diktatur. Hier liegt auch im besonderen Maße die Kluft zwischen den Befunden der historischen Einzelforschung und dem geschichtlichen Gesamtbild der NS-Zeit.

Erstere hat im Laufe der Zeit zahlreiche innere Widersprüche des Nationalsozialismus herausgearbeitet und beleuchtet: die Diskrepanz zwischen der normativen und der realen Verfassung, zwischen dem Harmonisierungs- und Ordnungsanspruch des Führerprinzips und seiner tatsächlich desorganisierenden polykratischen Wirkung; die unterschiedlichen Bereiche und Ebenen der administrativen, rechtlichen, wirtschaftlichen, sozialen oder kulturellen Entwicklung im Dritten Reich mit ihren jeweiligen Spielräumen, Eigengesetzlichkeiten und Anverwandlungen der NS-Ideologie; die Multikausalität und Improvisation von Entscheidungsprozessen, die qualitativ zu unterscheidenden Phasen der Struktur und Politik des Regimes, die heterogene Durchsetzungsfähigkeit und Dichte seiner Herrschaft, populistische Sensitivität neben brachialer Gewalt; die vielfältigen Formen der Assimilation von Repräsentanten und Institutionen des Dritten Reiches an ihnen vorgegebene Interessen, Traditionen und Einstellungen etc.

Die Ergebnisse der Einzelforschungen in den letzten zwanzig Jahren haben sich gleichwohl, das zeigen auch die historiographischen Gesamtdarstellungen, noch nicht in eine „neue Sachlichkeit" des Gesamtbildes und der Geschichtsschreibung umsetzen lassen. Aus der Geschichte der nationalsozialistischen Diktatur ist noch keine Geschichte der nationalsozialistischen Zeit geworden. In der Historiographie dominiert noch immer der übermächtige Eindruck des katastrophalen Endes und Endzustandes. Er wird a posteriori auch als roter Faden zur Erklärung der Motive, Instrumente und Etappen des Nationalsozialismus, seiner Entwicklung und Herrschaft eingesetzt. Es regiert noch immer stark die Vorstellung vom systematischen Charakter, der kalkulierten Stufenfolge und weltanschaulichen Zielgerichtetheit einer machiavellistisch mit verteilten Rollen arbeitenden Herrschaft unter der alles dominierenden Führungsfigur Hitlers. Um den Gegensatz und die Spannung zwischen bilanzierend-retrospektiver und von der Zeit her denkender historisierender Darstellung zu verdeutlichen, sind wir auf punktuelle Einzelbeispiele angewiesen.

Die große Zahl inzwischen vorliegender lokal- und regionalgeschichtlicher Untersuchungen über den Aufstieg der NSDAP zur Massenbewegung vor 1933 hat das Bild dieses Vorgangs stark differenziert und vor allem die Motivation der damals von der NSDAP angezogenen „Massen" genauer erkennbar gemacht. Dabei zeigt sich u. a.: Was im nachhinein oder auf der Ebene der Reichsstatistik als „massiver Erdrutsch" des parteipolitischen Gefüges, als „katastrophaler Zusammenbruch" vor allem des politischen Liberalismus oder als „wüste Radikalisierung" der politischen Auseinandersetzungen (sprunghaftes Ansteigen der politischen Gewalttätigkeiten) erscheint, stellt sich meist viel weniger dramatisch dar aus der Nahoptik der ländlichen oder kleinstädtischen provinziellen Milieus, in denen die NSDAP sich zuerst die meisten Stimmen holte. Der „Liberalismus" auf dem Lande z. B., in Gestalt ursprünglich liberaler Bauernvereine (wie in Schleswig-Holstein), war oft schon lange vorher brüchig und zu Beginn der Agrarkrise 1928 fast überall zugunsten von nervösen bäuerlichen Interessenparteien verschwunden.

Es zeigt sich ferner: Die nationalsozialistische „Infiltration" oder „Machtübernahme" in vielen ursprünglich liberalen provinziellen Interessenorganisationen war häufig verbunden mit der Ablösung alter Verbandshonoratioren, mit einer Verjüngung der Führung und Verstärkung der Repräsentanz bisher nicht adäquat vertretener sozialer Teilgruppen (z. B. der Kleinbauern, der Landhandwerker u. a.). Vor allem ergibt sich, wie unterschiedlich das politisch-soziale Profil der NSDAP von Fall zu Fall beschaffen war, wie stark dem jeweiligen Milieu angepaßt und wie sehr der Führerwille von oben nur in Bewegung setzen konnte, was unten sehr konkret motiviert war durch zum Teil schon lange aufgestaute, infolge der Wirtschaftskrise aber reizbarer, abrufbarer gewordene soziale Ängste und Veränderungsungeduld. Die manipulative Fähigkeit der NS-Propaganda konnte nur ansprechen, was schon vorhanden war an potentieller Mobilität, an latenten Bedürfnissen, aus verkrusteten sozialen Verhältnissen oder der Vormundschaft alter sozialer Autoritäten auszubrechen.

Das bedeutet – verallgemeinert – auch: Wenn der Nationalsozialismus in der Wirtschaftskrise imstande war, fast alle diejenigen Unzufriedenen hinter sich zu scharen, die von der marxistischen oder sozialistischen Ideologie oder vom politischen Katholizismus aus konfessionellen oder traditionellen Gründen nicht erreichbar waren (nicht nur im unteren Mittelstand und Landvolk, sondern, wie gerade neuere Forschungen zeigen, in beträchtlichem Maße auch in der nicht organisierten Arbeiterschaft und im gehobenen Bürgertum), so war das auch eine Antwort auf manche in der Weimarer Republik unterbliebene gesellschaftliche Reform, eine Reaktion auf die Fortschreibung der seit der Kaiserzeit immer noch stark ständisch verfaßten deutschen Gesellschaft, ein Stück nachgeholter sozialer bürgerlicher Revolution, wenn auch mit rückwärts gewandter Ideologie.

Es bedeutet ferner: Die vage populistische Attraktivität des Nationalsozialismus ist viel höher einzuschätzen als die ideologische Indoktrination seiner sozialen Massenbasis. Und nicht zuletzt wegen dieser populistischen Zugkraft vermochte er sich in der Endphase der Weimarer Republik durchzusetzen. Vom Blickpunkt vieler seiner Wähler und Anhänger war er keine Radikalbewegung, ganz und gar in Gegensatz zum sozialen Volksstaat der Weimarer Republik, sondern eher ein Mittelweg zwischen Demokratie und obsolet gewordenem konstitutionellem Obrigkeitsstaat, zu dem Brüning oder Papen zurücklenken wollten.

Das Bild einer weltanschaulich fanatisierten, dem politischen Irrationalismus und der Hitler-Hypnose gänzlich verfallenen „Masse“, das nicht zuletzt infolge der NS-Propaganda entstanden ist, wird aus solcher Sicht stark korrigiert und eingeschränkt. Sowohl vor 1933 wie später auch im Dritten Reich gründete die Massenbasis des Nationalsozialismus nicht oder nur in geringem Maße in der Übereinstimmung mit dem Kern der Weltanschauung Hitlers, die den Zeitgenossen von damals gar nicht voll erkennbar und vor allem auch im Hinblick auf ihre Konsequenzen nicht absehbar war. Sie gründete vielmehr auf den gleichzeitigen, logisch und politisch zwar widersprüchlichen, aber real nebeneinander existierenden elementaren Protektions- und Mobilisationsbedürfnissen gerade im Mittelstand, für die der Nationalsozialismus mit seiner Mischung von Aufstiegs-, Wiedergesundungs- und Erneuerungsparolen instinktsicher zugleich eine sozial-konservative Legitimation und dynamisierende Evokation lieferte.

Und das Dritte Reich hielt schließlich mit den tausendfachen kleinen und großen Führerpositionen, die es zu vergeben hatte, auch sehr reale Spielräume bereit, in denen junge dynamische Kräfte aus dem Mittelstand sich im harten Konkurrenzkampf mit anderen „Führern" bewähren, ihre Energie und Improvisationsfähigkeit erfolgreich einüben konnten, wobei ihnen aber durch das politische Regime auch genügend Rückversicherung und Risikogarantie gewährt wurde. Das Weltanschauliche, auch in Gestalt des rassetheoretischen Selektionsprinzips, das hierbei zur Legitimation herhalten mußte, war oft nur Überbau. Wichtiger, historisch durchschlagender war der neue hier herangezüchtete Sozialtyp des nationalsozialistischen „Sonderführers", Prototyp des politisch protektionierten unselbständigen Unternehmers mit großen Vollmachten. Er gedieh im Dritten Reich auf allen Stufen der Gesellschaft, war fast zu allem zu gebrauchen, brachte dann aber auch gute Voraussetzungen mit für neue Bewährung und Karriere unter den sozusagen frühkapitalistischen Bedingungen des Wiederaufbaus und Gründungsbooms nach der Währungsreform.

Die Rückprojektion der katastrophalen Bilanz der Weltanschauungspolitik des Regimes und ihre Übereinstimmung mit den stereotyp festgehaltenen rasse- und raumpolitischen Wahnideen Hitlers legt es nahe, auch die Dynamik des Dritten Reiches primär weltanschaulich zu erklären. Gegenüber dieser nur scheinbar plausiblen Sicht rückten die mentalitäts- und sozialgeschichtlichen Detailstudien das große Gewicht der sozialen Schubkräfte in den Vordergrund, aber auch ihre hinter das Dritte Reich zurückgehenden Gründe und ihre darüber hinausreichende Wirkung. Die Erhellung der sozialen Dynamisierungsfunktion des Nationalsozialismus unterschlägt keineswegs die moralischen Auswirkungen des weltanschaulichen Normensystems des Dritten Reiches. Sie fügt aber das scheinbar nur NS-Spezifische ein in die weitere Perspektive periodenübergreifender Veränderungen der deutschen Gesellschaft.

Nehmen wir den Bereich Widerstand und Verfolgung im Dritten Reich. Das lehrhafte Bedürfnis, gerade in bezug auf diese Thematik eindeutige Bilder und Maßstäbe zu schaffen, hat vielfach zu unhistorischer Monumentalisierung wie zur Ausklammerung von Tabu-Zonen besonders beigetragen. Das aus legitimatorischen Gründen auch außerhalb der sozialistischen Arbeiterbewegung von den politischen Kräften der Bundesrepublik besonders gern in Anspruch genommene „Vermächtnis" gerade des konservativen Widerstandes gegen Hitler verbarg oft, daß die verfassungspolitischen, national- und außenpolitischen Vorstellungen der meisten Repräsentanten dieses Widerstands mit dem gewandelten Selbstverständnis der Bundesrepublik wenig gemein hatten. Solche historische „Entdeckung“ führte deshalb fast stets auch zu Kontroversen, an denen sich der Gegensatz von authentischer historischer Rekonstruktion und Pädagogisierung des Widerstandsthemas exemplarisch enthüllte. Zur Verdeutlichung greifen wir ein jüngstes Beispiel heraus, das sich zur schematischen Gegenüberstellung dieser Aspekte besonders anbietet.

Als führender Repräsentant konservativen Widerstandes gegen Hitler rangiert seit langem der ehemalige Leipziger Oberbürgermeister Carl Goerdeler. Die große Biographie Gerhard Ritters hat ihm ein eindrucksvolles Denkmal gesetzt und dargestellt, daß Goerdeler 1937 auch aus Protest gegen die Kulturschande der Entfernung des Mendelssohn-Denkmals vor dem Leipziger Gewandhaus sein Oberbürgermeisteramt in der Stadt niederlegte. In einer kürzlich abgeschlossenen Untersuchung über die Haltung des deutschen Widerstandes zur Judenpolitik des NS-Regimes fand der Historiker Christof Dipper, gestützt auf untrügliche Dokumente, heraus, daß Goerdeler in den ersten Jahren des Dritten Reiches mit den begrenzten gesetzlichen Maßnahmen zur Ausschaltung der Juden aus dem öffentlichen Leben und selbst mit dem Grundgedanken der Nürnberger Gesetze von 1935 im wesentlichen übereingestimmt hatte. Wie so manchem Nationalkonservativen, nicht nur in Deutschland, schien Goerdeler die Revision des staatsbürgerlichen Gleichheitsgrundsatzes und die Zielsetzung einer Reduzierung der Rechte und der Freiheiten der jüdischen Minderheit nicht abwegig. Die Dokumentation dieser historischen Tatsache, ausgebreitet mit dem Unterton moralischer Entrüstung, ist von namhaften Gegnern des Nationalsozialismus und Verehrern Carl Goerdelers ebenso entrüstet als Schmähung des Ansehens dieses Mannes empfunden worden.

Das Beispiel zeigt: Für die statuarische moralisch-politische Erinnerung, die Vorbilder zeigen will und dabei auch monumentalisieren muß, ist die Unterscheidung zwischen dem nationalsozialistischen und dem „anderen Deutschland“ schwer entbehrlich. In historischer Perspektive verschwimmt diese Schwarz-Weiß-Optik. Aus ihr ergibt sich, daß fast aller Widerstand in der NS-Zeit genaugenommen nur zeitweilig und partiell war und häufig verbunden mit passivem Geschehenlassen, partieller Affirmation oder gar aktiver Beteiligung an den Zwecken des Regimes. Unter dem Aspekt der späteren Entwicklung der nationalsozialistischen Judenpolitik muß die anfängliche zeitweilige Unterstützung des Nazi-Antisemitismus durch einen

Mann wie Carl Goerdeler als eines jener typischen, entscheidenden und nicht mehr revidierbaren Versäumnisse der frühen konservativen Partner des Nationalsozialismus angesehen werden. In historischer Perspektive bildet die konkrete Zeitphase der ersten Jahre des Dritten Reiches, die damalige Nicht-Vorhersehbarkeit der künftigen mörderischen Radikalisierung der antijüdischen Maßnahmen und der auch qualitativen Strukturveränderung des Regimes ein wesentliches Moment zum Verständnis der Fehleinschätzung oder auch des Fehlverhaltens. Goerdelers später unter Beweis gestellte, mit dem Leben bezahlte moralische Leistung begründet sich in solcher Sicht gerade auch aus seiner Fähigkeit, sich durch Irrtümer hindurchzuarbeiten.

Schließlich ein letztes Beispiel zur Kennzeichnung unseres Problems: Seit einer Reihe von Jahren hat in der Zeitgeschichtsforschung das Interesse für die Entwicklung der Sozialpolitik in der NS-Zeit deutlich zugenommen und die lange Zeit nur institutionengeschichtliche und sozusagen herrschaftstechnische Analyse der Deutschen Arbeitsfront (DAF) und ihrer sozialpolitischen Propaganda hinter sich gelassen. Im Kontext dieser Wissenschaftsentwicklung referiert Marie-Luise Recker in ihrer Habilitationsschrift über die nationalsozialistische Sozialpolitik während des Zweiten Weltkrieges ausführlich den Plan einer künftigen allgemeinen Volksversicherung, der im Auftrag der Deutschen Arbeitsfront 1941/42 erarbeitet wurde. Nur ein Plan, gewiß, aber mit Grundgedanken (z. B. der staatlichen Renten-Garantie und der dynamischen Rentenanpassung), die später wiederkehrten und die Sozialversicherungs-Gesetzgebung der Bundesrepublik in den fünfziger Jahren zu einer bedeutenden Errungenschaft machten. Ebenso bemerkenswert ist, daß der DAF-Plan fast zeitgleich mit dem britischen Beveridge-Plan zustande kam, der gedanklichen Grundlage der wohlfahrtsstaatlichen Reform der britischen Labour-Regierung nach dem Kriege. Es scheint evident: Die Urheber des DAF-Plans, darunter Experten im dem 1935 gegründeten Arbeitswissenschaftlichen Institut der DAF, die meist erst nach 1933 der NSDAP beigetreten waren, verfolgten mit dem Plan gewiß auch das Ziel nationalsozialistischer Systemerhaltung, aber sie folgten dabei letzten Endes vor allem den nicht NS-spezifischen, schon aus den Jahren 1914 bis 1918 bekannten sozialpolitischen Geburtshilfe-Zwängen des Krieges. Auch auf angrenzenden Gebieten des Sozialrechts (Verbesserung des Jugendschutzes, Angleichung des Sozialstatus von Angestellten und Arbeitern) erbrachte der Zweite Weltkrieg in Deutschland einen Schub progressiver sozialpolitischer

Neuerungen trotz der eher manipulativen und repressiven Funktionen der DAF.

Das Beispiel zeigt: Nicht alles, was sich in der NS-Zeit ereignete und historisch bedeutsam war, diente nur den diktatorischen und inhumanen Herrschaftszielen des Regimes. Die zum Teil auch in der Geschichtswissenschaft noch immer bestehende Tendenz, alle in die NS-Zeit fallenden Veränderungen, etwa auf dem Gebiet der Wirtschaft und des Rechts, gänzlich unter dem Gesichtspunkt ihrer Funktion für die Stabilisierung dieser Herrschaft zu interpretieren, zwingt sozusagen noch nachträglich auch die vor- und außernationalsozialistischen Bestände deutscher Geschichte unter das Diktat der Nazi-Herrschaft und schottet die zwölf Jahre nach vorn und hinten hermetisch ab. Die Schändlichkeit, die im großen die Bilanz dieser Epoche ausmacht, kann nicht bedeuten, daß den vielen sozialen, wirtschaftlichen, zivilisatorischen Wirkungskräften, den zahlreichen Modernisierungsbestrebungen ihre geschichtliche Bedeutung allein durch die Verknüpfung mit dem Nationalsozialismus genommen wird.

Statt der pauschalen moralischen Absperrung der Hitler-Zeit ist eine Entschlackung unseres eingefahrenen Begriffs- und auch Sprachinstrumentariums vonnöten, eine historische Befreiung auch mancher ereignis- und personengeschichtlicher Perspektiven aus dem Zwangskorsett der Vorstellung von einer alles erfassenden Gewaltherrschaft. Vor allem muß eine periodenübergreifende Betrachtung des ganzen neuzeitlichen deutschen Geschichtsraums entwickelt werden, in dem sich auch der Nationalsozialismus abgespielt hat. In solcher erweiterten Perspektive wird in mancher Hinsicht der Ort des Nationalsozialismus in der deutschen Geschichte neu zu bestimmen sein. Es werden schon lange vorher angelegte problematische Modernisierungstendenzen und Sozialpathologien sichtbar werden, die, im Nationalsozialismus legitimiert und zusammengerafft, in äußerste Gewaltsamkeit umschlugen. Mit solchem Blick wird es aber auch möglich sein, manche der bislang tabuisierten historischen Nachwirkungen der NS-Zeit in der gesellschaftlichen oder rechtlichen Verfassung der Bundesrepublik kritisch, aber ohne pauschale Denunziation in den Blick zu nehmen.

Man kann nicht gleichzeitig die Blockade des deutschen Geschichtsbewußtseins durch den Nationalsozialismus bedauern und an seiner Abriegelung gegenüber geschichtlichem Verstehen festhalten. Die „Normalisierung" unseres Geschichtsbewußtseins kann auf die Dauer die NS-Zeit nicht aussparen, kann nicht nur um sie herum erfolgen. Auch die Pauschaldistanzierung von der NS-Vergangenheit ist noch eine Form der Verdrängung und Tabuisierung. Sie kann, je länger desto mehr, gar den Eindruck eines kompensatorischen Alibis für den restaurierten Historismus auf den wieder „heilen“ Gebieten machen, die vor oder hinter der nationalsozialistischen Vergangenheit liegen. Auflösung dieser Blockade zugunsten einer moralischen Sensibilisierung der Historie überhaupt, gerade aufgrund der Erfahrung des Nationalsozialismus – das ist der Sinn dieses Plädoyers für seine Historisierung.

William Shirer und die Geschichte des Dritten Reiches

I.

Shirers „Aufstieg und Fall des Dritten Reiches" (deutsche Ausgabe: Kiepenheuer und Witsch, Köln und Berlin 1961) hinterläßt zuerst und überwiegend Ratlosigkeit. Was soll die entlegene Besprechung eines Buches ausrichten, dessen Bedeutung vor allem darin liegt, daß es in den USA in Millionen Exemplaren gekauft und gelesen wird? Und wie diesen vom Inhalt so wenig motivierten Erfolg erklären? Einige Voraussetzungen kennt man zwar: Shirers Werk traf zusammen mit einer Welle amerikanischen Unbehagens gegenüber Deutschland, auf der sich gut schwimmen ließ, zumal man in den USA über ein Jahrzehnt lang mit Fleiß von dem dunkelbraunen Fleck in der Vergangenheit des verbündeten Deutschlands nicht viel hören und sehen wollte. Hier war also mit einem prallgefüllten Bericht über das Dritte Reich, geschrieben von einem, der es wissen mußte, gleichsam Nachholbedarf zu befriedigen. Der ehemalige Deutschlandkorrespondent und Rundfunkreporter Shirer, der nach dem amerikanischen Kriegseintritt mit seinem „Berlin-Diary" (1942) zur Stelle war, dann, nach dem Sieg über Deutschland, den fälligen Epilog schrieb („End of a Berlin-Diary", New York 1947), hat 1960 mit „The Rise and Fall of the Third Reich" wiederum den richtigen Moment gewählt. Und das wissen wir ja auch: Bestseller machen sich nach erstem Anlauf weitgehend selbst. Haben Interesse, Neugier, Bedürfnis (die sich stimulieren lassen) erst einmal Wind bekommen und Richtung genommen, multipliziert sich der Verkauf in Kettenreaktion.

Dennoch: Daß dem in Deutschland als so unzulänglich empfundenen Buch solche Lobpreisungen in angesehenen amerikanischen und ausländischen Blättern zuteil wurden, daß es Anfang 1961 gar den National Book Award erhielt (nächst dem Pulitzer-Preis die bedeutendste literarische Auszeichnung in den USA), bleibt befremdlich genug. Außerhalb Deutschlands „Bravo!", in Deutschland „Pfui!" –

diese Bilanz über die bisherige Resonanz des Shirer-Buches[1] stimmt zwar nicht ganz[2], aber weitgehend genug, um die peinliche Gewissensfrage dringlich zu machen: Spielt uns unsere Empfindlichkeit einen Streich? Fühlen wir uns wieder einmal unverstanden, sind gekränkt und deshalb zu objektivem Urteil unfähig? Sollten wir uns doch von Golo Mann gut zureden lassen, der der deutschen Ausgabe des Buches ein erstaunlich wohlwollendes Vorwort schrieb und nur zarte Vorbehalte machte? Aber Golo Mann kann hier nicht überzeugen, vielleicht nicht einmal sich selbst. Nicht undenkbar, daß es ihm ging wie dem Rezensenten, er versprach, etwas zu schreiben, bevor er noch Shirers Buch kannte. Versuchen wir lieber, die eigene Ratlosigkeit auf einige erste Formeln zu bringen.

Shirers Buch ist spannend und abwechslungsreich. Als professioneller Publizist und langjähriger Beobachter Hitler-Deutschlands versteht der Autor auch den zu fesseln, der sich einigermaßen auskennt, er vermag ihn aber ebensogut durch ungeahnte Simplizität in Kommentar und Interpretation außer Fassung zu bringen. Es bestätigt sich von Kapitel zu Kapitel: der Vf. hat an dieser und jener Stelle alle Dokumente zusammengesucht, genau studiert, versteht sie virtuos zu kombinieren und mit persönlichem Erlebnis zu würzen; anderswo aber verläßt ihn alle Kenntnis, die Darstellung strotzt von Unwissenheit und törichten Redensarten. Sh. erweist sich als Fachmann für zahlreiche Vorgänge aus nationalsozialistischer Zeit, enthüllt aber zugleich eine „in kaum glaublichem Maße primitive Gesamtansicht deutscher Geschichte" (Klaus Epstein). Dazu kommt noch ein anderer Widerspruch: das Buch steckt voller Vorurteile, doch ist es kaum tendenziös in dem Sinne, daß Sh. etwa das Kriminelle des Dritten Reiches überbetont, eine in dieser Hinsicht einseitige Auswahl getroffen hätte. Eher das Gegenteil stimmt. Dem deutschen Widerstand gegen Hitler widmet er zuviel, nicht zuwenig Raum, und das meiste dessen, was den Unrechtscharakter des Dritten Reiches wesentlich ausmacht (Konzentrationslager, Judenpolitik, Organisation und Tätigkeit der SS und Polizei, Perversion des Rechtsstaates, überhaupt die ganze Struktur der Herrschaft und der inneren Verhältnisse in Deutschland, auch der Besatzungspolitik im Zweiten Weltkrieg), behandelt er derart kursorisch zugunsten be-

---

[1] Vgl. den Überblick in Die Zeit, Nr. 17 v. 27.4.1962, S. 11.

[2] Wie schon Hans Rothfels vermerkte (Vjh. f. Zeitgesch. 1/62, S. 95), ist z.B. Alan Bullock den eiligen Lobpreisungen Shirers „mit ruhiger Sachlichkeit entgegengetreten". Vgl. ferner die ausführliche und scharf kritisierende Besprechung Prof. Klaus Epsteins in „Review of Politics", April 1961 (deutsche Übersetzung in Vjh. f. Zeitgesch. 1/62, S. 96 ff.).

stimmter Phasen der Außenpolitik und Kriegführung Hitlers, daß das primäre Thema seines Buches geradezu vernachlässigt, ja verfehlt erscheint. Damit im Zusammenhang steht ein grundsätzlicher Stilbruch der Darstellung, der sich durch das gesamte Buch zieht, es in ungleichwertige Teile zerfallen läßt. Einerseits breite Dokumentationen und Reportage, wo weitaus stärkere Abstraktion und Reduzierung des Umfangs angebracht gewesen wäre, dann wieder zusammengedrängte Übersichtskapitel, wo wichtigste Zusammenhänge mehr notdürftig und pflichtgemäß genannt als wirklich behandelt werden. Reportagestil und historiographische Beflissenheit ergeben oft ein unreines Gemisch, werden zur Formlosigkeit, an der sich erweist, daß der Reporter Sh. sich übernahm, als er hinging, Historiker zu werden. – Für diese Behauptungen sind wir Belege schuldig.

II.

Für Kenner der deutschen Geschichte, so auch für Epstein, ist zweifellos am anstößigsten, wie Sh. in den einleitenden Abschnitten seines 1000-Seiten-Buches, vor allem dem Kapitel über die „Wurzeln des Dritten Reiches" (S. 88-102), ganze Epochen deutscher Entwicklung nachträglich mit Hitler in Beziehung setzt, eingeleitet durch die Kurzschlußthese: „Der Nationalsozialismus und das Dritte Reich waren in der Tat nur eine logische Fortsetzung deutscher Geschichte" (S. 88). Was unter diesem Motto von Sh. einige Seiten lang dargeboten wird, ist von der Qualität der Klippschule, und dem Autor kann hier der Vorwurf zumindest fahrlässiger, wenn nicht vorsätzlicher Denunziation der deutschen Geschichte nicht erspart bleiben. Da wird wie in den Zeiten der Kriegspropaganda (vgl. Rohan D'O. Butler: From Luther to Hitler) der Reformator in die Ahnenreihe Hitlers eingegliedert: „Luthers Parteinahme für die Fürsten während des Bauernkrieges und sein Hang nach politischer Autokratie", so schreibt Sh., „stärkten einen bedenkenlosen, provinziellen politischen Absolutismus, der die große Mehrheit des deutschen Volkes zu Armut, schrecklichem Stumpfsinn und erniedrigender Unterwürfigkeit herabwürdigte" (S. 89). Als Ergebnis der deutschen territorialstaatlich-fürstlichen Zersplitterung nach dem Dreißigjährigen Krieg hält Sh. mit erhobenem Zeigefinger fest: „Tief in der Mentalität der Deutschen faßten Autoritätsgläubigkeit und blinder Gehorsam gegenüber ihren launischen Fürsten Wurzeln", so daß nationale und demokratische Bestrebungen nicht aufkamen. Sh. unterschlägt die kulturelle und politische bürgerlich-liberale deutsche Nationalbewegung des 19. Jahrhunderts, erwähnt nur abfällig die erfolglosen Bestrebungen der „konfusen, zaghaften Liberalen“ der Paulskirche und entwickelt dann um so breiter ein abschreckendes Bild des Preußentums, des ideenlosen, von „kriegerischen Abenteurern“ geführten preußischen Staates, der seine Existenz vornehmlich „Eroberungen“, einer „machiavellistischen Diplomatie“ (als ob es im 17. und 18. Jahrhundert in Frankreich und England nicht „machiavellistisch“ zugegangen wäre), einer „unbarmherzig gedrillten Armee“ und einer „engstirnigen“ Beamtenschaft zu verdanken gehabt habe. Das Preußen Humboldts, Hardenbergs, Altensteins scheint Sh. völlig unbekannt zu sein, und antiborussisches Vorurteil verleitet ihn gar, Kant – in einem Atemzug mit Willibald Alexis! – als Protagonisten eines untertänigen Pflichtbegriffes zu nennen. Es fehlt schließlich auch nicht das armselige Klischee preußischen Junkertums: „ein rauher, herrischer, arroganter Menschentyp, ohne Bildung und Kultur: aggressiv, eingebildet, rücksichtslos, engstirnig und jener kleinlichen Gewinnsucht hingegeben, die einige deutsche Historiker im Privatleben Otto v. Bismarcks, des erfolgreichsten deutschen Junkers, feststellen“ (S. 91/92). Bismarck und Wilhelm II. sind für Sh. eindeutig als Stationen der deutschen Entwicklung zu Hitler gekennzeichnet. Er wiederholt: „Von 1871 bis 1933 – vom Intermezzo der Weimarer Republik abgesehen – nahm die deutsche Geschichte einen geradlinigen, völlig logischen Verlauf“ (S. 93). Ohne Augenmaß für geistige Proportionen verfährt Sh. bei der Aufstellung eines Katalogs der geistigen Vorläufer des Nationalsozialismus. Hitler, so doziert er, habe ein „Gemisch der unverantwortlichen, größenwahnsinnigen Ideen in sich aufgenommen, die im Laufe des 19. Jahrhunderts aus deutschem Denken hervorbrachen“. Dazu rechnet Sh. vor allem Fichte, Hegel, Treitschke, Nietzsche und Richard Wagner, aber auch Schlegel, Görres, Novalis, Ranke und Mommsen. Er erweckt den Eindruck, als habe Hitler bewußt Fichtesche Ideen in „Mein Kampf“ aufgenommen, und phantasiert rundheraus: „Wenn man Hegel liest, wird einem klar, wieviel Anregung Hitler ebenso wie Marx aus ihm bezogen hat“ (S. 97).

III.

Auch Golo Mann sind diese extremen Fehlleistungen nicht verborgen geblieben. Er gibt aber zu bedenken: Auf den einleitenden Überblick komme es wenig an. „Nicht eine Geschichte Deutschlands, eine Geschichte des Nationalsozialismus hat Sh. geben wollen“ (S.

XVII). Wir fragen demgegenüber, was soll das für eine Zeitgeschichtsdarstellung sein, die zwar im Hinblick auf das Dritte Reich durchgehen kann, sich aber sonst als unhistorisch disqualifiziert? Golo Mann hat gewiß recht: Haß gegenüber dem Nationalsozialismus ist kein Vorurteil, aber (das ist ebenfalls zu sagen) auch noch lange kein Ausweis für treffende historische Erkenntnis. Mit Gesinnung allein läßt sich nicht Geschichte schreiben. Es deutet aber vieles darauf hin, daß Sh. über das spontane Gesinnungsurteil des zeitgenössischen Korrespondenten, der die Jahre 1934-1940 in Deutschland erlebte, auch als Historiker nicht sonderlich hinausgekommen ist, daß er bei seinen fleißigen Aktenstudien im wesentlichen nur Ergänzungen, Bestätigungen und Belege gesucht und gefunden hat für das, was er schon immer wußte. Die Impressionen und schnell hingeworfenen Kommentare des Korrespondenten Sh. führen auch dem Vf. von „Aufstieg und Fall des Dritten Reiches" weithin die Feder.

Im Herbst 1934, bald nach seinem Eintreffen in Deutschland, nahm Sh. – es war eines seiner ersten Erlebnisse im Dritten Reich – als Pressebeobachter am Nürnberger Parteitag der NSDAP teil. Angesichts der Heerschau der in Dutzenden von Formationen gegliederten, nach dem Motto „Führer und Gefolgschaft" mobilisierten Massen überfiel Sh. damals eine Ahnung davon, daß dieses Schauspiel sich mit dem Begriff preußisch-hohenzollernschen Militarismus nicht mehr fassen läßt. Man erwartet, Shirer habe damals etwas vom Wesen der von nationalen Symbolen verhexten und verfügbar gemachten totalitären Massengesellschaft des 20. Jahrhunderts begriffen, doch er wich statt dessen aus auf die einfachste Formel: Militarismus als eingeborener deutscher Nationalcharakter:

„I feel that all those Americans and English who thought that German Militarism was merely a product of the Hohenzollerns made a mistake. It is rather something deeply ingrained in all Germans." (Berlin-Diary, Eintr. v. 10.9.1934.)

Wo die eindringende Analyse fehlt, setzt der Nebel von großen Worten ein; und es ist bezeichnend, daß Sh. sich auch gelegentlich im Hinblick auf andere Nationen mit dergleichen nichtssagenden Pauschalantworten behilft. In „Aufstieg und Fall des Dritten Reiches" kritisiert er im Zusammenhang der Vorgeschichte des Krieges heftig die selbstüberhebliche polnische Außenpolitik der dreißiger Jahre. Doch statt Ursachen und Zusammenhänge zu ergründen und zu nennen, begnügt er sich mit der Feststellung, die Polen seien wie bisweilen auch in früheren Jahrhunderten „von einem irgendwie schicksalhaften, selbstzerstörerischen Defekt in ihrem Nationalcharakter angetrieben" gewesen (S. 426). Solche Ersatzerklärungen lassen erkennen: auch als Historiker bevorzugt Sh. die glatten Lösungen, bleibt er der räsonierende Reporter, dem selten etwas unerklärlich, der selbst nicht betroffen ist, der lehrhaft, bisweilen auch mokant, das verwirrende Geschehen des Dritten Reiches an der kurzen Elle moralischer Richtigkeitsprinzipien mißt und dabei vom Wesen der Sache wenig erfaßt.

Im März 1936 berichtet Sh. in „Berlin Diary" von dem deprimierenden Erlebnis einer Reise in das von den Truppen Hitlers soeben besetzte Rheinland. Einzige Ausnahme der allgemeinen Begeisterung sei ein Taxichauffeur in Karlsruhe gewesen, früherer Kommunist, der sich als Gegner des Regimes zu erkennen gegeben und erklärt habe, daß er damit nicht allein stehe: „He said there are a lot of others, but I sometimes wonder." Dieses „but I sometimes wonder" (frei übersetzt: ich habe meine Zweifel auch gegenüber) bleibt Shirers Grundeinstellung auch in seiner späteren Darstellung des deutschen Widerstandes gegen Hitler. Den Männern um Stauffenberg, Beck, Moltke bescheinigt er gleichsam pflichtgemäß ehrbare Gesinnung, rückt ihr Handeln jedoch sogleich wieder ins Zwielicht der Nörgelei (nicht legitimer historischer Kritik). Charakteristisch ist folgende Stelle (S. 930):

„Man muß sich wundern, daß die deutschen Widerstandsführer so hartnäckig günstige Friedensbedingungen vom Westen verlangten und so zögerten, Hitler zu beseitigen, ehe sie diese erhielten. Man hätte meinen sollen, daß sie, wenn sie den Nationalsozialismus, wie sie ständig – und zweifellos aufrichtig – behaupteten, für ein so monströses Übel hielten, ihre Bemühungen auf einen Umsturz konzentriert haben würden, ganz gleich, wie der Westen sich ihrem neuen Regime gegenüber verhalten mochte. Man hat den Eindruck, daß viele dieser ‚guten Deutschen' zu leicht in den Fehler verfielen, für ihr eigenes Versagen dem Ausland die Schuld zuzuschieben."

Durch derart aufdringliches Besserwissen stellt sich Sh. immer wieder vor die Personen, Ereignisse und Probleme, anstatt sie zu zeigen und präsent zu machen. Er fabriziert aus dem Geschehen des Dritten Reiches seine lehrhaften und unterhaltsamen Geschichten. Dazu führt auch der verbreitete Trugschluß, man könne, da ja die miserable Qualität und verhängnisvolle Wirkung der führenden Personen um Hitler notorisch ist, mit ihnen auch in der historischen Darstellung gehörig salopp und kurz angebunden umgehen. So erfährt der Leser von Göring, Röhm, Goebbels, Himmler, Rosenberg u. a. nur einige wenige oberflächliche Daten; sie bleiben, wie so vieles andere, Schemen ohne psychologische Wirklichkeit. Eine gewisse Ausnahme macht in dieser Hinsicht einzig Hitler, den Sh. in Berlin oft genung persönlich erlebte und der ihn offensichtlich als Phänomen und Rätsel immer wieder beschäftigte. In bezug auf Hitler verzichtet Sh. auf glatte Vokabeln, und eben deshalb gelingt es ihm hier am besten, Wirkung und Wirklichkeit einigermaßen einzufangen. In der Schilderung von Hitlers Lebenslauf und politischer Karriere bis 1933 bleibt Sh. dennoch weit hinter Bullocks kenntnisreicher Biographie zurück.

IV.

Ein deutscher Kritiker schrieb über Shirer: „Es ist schon ein Jammer, die großen Gegenstände unserer Zeitgeschichte lassen wir uns zunächst von Ausländern wegnehmen, um dann gebührend daran herumzukritteln. Gewiß ein ärgerliches Buch. Ärgerlich daran ist jedoch vor allem, daß wir dem Versuch nichts Gleichwertiges, keine Gesamtdarstellung aus deutscher Feder gegenüberstellen können." Prüfen wir, ob Sh.s Buch eine Gesamtdarstellung nationalsozialistischer Zeit genannt werden kann.

Von den insgesamt 1040 Seiten gedruckten Textes ist nur das 530 Seiten umfassende Mittelstück (S. 309-844) einigermaßen zusammenhängende Darstellung. Sie bezieht sich aber ausschließlich auf Hitlers Außenpolitik vom Anschluß Österreichs bis zum Kriegsbeginn (hierauf entfallen allein 275 Seiten) und ferner auf die einzelnen Stadien des Krieges, bis zur Wende von Stalingrad. Dem folgt am Ende, nach zwischengeschalteten Exkursen, noch einmal eine relativ dichte Darstellung über die letzten Monate des Dritten Reiches, die Verschwörung vom 20. Juli und das in aller Breite geschilderte Ende Hitlers in der Reichskanzlei, zusammen über 100 Seiten. Diese insgesamt 650 Seiten, d.h. knapp zwei Drittel des Buches, bilden den eigentlichen Kern der Darstellung. Sh. hätte gut daran getan, es hierbei bewenden zu lassen und über das Buch zu schreiben. „Hitlers Diplomatie und Kriegführung". In diesem zentralen Teil des Buches hält sich Sh. eng an die Quellen und erzählt aus ihnen. Das geschieht vornehmlich auf die Weise, daß er die Fülle des Materials in breiter Dokumentation darbietet. In den Kapiteln, welche die diplomatischen Ereignisse vom Frühjahr bis zum September 1939 schildern, besteht mindestens ein Viertel des Berichts aus Quellenzitat, der weitaus dichteste Teil des Buches überhaupt, und als zusammenhängende, gut lesbare Information und Veranschaulichung wertvoll, auch wenn sich keine eigentlich neuen Aspekte ergeben. Sh. kennt sich hier aus. Es unterlaufen ihm kaum Fehler, und er weiß die selbsterlebten Eindrücke von damals mit den nach 1945 ans Tageslicht gekommenen Geheimdokumenten zu einem lebendigen Gesamtbild zu vereinen. Dabei hält Sh. allerdings an bestimmten „konventionellen“ Vereinfachungen und Mißverständnissen fest: der Überbewertung der Geheimbesprechung vom 5. November 1937 (Hoßbach-Protokoll) als „entscheidenden Wendepunkt in der Geschichte des Dritten Reiches“, der einseitigen „Verteufelung“ der Appeasement-Politik Chamberlains, auch an der von Trevor-Roper und anderen Autoren seit dem Nürnberger Prozeß verfestigten These von der planvollen Systematik Hitlerscher Außenpolitik und Kriegsplanung; so etwa wenn Sh. schreibt, Polen habe schon im Herbst 1938, nach Erledigung der Sudetenfrage, auf „Hitlers Liste“ gestanden (S. 422).

Ist Sh. auf der einen Seite vorzuwerfen, daß er allzu oft den historischen Stoff zerredet, so verfällt er hier bei der breiten Erzählung ins gegenteilige Extrem: er läßt der Fülle des Materials zu sehr freien Lauf, weiß es nicht gehörig aufzuschlüsseln und durchsichtig zu machen, bleibt beim Halbfertigprodukt des dokumentarischen Berichts stehen, ohne auf entscheidende Fragestellungen, die in den Dokumenten anklingen, Antwort zu geben. Nur unzulänglich geht er den Motiven der sowjetischen Politik beim Paktabschluß mit Hitler nach, die Ursache des Scheiterns der westlichen Verhandlungen mit Moskau im Sommer 1939 wird fälschlich primär auf polnische Unnachgiebigkeit in der Frage des Durchmarschrechtes zurückgeführt. Es gibt vor allem auch zu der strittigen Frage, wie es denn nun eigentlich zu Hitlers Kriegsentschlossenheit kam (der planvoll agierende oder der Konjunkturen ausnutzende Hitler?), keine klärende Antwort. Da wird einerseits an der problematischen Beweiskraft des Schmundt-Protokolls (als Beleg für den schon im Mai 1939 definitiven Entschluß Hitlers zum Polenkrieg) festgehalten, andererseits wieder, durchaus richtig, das Schwanken Hitlers bis in den August 1939 hinein beleuchtet.

Überwiegend auf Veranschaulichung einzelner Geschehnisse, nicht auf Auswahl und Erhellung des Wichtigen ist vor allem auch Shirers Bericht über die Kriegsereignisse seit dem Herbst 1939 abgestellt. Hier geht es ihm um bildkräftige Reportage. Die Entwicklung wird in wechselnde Situationen und Episoden aufgelöst, und der Autor führt kommentierend Regie. Der Gang der Dinge vom Winter 1939/40 bis zum Sommer 1941 wird so in folgende effektvolle Szenenabfolge übersetzt: Die Verschwörung der Militärs, Bürgerbräuattentat auf Hitler, Treffen mit Mussolini, Geheimabsprache mit Quisling, Besetzung Dänemarks und Norwegens, Operationspläne für den Westfeldzug, Eroberung Hollands, König Leopolds Kapitulation,

Dünkirchen, französischer Zusammenbruch, Mussolinis Kriegseintritt, Compiègne, Unternehmen Seelöwe, Luftschlacht um England, Komplott zur Entführung des Herzogs von Windsor, Molotow in Berlin, Vorspiel auf dem Balkan, Terrorplanung für den Rußlandfeldzug, der Englandflug von Rudolf Heß. Jedes dieser Unterkapitel auf 3-6 Seiten komprimiert, kurz auf- und abgeblendet, eine Serie von Bildern in Großaufnahme, dazwischen Lücke, abwechselnd Schilderung und Dokument: der Leser kann selbst sehen, der Autor gibt ihm Einblick in die Geheimakten. Das ist ganz zweifellos gekonnte Inszenierung, vielleicht der moderne Weg, Geschichte an die Massen heranzubringen. Shirers Erfolg scheint es zu beweisen (Parallele aus der Archäologie: Cerams „Götter, Gräber und Gelehrte").

Wenn sich Sh. auf diesen Stil des Flächenhaft-Suggestiven beschränkt hätte, wollten wir nicht weiter mit ihm hadern. Die Form wäre wenigstens gewahrt und kein falscher Anspruch erhoben. Das Verdrießliche aber ist: zwischen die Reportage des einzelnen werden immer wieder Exkurse geschaltet, in denen gesamtgeschichtliche Zusammenhänge erörtert, Sinn vermittelt, historische Ursachen, Verläufe und Strukturen aufgewiesen werden sollen. Die ganzen ersten 185 Seiten des Buches (Hitlers Werdegang, Machtkampf der NSDAP vor 1933, Versagen der Weimarer Republik, geistesgeschichtlicher Hintergrund des NS) stellen solchen Exkurs dar. Und hier mißlingt fast alles, bleibt flach und im Klischee stecken. Die „unpolitische Reichswehr" ist schuld daran, natürlich auch „die Industrie", der kurzsichtige Schleicher, „geschickt im Manipulieren, Intrigant aus Passion" (S. 145), und so fort. So wird mehr oder weniger alles auf den Leitfaden eines abgegriffenen Schemas aufgereiht. Sh. durchdringt zwar geistig den Stoff nicht, er will ihn aber bringen. Er muß seinen Lesern von allem etwas bieten, sonst ist ihr Vollständigkeitsbedürfnis nicht befriedigt.

Unter solchem Aspekt scheinen auch die 38 Seiten des Kapitels „Leben im Dritten Reich 1933-1937" (S. 228-266) zustande gekommen zu sein. So außerordentlich wichtige Bereiche wie Presse- und Kulturpolitik, Kirchenkampf, Erziehungswesen, Agrar- und Wirtschaftspolitik, die Arbeiterschaft im Dritten Reich, Verwaltung, Rechtsprechung und Justiz werden hier je auf 3-4 Seiten abgehandelt, und Sh. kommt auch später nicht mehr auf sie zurück. Eine Erfassung der wesentlichen Zusammenhänge ist unter diesen Voraussetzungen unmöglich. Was Sh. bringt, bleibt ein Würfelspiel ziemlich willkürlich herausgegriffener Fakten, die außerdem nicht selten in falsche Beziehung gesetzt, durch legendäre Ausschmückung oder großzügige historische Analogien „verdeutlicht" werden. So apostrophiert Sh. fälschlich den Reichsbischof Müller als „eifrigsten Führer“ der Deutschen Christen (S. 232), deren Bestrebungen (geleitet von Hossenfelder, nicht Müller) mit der von Hitler gewünschten Reichskirchenorganisation der Ev. Kirche unterscheidungslos vermengt werden. Das berüchtigte Wort, das Hanns Johst einer seiner Dramenfiguren in den Mund legt, veranlaßt Sh. zu der groben Entstellung: „Der Präsident der Reichsschrifttumskammer, Hanns Johst, ein erfolgloser Dramatiker, hatte einmal öffentlich erklärt, er möchte am liebsten zum Revolver greifen, wenn er das Wort ‚Kultur‘ höre“ (S. 237). Von den Konzentrationslagern des Jahres 1933 weiß der Autor vor allem zu berichten, daß sie „hauptsächlich von der SA eingerichtet wurden, um ihre Opfer zu mißhandeln und dann ein möglichst hohes Lösegeld von deren Verwandten und Freunden herauszuholen ... doch es wurden auch Häftlinge ermordet, meist aus Sadismus und Brutalität“ (S. 261). Der überaus wichtige Prozeß der Verschmelzung von Partei- und Staatsfunktionen, auch der „Verreichlichung“ der Länderverwaltungen wird überhaupt nicht erwähnt. Sh. nennt nur eben die Ernennung Himmlers zum Chef der Deutschen Polizei (1936) und knüpft daran ohne weitere Interpretation den Kommentar: „Damit geriet die Polizei in die Hände der SS ... Das Dritte Reich war – eine unvermeidliche Entwicklung in totalitären Diktaturen – zum Polizeistaat geworden“ (S. 264). Hätte Sh. einfallsreiche falsche Thesen über das Wesen des Dritten Reiches aufgestellt, das wäre beinahe besser als diese kleinen dummen Richtigkeiten, die am Wesentlichen vorbeitreffen: „Der Arbeiter im Dritten Reich geriet seinem Arbeitgeber gegenüber in eine ähnliche Hörigkeit, wie sie für die Bauern im Mittelalter gegenüber ihrem Gutsherrn bestanden hatten“ (S. 255). Oder: „Die Führer der NSDAP entschieden, Kunst, Literatur, Presse, Rundfunk und Film hätten ausschließlich den Propagandazwecken des Regimes und seiner ausgefallenen Weltanschauung zu dienen“ (S. 236). Daß es im Dritten Reich keine nennenswerte Weltanschauungsliteratur, kaum politische Dichtung gab und daß die Filmpolitik Goebbels' zunehmend gerade den unpolitischen Unterhaltungsstoff förderte, ist weit typischer, und Sh. müßte es wissen. Besonders armselig fallen auch seine Bemühungen aus, ein paar Worte über die Wirtschafts- und Finanzpolitik des Dritten Reiches einzustreuen. Sh. hält es da mit dem „Magier“ Schacht als Generalerklärung. Über das Wesen seiner finanzpolitischen „Zauberkunst“ erhält der Leser u. a. die fabelhafte Auskunft: „Der Druck von Noten war nur einer seiner Tricks“ (S. 252).

Eine andere „Pflichtübung“ Shirers, durch die er die Lücken seiner Reportage zu füllen sucht, ist das Kapitel „Neuordnung“ (S. 857-

909). Auf knapp 50 Seiten soll hier ein Extrakt nationalsozialistischer Politik in den eroberten und annektierten Ländern zusammengestellt werden: Zuerst einige Zitate, welche die Hybris der Herrenrassen-Theorie gegenüber Slawen und Juden bezeugen, dann 5 Seiten über „Ausplünderung Europas“, 6 Seiten über die Verschleppung von Zivilarbeitern (Sh. versäumt dabei, die für den NS so charakteristische Differenzierung in der Behandlung der einzelnen völkischen Gruppen, z. B. die besondere Diskriminierung von Polen und „Ostarbeitern“ herauszuarbeiten), 5 Seiten über Kriegsgefangene, 7 Seiten „Terror in den besetzten Gebieten“ (dabei fehlt das Thema „Kollaboration“ ganz, auch die Struktur der deutschen Verwaltungs- und Besatzungsexekutive, Himmlers Sondervollmachten als Reichskommissar für die Festigung deutschen Volkstums u. a. m. bleiben unerörtert), schließlich ganze 5 Seiten über die Endlösung der Judenfrage, 7 Seiten über die Vernichtungslager; hier zeigt sich die Proportionslosigkeit besonders kraß. – Das gesamte Kapitel mutet an wie flüchtige Rekapitulation der hauptsächlichsten Nürnberger Anklagepunkte, die jeweils nur durch einige kurze Bemerkungen sowie Zitate aus Schlüsseldokumenten unterbaut werden. Entwicklung, Geschichte spielt sich da nirgends ab, nur Bilanzen werden vermerkt.

V.

Eine Geschichte des Nationalsozialismus, die diesen Namen verdient, hätte ganz anderen Auswahlprinzipien folgen müssen. Sie kann vor allem nicht von jemand geschrieben werden, der so achtlos am Kern der Problematik, dem Totalitarismus in seiner spezifisch nationalsozialistischen Form, fast ganz vorbeigeht und an äußerlich-spektakulären Ereignissen das ganze Gewicht der Darstellung aufhängt. Sh. hat deshalb mit seinem Buch auch keinem deutschen Historiker die Aufgabe abgenommen. Das gilt schon deshalb, weil er nie bis zum allgemeinen Zeithintergrund und jenen modernen Tendenzen und Gefährdungen vordringt, die unter Hitler zu katastrophaler Wirkung zusammengeströmt sind, die aber je für sich weiterwirkende Kräfte unserer Gegenwart bilden. Auch deshalb nicht, weil die Erörterung des – für die deutsche Historie gewiß schwierigen – Problems, den Nationalsozialismus von den Bedingungen und Vorbelastungen vorangegangener deutscher Nationalstaatsgeschichte her zu sehen und im Zusammenhang mit ihnen zu verstehen, bei Sh. durch eine total verfehlte Kontinuitäts-Konstruktion nicht einen Schritt weitergekommen ist.

Vielleicht aber beleuchten die Mängel Shirers bis zu einem gewissen Grade, was auch der deutschen Zeitgeschichte not tut, will sie zur Historiographie der jüngsten Vergangenheit gelangen. Sicher ist: die fortgesetzte Summierung und Perfektionierung der Detailforschung, so notwendig sie noch auf weiten Gebieten ist, auch der zeitgeschichtlichen Dokumentation, die legitimerweise jahrelang im Vordergrund der Publikationen über das Dritte Reich stand, können allein nicht weiterhelfen, um zu einem Gesamtbild zu kommen. Das Ganze einer geschichtlichen Periode ist nie bloß Summe. Die enge Fragestellung nach dem Faktischen, nach dem, was geschah und was nicht geschah, war nach 1945 ganz sicher lange vordringlich. Doch hier ist seitdem viel geschehen, von dem Sh. keineswegs voll Kenntnis genommen hat. Und es hat sich dabei gezeigt: in der zeitgeschichtlichen Detailforschung und Fall-Untersuchung steckt insofern noch ein Element des Vorläufigen und der Unreife, als sie notwendigerweise den Fakten zu eng verhaftet, zu sehr aufs Demonstrieren verwiesen sind, nicht genug Atem und Weite für Interpretation und historische Schlußfolgerung gewinnen. Für das ausgewogenere Urteil und eine vertiefte Erörterung auch gerade der historischen Schuld- und Ursachefragen bedarf es letzten Endes erweiterter Fragestellungen, stärkerer Einordnung des zeitgeschichtlichen Spezialgegenstandes in den Gesamtumkreis nationaler und übernationaler historisch-politischer Bezüge. Eine gewisse Wendung der zeitgeschichtlichen Forschungs- und Fragerichtung zeichnet sich in dieser Hinsicht schon ab, man denke nur an die seit längerer Zeit stark in den Vordergrund gerückten Untersuchungen über den Ersten Weltkrieg, welche zwangsläufig das Kontinuitätsproblem im Hinblick auf den Nationalsozialismus neu aufwerfen. Erweiterte Horizonte sind ferner von Untersuchungen über den außerdeutschen Faschismus zu erwarten, ebenso von der notwendigen Hinwendung der Zeitgeschichte auf den soziologischen, technischen und psychologischen Hintergrund modernen politischen Geschehens und Bewußtseins.

Unsere Kritik an Sh. will alles andere als jenem Historismus das Wort reden, der sich bis zur Identifizierung in seinen jeweiligen Gegenstand versenkt. Aber die Internationalität der Zeitgeschichtsforschung kann gewiß auch nicht darin bestehen, daß sich stillschweigend deutsche und ausländische Historiker darüber einig sind, daß der Nationalsozialismus nur unter nationalgeschichtlichem Aspekt untersucht und allein unter den – inzwischen hinfällig gewordenen – spezifisch deutschen Voraussetzungen des geschichtlichen deutschen Nationalstaats verstanden wird. Wäre dies der Fall, dann bliebe Zeitgeschichte nach innen und außen steril, keiner fühlte sich von ihr betroffen, und keiner gewönne etwas von ihr.

Hitler und die Genesis der „Endlösung“

Aus Anlaß der Thesen von David Irving

Die englische Ausgabe des Hitler-Buches von David Irving[1], zwei Jahre nach der gereinigten deutschen Fassung[2] im Frühjahr 1977 erschienen, hat in der in- und ausländischen Öffentlichkeit Furore gemacht. Der schon aus früheren zeitgeschichtlichen Veröffentlichungen[3] als „enfant terrible“ bekannte britische Autor lancierte eine These, die auch manchen seiner Bewunderer und Freunde in Verlegenheit setzte[4]. Hitler, so Irving, habe das Ziel verfolgt, Deutschland und Europa judenfrei zu machen, den Massenmord an den Juden aber nicht gewollt und nicht befohlen, dieser sei ohne sein Wissen von Himmler, Heydrich und einzelnen Zivilverwaltungs- und Sicherheitspolizeichefs im Osten auf eigene Faust in die Wege geleitet worden.

Wenn wir uns in dieser Zeitschrift erneut mit dem Thema befassen, so nicht nur, um die spektakulären Haupt-Argumente Irvings zu durchleuchten, zu denen von international renommierten Fachhistorikern und Hitler-Forschern schon einhellig Stellung genommen worden ist[5]. Angesichts der Verwirrung, die das gut und populär geschrie-

---

[1] David Irving, Hitler's War, London 1977.

[2] David Irving, Hitler und seine Feldherren, Frankfurt/M. 1975. Der deutsche Verleger (Ullstein-Verlag) bestand auf einer Auslassung der seiner Meinung nach unhaltbaren und unverantwortlichen Thesen Irvings zur Entlastung Hitlers von der Judenvernichtung. Es kam daraufhin nach Erscheinen der deutschen Ausgabe zum Bruch zwischen Verlag und Autor.

[3] Das gilt für die Bücher „Accident. The Death of General Sikorski“, London 1967 (deutsche Ausgabe: „Mord aus Staatsräson, Churchill und Sikorski, eine tragische Allianz“, Bern/München/Wien 1969) und „The Destruction of Convoy PQ 17“, London 1968, bei denen es in Großbritannien zu aufsehenerregenden gerichtlichen Nachspielen kam (vgl. auch im Folgenden, Anm. 9). „PQ 17“, die Geschichte eines britischen Geleitzuges, für dessen Versenkung Irving den Kommandanten der Begleitschutzflottille der Navy verantwortlich machte, durfte nicht ausgeliefert werden.

[4] Vgl. dazu die Besprechung von Heinz Höhne in „Der Spiegel“ vom 4. 7. 1977, S. 72-74. Einer der deutschen Freunde Irvings, Rolf Hochhuth, der sich selbst die von Irving vertretene These über Churchills angebliches Attentat auf Sikorski zueigen gemacht und sie als Grundlage eines von ihm geschriebenen Stückes („Soldaten“) benutzt hatte, sah sich veranlaßt, in seiner Einführung der soeben bei Hoffmann u. Campe/Hamburg herausgegebenen Goebbels-Tagebücher aus dem Jahre 1945 von Irvings Hitler-These entschieden abzurücken (Einführung, S. 40).

[5] Zu nennen sind hier vor allem die ausführlichen Besprechungen von Alan Bullock in New York Times Review vom 26. 5. 1977, Hugh Trevor-Roper in Sunday Times Weekly Review vom 12. 6. 1977 und Eberhard Jäckel in Frankfurter Allgemeine Zeitung vom 25. 8. 1977.

bene Buch bei den nicht genügend mit den Einzelheiten Vertrauten, vor allem auch den Geschichtslehrern, hervorrufen kann, scheint es uns angebracht, die kritische Prüfung der Argumente Irvings und das unvermeidliche Detail der damit verbundenen Textanalyse zu verbinden mit einer Dokumentation wichtiger einschlägiger Quellen, die Irving, obwohl er sie meist kennt und in seinem Buch annotiert, häufig eher verschüttet. Die Thesen Irvings fordern aber auch dazu auf, bisher nicht vollständig geklärten bzw. kontroversen Problemen der Genesis der nationalsozialistischen Judenvernichtung nachzugehen, einschließlich der Frage, ob es einen „Befehl" Hitlers hierzu gegeben hat. Wichtig ist schließlich der Kontext. Es geht dem Autor nicht oder nur mittelbar um eine Revision der Geschichte der NS-Judenpolitik, sondern vor allem um eine Revision der Hitler-Bewertung, vorgetragen mit dem Anspruch solider Begründung durch bekannte und bisher unbekannte Quellen.

1. Der Kontext: „Normalisierung" Hitlers

Vielleicht würde eines Tages, wenn er tot und begraben sei, ein Engländer kommen und in objektiver Weise über ihn schreiben. Hitler soll diese Bemerkung irgendwann 1944 gemacht haben. David Irving greift sie in seinem Hitler-Buch beziehungsvoll auf[6]. Er scheint entschlossen gewesen zu sein, die apokryphe Prophezeiung auf seine Weise wahrzumachen. Eine Entdämonisierung Hitlers solle sein Buch endlich leisten, so beteuert er in seinem Vorwort mit Seitenhieben auch auf Joachim Fest (S. XVII), der ihm zuvorgekommen war, ohne es – so Irving – für nötig befunden zu haben, in Archiven nach neuen Quellen zu suchen. Auf der Basis neuentdeckter Dokumente beansprucht Irving, Hitler zeigen zu können, wie er wirklich gewesen ist, den realen Menschen: „an ordinary, walking, talking human weighing some 155 pounds, with graying hair, largely false teeth, and chronic digestive ailments" (S. XVIII). Die Reinigung des Hitler-Bildes vom Rost der Legenden alliierter Kriegspropaganda und Nachkriegs-Beschuldigungen wird dem Leser mit Emphase versprochen.

---

[6] David Irving, Hitler's War, a.a.O., S. 424. In der gekürzten deutschen Ausgabe ist die Passage nicht enthalten. Laut Irving soll die Äußerung in einem Gespräch Hitlers mit einem seiner Ärzte anläßlich einer Unterhaltung über das Buch des Engländers J. Daniel Chamier über Kaiser Wilhelm II. gefallen sein. Hitler habe bei dieser Gelegenheit noch bemerkt, so zitiert Irving (S. 424) kaum weniger beziehungsreich: „Für einen Ausländer ist es wahrscheinlich leichter zu einem Urteil über einen Staatsmann zu gelangen, vorausgesetzt, daß er mit dem Land, seinen Menschen, seiner Sprache und seinen Archiven vertraut ist." Irving belegt die Herkunft des Zitats in den Anmerkungen nicht.

Der kompensatorische Überdruck des Autors, der sich vorgenommen hat, der Zunft ihre Versäumnisse nachzuweisen und geltende zeitgeschichtliche Lehrmeinungen über Hitler umzustoßen, bestimmt den Ton der ganzen Einführung. Jahrelang hätten Historiker, die von Hitlers Judenvernichtung schrieben, nur von einander abgeschrieben. „For thirty years, our knowledge of Hitler's part in the atrocity has rested on interhistorian incest" (S. XIII).

Die umfassende zeitgeschichtliche Quellenkenntnis des Autors, zumindest für den engeren Bereich seiner Darstellung, ist unbestritten, ebenso, daß er es verstanden hat, eine Reihe bemerkenswerter bisher unbekannter zeitgenössischer Notizbücher, Tagebuch-Aufzeichnungen und Briefe aus der NS-Zeit ausfindig zu machen[7].

Diese stammen überwiegend aus dem Personenkreis der engeren Umgebung Hitlers im Führerhauptquartier, von Verbindungsleuten der Wehrmacht sowie einzelnen Reichsministern, Adjutanten, Sekretärinnen, Kammerdienern und Stenographen. Von sehr unterschiedlichem Wert, tragen sie in erster Linie zur genaueren Erfassung der Vorgänge im Führerhauptquartier (vor allem der „Wolfsschanze" bei Rastenburg in Ostpreußen) und zur Veranschaulichung der Atmosphäre in Hitlers Umgebung bei, kaum jedoch zur Erweiterung der Kenntnisse über wichtige militärische oder politische Entscheidungen und Handlungen Hitlers. Sie vermögen deshalb auch den hochgeschraubten innovatorischen Anspruch nicht zu begründen, den Irving mit ihnen verbindet.

Die Aufspürung und Nutzung zeitgeschichtlicher Primärquellen ist für den historischen Schriftsteller Irving seit langem eine Art abenteuerlicher Passion[8]. Dem Historiker und Quellenrechercheur steht der leidenschaftlich parteiische Schriftsteller aber immer wieder im Wege. Seinem Insistieren auf Primärquellen fehlt die nötige Kontrol-

---

[7] Zu nennen sind hier u. a. ein nicht sehr umfangreiches Notizbuch des ehemaligen Gesandten Walter Hewel, des Verbindungsmannes des Reichsaußenministers v. Ribbentrop im Führerhauptquartier (es war teilweise aus dem Indonesischen zu übersetzen und reizte Irving schon deshalb besonders), und – wohl wichtiger – Aufzeichnungen Dr. Werner Koeppens, des Verbindungsmannes des Reichsministers für die besetzten Ostgebiete, Alfred Rosenberg, bei Hitler, über Gespräche im Führerhauptquartier. Vgl. im übrigen die Einführungsabschnitte in Irvings Buch. Einen großen Teil dieses Materials hat Irving dem Institut für Zeitgeschichte zur Verfügung gestellt. Er hat in aller Regel, das bleibt anzuerkennen, seine Quellenbasis anderen Historikern gegenüber nicht verborgen, sondern auch seinen Kritikern offengehalten. Dem verdankt der Verfasser die Möglichkeit, sich gelegentlich auch auf die im IfZ vorhandenen Arbeitsmaterialien Irvings und seine dabei erkennbaren Arbeitsmethoden beziehen zu können.

[8] Bezeichnend die Schilderung seiner – in diesem Fall vergeblichen – mehrwöchigen Suche (mit einem supersensitiven Detektor) in einem Wald in der DDR nach den dort angeblich 1945 in wasserdichten Behältern vergrabenen Mikrofilmen der Goebbels-Tagebücher; vgl. Irving, a.a.O., Introduction, S. XXI.

le und Disziplin bei der Auswahl, Interpretation und Bewertung. Er nimmt Authentizität allzu schnell als Objektivität, deutet Oberflächenbefunde häufig voreilig, oft auch nicht genügend interessiert an komplizierten historischen Zusammenhängen und an strukturellen Problemen, die über die Ereignisgeschichte hinausgehen, für ihre Deutung aber wichtig sind. Ehrgeizig darauf bedacht, nachzuweisen, daß er es an genauer Kenntnis der Dokumente mit allen professionellen Historikern aufnehmen kann, verhält er sich doch diesen Dokumenten gegenüber insbesondere dann als „terrible simplificateur", wenn es darum geht, neue Lesarten historischer Zusammenhänge und Fakten aus ihnen abzuleiten und neue Bücher mit ihnen aufsehenerregend zu bestücken. Den Starrsinn, dessen er dabei fähig ist, haben frühere Thesen Irvings offenbart[9], das Hitler-Buch erweist ihn aufs neue.

Schon die Perspektive der Darstellung, so publizistisch wirksam sie ist, bedeutet von vornherein Hitler-parteiische Blickverengung. Darum bemüht, die wechselnden Stationen der politischen und Kriegsereignisse soweit wie möglich aus dem Gesichtswinkel Hitlers, „from behind his desk" (S. XVI), zu schildern, hat Irving der Vorzimmer-Perspektive des Führerhauptquartiers und den Zeugnissen der vielfach subalternen Bediensteten, die hier agierten – seinen neuen Quellen –, weit über Gebühr Beachtung geschenkt. Die vom Autor gesuchte „Nähe zu Hitler" und sein Anspruch auf Objektivität erweisen sich von vornherein als ein Widerspruch.

Er wird besonders gravierend durch die Art der Darstellung. Irving stellt und versteckt sich hinter Hitler, reproduziert die militärische oder politische Lagebeurteilung, wie der Führer sie sah, auch viele der zynischen Äußerungen Hitlers über seine Gegner (Churchill und Roosevelt), über das angebliche Versagen von Generalen und Bundesgenossen, meist ohne Kommentar. Neben Hitler bleiben nahezu alle anderen Personen blasse Schemen. Die Abbildung der

---

[9] Am meisten bekannt ist Irvings angeblicher Nachweis, der tödliche Flugzeugunfall des Chefs der Londoner Polnischen Exilregierung, General Sikorski, im Jahre 1942 sei auf ein von Churchill veranlaßtes Attentat zurückzuführen. Obwohl ein englisches Gericht die Unhaltbarkeit dieser These feststellte, kommt Irving auf sie auch in seinem Hitler-Buch (Einleitung, S. XIII) erneut zurück. Trevor-Roper nimmt in seiner Besprechung in der Sunday Times Weekly Review vom 12. 6. 1977 darauf Bezug und schreibt: "It is well known that Mr. Irving, some years ago, convinced himself that General Sikorski who died in an air-crash at Gibraltar had been 'assassinated' by Winston Churchill, to whom in fact his death was a political calamity. Not a shred of evidence or probability has ever been produced for this theory, and when it was tested in the courts, Mr. Irving's only 'evidence' was shown to be a clumsy misreading of a manuscript diary (I have myself seen the diary and feel justified in using the word 'clumsy')."

Subjektivität Hitlers (wie der Autor sie dokumentiert) wird zum Grundmuster einer Biographie und Kriegsdarstellung.

In dieser konzeptionellen Anlage ist schon ein Großteil der apologetischen Tendenz des Buches begründet, trotz seiner Bindung an schriftlich überlieferte Quellen. Die kurzatmig-chronologische Darstellung jeweils wechselnder militärischer und politischer Probleme, die an Hitler herangetragen wurden (anderes bleibt weitgehend außer Betracht), führt dazu, daß das Licht vor allem auf Hitler fällt, daß militärische und politische Entwicklungen und Maßnahmen zerschnitten werden, sich oft nicht mehr in ihrem vollen sachlich-objektiven Zusammenhang zeigen.

Die Kommentarlosigkeit des Autors, der scheinbar nur chronologisch verzeichnet, kann nicht verbergen, wofür sein Herz schlägt. Wohl zwei Drittel des über 800 Seiten starken Buches handeln von Hitlers Kriegführung, den militärischen Ereignissen und Problemen. Es ist nicht die erste Darstellung zum Zweiten Weltkrieg aus deutscher Sicht durch den britischen Autor, und weitere sollen folgen[10]. Sein Hitler-Buch macht deutlich: Der Kampf der deutschen Wehrmacht unter dem Kommando Adolf Hitlers übt auf den Autor immer wieder eine suggestive Anziehungskraft aus. Was „zwischen den Zeilen" der detailliert mit Daten und Dokumenten belegten Chronik erzählt wird, ist die fesselnde Geschichte des besseren Führers und Feldherrn und der besseren Armee, die nach großer kriegerischer Anstrengung schließlich der Macht- und Materialfülle ihrer schlechteren Gegner unterlagen. Späte Adaption Ernst Jüngerscher Kriegsdeutung. David Irving, so hat ein englischer Rezensent treffend bemerkt[11], ist noch immer der Schuljunge, der in England während des Krieges die Trümmer eines abgeschossenen deutschen Heinkel-Bombers fasziniert betrachtet. Als Historiker wendet er seinen „Kindheits-Krieg" um und um, fixiert auf die Technik der Rüstung und Strategie und die großen heroischen Entscheidungsschlachten. Auf letztere vor allem konzentriert er sichtlich sein schriftstellerisches Vermögen. Die Basis verläßlicher Dokumente wird dann gelegentlich ganz beiseite gelassen. Der Autor schreibt einen Kriegsroman. Ein Beispiel hierfür ist folgende Schilderung aus dem Polenfeldzug (S. 16):

---

[10] Vgl. David Irving, The Destruction of Dresden, London 1963 (dt. Ausgabe, Gütersloh 1964), und derselbe, Die Tragödie der deutschen Luftwaffe. Aus den Akten und Erinnerungen von Feldmarschall Milch, Frankfurt/Wien 1970. Ein Buch Irvings über Generalfeldmarschall Rommel (deutsche Ausgabe bei Hoffmann und Campe, Hamburg) ist in Vorbereitung.

[11] Michael Ratclife in „The Times" vom 16. 6. 1977, S. 14.

„Hitler's positive enjoyment of the battle scenes was undeniable. He visited the front whenever he could, heedless to the risk to himself and his escort ... At a divisional headquarters set up in a school within range of the Polish artillery he made the acquaintance of General von Briesen, who towered head and shoulders above him. Briesen had just lost an arm leading his division into an action which warded off a desperate Polish counterattack by four divisions and cavalry on the flank of Blaskowitz's Eighth Army; he had lost eighty officers and fifteen hundred men in the fight, and now he was reporting to his Führer not far from the spot where his father, a Prussian infantry general, had been killed in the Great War ..."

Die Tapferheit der Bewährung in der Krise ist das vielfach variierte Thema, dem der Autor am meisten sprachliche Eindringlichkeit zuwendet. Die Beschreibung der drohenden Katastrophe während des Kriegswinters in Rußland 1941/42 leitet er mit den Sätzen ein (S. 355): „In the dark months of that winter Hitler showed his iron determination and hypnotic powers of leadership. We shall see how these qualities and the German soldier's legendary capacity for enduring hardship spared the eastern army from cruel defeat that winter." Mit solchen Einblendungen ist der Ton gesetzt für die Bewertung Hitlers, auch wenn Irving sich immer wieder zurückzieht auf das nüchterne Referat von Dokumenten und Fakten, die auch Hitler schwer Belastendes enthalten. Die Meinung des Autors über die Verschwörung des 20. Juli 1944 verrät nur die Überschrift über dem Kapitel: „The worms turn."

Die „Strategie" der Entteufelung Hitlers, der das Buch folgt, beruht zunächst einfach darauf, daß das Ideologische und Politische an den Rand der breiten Erzählung des – sozusagen wertfreien – militärischen Geschehens gedrängt wird und, wie z. B. die geheime Euthanasie-Anordnung Hitlers nach Kriegsbeginn[12], häufig (fälschlich) mit militärischen Notwendigkeiten in Beziehung gesetzt oder primär begründet wird. In einigen Fällen läßt Irving die Rücksichtnahme auf dokumentarische Evidenz fast ganz fallen. Dazu gehört die – gegen längst gesicherte Erkenntnisse – neu belebte Theorie, Hitler sei mit dem Rußlandfeldzug einem bevorstehenden sowjetischen Angriff zuvorgekommen. Mysteriöse Versionen über aggressive Geheimreden,

[12] Irving leitet den Abschnitt über diesen Vorgang (S. 20) ein mit der Bemerkung: "The ostensible occasion for this formal decision was related to war needs. About a quarter of a million hospital beds were required for Germany's mental institutions ... They occupied bed space and the attention of skilled medical personnel which Hitler now urgently needed for the treatment of the casualities of his coming campaigns." – In keinem der einschlägigen Dokumente ist diese Begründung für die Euthanasie-Aktion enthalten.

die Stalin am 5. Mai 1941 im Kreml vor Offizieren der Roten Armee gehalten haben soll und die Irving – ohne Beleg – ausführlich zitiert (S. 238 ff.), müssen für die Präventivkriegsthese herhalten. Auf solchen Schein-Dokumenten baut er auch die Begründung für Hitlers Befehl zur Erschießung sowjetischer Kommissare auf: "Now the Soviet Union began to reap the harvest of the hatred she had sown" (S. 262). Die Erschießung der Kommissare, so Irving, sei Hitlers Antwort gewesen auf die von der sowjetischen Führung beabsichtigte „Auslöschung der herrschenden Klassen" (S. 263) in den westlichen Ländern, die sie zu überfallen vorhatte. Eine Hitler wahrlich kongeniale Interpretation!

Irving verschweigt nicht einzelne Tötungs- und Vernichtungsaktionen, die auf Hitler zurückgingen, stellt sie aber entschuldigend und oft falsch dar, verwischt ihre wesentlichen Unterschiede. Er nennt Brutalität, was fanatischer, zerstörerischer Vernichtungswille war, bettet Hitler ein in die allgemeine Brutalisierung der Kriegführung, an der der totale Partisanenkrieg der Sowjets im Osten wie der Bombenkrieg der Alliierten im Westen gleichermaßen beteiligt gewesen sei. Der Krieg, dem die Darstellung des Buches vor allem gilt, wird zum großen Nivellierer der Gewalt. Hitler ist in dieser Hinsicht keine Ausnahme-Erscheinung mehr.

Die Dominanz des Krieges in Irvings Darstellung liefert ihm zugleich eine Erklärung, die die Machtstruktur und- verteilung innerhalb des NS-Regimes während des Krieges betrifft: Der „machtvolle militärische Führer" sei während des Krieges an innenpolitischen Entwicklungen nur noch wenig beteiligt gewesen. Während Hitler seinen Krieg führte, regierten Bormann, Himmler, Goebbels und andere das Reich (S. 251). "Hitler was a less than omnipotent Führer, and his grip on his immediate subordinates weakened as the war progressed" (S. XV). Irving bezeichnet dies selbst als eine zentrale These. In dieser allgemeinen Form sicherlich nicht schlechterdings falsch, wird sie doch gänzlich abwegig, wendet man sie, wie der Autor, vor allem auf Hitlers Anteil an der Judenpolitik während des Krieges an. Es ist evident, daß die Judenvernichtungspolitik nicht in das Bild kriegsbedingter Brutalität hineinpaßt, das Irving zeichnet. Ohne nachdrückliche Entlastung Hitlers in diesem Punkt, dem wohl größten Verbrechen der deutschen Geschichte, ist eine „Normalisierung" Hitlers nicht möglich.

Es geht bei dieser Frage um mehr als um Hitler und dessen Verantwortung, sonst könnte man Irvings These auf sich beruhen lassen oder sie gar begrüßen als nützliches kontroverses Element zur Korrektur entgegengesetzter Tendenzen innerhalb der deutschen Zeitgeschichtsschreibung, die Hitlers Alleinschuld zwar nicht expressis verbis behaupten, aber mitunter gedankenlos implizieren. Irvings These berührt vielmehr den Nerv der Glaubwürdigkeit der Geschichtsschreibung über die NS-Zeit. Nicht mit Himmler, Bormann und Heydrich, auch nicht mit der NSDAP, hat sich eine Mehrheit des deutschen Volkes enthusiastisch identifiziert, sondern mit Hitler. Darin besteht insbesondere für deutsche Historiker ein wesentliches Problem der Erinnerung an die NS-Zeit. Die Hypothek solchen verhängnisvollen vergangenen Irrtums auszuhalten und seine Gründe zu erforschen, ohne sie zu bagatellisieren, bleibt für die deutsche Geschichtswissenschaft eine Aufgabe, ohne die sie ihre innere Wahrhaftigkeit verlieren müßte. Das Zerrbild vom bloß verrückten Hitler, das Irving zu zerstören vorgibt, existiert für die ernsthafte Zeitgeschichtsforschung schon längst nicht mehr, wenn es überhaupt je bestanden hat. Die Geschichtsmächtigkeit Hitlers verbietet eine solche Karikatur. Die katastrophalen Wirkungen, die er in Gang gesetzt und hinterlassen hat, verbieten aber ebenso eine „Normalisierung" Hitlers, für die sich – vor allem in der Bundesrepublik –, neuerdings auch unter Berufung auf Irving, mancherlei Tendenzen zeigen[13]. Die geschichtliche Potenz Hitlers, begründet vor allem auf seinem Vermögen, die Ängste, Aggressionen und Utopien einer Zeit und Gesellschaft wie keiner sonst zu verkörpern und zu mobilisieren und in massive Staatsmacht nach innen und außen zu verwandeln, läßt sich nicht trennen von der mediokren Falschheit, der abstoßenden Monstrosität des geistigen und seelischen Habitus dieser „Unperson", seiner zutiefst verantwortungslosen, selbstbetrügerischen und zerstörerischen, heillos menschenfeindlichen Egozentrik und fanatischen Besessenheit, die dem unvoreingenommenen Historiker bei der Beschäftigung mit Hitler stets aufs neue begegnen. Sie kann nicht durch den Blick auf die „Größe" seiner geschichtlichen Wirkungen, durch nachträgliche Über-Machiavellisierung und Rationalisierung Hitlers, noch weniger durch Vorzimmer-„Vermenschlichung" aus der Welt geschafft werden.

Gegen Ende seines Buches (S. 773) zitiert Irving selbst eine Äußerung, die massiv gegen sein Hitler-Bild spricht. Bei seiner letzten Ansprache vor Gauleitern der NSDAP am 24. Februar 1945, angesichts

---

[13] Den „Neuen Erkenntnissen über den Führer" widmete die in München herausgegebene „National-Zeitung" vom 2.9.1977 ihre Titelseite und stellte unter Bezugnahme auf Irvings ausführlich besprochenes Hitler-Buch (und das Bilder-Taschenbuch zum Hitler-Film von Joachim Fest) frohlockend fest: „Die Verteufelung Hitlers geht ihrem Ende entgegen", eine „Normalisierung der Zeitgeschichtsschreibung" über Hitler trete allmählich ein.

des Trümmerhaufens seiner Politik und Kriegführung, erklärte der von großen Teilen seines Volkes so lange vergötterte Führer, der sich zu einer öffentlichen Rede an dieses Volk nicht mehr bewegen ließ[14], wenn das deutsche Volk jetzt zum Feind überlaufe, dann verdiene es die Vernichtung. Das Monstrum Hitler (nicht das Monster der Karikatur), das aus solchen Äußerungen spricht, läßt sich nicht in das Bild eines normalen Kriegsfeldherrn verwandeln.

2. Das Problem der Genesis der nationalsozialistischen Judenvernichtung

Umfassende Darstellungen über die „Endlösung der Judenfrage", die seit Jahren vorliegen, verbergen vielfach – vom ersten Anschein her –, daß manche Aspekte der Genesis dieses Programms durchaus noch im Dunkeln liegen. Ihre genaue Untersuchung wurde z. T. gehemmt durch die Tendenz, die Judenvernichtung als eine Art metahistorisches Ereignis von der Evidenz der bei Hitler lange vor 1933 dogmatisch fixierten radikal-antisemitischen Weltanschauung und dem in ihr vorgeformten psychologischen Vernichtungsmotiv gleichsam „logisch" abzuleiten[15]. So unentbehrlich dieser Fixpunkt, Hitlers fanatisch-pathologischer Weltanschauungswille, zur Erklärung des Ganzen ist, er entlastet nicht von der Aufhellung der historischen Frage, wie sich die Umsetzung von Weltanschauung in Wirklichkeit vollzog, unter welchen Bedingungen und durch welche institutionellen und personellen Hebel sie „vermittelt" und möglicherweise auch „verzerrt" wurde.

So gesichert unsere Kenntnis über einzelne Phasen, Schauplätze und Modalitäten der Durchführung der Vernichtungsaktionen aufgrund zeitgenössischer Dokumente und späterer Aussagen der Beteiligten und Betroffenen ist, so wenig Genaues wissen wir über das Zustandekommen der mörderischen letzten Stufe der Radikalisierung nationalsozialistischer Judenpolitik, über die an der Entscheidungsbildung vor allem Beteiligten, über den präzisen Inhalt der Entscheidung sowie über Form und Inhalt ihrer Übermittlung an die mit der Durchführung der Vernichtungsaktionen beauftragten Sonderkom-

[14] Vgl. hierzu Joseph Goebbels, Tagebücher 1945. Die letzten Aufzeichnungen, Hamburg 1977; die Eintragungen vom 27. u. 28.3.1945 (S. 397 u.409) zeigen, daß Goebbels Hitler damals vergeblich drängte, über den Rundfunk „zum deutschen Volk" zu sprechen.

[15] Charakteristisch hierfür eine der jüngsten umfassenden Darstellungen zur NS-Judenpolitik: Lucy Dawidowicz, The war against the Jews 1933-1945, London 1975.

mandos und maßgeblich beteiligten Dienststellen. Trotz der Vernichtung der einschlägigen Akten – vor allem im Bereich der primär zuständigen Sicherheitspolizei –, der methodischen Spurenverwischung nach Abschluß der Aktionen und der irreführenden Sprachregelung in den Dokumenten ließ sich der Vorgang als solcher nicht verbergen. Im Hinblick auf die zentrale Entscheidungsbildung ist die Verschleierung aber in stärkerem Maße gelungen.

Es kann dabei bezweifelt werden, ob die Akten des Chefs der Sicherheitspolizei, der am 31. Juli 1941 mit der zentralen Organisation der „Endlösung“ beauftragt worden war, der Kanzlei des Führers, die in bezug auf die Vergasungs-Spezialisten (wie vorher bei der Euthanasie-Aktion) eingeschaltet war, oder die Handakten Bormanns im Führerhauptquartier, wären sie nicht vor Kriegsende weitgehend vernichtet worden, eindeutige Auskunft zu den offenen Fragen geben würden. Es ist auffällig, daß auch höchstgestellte Personen des NS-Regimes, mit denen Hitler während des Krieges häufig zu tun hatte und die an der Judenfrage, wenigstens partiell oder mittelbar, beteiligt waren und nach Kriegsende noch als Zeugen zur Verfügung standen (wie Göring, Ribbentrop, Hans Frank) oder umfangreiche Aufzeichnungen hinterließen (wie Goebbels in seinen Tagebüchern), zwar offensichtlich von der Judenvernichtung wußten, aber über einen präzisen Geheimbefehl Hitlers nichts auszusagen vermochten. Das spricht nicht nur dafür, daß alle wesentlichen Verabredungen über das letzte Ziel der „Endlösung“ mündlich getroffen und weitergegeben wurden[16], sondern auch dafür, daß die physische Liquidierung der Juden nicht durch einen einmaligen Akt der Entscheidung, vielmehr stück- und schubweise in Gang gesetzt wurde.

Die erste große Teilaktion der Liquidierung, die Massenexekution Hunderttausender von Juden in den eroberten sowjetischen Gebieten durch die Einsatzkommandos der Sicherheitspolizei und des SD im Sommer und Herbst 1941, zweifellos auf Weisungen Hitlers zurückgehend, stand, wie der Befehl zur Erschießung sowjetischer Kommissare, vor allem im Zeichen der fanatischen dogmatischen Entschlossenheit der NS-Führung, den „jüdischen Bolschewismus“ mit Stumpf und Stiel auszurotten. Sie läßt noch nicht zwingend den Schluß zu, daß die physische Liquidierung als allgemeines Ziel der nationalsozialistischen Judenpolitik, d. h. auch in bezug z. B. auf die Juden in Deutschland, schon kategorisch beschlossen war und auch Görings Auftrag an Heydrich zur Vorbereitung eines umfassenden

[16] Alle Nachkriegsaussagen derjenigen, die mit Teilaktionen zur Judenvernichtung beauftragt wurden, beziehen sich auf mündliche Instruktionen, siehe unten, Anm. 62-65.

Programms der Judendeportation vom 31.7.1941 bereits in diesem Sinn zu interpretieren ist. Schon vor einigen Jahren hat Uwe Dietrich Adam dies in seiner Studie über die NS-Judenpolitik mit guten Gründen verneint[17].

Obwohl die in den besetzten sowjetischen Gebieten erstmals praktizierte pauschale Massentötung von Juden (unter Einschluß von Frauen und Kindern) zwangsläufig dazu beitragen mußte, daß die Liquidierungspraxis als „einfachstes" Mittel und kürzester Prozeß der „Endlösung" Schule machte, blieb bei den gleichzeitigen Planungen zur Deportation der reichsdeutschen Juden zunächst anscheinend noch weitgehend offen, wohin die Juden eigentlich transportiert werden sollten, und was mit ihnen dort zu geschehen habe. Aller Nachdruck und alle Entschlossenheit konzentrierten sich auf das Ziel, die Juden loszuwerden, vor allem das Reichsgebiet „judenfrei" zu machen, nachdem man frühere Ansätze und Planungen zur Abschiebung der deutschen Juden seit dem Winter 1939/40 hatte zurückstellen müssen.

Es war nicht ausschließlich Sprachregelung und Verschleierung, wenn im Sommer und Herbst 1941 in den Besprechungen und Schriftstücken der maßgeblich Beteiligten nur in unbestimmter Weise von Deportation „nach dem Osten" die Rede war, sondern entsprach durchaus der Art und Weise, in der Hitler, Himmler, Heydrich auch sonst an die „Flurbereinigung" großer rasse- und volkstumspolitischer Fragen herangingen. Man leitete eine umfangreiche Aktion zur Menschenverschiebung ein, ohne sich über ihre Konsequenzen schon im klaren zu sein. In bezug auf die Judendeportationen nach dem Osten, die seit dem Sommer 1941 planerisch und seit Mitte Oktober 1941 mit ersten Judenevakuierungen aus dem Reich auch faktisch begannen, existierte zu diesem Zeitpunkt vermutlich nur die allgemeine Vorstellung: Die Juden im Osten in Ghettos und Lagern zu schwerer Zwangsarbeit einzusetzen, dabei würden bald viele umkommen und in bezug auf die Nichtarbeitsfähigen könne man ähnlich „nachhelfen", wie man in den Konzentrationslagern des Reiches und in Arbeitslagern in Polen dazu übergegangen war, nicht einsatzfähige Gefangene zu liquidieren. Der zu erobernde Riesenraum der Sowjetunion würde – so anscheinend die Leitvorstellung – auf jeden Fall die Möglichkeit bieten, die Juden aus Deutschland und den besetzten und verbündeten Ländern Europas, vor allem endlich auch die große Zahl der Juden in den Ghettos im Generalgouvernement

---

17 Uwe Dietrich Adam, Judenpolitik im Dritten Reich, Düsseldorf 1972, insbes. S. 305 ff.

Polen, das seit 1940 als Ansiedlungsgebiet für die weitere Germanisierung im Osten in Aussicht genommen war, loszuwerden. Es war offenbar vor allem Hitler selbst, der im Sommer und Herbst 1941 einzelnen Gauleitern im Reich ebenso wie dem Reichsprotektor von Böhmen und Mähren und dem Generalgouverneur für die besetzten polnischen Gebiete oder einzelnen verbündeten Satellitenregierungen der Achsenmächte die Möglichkeit der Abschiebung der Juden nach dem Osten als nahe bevorstehend in Aussicht stellte, auf ihre Realisierung drängte und damit unter ihnen auch zum Teil einen ehrgeizigen Wettstreit, die jeweiligen Gebiete möglichst schnell judenrein zu machen, in Gang setzte. Zur Charakterisierung zitieren wir einige einschlägige Zeugnisse aus dieser Phase, die auch zeigen, daß dem entschlossenen Willen der NS-Führung, die Judenfrage jetzt radikal anzupacken, noch keine ebenso klare Zielsetzung im Hinblick auf das weitere Schicksal der zu Deportierenden entsprach. Neben dem russischen Osten figurierte noch der alte Plan einer späteren Madagaskar-Lösung bei Hitler und den zuständigen Referenten des SD als widersprüchliche oder auswechselbare Zielvorstellung.

Im Dienst-Tagebuch des Generalgouverneurs (Hans Frank) heißt es unter dem Datum vom 17. 7. 1941[18]:
„Der Herr Generalgouverneur wünscht keine weitere Ghettobildung mehr, da nach einer ausdrücklichen Erklärung des Führers vom 19. Juni d. J. die Juden in absehbarer Zeit aus dem Generalgouvernement entfernt würden und das Generalgouvernement nur noch gewissermaßen Durchgangslager sein solle."

[18] Das Diensttagebuch des deutschen Generalgouverneurs in Polen 1939-1945, hrsg. von Werner Präg und Wolfgang Jacobmeyer, Stuttgart 1975, S. 386. Daß man zu dieser Zeit (Sommer 1941) auch bei den mit der Judenfrage befaßten Dienststellen des SD von einem generellen Judenvernichtungsbefehl noch nichts wußte (was erstaunlich wäre, wenn es ihn schon gegeben hätte), zeigt u. a. der Entwurf eines Schreibens des für den Warthegau zuständigen Leiters des SD-Abschnittes Posen an den Judenreferenten Adolf Eichmann im RSHA vom 17. 7. 1941, gerade weil hier von selbständigen Überlegungen der Sicherheitspolizei und des SD in Posen, einen Teil der Juden des Ghettos in Litzmannstadt zu töten, die Rede ist. Es wurde, so heißt es dort, bei Besprechungen über die „Lösung der Judenfrage" in der Reichsstatthalterei in Posen wegen der Überbelegung des Ghettos in Litzmannstadt erwogen, ob es nicht die humanste Lösung wäre, die Juden, soweit sie nicht arbeitsfähig sind, durch ein schnell wirkendes Mittel zu erledigen. „Auf jeden Fall wäre es angenehmer, als sie verhungern zu lassen." „Die Dinge klingen teilweise fantastisch", so schrieb der Posener SD-Chef, „wären aber meiner Ansicht nach durchaus durchführbar." Kopie des Schreibens, das nach 1945 in Posen aufgefunden und auch im Prozeß gegen Reichsstatthalter Greiser verwendet wurde, in: Biuletyn Glowna Komisja Badania zbrodni Hitlerowskich w Polsce, Krakau, Bd. XIII (1960), Dok. 27 f./28.

In einer Besprechung mit dem kroatischen Marschall Kvaternik am 17.7.1941 äußerte Hitler laut Protokoll[19]:

„Die Juden seien die Geißel der Menschheit. Sowohl die Litauer als auch die Esten und Letten nähmen nun blutige Rache an ihnen ... ... wenn auch nur ein Staat aus irgendwelchen Gründen eine jüdische Familie bei sich dulde, so würde das ein Bazillenherd[20] für eine neue Zersetzung werden. Gäbe es keine Juden mehr in Europa, so würde die Einigkeit der europäischen Staaten nicht mehr gestört werden. Wohin man die Juden schicke, nach Sibirien oder Madagaskar, sei gleichgültig. Er werde an jeden Staat mit dieser Forderung herantreten ...

Manchen Einblick in die Planungen und Überlegungen in dieser Phase gewähren auch die vor einigen Jahren aufgetauchten noch nicht veröffentlichten Teile der Goebbels-Tagebücher[21]. Ihnen zufolge vermerkte Goebbels am 7.8.1941 in bezug auf die Ausbreitung von Fleckfieber im Warschauer Ghetto:

„Die Juden sind ja immer die Träger ansteckender Krankheiten gewesen. Man muß sie entweder in einem Ghetto zusammenpferchen und sich selbst überlassen oder liquidieren, sonst würden sie immer die gesunde Bevölkerung der Kulturstaaten anstecken."

Am 19.8.1941, nach seinem Besuch im Führerhauptquartier am Vortage, schrieb er:

„Der Führer ist der Überzeugung, daß seine damalige Prophezeiung im Reichstag, daß, wenn es dem Judentum gelänge, noch einmal einen Krieg zu provozieren, er mit der Vernichtung der Juden enden würde[22], sich bestätigt. Sie bewahrheitet sich in diesen Wochen und

[19] Vgl. Andreas Hillgruber, Staatsmänner und Diplomaten bei Hitler, 1970, Bd. 2, S. 556.

[20] Lt. Aufzeichnung Werner Koeppens, deren Kenntnis David Irving zu danken ist, äußerte Hitler am 10.7.1941 abends im Führerhauptquartier: „Ich fühle mich wie Robert Koch in der Politik. Der fand den Bazillus und wies damit der ärztlichen Wissenschaft neue Wege. Ich entdeckte den Juden als den Bazillus und das Ferment der gesellschaftlichen Dekomposition ...", Archiv Institut für Zeitgeschichte (IfZ), Sammlung Irving.

[21] Sie befinden sich beim Hoffmann u. Campe-Verlag, Hamburg (künftig zit. als Goebbels-Tgb./Hoffmann u. Campe). Für die gewährte Möglichkeit ausführlicher Einsichtnahme habe ich vor allem dem ehem. Geschäftsführer des Verlages Dr. Knaus zu danken.

[22] Am 30.1.1939 hatte Hitler im Reichstag erklärt: „Wenn es dem internationalen Finanzjudentum in- und außerhalb Europas gelingen sollte, die Völker noch einmal in einen Krieg zu stürzen, dann wird das Ergebnis nicht die Bolschewisierung der Erde und damit der Sieg des Judentums sein, sondern die Vernichtung der jüdischen Rasse in Europa." Auf diese Rede kam Hitler während des Krieges in öffentlichen Reden und privaten Gesprächen immer wieder zurück, z.B. bei seinen Reichstagsreden am 30.1.1941 und am 30.1.1942, datierte sie aber (bewußt oder unbewußt) falsch auf den 1.9.1939. Für bewußte Umdatierung, die den Zusammenhang zwischen militärischem Krieg und Kampf gegen die Juden betonen sollte, spricht ihre Regelmäßigkeit und der Umstand, daß sie auch in den amtlichen Veröffentlichungen der Hitler-Reden, z.B. im „Völkischen Beobachter", beibehalten wurde.

Monaten mit einer fast unheimlich anmutenden Sicherheit. Im Osten müssen die Juden die Zeche bezahlen, in Deutschland haben sie sie zum Teil schon bezahlt und werden sie in Zukunft noch mehr bezahlen müssen. Ihre letzte Zuflucht bleibt Nordamerika; und dort werden sie über kurz oder lang auch einmal bezahlen müssen ..."

Am nächsten Tag, 20.8.1941, ergänzte Goebbels die vom Führerhauptquartier mitgebrachten Eindrücke:
„... Wenn es im Augenblick auch noch nicht möglich ist, aus Berlin eine judenfreie Stadt zu machen, so dürfen die Juden jedenfalls öffentlich nicht mehr in Erscheinung treten. Darüber hinaus aber hat mir der Führer zugesagt, daß ich die Juden aus Berlin unmittelbar nach Beendigung des Ostfeldzuges in den Osten abschieben kann. Berlin muß eine judenfreie Stadt werden. Es ist empörend und ein Skandal, daß in der Hauptstadt des Deutschen Reiches sich 70000 Juden, zum größten Teil als Parasiten, herumtreiben können. Sie verderben nicht nur das Straßenbild, sondern auch die Stimmung. Zwar wird das schon anders werden, wenn sie ein Abzeichen tragen, aber ganz abstellen kann man das erst dadurch, daß man sie beseitigt. Wir müssen an dieses Problem ohne jede Sentimentalität herangehen."

Daß Hitler die Ziele der jetzt forcierten Aktivität setzte, bestätigen auch andere Zeugnisse dieser Zeit. Am 18.9.1941 schrieb Himmler an den Gauleiter und Reichsstatthalter im Warthegau, SS-Obergruppenführer Greiser[23]:
„Der Führer wünscht, daß möglichst bald das Altreich und das Protektorat vom Westen nach dem Osten von Juden geleert und befreit werden. Ich bin daher bestrebt, möglichst noch in diesem Jahr die Juden des Altreiches und des Protektorats zunächst einmal als erste Stufe in die vor zwei Jahren neu zum Reich gekommenen Ostgebiete zu transportieren, um sie im nächsten Frühjahr noch weiter nach dem Osten abzuschieben. Ich beabsichtige, in das Litzmannstädter Ghetto, das, wie ich hörte, kaum aufnahmefähig ist, rund 60000 Juden des Altreichs und des Protektorats für den Winter zu verbringen. Ich bitte Sie, diese Maßnahme, die sicherlich für Ihren Gau Schwierigkeiten und Lasten mit sich bringt, nicht nur zu verstehen, sondern im Interesse des Gesamtreiches mit allen Kräften zu unterstützen."

Es ist möglich, aber nicht sicher, daß Himmlers Mitteilung, es sei nur an eine vorübergehende Unterbringung der Juden im Ghetto Litzmannstadt gedacht, bis diese im nächsten Frühjahr „weiter nach Osten" gebracht werden könnten, eine bloße Finte gewesen ist und

---

[23] Persönlicher Stab RFSS, Archiv IfZ: MA 3/9, Folder 94.

schon zu diesem Zeitpunkt ihre Ermordung in den besetzten polnischen Gebieten geplant war[24].

Wegen der als erste Etappe vorgesehenen Unterbringung von 20000 reichsdeutschen Juden in Litzmannstadt (Lodz) kam es Anfang Oktober 1941 zwischen dem Litzmannstädter Regierungspräsidenten, SS-Brigadeführer Uebelhör, und Himmler sowie – nachdem die Transporte (ab Mitte Oktober) schon begonnen hatten – zwischen Uebelhör und der Sicherheitspolizei zu heftigen Kontroversen wegen der von dem Regierungspräsidenten kategorisch verneinten Aufnahmekapazität des Ghettos[25]. Sie wären kaum erklärlich, wenn der Vernichtungsplan schon ausgemachte Sache gewesen wäre. Auch Goebbels erfuhr am 23. September 1941 im Führerhauptquartier von Heydrich, daß es (wohl vor allem wegen der von der Wehrmacht beanspruchten Transportzüge und wegen der begrenzten Aufnahmekapazitäten der verfügbaren Lager und Ghettos im Osten) vorläufig noch Schwierigkeiten mit der zügigen Deportation der Berliner Juden gebe. In seiner Aufzeichnung über ein Gespräch mit Heydrich im Führerhauptquartier am 23.9.1941 (Tagebucheintragung vom 24.9.1941), die z. T. unleserlich [...] oder schwer entzifferbar < > ist, heißt es (S. 18 f.)[25a]:

„Das wird der Fall sein können, sobald wir im Osten zu einer Bereinigung der militärischen Lage gekommen sind. Sie [die Juden] sollen am Ende alle in die von den Bolschewisten angelegten Lager [...] transportiert werden. Diese < selbst sind von den > Juden errichtet worden. < Was liegt näher, als daß > sie nun auch von Juden bevölkert werden ..."

An anderer Stelle der Tagebucheintragung vom 24.9.1941 (S. 35 f.) über seinen Besuch im Führerhauptquartier vermerkte Goebbels „Der Führer ist der Meinung, daß die Juden nach und nach aus ganz Deutschland herausgebracht werden müssen. Die ersten Städte, die nun judenfrei gemacht werden sollen, sind Berlin, Wien und Prag. Berlin kommt als erste an die Reihe und ich habe die Hoffnung, daß

[24] Laut Aufzeichnung Koeppens vom 7.10.1941 erklärte Hitler am 6.10.1941 im Hinblick auf das Protektorat: „Alle Juden müssen aus dem Protektorat entfernt werden, und zwar nicht erst ins Generalgouvernement, sondern gleich weiter nach Osten. Es ist dies augenblicklich nur wegen des großen Bedarfs an Transportmitteln nicht durchführbar. Mit den Protektoratsjuden sollen gleichzeitig alle Juden aus Berlin und Wien verschwinden." Archiv IfZ: Sammlung Irving.

[25] Vgl. Schreiben Uebelhörs an Himmler vom 4.10.1941, von Himmler an Uebelhör vom 10.10.1941 (darin der Satz: „Ich verlange, daß sie [die Juden] in den Häusern untergebracht werden, die durch die erhebliche Verringerung der Juden seit eineinhalb Jahren [Sterblichkeit und Abschiebung nach dem Generalgouvernement] frei geworden sind."). Pers. Stab RFSS, Archiv IfZ: MA 3/9, Folder 94.

[25a] Die folgenden Zitate nach Goebbels-Tgb./Hoffmann u. Campe (s. Anm. 21).

es uns im Laufe dieses Jahres noch gelingt, einen wesentlichen Teil der Berliner Juden nach dem Osten abzutransportieren."

Einen Monat später mußte Goebbels jedoch erfahren, daß es zunächst nichts sei mit schnellen und umfassenden Deportationen der Berliner Juden in die besetzten sowjetischen Gebiete. In seiner Tagebucheintragung vom 24. 10. 1941 schrieb er:

„Allmählich fangen wir nun auch mit der Ausweisung der Juden nach dem Osten an. Einige Tausend sind schon in Marsch gesetzt worden. Sie kommen vorerst nach Litzmannstadt."

Am 28. 10. 1941 klagte Goebbels in seinem Tagebuch erneut über die Widerstände, die verhinderten, daß die Judenevakuierung aus Berlin „in möglichst kurzer Frist" stattfinden könne. Wirkten sich doch in der Reichshauptstadt „Maßnahmen wie die Evakuierung immer propagandistisch übler aus als in anderen Städten, weil wir hier ja die ganze Diplomatie und die Auslandspresse sitzen haben". Am 18. 11. 1941 notierte er:

„Heydrich berichtete mir über seine Absichten bezüglich der Abschiebung der Juden aus dem Reichsgebiet. Die Frage läßt sich schwieriger an als wir zuerst vermutet hatten. 15000 Juden müssen sowieso in Berlin bleiben, da sie bei kriegswichtigen und gefährlichen Arbeiten beschäftigt sind. Auch eine Reihe von alten Juden können nicht mehr nach dem Osten abgeschoben werden. Für sie soll ein Judenghetto in einer kleinen Stadt im Protektorat eingerichtet werden ..."

Am 21. 11. 1941 mußte offenbar auch Hitler, der nach Berlin gekommen war, die Hoffnungen des Propagandaministers und Berliner Gauleiters in der Frage des Tempos der Judendeportationen dämpfen. Goebbels vermerkte am Tage darauf:

„Er [der Führer] will eine energische Politik gegen die Juden, die uns allerdings nicht unnötige Schwierigkeiten verursacht."

Erhebliche Schwierigkeiten waren in der Tat entstanden, vor allem durch den unerwartet zähen Fortgang und schließlich den Stillstand der militärischen Operationen im Osten und die zusätzliche Belastung der ohnehin schon äußerst angespannten Transportlage.

Die Lage, in die die NS-Führung bei ihrer Planung umfassender Judendeportationen geraten war, tritt schon aus den zitierten Dokumenten mit genügender Deutlichkeit hervor: Hitler, Himmler und Heydrich hatten sich in der Vorbereitung umfassender Deportationen zur Entfernung der Juden, die für sie, wie vor allem aus Hitlers Äußerungen hervorgeht, eine mit fanatischem Eifer verfolgte Weltanschauungs-Frage darstellte, nach innen und außen grundsätzlich festgelegt; nicht zuletzt auch gegenüber einzelnen Gauleitern mit judenreicheren Städten (Goebbels in Berlin, Schirach in Wien) oder dem Generalgouverneur, die ihrerseits auf Entfernung ihrer Juden drängten. Der Chef der Sicherheitspolizei (Heydrich) und sein Judenreferent (Eichmann) hatten Transportpläne aufgestellt und waren – auch über die nach Preßburg, Bukarest und Agram (Zagreb) entsandten „Judenberater" – an die Satellitenregierungen der judenreichen verbündeten Länder im Südosten herangetreten mit dem Ziel, auch deren Juden in die Deportation nach dem Osten einzubeziehen. Der Plan der großen Evakuierung der Juden sollte – so sah Hitler es sehr wahrscheinlich – keinesfalls gestoppt werden, weil die militärischen Schwierigkeiten und Belastungen im Osten sich als größer erwiesen als im Sommer 1941 angenommen. Aus dieser Situation heraus scheint es im Herbst 1941 einerseits zu einer Verlangsamung und Reduzierung der ursprünglichen Deportationspläne, andererseits zu Entschlüssen gekommen zu sein, die darauf hinausliefen, zumindest Teile der deportierten Juden „auf andere Weise", d.h. durch gezielte Tötungsaktionen, aus der Welt zu schaffen. Die Judenvernichtung entstand, so scheint es, nicht nur aus vorgegebenem Vernichtungswillen, sondern auch als „Ausweg" aus einer Sackgasse, in die man sich selbst manövriert hatte. Einmal begonnen und institutionalisiert, erhielt die Liquidierungspraxis jedoch dominierendes Gewicht und führte schließlich faktisch zu einem umfassenden „Programm".

Mit absoluter Sicherheit läßt sich auch diese Interpretation nicht belegen, aber sie hat, nach den ganzen Begleitumständen zu schließen, die hier in allen Einzelheiten nicht erörtert werden können, weit mehr Wahrscheinlichkeit für sich als die Annahme eines umfassenden Geheimbefehls zur Judenvernichtung im Sommer 1941[26].

Im November 1941 fanden zum ersten Mal Vernichtungen deportierter Juden aus dem Reich statt. Die Juden einzelner Transporte, die nach dem Reichskommissariat „Ostland", vor allem nach Riga, Minsk und Kowno geleitet worden waren, wurden nicht, wie die Mehrzahl der später folgenden Transporte, in die dortigen Ghettos oder Lager eingewiesen, sondern bei ihrer Ankunft in Erschießungsaktionen einbezogen, die die Einsatzkommandos der Sicherheitspolizei und des SD – so vor allem in Riga am sogenannten Blutsonntag,

[26] Auch Adam, a.a.O. (insbes. S. 312), nimmt einen solchen Geheimbefehl an, den er nur später („zwischen dem September und November 1941") datieren möchte. Mir scheint dagegen, daß es überhaupt keinen umfassenden allgemeinen Vernichtungsbefehl gegeben hat, das „Programm" der Judenvernichtung sich vielmehr aus Einzelaktionen heraus bis zum Frühjahr 1942 allmählich institutionell und faktisch entwickelte und nach der Errichtung der Vernichtungslager in Polen (zwischen Dezember 1941 und Juli 1942) bestimmenden Charakter erhielt.

am 30. November 1941 – zur Tötung einheimischer Juden ingang gesetzt hatten. Etwa zur gleichen Zeit (November 1941) traf in Chelmno (Kulmhof) im Reichsgau Wartheland das „Sonderkommando Lange“ ein und begann mit der Einrichtung einer provisorischen Vernichtungsanlage, die unter Einsatz von Gaswagen (wie sie von diesem Kommando schon vorher im Rahmen von Euthanasieaktionen im Durchgangslager Soldau benutzt worden waren) ab Dezember 1941 zur Tötung von Juden vor allem aus dem Ghetto Litzmannstadt „in Betrieb“ genommen wurde. Die Aktion in Chelmno stand offenbar in unmittelbarem Zusammenhang mit den Querelen, die es vorher wegen der Transporte reichsdeutscher Juden nach Litzmannstadt gegeben hatte. Der in Posen schon im vorangegangenen Sommer entwickelte Gedanke[27], die Situation des Ghettos durch die Tötung nichtarbeitsfähiger Juden „mit Hilfe eines schnell wirkenden Mittels“ zu entlasten, war anscheinend inzwischen auf fruchtbaren Boden gefallen. Bei der Errichtung der Anlage in Chelmno ging es im wesentlichen um diese begrenzte Aktion: Um „Luft zu machen“ für die vom RSHA geplante zweite und dritte Rate von Judentransporten aus dem Reich, die man im Winter 1941/42 „vorläufig“ in Litzmannstadt unterbringen wollte, sollte das Ghetto von Arbeitsunfähigen (vor allem auch Frauen und Kindern), die man zur Vergasung nach Chelmno brachte, entlastet werden. Die Aktion wurde im großen und ganzen bis zum Sommer 1942 (mit der Vernichtung von ca. 100000 Juden) abgeschlossen. Ihr Ad-hoc-Charakter ergibt sich aus einem Schreiben, das Reichsstatthalter Greiser am 1.5.1942 an Himmler richtete. Mit einer für den Schriftverkehr ungewöhnlichen Offenheit teilte er mit:

„Die von Ihnen im Einvernehmen mit dem Chef des Reichssicherheitshauptamtes SS-Obergruppenführer Heydrich genehmigte Aktion zur Sonderbehandlung von rund 100000 Juden in meinem Gaugebiet wird in den nächsten 2-3 Monaten abgeschlossen werden können.“[28]

Nach dem Sommer 1942 gelangten nur noch relativ wenige Transporte nach Chelmno, im März 1943 wurden die Anlagen abgebaut und die Spuren der Tötung beseitigt (erst im Frühjahr 1944 benötigte man die Gebäude wieder für weitere Vernichtungsaktionen)[29].

---

27 Siehe oben, Anm. 18.

28 Nürnbg. Dok. NO-365.

29 Detaillierte Einzelheiten über Chelmno enthält eine von A. Rückerl herausgegebene Dokumentation aus den Ermittlungen und Urteilen der Justiz in der Bundesrepublik zu den Vernichtungslagern in Polen, die als dtv-Taschenbuch im Dezember 1977 erscheinen wird. Vgl. dazu auch Ino Arndt/Wolfgang Scheffler, Organisierter Massenmord an Juden in nationalsozialistischen Vernichtungslagern, in dieser Zeitschrift 24 (1976), S. 116 ff.

Der Vorgang deutet darauf hin, daß die Initiative zu dieser Teilaktion von lokalen Sicherheitspolizeistellen und der Reichsstatthalterei ausgegangen war, mit größter Wahrscheinlichkeit jedoch im Rahmen allgemeiner Entschlüsse zur verstärkten Anwendung von Liquidationsmaßnahmen, die seit Oktober/November 1941 gefaßt worden waren. Daß es damals noch nicht um die Exekution eines allgemeinen Vernichtungsbefehls, sondern um den Teileinsatz von Vernichtungsmaßnahmen im Zusammenhang eines ausweglos gewordenen Deportationsprogramms ging, geht auch aus einem anderen Dokument hervor. Es handelt sich um den Entwurf eines Schreibens des Juden-Sachbearbeiters des Reichsministers für die besetzten Ostgebiete an den Reichskommissar Ostland vom 25. 10. 1941 bezüglich des Einsatzes von Vergasungswagen[30] bei den Judentötungen, die der Amtschef der Kanzlei des Führers, Viktor Brack (seit der Euthanasieaktion für die Vergasungstechnik zuständig), versprochen hatte herzustellen und liefern zu lassen. Es heißt dabei u. a.:

„Ich darf darauf hinweisen, daß Sturmbannführer Eichmann, der Sachbearbeiter für Judenfragen im Reichssicherheitshauptamt, mit diesem Verfahren einverstanden ist. Nach Mitteilung von Sturmbannführer Eichmann sollen in Riga und Minsk Lager für Juden geschaffen werden, in die evtl. auch Juden aus dem Altreichsgebiet kommen. Es werden zur Zeit Juden aus dem Altreichsgebiet evakuiert, die nach Litzmannstadt, aber auch nach anderen Lagern kommen sollen, um dann später im Osten, soweit arbeitsfähig, in Arbeitseinsatz zu kommen. Nach Sachlage bestehen keine Bedenken, wenn diejenigen Juden, die nicht arbeitsfähig sind, mit den Brackschen Hilfsmitteln beseitigt werden. Auf diese Weise dürften dann auch Vorgänge, wie sie sich bei den Erschießungen von Juden in W[ilna] nach einem mir vorliegenden Bericht ergeben haben, und die auch im Hinblick darauf, daß die Erschießungen öffentlich vorgenommen wurden, kaum gebilligt werden können, nicht mehr möglich sein ..."

Die Vernichtungspraxis griff immer mehr um sich, und es wurde in dieser Phase in den deutschen Dienststellen in den besetzten Gebieten im Osten auch zeitweilig mit zynischer Offenheit über sie gesprochen. Im Zusammenhang mit der bevorstehenden Wannsee-Konferenz erklärte Hans Frank am 16. 12. 1941 in einer Regierungssitzung des Generalgouverneurs in Krakau[31]:

„Ich werde daher den Juden gegenüber grundsätzlich nur von der Erwartung ausgehen, daß sie verschwinden. Sie müssen weg. Ich habe

[30] Nürnbg. Dok. NO-246/247.
[31] Vgl. Das Diensttagebuch des Generalgouverneurs ..., a.a.O., S. 457.

Verhandlungen angeknüpft mit dem Ziel, sie [gemeint sind die polnischen Juden im Generalgouvernement] nach dem Osten abzuschieben. Im Januar findet über diese Frage eine große Besprechung in Berlin statt, zu der ich Herrn Staatssekretär Dr. Bühler entsenden werde. Diese Besprechung soll im Reichssicherheitshauptamt bei SS-Obergruppenführer Heydrich stattfinden. Jedenfalls wird eine große jüdische Wanderung einsetzen. Aber was soll mit den Juden geschehen? Glauben Sie, man wird sie im Ostland in Siedlungsdörfern unterbringen? Man hat uns in Berlin gesagt: weshalb macht man diese Scherereien; wir können im Ostland oder im Reichskommissariat auch nichts mit ihnen anfangen, liquidiert sie selber ...[32] Wir haben im Generalgouvernement schätzungsweise 2,5, vielleicht mit den jüdisch Versippten und dem, was alles daran hängt, jetzt 3,5 Millionen Juden. Diese 3,5 Millionen Juden können wir nicht erschießen, wir können sie nicht vergiften, werden aber doch Eingriffe vornehmen müssen, die irgendwie zu einem Vernichtungserfolg führen, und zwar im Zusammenhang mit den vom Reich her zu besprechenden großen Maßnahmen. Das Generalgouvernement muß genauso judenfrei werden, wie das Reich es ist ..."

Auch dieses Zeugnis bestätigt den aus anderen Dokumenten dieser Zeit sich ergebenden Eindruck: Verschiedenste Dienststellen des NS-Regimes waren im Spätherbst 1941 zu Vernichtungsaktionen, durch die man die Zahl der Juden wenigstens verringern zu können hoffte, bereit und entschlossen, weil es für die Massendeportationen, auf die alle drängten, keine rechten Aufnahmekapazitäten gab, bzw. der im Winter steckengebliebene Ostfeldzug vorerst keine Aussicht eröffnete, die Juden „hinter den Ural" zu verbringen. Andere Gründe kamen hinzu: Die zur diskriminierenden Absonderung und zur Vorbereitung späterer Deportationen (im besetzten Polen schon seit 1939/40) eingerichteten Ghettos erzeugten Hinfälligkeit und Verelendung, die die hierfür Verantwortlichen nun als typisch jüdische „Pestherde" empfanden und auszulöschen bestrebt waren[33], auch Epidemien und Massensterblichkeit, die den Gedanken an systematische „Nachhilfe" nahelegten.

---

[32] Auslassung im Original des Tagebuches.

[33] Ein Beispiel hierfür ist der „Bericht", den Goebbels am 2. 11. 1941 in seinem Tagebuch über seinen Besuch des Ghettos in Wilna am Vortage niederschrieb (Goebbels-Tgb./Hoffmann u. Campe, S. 15 ff.): „Schauderhaft wird erst das Bild auf einer kurzen Rundfahrt durch das Ghetto. Hier hocken die Juden aufeinander, scheußliche Gestalten, nicht zum Ansehen, geschweige zum Anfassen ... In den Straßen lungern fürchterliche Gestalten, denen ich nicht bei Nacht begegnen möchte. Die Juden sind die Läuse der zivilisierten Menschheit. Man muß sie irgendwie ausrotten, sonst werden sie immer wieder ihre peinigende und lästige Rolle spielen ..."

Man müsse die Juden „irgendwie ausrotten", diese fatale Äußerung tritt in Dokumenten unterschiedlicher Herkunft in dieser Phase (Herbst 1941) immer wieder zutage, ein enthüllendes Zeugnis für die „Improvisation" der Vernichtung als der schließlich „einfachsten" Lösung, die dann, mit der Einrichtung weiterer Vernichtungslager im besetzten Polen[34], schließlich ein massives institutionelles und Erfahrungs-Potential der Tötung schuf, das man dann auch im weiteren Verlauf der Deportationen aus Deutschland und den besetzten oder verbündeten europäischen Ländern nutzen konnte.

Wenn unsere Interpretation davon ausgeht, daß die Judenvernichtung auf solche Weise „improvisiert", nicht von langer Hand her geplant und durch einen einmaligen Geheimbefehl in die Wege geleitet wurde, so schließt das ein, daß die Verantwortung und die Initiative für die Tötungsaktionen nicht nur bei Hitler, Himmler oder Heydrich lagen. Es entlastet Hitler aber keineswegs.

Wir wissen fast nichts darüber, in welcher Weise Hitler mit Himmler und Heydrich, die die institutionelle Verantwortung für die von Sicherheitspolizei- und SS-Kommandos durchgeführten Liquidierungsaktionen trugen und sich in dieser Phase häufig im Führerhauptquartier aufhielten, über diese Maßnahmen gesprochen hat. Über die Gründe, die ihn nötigen mußten, die volle Wahrheit streng geheim zu halten, auch gegenüber prominenten Mitarbeitern, wird an anderer Stelle noch zu sprechen sein, auch darüber, daß bei diesen extrem gesetzwidrigen Maßnahmen nur von mündlichen Instruktionen Hitlers, nicht von rechtsverbindlichen, formellen Weisungen (und mithin auch nicht von einer schriftlichen Überlieferung) ausgegangen werden kann. Die Verantwortlichkeit Hitlers im Zusammenhang mit den Judenmorden kann überhaupt nur mittelbar erschlossen werden. Die Vorstellung, sie ließe sich mit dem einen oder anderen von Hitler gezeichneten Schriftstück, das vielleicht nur noch nicht gefunden oder schon vor 1945 vernichtet worden ist, einfach dokumentarisch „beweisen", geht von falschen Voraussetzungen aus; zumal Hitler, wie bekannt, Akten kaum selbst bearbeitete oder ausfertigte und seine Unterschrift oder Handschrift in den Dokumenten des Dritten Reiches, außer unter Gesetzen und Verordnungen, auch sonst kaum zu finden ist.

---

[34] Schon im März 1942 wurde das Vernichtungslager Belzec im Distrikt Lublin eröffnet, etwa zur gleichen Zeit begannen die Vergasungsaktionen in Auschwitz-Birkenau, in den folgenden Monaten bis Juli wurden auch die Vernichtungslager Sobibor und Treblinka im östlichen Teil des Generalgouvernements errichtet, in denen noch 1942 ein großer Teil der Juden aus den Ghettos des Generalgouvernements getötet wurde. Vgl. Arndt/Scheffler, Organisierter Massenmord ..., a.a.O., S. 105-135.

Die Indizien für seine Verantwortlichkeit sind gleichwohl erdrükkend. Aus einer ganzen Reihe von Dokumenten über gesetzliche Maßnahmen gegen die Juden in der NS-Zeit, auch z. B. über die amtliche Definition des Begriffs „Jude" (hier brauchte Hitler seine Beteiligung nicht zu verbergen), ist bezeugt, daß Hitler sich um zahlreiche Einzelheiten geplanter antijüdischer Maßnahmen intensiv selbst kümmerte und diese von seiner Entscheidung abhängig waren. Daß der Führer an der Lösung der Judenfrage in stärkstem Maße interessiert war, dürfte wohl keinem prominenten Funktionär des NS-Regimes verborgen gewesen sein. Der Gedanke, so wichtige Entscheidungen wie die Maßnahmen zur Judenvernichtung könnten ohne Hitlers Billigung von irgendjemand 1941/42 selbstherrlich getroffen worden sein, geht an dieser Grundtatsache ebenso vorbei wie an dem realen Verfassungszustand des „Hitler-Staates" in dieser Zeit. Er ist besonders grundlos in bezug auf Himmler, dessen Loyalität Hitler gegenüber, zumal in grundsätzlichen Weltanschauungsfragen, in dieser Phase ganz ungebrochen war. Eine solche Vorstellung ist auch deshalb abwegig, weil die vorbereitenden Maßnahmen der Judenvernichtung – z. B. die zentrale Transportfrage und die Frage der Herauslösung der Juden aus kriegswichtigen Arbeitseinsätzen – unmittelbar Wehrmachtsinteressen berührten (tatsächlich ja auch häufig mit diesen kollidierten) und schon infolge mangelnder Kompetenz von Himmler oder Heydrich gar nicht ins Werk gesetzt werden konnten ohne Rückendeckung Hitlers, der allein sie auch der Wehrmacht gegenüber durchzusetzen vermochte. Wie Goebbels seinen Tagebüchern anvertraute, bedurfte er für jeden wichtigen Abschnitt der Deportation der Juden aus der Reichshauptstadt der Zustimmung Hitlers. In der Wannsee-Konferenz (20. 1. 1942) über die „Endlösung der Judenfrage" bezog sich auch Heydrich ausdrücklich auf die jeweils nötige „vorherige Genehmigung durch den Führer"[35]. Es kann nach alledem nur der Schluß gezogen werden, daß Hitler den Reichsführer-SS und den Chef der Sicherheitspolizei (möglicherweise sprach er nur mit ihnen hierüber ganz offen) ausdrücklich zu den umfangreicheren Liquidierungsaktionen ermächtigte, wer immer sie im einzelnen vorgeschlagen haben mag. Daß Hitler über sie schon 1941/42 Bescheid wußte – auch wenn er dies im größeren Gesprächskreis zu verschleiern versuchte – ergibt sich als klarer Eindruck auch aus den Aufzeichnungen von Teilnehmern an vertraulichen Gesprächen mit ihm in dieser Phase (Winter 1941/42).

---

[35] Vgl. das genaue Zitat aus dem Protokoll unten, Anm. 49.

Beim „Tischgespräch" im Führerhauptquartier am 25. 10. 1941, in Anwesenheit von Himmler und Heydrich, äußerte Hitler[36]:
„Von der Tribüne des Reichstags aus prophezeite ich dem Judentum, daß, wenn ein Krieg unvermeidlich würde, die Juden aus Europa verschwinden würden. Diese Rasse von Kriminellen hat schon zwei Millionen Gefallene des 1. Weltkrieges auf ihrem Gewissen und jetzt schon Hunderttausende mehr. Niemand soll mir sagen, daß wir sie nicht in den Sumpfgebieten Rußlands unterbringen könnten. Wer sorgt sich um unsere Truppen dort. Es ist übrigens keine schlechte Sache, daß das öffentliche Gerücht uns einen Plan zur Vernichtung der Juden zuschreibt. Terror ist eine heilsame Sache ..."

Am 23. Januar 1942, drei Tage nach der Wannsee-Konferenz, nahm Hitler abermals während eines „Tischgesprächs" im Führerhauptquartier in Anwesenheit von Himmler und Lammers zur Judenfrage Stellung[37]:
„Man muß radikal handeln. Wenn man einen Zahn zieht, tut man es mit einem Zug, und der Schmerz ist schnell vorbei. Die Juden müssen aus Europa heraus. Sonst gibt es keine Verständigung zwischen den Europäern ..."

In einem weiteren Abschnitt dieses Tischgesprächs, nachdem sich Hitler beziehungsvoll darüber ausgelassen hatte, wie die Juden in früheren Jahrhunderten im römischen Kirchenstaat diskriminiert worden seien, erklärte er in einer offensichtlichen Mischung von Zynismus und heuchlerischer Verschleierung in bezug auf die im Gange befindlichen Deportationen und Teilaktionen der Vernichtung:
„Ich für meinen Teil beschränke mich darauf, ihnen [den Juden] zu sagen, sie müssen weggehen. Wenn sie auf der Reise die Rippen brechen, kann ich nichts machen. Aber wenn sie sich weigern, freiwillig zu gehen, sehe ich keinen anderen Weg als die Vernichtung [extermination[38]]. Warum soll ich einen Juden mit anderen Augen ansehen wie einen russischen Kriegsgefangenen? Viele sterben in den Gefangenenlagern. Das ist nicht meine Schuld. Ich habe weder den Krieg noch die Kriegsgefangenenlager gewollt. Warum hat der Jude den Krieg provoziert?"

Vier Tage später (27. 1. 1942) Hitler abermals beim „Tischgespräch" im Führerhauptquartier[39]:

[36] Das Folgende (Rückübersetzung) nach Hitler's Table Talk 1941-1944, London 1953, S. 87.
[37] Hitler's Table Talk, a. a. O., S. 235.
[38] So im Original der Ausgabe (die deutsche Urfassung liegt bekanntlich nicht vor).
[39] Hitlers Table Talk, a. a. O., S. 260.

„Die Juden müssen einpacken, aus Europa verschwinden. Sie sollen nach Rußland gehen. Was die Juden betrifft, fehlt mir jedes Mitleid. Sie sind stets das Ferment gewesen, das die Völker gegeneinanderhetzt. Sie haben überall Zwietracht zwischen den Menschen wie zwischen den Völkern gesät ... Es ist unbedingt nötig, die Judenfrage auf europäischer Ebene aufzurollen. Es ist keineswegs genug, sie aus Deutschland zu vertreiben. Wir können ihnen nicht erlauben, Rückzugsbasen vor unserer Tür zu behalten ..."

Am 14.2.1942 notierte Goebbels in seinem Tagebuch, nach einem Besuch Hitlers in Berlin[40]:
„Der Führer gibt noch einmal seiner Meinung Ausdruck, daß er entschlossen ist, rücksichtslos mit den Juden in Europa aufzuräumen. Hier darf man keinerlei sentimentale Anwandlungen haben. Die Juden haben die Katastrophe, die sie heute erleben, verdient. Sie werden mit der Vernichtung unserer Feinde auch ihre eigene Vernichtung erleben. Wir müssen diesen Prozeß mit einer kalten Rücksichtslosigkeit beschleunigen, wir tun damit der leidenden und seit Jahrtausenden gequälten Menschheit einen unschätzbaren Dienst ..."

Die Häufung der aggressiven, seinen Destruktionswillen klar bekundenden Äußerungen Hitlers zur Judenfrage in dieser Phase, auch die darin enthaltenen Andeutungen über die konkreten Maßnahmen zu ihrer Vertreibung und Dezimierung, sind, wenn man sie aus dem historischen Kontext heraus interpretiert, eindeutig genug. Sie zeigen mit aller Deutlichkeit die Fixierung Hitlers auf die Judenfrage, sein vehementes Interesse für sie, was allein schon ausschließt, daß er sich um den Fortgang der „Lösung der Judenfrage" nicht gekümmert habe.

Zu einem sehr viel späteren Zeitpunkt, in einer Geheimrede, die Hitler am 26.5.1944 vor Generalen und Offizieren der Wehrmacht hielt[41] und bei der er sich sehr deutlich über die inzwischen weitgehend abgeschlossene Vernichtung der Juden aussprach, entschlüpfte ihm eine Bemerkung, die man als Bestätigung dafür ansehen kann, daß die Judenvernichtung, so wie sie sich historisch im Winter 1941/42 „entwickelte", ein gewaltsamer „Ausweg" aus Schwierigkeiten war, in die man sich selbst gebracht hatte. „Indem ich die Juden entfernte", so Hitler zur Rechtfertigung in dieser späten Kriegsphase, „habe ich die Möglichkeit irgendeiner revolutionären Kernbildung oder Keimzellenbildung beseitigt. Man kann mir natürlich sagen: Ja,

[40] Goebbels-Tagebücher, hrsg. von L. P. Lochner, Zürich 1948, S. 87 f.
[41] Pers. Stab RFSS, Archiv IfZ: MA 316, BL 4994 ff.

hätten sie das nicht einfacher – oder nicht einfacher, denn *alles andere wäre komplizierter gewesen*[42] – aber humaner lösen können? ..."

David Irving hat etwas Richtiges erkannt, wenn er in seinem Hitler-Buch (S. XIV) schreibt, die Vernichtung der Juden sei, seiner Meinung nach, teilweise eine Verlegenheitslösung gewesen, „der Ausweg aus einem fürchterlichen Dilemma". Er ist aber auf einem allen Indizien widersprechenden apologetischen Abweg, wenn er daraus folgert, untergeordnete SS- und Partei-Führer hätten sie in zynischer Verdrehung Hitlerscher Äußerungen gegen dessen Willen in die Wege geleitet.

3. David Irvings „Beweise"

David Irving hat in seinem Hitler-Buch weder das faktische Geschehen der „Endlösung" noch Hitlers vielfältige Äußerungen zur Judenpolitik während des Krieges systematisch dargestellt. Nicht aus dem bündigen historischen Zusammenhang der Sache entwickelt er seine revisionistische These. Die zu ihrer Stützung angeführten Argumente sind vielmehr meist polemisch aufgesetzt, verstreut auf ein Dutzend Exkurse, in denen er, im Text und in den Anmerkungen, an weit auseinanderliegenden Stellen des Buches und oft willkürlich auf einzelne Aspekte und Dokumente zu dem Thema „Hitler und die Judenvernichtung" immer wieder zurückkommt: zerstückeltes Plädoyer, bei dem abwegige Schlußfolgerungen mit Selbstverständlichkeit an anderer Stelle als erwiesene Tatsachen eingesetzt oder als solche schon vorweggenommen werden. Seitdem der Autor sich auf seine These festgebissen hatte, war ihm kein Fetzen scheinbarer Evidenz zu schäbig, um sie zu stützen.

Hinter dem mühsam geknüpften roten Faden seiner Revisions-Theorie wird aber immer wieder auch der andere Irving sichtbar, mit Ehrgeiz und Akribie darauf bedacht, alle thematisch einschlägigen Dokumente zu annotieren, auch wenn diese mit dem Hauptplädoyer schwer in Einklang zu bringen sind. Und zwischen der kategorischen Hitler-Apologie stehen unvermittelt bedächtige, vorsichtige Reflexionen und Formulierungen: die Rolle Hitlers im Rahmen der „Endlösung" sei „a controversial issue" und „The negative is always difficult to prove" (S. XIII). An anderer Stelle (S. 391): Hitler sei unzweifelhaft die treibende Kraft hinter den Judendeportationen gewesen, es sei jedoch diskussionsfähig (arguable), auf wessen Initiative die

---

[42] Hervorhebung durch den Verfasser.

grausame Prozedur der Massentötungen an den Endstationen der Transporte im Osten in Gang gekommen ist. Irving stellt (S. 270 f.) die sehr berechtigte Frage: Was meinte Hitler genau, als er dem Generalgouverneur im Juni 1941 den Abschub der Juden weiter „nach Osten“ versprach: “... did Hitler now use ‘east’ just as a generic term, whose more precise definition would be: perdition, oblivion, extermination? The documents at our disposal do not help us.”

Auf der Ebene solcher vorsichtiger Fragen ist der Autor leider nicht geblieben, er hat ihnen und sich selbst den Weg zu neuen Einsichten versperrt durch die falschen Stereotypen seiner erkünstelten Entlastungs-Beweise.

Schon in der Einleitung packt der Autor aus, was er für seine Hauptentdeckung hält (S. XIV): “Hitler ordered on November 30, 1941, that there was to be ‘no liquidation’ of the Jews.” In dem Faksimile des Originaldokuments, das Irving (S. 505) in seinem Buch hat abbilden lassen, kann der Leser selbst nachprüfen, worum es sich handelt: Eine Seite aus den handschriftlichen Telefonnotizen Himmlers, die aus den Jahren 1941-1943 überliefert sind[43]. Da steht aber weder etwas von Hitler noch von einem allgemeinen Liquidierungs-Verbot, wie Irving in unlogisch-rigoroser Ausdeutung dieser Notiz an den verschiedensten Stellen seines Buches glauben machen will. Es geht daraus nur das Folgende hervor: Himmler telefonierte am 30. 11. 1941 vom Führer-Bunker in der Wolfsschanze aus um 13.30 Uhr mit Heydrich in Prag, und als einen Gegenstand des Gesprächs, neben anderen, notierte er anschließend: „Judentransport aus Berlin. Keine Liquidierung.“ Ob Himmler vor dem Telefonat mit Hitler überhaupt schon gesprochen hatte und der Gesprächsinhalt von Hitler veranlaßt war, ist durchaus fraglich[44]. Es läßt sich jedenfalls nicht beweisen. Schon deshalb kann gar nicht apodiktisch behauptet werden, Himmler habe eine Anordnung Hitlers an Heydrich weitergegeben. Vor allem aber zeigt der Inhalt der Notiz: Die Worte „Keine Liquidierung“ stehen in Verbindung mit „Judentransport aus Berlin“. Es ging um eine Weisung oder Verabredung in einer *speziellen* Situation, nicht um eine *generelle* Anordnung. Veranlassung und Inhalt des Gesprächs lassen sich aufgrund der wenigen Worte nicht präzise bestimmen. Mit Sicherheit kann aber festgestellt werden, daß sie im

[43] Kopien-Sammlung im IfZ, Archiv F 37/2.

[44] Wie aus der Notiz hervorgeht, telefonierte Himmler noch zwei Stunden vorher (11.30 Uhr) von seinem eigenen Sonderzug („Sonderzug Heinrich“) aus nach Berlin. Er war, wie sich aus Hitler's Table Talk, a. a. O., S. 135, ergibt, am Abend im Führerbunker Tischgast Hitlers. Eine längere Besprechung Himmlers mit Hitler am 30. 11. 1941 kann also eigentlich nur am Nachmittag dieses Tages stattgefunden haben.

Zusammenhang standen mit den Exekutionen von Juden aus Transporten aus dem Reich, zu denen es in den Tagen zuvor in Kowno (Kaunas) gekommen war[45]. Zweck des Telefongesprächs zwischen Himmler und Heydrich war es offenbar, zu verhindern, daß ein aus Berlin am 27. 11. 1941 nach Riga abgegangener Judentransport ebenfalls liquidiert wurde, was offensichtlich aber nicht mehr verhindert werden konnte: Gerade an diesem Tage (30. 11. 1941) fand bei Riga eine umfangreiche Massenexekution statt, weswegen Himmler am 1. 12. 1941 erneut mit Heydrich telefonierte[46]. Diese halböffentlichen Exekutionen, wie überhaupt die Behandlung der nach dem Osten deportierten Reichsjuden, hatten erhebliches Aufsehen sowohl bei der deutschen Militärverwaltung wie bei einigen Vertretern der deutschen Zivilverwaltung im „Ostland“ erregt. Gauleiter Kube hatte als Generalkommissar in Weißruthenien am Vortage zur Überraschung der örtlich zuständigen SS- und Sicherheitspolizei den in Minsk neu eingetroffenen Juden aus dem Reich einen Besuch abgestattet und empört festgestellt, daß seiner Meinung nach eine Reihe von Personen, von denen enge Angehörige an der Front standen, zu Unrecht verschickt worden seien. Heydrich mußte sich mit diesen Vorwürfen noch Monate später auseinandersetzen[47].

Mögen es diese Interventionen gewesen sein oder die besondere Sensibilität der Lage in Berlin, wo amerikanische Journalisten begonnen hatten, sich nach dem Verbleib der deportierten Juden zu erkundigen[48] – bis zum Eintritt des Kriegszustandes mit den USA mußte auch Hitler auf diese Stimmungen noch Rücksicht nehmen –, die nicht gänzlich geheimzuhaltende Liquidierung der Berliner Juden, so wie sie in Kowno und Riga geschehen war, schien entweder Hitler oder Himmler zu diesem Zeitpunkt unerwünscht. Dies, aber auch

[45] Vgl. hierzu „Gesamtaufstellung der im Bereich des Einsatzkommandos 3 [der Einsatzgruppe A der Sicherheitspolizei und des SD] bis zum 1. 12. 1941 durchgeführten Exekutionen“ (Archiv IfZ, Fb 101/29). Aus den Dokumenten geht hervor, daß am 25. 11. 1941 im Fort IX in Kowno, das als Erschießungsstätte von den Einsatzkommandos benutzt wurde, 2934 Juden aus Berlin, München und Frankfurt erschossen worden waren. Eine weitere dortige Erschießungsaktion am 29. 11. 1941 betraf 2000 Juden aus Breslau und Wien.

[46] Vgl. Anm. 43. In der Telefonnotiz Himmlers vom 1. 12. 1941 heißt es: „13.15 Uhr SS-Ogr. Heydrich, Exekutionen in Riga.“

[47] Vgl. das Fragment des von SS-Obersturmführer und Kriminalkommissar Kurt Burkhardt stammenden Situations- und Tätigkeitsberichts vom Januar/Februar 1942, Archiv IfZ, Fb 104. Zu dem Komplex auch Helmut Heiber, Aus den Akten des Gauleiters Kube, in dieser Zeitschrift 4 (1956), S. 67-92.

[48] Goebbels hatte schon zuvor in seinem Tagebuch auf diese Sensibilität hingewiesen (siehe oben, S. 752). Aus seinen Eintragungen (sie sind für den Monat Dezember 1941 nicht vorhanden) ergeben sich im übrigen keine Anhaltspunkte für die Interpretation der Telefonnotiz Himmlers vom 30. 11. 1941.

nicht mehr, geht aus der Telefon-Notiz hervor. Sie ist ein weiteres Beweisstück für die „Improvisation der Vernichtung", die in dieser Phase noch bestimmend war, mit all ihren Widersprüchen und gelegentlichen „Mißverständnissen" zwischen den mit der Durchführung der „Endlösung" Beauftragten und ihren Auftraggebern. Nimmt man an, daß dem Telefonat zwischen Himmler und Heydrich eine Weisung Hitlers zugrundelag (mit dem Ziel, zu verhindern, daß die auf dem Transportweg nach Riga unterwegs befindlichen Berliner Juden wie vorher in Kowno nach Ankunft sofort exekutiert werden), dann kann man jedenfalls nicht wie Irving davon ausgehen, Hitler sei über die Judenvernichtungen nicht informiert gewesen. Die Ausnahme-Weisung (in *diesem* Fall) setzt im Gegenteil voraus, daß Hitler grundsätzlich über die Praxis der Vernichtungen Bescheid wußte.

Gänzlich irrig ist aber vor allem die Interpretation Irvings, an diesem Tage (30. 11. 1941) habe Hitler ein generelles, auch für die folgenden Jahre geltendes Verbot der Juden-Liquidierungen ausgesprochen. Tatsächlich begann jetzt erst die stärker institutionelle und besser „geregelte" Form der Abwicklung der „Endlösung". Am 20. 1. 1942 fand die Wannsee-Konferenz in Berlin statt, die auch in dem verschleierten Protokoll deutlich machte, daß die Verantwortlichen beabsichtigten, es so einzurichten, daß ein großer Teil der deportierten Juden die Verschickung nicht lange überleben könne[49].

Im Frühjahr 1942 begannen in Auschwitz und in dem neu eingerichteten Vernichtungslager Belzec im Osten des Generalgouvernements (dem ersten der späteren vier Vernichtungslager, die der Aufsicht des SS- und Polizeiführers Globocnik in Lublin unterstanden) die ersten umfangreichen Massentötungen polnischer, reichsdeutscher und slowakischer Juden. Goebbels schrieb darüber in seinem Tagebuch[50] am 27. März 1942:

„Aus dem Generalgouvernement werden jetzt, bei Lublin beginnend, die Juden nach dem Osten abgeschoben. Es wird hier ein bar-

---

[49] Heydrich hatte auf der Konferenz ausdrücklich Bezug genommen auf „weitere Lösungsmöglichkeiten nach entsprechender vorheriger Genehmigung durch den Führer", um die es künftig bei der „Evakuierung der Juden nach dem Osten" gehe. Er erklärte dann weiter: die Juden sollen „in geeigneter Weise im Osten zum Arbeitseinsatz kommen. In großen Arbeitskolonnen unter Trennung der Geschlechter werden die arbeitsfähigen Juden straßenbauend in diese Gebiete geführt, wobei zweifellos ein Großteil durch natürliche Verminderung ausfallen wird. Der allfällig endlich verbleibende Restbestand wird, da es sich bei diesem zweifellos um den widerstandsfähigsten Teil handelt, entsprechend behandelt werden müssen, da dieser eine natürliche Auslese darstellend, bei Freilassung als Keimzelle eines neuen jüdischen Aufbaus anzusehen ist." Prot. der Konferenz, S. 7 f. Veröffentlicht u. a. im Eichmann-Prozeß, Beweis-Dok. Nr. 74.

[50] Diese Tagebuch-Eintragung wurde aufgrund der ihm damals zugänglichen Fragmente schon mit dem von P.L. Lochner veröffentlichten Teil des Goebbels-Tagebuches (vgl. Anm. 40) bekannt.

barisches, nicht mehr zu beschreibendes Verfahren angewandt, und von den Juden selbst bleibt nicht mehr viel übrig. Im großen und ganzen wird man wohl feststellen, daß 60 Prozent davon liquidiert werden müssen, während nur noch 40 Prozent in die Arbeit eingesetzt werden können. Der ehemalige Gauleiter von Wien [Globocnik], der diese Aktion durchführt, tut das mit ziemlicher Umsicht und auch mit einem Verfahren, das nicht zu auffällig wirkt. An den Juden wird ein Strafgericht vollzogen, das zwar barbarisch ist, das sie aber vollauf verdient haben. Die Prophezeiung, die der Führer ihnen für die Herbeiführung eines neuen Weltkrieges mit auf den Weg gegeben hat, beginnt sich in der fürchterlichsten Weise zu verwirklichen. Man darf in diesen Dingen keine Sentimentalitäten obwalten lassen. Die Juden würden, wenn wir uns ihrer nicht erwehren würden, uns vernichten. Es ist ein Kampf auf Leben und Tod zwischen der arischen Rasse und dem jüdischen Bazillus. Keine andere Regierung, kein anderes Regime könnte die Kraft aufbringen, diese Frage generell zu lösen. Auch hier ist der Führer der unentwegte Vorkämpfer und Wortführer einer radikalen Lösung, die nach Lage der Dinge geboten ist und deshalb unausweichlich erscheint. Gottseidank haben wir jetzt während des Krieges eine ganze Reihe von Möglichkeiten, die uns im Frieden verwehrt wären. Die müssen wir ausnutzen. Die in den Städten des Generalgouvernements freiwerdenden Ghettos werden jetzt mit den aus dem Reich abgeschobenen Juden gefüllt, und hier soll sich dann, nach einer gewissen Zeit, der Prozeß erneuern. Das Judentum hat nichts zu lachen ...“

Man spürt beim Lesen des Dokuments, wie Goebbels, der von der neuen Vernichtungspraxis durch Vergasung wohl zum ersten Male erfahren hatte, sich über das erste Entsetzen selbst hinwegredet, sich festklammert an die Bazillus-Theorie seines Führers, der auch hier der „Wortführer einer radikalen Lösung“ gewesen sei.

Was Irving aus diesen seit langem bekannten Tagebuchaufzeichnungen macht, ist bezeichnend. Er erwähnt sie nur (S. 392), ohne den Wortlaut wiederzugeben, und verschweigt vor allem den expliziten Hinweis auf „den Führer“. Ja, er verkehrt diesen durch seine anschließenden Bemerkungen ins Gegenteil. Gestützt auf die Theorie von Hitlers Liquidierungsverbot, unterstellt er, der Propagandaminister habe wie Himmler und Heydrich zu den Verschwörern gehört, die darauf aus waren, Hitler zu verbergen, daß inzwischen neue Judenvernichtungsaktionen größten Ausmaßes begonnen worden waren. Goebbels, so schreibt er, vertraute seinem Tagebuch eine offene Beschreibung der entsetzlichen Geschehnisse der Vernichtungslager an, „hielt aber offensichtlich seinen Mund, als er Hitler zwei Tage später traf"; denn – so interpretiert der Autor verbissen weiter – über diese Besprechung (mit Hitler) habe Goebbels zur Judenfrage nur folgende Äußerung Hitlers (in seinem Tagebuch) wiedergegeben: „Die Juden müßten aus Europa heraus. Wenn nötig, müssen wir die brutalsten Mittel anwenden." Weil nicht überliefert ist, daß Hitler das Wort Vergasung gebraucht hat, hat er nichts von ihr gewußt – so sieht die „dokumentengetreue" Folgerung Irvings hier wie auch an anderen Stellen seines Buches aus.

Zum kritischen Zweifel verpflichtet, kann der Historiker – Irvings These sinnvoll abwandelnd – allenfalls fragen, wie es zu erklären ist, daß die überlieferten Äußerungen Hitlers zur Judenfrage während des Krieges, in denen – entgegen Irvings Behauptung – auch Worte wie „Ausrottung" und „Vernichtung" keineswegs fehlen[51], zwar Hitlers Vernichtungswillen in mehr oder weniger allgemeiner Weise offenbaren, aber ganz konkrete handlungsbezogene Stellungnahmen Hitlers zu einzelnen Phasen oder Aspekten der Judenvernichtung kaum enthalten.

Daß ein schriftlicher „Befehl" Hitlers zur Judenvernichtung nicht vorliegt, ist dabei nicht das Entscheidende. Wir haben schon darauf hingewiesen, daß es möglicherweise einen einmaligen, umfassenden Vernichtungsbefehl gar nicht gegeben hat. Hinzuzufügen ist, daß entsprechend dem – auch nach damals geltendem Recht – illegalen Charakter der Tötungsmaßnahmen eine schriftlich vom Staatsoberhaupt des Deutschen Reiches stammende Bestätigung der Anordnung sich von vornherein verbot, wenn Hitler nicht die nach wie vor grundsätzlich an Recht und Gesetz gebundene ordentliche Verwaltung und Justiz des Reiches in die größten Schwierigkeiten bringen wollte. Darin bestand ja die salvatorische Funktion der peinlich eingehaltenen Sprachregelungen: die verschiedensten Zweige der ordentlichen Verwaltung, ohne deren organisatorische Mithilfe die Massenaktionen der „Endlösung" nicht durchführbar waren, hörten

---

[51] Vgl. z. B. das oben wiedergegebene Tischgespräch Hitlers vom 23. 1. 1942. – Es ist deshalb einfach unrichtig, wenn Irving auf Seite 327 seines Buches erklärt: „Alle überlebenden Adjutanten, Sekretärinnen und Stabsstenographen" hätten „übereinstimmend bezeugt", daß von der Vernichtung („extermination") der Juden im Führerhauptquartier niemals die Rede gewesen sei. Die These, die Irving offenbar auch von Bormanns damaligem Adjutanten Heinrich Heim bestätigt erhielt, ist um so abwegiger, als Heim das obengenannte Tischgespräch wie viele andere brutale Äußerungen Hitlers festhielt und die Überlieferung der Tischgespräche im wesentlichen auf Heims Notizen zurückgeht. Was Irvings noch lebende „Kronzeugen" aus Hitlers Umgebung für seine These wert sind, erfuhr die englische Publizistin Gitta Sereny, die sich die Mühe machte, fünf der von Irving Befragten selbst zu interviewen. Alle erklärten – wie zu erwarten – Hitler habe in ihrer Gegenwart nicht von Judenvernichtung gesprochen, sie könnten sich aber nicht vorstellen, daß er davon nichts gewußt hatte. Bericht hierüber in „The Sunday Times Weekly" vom 10. 7. 1977.

„offiziell“ nur von denjenigen Aspekten oder Abschnitten der Gesamtaktion, die unter dem Gesichtspunkt der Gesetzmäßigkeit gerade noch zulässig waren: von „Evakuierung“, „Judentransporten“ u. ä. Der völlig gesetzwidrige, kriminelle Teil der Aktion, die Liquidierung, geschah unter der formellen Verantwortung der gesetzlich nicht gebundenen Sonderorgane der Sicherheitspolizei und des SD. Er konnte deshalb, was auch beim Vergleich der Akten deutlich wird, im Schriftverkehr zwischen den SS- und Polizeibehörden oder zwischen ihnen und den außerhalb der allgemeinen Reichsverwaltung stehenden Zivilverwaltungschefs in den besetzten Ostgebieten gelegentlich offener und weniger verschleiert erörtert werden.

Als Staatsoberhaupt des Reiches hatte Hitler weit mehr als z. B. Himmler auf die Rechts- und Gesetzesbindung der allgemeinen Staatsverwaltung in formeller Weise Rücksicht zu nehmen und mußte schon deshalb besorgt sein, jede schriftliche oder explizite mündliche Äußerung, die von Dritten in der Form einer Führerweisung hätte fixiert werden können, in der Frage der rechtlosen Juden-Vernichtungsmaßnahmen zu vermeiden. Es ist bekannt, daß Hitler sich auch bei der Euthanasie-Aktion offenbar nur äußerst unwillig dazu bequemte, wenigstens ein Minimum formeller Bestätigung, in der Form einer eher verschleiernden Handschreiben-„Ermächtigung“ (keineswegs einer „Anordnung“), zu liefern. Das war 1939 offenbar unumgänglich, weil sich die Tötung der Geisteskranken im Altreich, d. h. im Geltungsbereich der ordentlichen Staatsverwaltung und Justiz abspielte und die Euthanasie-Ärzte und -Spezialisten sich notfalls auf eine förmliche Ermächtigung durch Hitler berufen können mußten. Für die Tötungsaktionen in den besetzten Gebieten, im Rahmen des dort herrschenden Ausnahmezustandes, der vielfältigen Einschränkungen des Geltungsbereichs und der Zuständigkeiten der ordentlichen Verwaltung, bestand diese Notwendigkeit nicht. Hier konnte sich Hitler mit streng geheimgehaltenen mündlichen Ermächtigungen begnügen.

Wenn Himmler später, so z. B. in seinen Posener Geheimreden vor SS-Gruppenführern bzw. Reichs- und Gauleitern am 4. und 6. 10. 1943, in denen er offen über die Judenvernichtung sprach, diese als „schwerste Aufgabe“ seines Lebens bezeichnete[52], so hatte dies

[52] In der Posener Rede Himmlers vor SS-Gruppenführern (4. 10. 1943) lüftete er in einer bemerkenswerten Wendung auch den eindeutigen Sinn der lange benutzten Sprachregelung, indem er sagte: „Ich meine jetzt die Judenevakuierung, die Ausrottung des jüdischen Volkes.“ Diese „schwerste Aufgabe“, so erklärte er in der Rede vom 6. 10. 1943, habe die SS übernommen, „aus der Verpflichtung unserem Volke, unserer Rasse gegenüber . . ., unserem Führer gegenüber“; vgl. den Text in Archiv IfZ: F 37/3.

wahrscheinlich auch hierin seine Begründung: sicher nicht *den* Grund, daß der „treue Heinrich“ seinen Führer mit den Judenvernichtungen hintergangen oder sie ihm freiwillig ohne Auftrag „abgenommen“ hatte – wie Irving gegen alle Evidenz behauptet –, sondern offenbar, daß Himmler sich auf keine formelle Beauftragung berufen konnte, weil Hitler ihm nicht nur die Judenvernichtung zugemutet hatte, sondern zusätzlich, über den Auftrag strengstes Stillschweigen zu bewahren. Wie sehr Hitler bemüht war, die „letzte“ Wahrheit über das Schicksal der Juden auch der deutschen Öffentlichkeit vorzuenthalten bzw. von der Frage nach deren endgültigem Schicksal abzulenken, ergibt sich auch aus Bormanns vertraulichem Parteirundschreiben an die Reichs- und Gauleiter der NSDAP vom 11. 7. 1943[53], in dem er „im Auftrag des Führers“ jede Erwähnung einer „künftigen Gesamtlösung“ bei der öffentlichen Behandlung der Judenfrage verbot und nahelegte, nur davon zu sprechen, „daß die Juden geschlossen zu zweckentsprechendem Arbeitseinsatz herangezogen werden“.

Es waren wahrscheinlich nicht nur die formellen Rücksichten, die Hitler veranlaßten, bestimmte Hinweise auf die konkrete Judenvernichtung zu unterlassen. Als instinktsicherer Demagoge, der er auch in seinen Tischgesprächen blieb, wußte er, was er seiner Umgebung zumuten konnte. Bekundungen seines radikalen Antisemitismus in allgemeiner Form, seiner Entschlossenheit zur rücksichtslosen „Rache“ an den Juden in seinen öffentlichen Reden während des Krieges wurden mit Beifall quittiert (z. B. bei seiner Rede am 30. 1. 1942). Beschreibungen der konkreten Judenvernichtung dagegen hätten, wie selbst bei Goebbels, ganz andere Gefühle geweckt und erregt. Da es fast ausschließlich Überlieferungen von Konversationen und Reden Hitlers sind, auf die sich unsere Kenntnis seiner Einstellung zur Judenpolitik während des Krieges bezieht, muß bei ihrer Interpretation auch die Grenze, die ihnen unter demagogischen Gesichtspunkten jeweils gesetzt war, berücksichtigt werden.

Für die Einschaltung Hitlers bei Maßnahmen im Zusammenhang der Judenvernichtungsaktionen gibt es gleichwohl mittelbare Indizien. Als Beispiel hierfür nehmen wir die Forcierung der Vernichtungsmaßnahmen, die im Sommer 1942, nach der „Inbetriebnahme“ von Sobibor und Treblinka, im Generalgouvernement einsetzte.

Himmler und der für die Vernichtungslager im Distrikt Lublin zuständige SS- und Polizeiführer Globocnik legten schon aus Geheim-

[53] Enthalten in der Drucksachen-Sammlung „Vertrauliche Informationen der Parteikanzlei“, Archiv IfZ, Db 15.06.

haltungsgründen Wert darauf, die Aktion so „schnell wie möglich“ durchzuführen[54]. Widerstände dagegen ergaben sich einmal aus dem Bedarf an jüdischen Arbeitskräften (z. B. in bezug auf die rd. 400000 Juden im Warschauer Ghetto) bei der Wehrmacht, zum anderen aus dem noch immer chronischen Mangel an Transportmaterial, das in erster Linie ebenfalls von der Wehrmacht beansprucht wurde. Himmler brauchte deshalb für die beschleunigte Judendeportation in die Vernichtungslager Hitlers völlige Unterstützung. Offensichtlich in dieser Angelegenheit sprach er am 16.7.1942 im Führerhauptquartier mit Hitler, von wo aus am gleichen Tage sein Verbindungsmann bei Hitler, SS-Obergruppenführer Wolff, ein dringendes Telefongespräch mit dem Staatssekretär im Reichsverkehrsministerium wegen der Bereitstellung vermehrten Eisenbahnmaterials führte. Erst drei Tage später, nachdem diese Voraussetzungen erfüllt waren, konnte Himmler am 19.7.1942 die Weisung an den Höheren SS- und Polizeiführer im Generalgouvernement herausgehen lassen, daß die beschleunigte „Umsiedlung der gesamten jüdischen Bevölkerung des Generalgouvernements bis 31. Dezember 1942 durchgeführt“ und beendet sein müsse. Ausgenommen werden sollten lediglich die Juden in einigen Arbeits-Sammellagern[55]. Am 28.7.1942 machte Staatssekretär Ganzenmüller Wolff die beruhigende Mitteilung:

„Seit dem 22.7. fährt täglich ein Zug mit je 5000 Juden von Warschau nach Treblinka, außerdem zweimal wöchentlich ein Zug mit 5000 Juden von Przemysl nach Belzec ...“

Wolff bedankte sich am 13.8.1942 „für die Bemühungen in dieser Angelegenheit“ und erklärte, er habe „mit besonderer Freude davon

---

[54] Bezeichnend hierfür ist ein Schreiben von SS-Oberführer Brack (Kanzlei des Führers) an Himmler vom 23.6.1942 (Nürnbg. Dok. NO-205), in dem ersterer mitteilte, er habe Globocnik auf dessen Bitte weitere Spezialisten (für die Vergasungseinrichtungen) zur Verfügung gestellt. „Bei dieser Gelegenheit vertrat Brigadeführer Globocnik die Auffassung, die ganze Judenaktion so schnell wie nur irgend möglich durchzuführen, damit man nicht mitten drin steckenbleibe ... Sie selbst, Reichsführer, haben mir gegenüber seinerzeit schon die Meinung geäußert, daß man schon aus Gründen der Tarnung so schnell wie möglich arbeiten müsse.“ Wenn man dies erreichen, andererseits einen Teil der arbeitsfähigen Juden weiter für Rüstungszwecke einsetzen wolle, so schrieb Brack weiter, empfehle er die Sterilisierung aller noch zur Arbeit eingesetzten Juden auf dem Wege der „Roentgenkastration“, was sich „in kürzester Zeit durchführen“ lasse.

[55] Als sich zeigte, daß auch im Distrikt Lublin eine Anzahl jüdischer Arbeitskräfte, z. B. die im Interesse der Wehrmacht bei der Beskiden-Erdölgesellschaft Beschäftigten, noch nicht entbehrlich waren, und mithin auch die wegen der geplanten Germanisierung des Distrikts mit Volksdeutschen erwünschte völlige Freimachung von den Juden nicht so schnell erreichbar war, wandte sich Himmler mit dieser Frage Mitte September 1942 abermals an Hitler. Der Vortragszettel Himmlers für den Vortrag bei Hitler am 17.9.1942 enthält unter der Überschrift „Volkstum und Siedlung“ den Vermerk: „1. Judenauswanderung: wie soll weiterverfahren werden? 2. Besiedlung Lublin: Lothringer, Deutsche aus Bosnien, Bessarabien. ...“ Archiv IfZ: F 37/3.

Kenntnis genommen, daß nun täglich ein Zug mit 5000 Angehörigen des auserwählten Volkes nach Treblinka fährt und wir doch auf diese Weise in die Lage versetzt sind, diese Bevölkerungsbewegung in einem beschleunigten Tempo durchzuführen"[56]. Die Einschaltung Wolffs in dieser Frage am gleichen Tage, als Himmler mit Hitler konferierte, ist eines der Indizien dafür, daß den Deportations- und Vernichtungsaktionen vom Führerhauptquartier aus immer wieder Nachdruck verschafft wurde[57].

Um so phantastischer ist es, daß Irving (S. 327) behauptet, nicht nur Hitlers Sekretärinnen und Stenographen, sondern auch Wolff, mit dem zusammen Himmler Auschwitz und Globocnik in Lublin besucht hatte, habe noch im Sommer 1942 von der Judenvernichtung nichts gewußt. Wolff hat dies nach dem Krieg auch vor dem Landgericht München II beteuert, das wegen seiner Mitverantwortung an den Judenvernichtungsmaßnahmen 1964 gegen ihn verhandelte. Das Gericht konnte, wie es in der Urteilsbegründung heißt, „diesem Verteidigungsvorbringen keinen Glauben schenken, denn es entspricht nicht der Wahrheit"[58]. Irving folgt gleichwohl Wolffs Version, als sei sie eine erwiesene Tatsache, und erwähnt nicht einmal die – ihm bekannte – gegenteilige Auffassung des Gerichts.

Es scheint überhaupt, daß der Autor starke Anleihen bei Wolff gemacht hat[59]. War dieser es doch, der Anfang der 50er Jahre wohl als erster die Theorie entwickelte, Himmler habe möglicherweise in seiner bizarren Dienstbeflissenheit gegenüber dem Führer und der von

[56] Nürnbg. Dok. NO-2207.

[57] Ein anderes Zeugnis hierfür ist Himmlers Vortragszettel für seinen Vortrag bei Hitler am 10. 12. 1942. Auf dem Vortragszettel war u. a. notiert: „In Frankreich befinden sich noch 600000-700000 Juden u. a. Feinde des Reiches." Nach der Besprechung machte Himmler die Notiz „Abschaffen". Am gleichen Tage vermerkte Himmler: „Der Führer hat die Anweisung gegeben, daß die Juden und sonstigen Feinde in Frankreich verhaftet und abtransportiert werden. Dies soll jedoch erst geschehen, wenn er mit Laval darüber gesprochen hat" (Mikrofilm IfZ, MA 316, Bl. 615330 und Nürnbg. Dok. PS-1994). Die vorgenannten Zeugnisse sind in der Dokumentenmappe, die Irving zur Vorbereitung seines Buches zusammenstellte, sämtlich enthalten, in seiner Darstellung aber inhaltlich kaum verwandt worden. – Als es Himmler ein Jahr später, im Juni 1943, auch im Zusammenhang mit der sich verschärfenden Partisanengefahr darum ging, auch die restlichen Juden im Generalgouvernement loszuwerden, wandte er sich bei einem Vortrag am 19. 6. 1943 abermals an Hitler. In der Notiz Himmlers über diesen Führervortrag heißt es: „Der Führer sprach auf meinen Vortrag in der Judenfrage hin aus, daß die Evakuierung der Juden trotz der dadurch in den nächsten 3-4 Monaten noch entstehenden Unruhen radikal durchzuführen sei und durchgestanden werden müsse."

[58] Urteil des Schwurgerichts beim Landgericht München II in dem Strafverfahren gegen Karl Wolff, S. 236 (Abschrift im IfZ: Gm 07.29/2).

[59] Er übernimmt z. B. auch die – sicher abwegige und aus durchsichtigen Gründen von Wolff vertretene – Meinung, nur etwa 70 Personen in Deutschland hätten von der Judenvernichtung gewußt.

diesem verkörperten Weltanschauung die Vorstellung gehabt, er müsse dem nach außen Krieg führenden Feldherrn Hitler die Verwirklichung seiner antisemitischen Ideen abnehmen, ohne Hitler persönlich zu engagieren. In solchen Vorstellungen wurde der Autor offenbar bestärkt auch durch Angehörige der Subaltern-Umgebung Hitlers, Irvings bevorzugte Zeugen, die Hitler aus ihrer Bediensteten-Perspektive nur als mehr oder weniger liebenswürdigen „Chef" erlebten und sich sehr gut vorstellen konnten, daß „A. H." (wie sie ihn noch immer nennen) wieder einmal, davon sprach Hitler ja sehr oft, hintergangen und in seiner Gutgläubigkeit hinters Licht geführt worden sei[60]. Auch Hitlers Kammerdiener Krause, dessen Memoiren den volkstümlichen Seufzer „Wenn das der Führer wüßte" herzhaft unterstützen, scheint Irving als Thesen-Lieferant nicht verschmäht zu haben[61].

Demgegenüber hat Irving die Nachkriegs-Aussagen derjenigen, die an der Organisation der Judenvernichtung selbst beteiligt waren oder guten Zugang zu den Geheiminformationen hatten, vielfach nicht berücksichtigt oder kurz abgetan. Die übereinstimmenden Angaben von Walter Blume und Otto Ohlendorf, ehemaligen Führern von „Einsatzgruppen", daß die mündlichen Instruktionen zur Judenvernichtung an die Kommandoführer im Jahre 1941 unter ausdrücklicher Bezugnahme auf entsprechende Weisungen Hitlers erteilt worden seien, erwähnt er zwar, entstellt sie aber schon in der Wiedergabe[62]. Gänzlich unberücksichtigt läßt er die bemerkenswerten Aussa-

60 Aufzeichnung von Karl Wolff vom 11. 5. 1952, Archiv IfZ: ZS 317.

61 Karl Wilhelm Krause, Zehn Jahre Kammerdiener bei Hitler, Hamburg [o. J.]. Auf Seite 71 dort u. a. folgende abschließende Betrachtung Krauses: „Hitler hatte keine Menschenkenntnis ... Die Hauptschuld an den meisten Verbrechen, die unter Hitlers Namen ausgeführt wurden, muß auf das Konto von Reichsleiter Martin Bormann und Himmler geschrieben werden. ... Auch ist Hitler über viele Dinge ... gar nicht oder nur sehr wenig oder nur im Sinne dieser beiden bösen Geister unterrichtet worden. Über die Greueltaten in den KZ's ist nicht das geringste im Kreise um Hitler bekannt gewesen. Es wurde niemals über diese Sachen gesprochen ... Ich möchte nochmals behaupten, daß diese Angelegenheiten – und auch der Kampf gegen die Kirche – ihren Ursprung in Bormann und Himmler haben."

62 Ohlendorf, 1941/42 Chef der Einsatzgruppe D, hatte am 3. 1. 1946 im Nürnberger Prozeß erklärt: „Im Spätsommer 1941 war Himmler in Nikolajew. Er ließ die Führer und Männer des Einsatzkommandos antreten und wiederholte ihnen den gegebenen Liquidationsbefehl ... Die Verantwortung trüge er zusammen mit dem Führer." Irving (S. 326) zitiert den letzten Satz folgendermaßen: "that he [Himmler] alone, in association with Hitler's was responsible." Das "alone" ist Irvings freie Erfindung. Anschließend schwächt er weiter ab: "Himmler's formulation was perhaps purposefully vague."

gen des früheren SD-Führers Wilhelm Höttl[63] und des Auschwitzer Kommandanten Rudolf Höß[64], auch das Zeugnis von Adolf Eichmann schlägt er in den Wind und erklärt irreführend (S. 858), der einzige Anhaltspunkt dafür, daß Hitler die Judenvernichtung befohlen habe, stamme von dem ehemaligen SD-Führer und Judenberater in Preßburg, Wisliceny, tauge aber nichts[65].

Irving sucht diese Zeugnisse mit einem besonders schwachen „Beweis" zu kontern: "The powerful written evidence that Hitler again and again ordered the 'Jewish problem' set aside until the war was won" (S. 858/Anm.). Er bezieht sich darauf, daß Hitler in Gesprächen mit Bormann, Goebbels und anderen im Sommer 1941 anläßlich starker oppositioneller Regungen von kirchlich-katholischer Seite (Graf Galen), die innerhalb der NSDAP, auch vor allem bei Bormann, im Sommer 1941 die Tendenz zu radikalen Maßnahmen gegen die oppositionellen Wortführer des katholischen Klerus aufkommen ließen, bremsend eingriff, weil er während des Krieges eine breite Volksopposition der kirchenfrommen Bevölkerung unbedingt vermeiden wollte. Wie die Kirchenfrage, so Irving (S. 331), habe Hitler auch die Judenfrage auf die Zeit nach dem Kriege vertagen wollen. Daß Irving auch Dokumenten-Manipulationen nicht scheut, um die schon auf den ersten Blick abseitige These überzeugend zu machen, verrät die Starrsinnigkeit seiner Beweisführung[66].

Das Argument soll offenbar Irvings Hauptthese stützen, Hitler habe sich infolge der vorrangigen Beschäftigung mit Aufgaben der

---

[63] Höttl gab im Juni 1961, anläßlich des Eichmann-Prozesses in Jerusalem, zu Protokoll: Der Leiter der Einsatzgruppe A, Dr. Stahlecker, habe ihm während des Krieges erklärt, daß der Auftrag an die Einsatzgruppen zur Judenvernichtung „von Hitler persönlich stamme und von Heydrich an die Einsatzgruppen weitergeleitet wurde". Höttl erklärte dabei weiter, über die Judenvernichtung als Zeuge in Nürnberg in den Jahren 1945-1947 mit ehemals führenden Funktionären gesprochen zu haben. „Die einheitliche Auffassung dieser Leute" sei gewesen, „daß die physische Vernichtung des jüdischen Volkes ausschließlich auf Hitler persönlich zurückzuführen ist." Eichmann-Prozeß, Vernehmungen Wilhelm Höttl durch das Bezirksgericht Bad Aussee, 19.-21. 6. 1961, Prot. S. 22.

[64] Kommandant in Auschwitz, Autobiographische Aufzeichnungen von Rudolf Höß, München 1963 (dtv), S. 157.

[65] Wisliceny hatte nach 1945 behauptet, ihm sei von Eichmann sogar ein schriftlicher Befehl in bezug auf die Judenvernichtung gezeigt worden. Eichmann widersprach dem bei seinen Aussagen in Jerusalem, bestätigte aber, Wisliceny mündlich mitgeteilt zu haben, Heydrich hätte ihn (Eichmann) zu sich gerufen und darüber informiert, „daß der Führer die physische Vernichtung der Juden angeordnet hat". Irving nimmt diesen Widerspruch der Aussagen von Wisliceny und Eichmann, die den Kern der Sache (ihre übereinstimmende Angabe, daß das Vernichtungsprogramm, wie ihnen gesagt worden sei, auf Hitler zurückgehe) gar nicht berühren, zum Anlaß für eine arrogante Bemerkung, mit der er die Bedeutung dieser Zeugnisse ärgerlich herunterzuspielen sucht: "This kind of evidence, of course, would not suffice in an English magistrate's court to convict a vagabond of bicycle stealing." (S. 858/Anm.)

[66] Irving bezieht sich auf die nur in englischer Fassung („Hitler's Table-Talk", a.a.O., S. 91) vorliegende Notiz über das Tischgespräch Hitlers vom 25. 10. 1941, bei dem Hitler, in

Kriegführung nicht stärker mit der Judenfrage befassen können und deren Lösung Himmler, Heydrich und anderen überlassen. Der Mangel an historischem Verstehen, an Einsicht in wichtigste Zusammenhänge, tritt in dieser These besonders kraß hervor. Läßt doch schon die oberflächliche Beschäftigung mit Hitlers Äußerungen zur Judenfrage während des Krieges erkennen, daß zwischen dem militärischen Krieg, vor allem dem Krieg gegen die Sowjetunion, und dem Weltanschauungskampf gegen die Juden in Hitlers Denken und Wollen ein vielfältig motivierter intensiver Zusammenhang bestand. Gerade dieser so evidente Zusammenhang entzieht ja Irvings revisionistischen Thesen alle innere Überzeugungskraft, zumal ohne diese ideologisch-pathologische Verknüpfung von Krieg und Judenvernichtung (in Hitlers Vorstellungswelt) letztere gar nicht erklärt werden könnte.

Will man diese in ihrer vollen Bedeutung gerade auch als handlungsmotivierende Antriebskraft erfassen, genügt es meines Erachtens nicht, sie auf ein Muster bloß gedanklich-ideologischer Verknüpfungen zurückzuführen[67]. Hitlers Weltanschauung, insbesondere ihre antijüdische Komponente, war immer fixiertes Dogma und sprunghaft paranoide Aggressivität zugleich. Geht man nur von der ersteren aus, dann unterstellt man – genau genommen – es habe weder Entwicklung noch Radikalisierung gegeben. Die Endlösung der Judenfrage erscheint dann als konsequente Erfüllung eines Programms, lange vorgeformt in den ursprünglichen Denkansätzen, methodisch und „logisch" Stufe um Stufe ins Werk gesetzt. An verschiedenen Zäsuren der nationalsozialistischen Judenpolitik läßt sich zeigen, daß eine solche Hypothese nicht aufgeht bzw. Wichtiges nicht mehr

---

Gegenwart von Himmler und Heydrich, über Christentum und Kirchen sprach und dabei u. a. bemerkte: "I have numerous accounts to settle, about which I cannot think today. But that does not mean I forget them. I write them down The time will come to bring out the big book! Even with regard to the Jews, I've found myself remaining inactive. There's no sense in adding useless to the difficulties of the moment ... When I read of the speeches of a man like Galen, I tell myself that ... for the moment it is preferable to be silent. ..." Schon die Formulierung "even with the Jews ..." macht deutlich, daß Hitler diese Frage anders als die Kirchenfrage ansah. Irving verfälscht dies, indem er bei der Wiedergabe dieses Satzes (S. 331) das "even" unterschlägt und statt dessen ein im Original nicht enthaltenes "too" einfügt. Anstelle des überlieferten Satzes ("Even with the Jews I've found myself remaining inactive") heißt es bei Irving: "with the Jews too I have found myself remaining inactive." Es ist denkbar, daß sich Hitler bei dieser Bemerkung auf die frühere, erzwungene „Inaktivität" in bezug auf das Ziel, Deutschland judenfrei zu machen, bezog, die inzwischen einer zielstrebigen Aktivität gewichen war. Möglicherweise bezog er sich aber auch auf die Schwierigkeiten, die der unerwartete Verlauf des Ostfeldzuges einer schnellen Judendeportation damals in den Weg legte; vgl. die oben zitierte Äußerung Hitlers gegenüber Goebbels vom 21. 11. 1941 (S. 752).

[67] Das ist m. E. auch die Schwäche von Eberhard Jäckels nur auf die Gedanken-Geschichte abhebenden Studie über „Hitlers Weltanschauung", Tübingen 1969.

zureichend erklärt. Die „wütende" Reichskristallnacht, die das Tor zur gesetzlosen Form der Judenverfolgung aufstieß, ist dafür ein besonders sprechendes Beispiel. Auch die seitdem auffällig verschärfte ungeduldige Fixierung Hitlers auf eine Lösung der Judenfrage – ablesbar schon an der Intensität und Häufung seiner öffentlichen Äußerungen und diplomatischen Interventionen, mit denen er Anfang 1939 die Judenfrage aufgriff – läßt sich nicht nur aus der Weltanschauung Hitlers ableiten. Wie immer die – unvermeidlich ins Psychologische übergreifende – Erklärung im einzelnen aussehen mag, ob man die überschwengliche Erfolgseuphorie, die Hitler in dieser Zeit zu beherrschen und über seine bisher rationale politische Zweck-Mittel-Kalkulation hinauszutreiben begann, oder das für die spätere Zeit (ab Winter 1941) sicher nicht unwichtige Motiv der Rache und Vergeltung für den anders als gewünscht verlaufenen Krieg als Gründe ansetzen will – sicher ist, daß der dogmatische ideologische Antisemitismus Hitlers nicht zeit- und aktualitätsunabhängig war. Er entfaltete sich nicht einfach „programmatisch", sondern pathologisch, wurde mehr oder weniger aufgeladen, und diese „Aufladungen" waren als Motiv der Entschlüsse und Handlungen mindestens ebenso wichtig wie das feststehende Dogma. Dem entspricht auch der Grundzug der nicht gleichmäßig und planvoll, sondern eher improvisiert und sprunghaft, durch jeweils forcierte Ad-hoc-Aktionen, vorangetriebenen Judenpolitik und -vernichtung.

Dem Zusammenhang zwischen Krieg und Judenfrage kommt unter diesem Gesichtspunkt noch größere Bedeutung zu. Der Krieg bot nicht nur – wie Goebbels dies in seinem Tagebuch am 27. März 1942 zynisch vermerkt hatte – Möglichkeiten des gewaltsamen Vorgehens, die im Frieden nicht gegeben waren, sondern wurde gerade deswegen auch *gewollt* (nicht nur um außenpolitischer und imperialer Zwecke willen *riskiert*). Die später immer wieder aufgegriffene Hitler-Prophezeiung der Judenvernichtung für den Fall eines neuen Weltkrieges am 30. 1. 1939 war psychologisch gesehen nicht nur „Warnung", sondern selbst ein Stück Kriegsmotivation.

Der Krieg bot aber in seinem weiteren Verlauf auch den idealen Nährboden für ständige „Neuaufladungen" eines manisch-aggressiven Antisemitismus, keineswegs nur bei Hitler allein. Die Konfrontation mit den Massen der „Ostjuden" im besetzten Polen, im Baltikum und in Rußland gab dem imperialen Rassengedanken, den man bisher abstrakt propagiert hatte, emotionale Nahrung und Bestätigung, ein konkretes Bild der Minderwertigkeit, die es auszulöschen galt. Die psychologisch wohlfeilste, primitivste Form der Selbstbestätigung und self-fulfilling prophecy konnte in Gang kommen: Die diskriminierten, zusammengepferchten, geschundenen und verängstigten Juden im Osten sahen schließlich aus, wie man sie im antisemitischen Wochenblatt bisher karikiert hatte. Die Epidemien in den Ghettos machten sie zu einem Problem der völkischen Gesundheitspolitik. Ihre Flucht in die Wälder aus Todesangst erzeugte die Gefahr „jüdischer Banden", die man durch die Ausrottung der Juden ebenso prophylaktisch beseitigen zu müssen vorgab wie die durch Juden zu gewärtigende Verbreitung defaitistischer Gesinnungen oder Verschwörungen in Deutschland und den besetzten oder verbündeten Nachbarländern.

Alle diese und andere Motive, die nicht nur von Hitler und Himmler, sondern auch von Goebbels und Ribbentrop, von den regionalen Militär- und Zivilverwaltungschefs wie von den mit der Unterdrucksetzung der Verbündeten beauftragten Diplomaten zur weiteren Forcierung der Endlösung auf europäischer Ebene benutzt und besonders in der letzten Etappe des Deportations- und Vernichtungsprogramms 1943/44 ausgespielt wurden, lassen sich nicht nur verstehen als oktroyierte Sprachregelungen für die Durchsetzung eines davon unabhängigen „eigentlichen" Weltanschauungs-Zieles. Sie waren vielmehr Realfaktoren eines aus Ideologie, Propaganda und – vor allem – den unvorhergesehenen Wirkungen des eigenen Vorgehens gemischten Knäuels von Gründen, der gerade als solcher über die wenigen Rasseideologen hinaus wirksam war und so viele „Mittäter" und „Helfer" der Endlösung ins Spiel brachte.

Auch bei Hitler ist die Verlagerung der in seinen Äußerungen zur Judenfrage hervortretenden Motive in der zweiten Kriegshälfte bemerkenswert. Nachdem der militärische Kampf kaum noch aussichtsreich war, wurde der „Schicksalskampf" gegen das Judentum zum eigentlichen Krieg stilisiert (den man gewinnen werde)[68]. Es galt den Tod von Hunderttausenden deutscher Soldaten und den Blutzoll der arischen Rasse biologisch wettzumachen und zu rächen durch die Liquidierung einer noch größeren Zahl von Juden. Auch bei Hitler wurde das „Sicherheits"-Motiv vorrangig: Eliminierung

[68] Bezeichnend hierfür sind u. a. die im Goebbels-Tagebuch vom 13. 5. 1943 wiedergegebenen ausführlichen Äußerungen Hitlers zur Judenfrage: „Es bleibt also den modernen Völkern nichts anderes übrig als die Juden auszurotten. Sie werden sich mit allen Mitteln gegen diesen allmählichen Vernichtungsfeldzug zur Wehr setzen. Eines dieser Mittel ist der Krieg. Wir müssen uns also darüber klar sein, daß wir in dieser Auseinandersetzung zwischen der arischen Menschheit und der jüdischen Rasse noch sehr schwere Kämpfe zu bestehen haben, weil das Judentum es verstanden hat, große Völkerschaften aus der arischen Rasse bewußt oder unbewußt in seinen Dienst zu bringen ... Das Weltjudentum steht nach der festen Überzeugung des Führers vor einem geschichtlichen Sturz ... Die Völker, die den Juden am ehesten erkannt haben und ihn am ehesten bekämpfen, werden an seiner Stelle die Weltherrschaft antreten."

der Juden, weil man sonst Revolution im Innern[69], zunehmenden Partisanenkrieg im Rücken der Front, Defaitismus und Abfall der verbündeten Länder befürchten mußte. Nach Stalingrad scheint dadurch bei Hitler eine letzte Steigerung der Radikalität in der Judenfrage eingetreten und mitbestimmend gewesen zu sein für die verschärften Maßnahmen zur Einbeziehung möglichst aller Juden im deutschen Machtbereich in das Vernichtungsprogramm[70].

Die vielfältigen Äußerungen Hitlers zum Verhältnis von Krieg und Judenfrage dokumentieren mit hinreichender Deutlichkeit, wie unhaltbar die Hauptthese Irvings ist. Ein Beispiel der nach Stalingrad verstärkten Einschaltung Hitlers in die Endlösung der Judenfrage bilden seine Besprechungen mit dem rumänischen Staatsführer Marschall Antonescu und dem ungarischen Reichsverweser Admiral Horthy im April 1943[71]. Wir wollen die Protokolle dieser Besprechungen zum Schluß unserer Betrachtung ausführlicher darlegen, weil sie nicht nur Hitlers Insistieren und sein Denken noch einmal dokumentieren, sondern auch Gelegenheit geben zu zeigen, wie der Autor des Hitler-Buches mit solchen Dokumenten umgeht.

Durch Schilderung der antijüdischen Maßnahmen in Deutschland (im Reichsgebiet gab es damals nur noch wenige Tausend Juden) suchte Hitler beide Staatschefs für ein ähnlich radikales Vorgehen gegen die in ihren Ländern lebenden Juden zu gewinnen. Besonders

---

[69] In seiner Geheimrede vor Offizieren und Generalen auf dem Obersalzberg am 26. 5. 1944 (siehe oben, Anm. 41) erklärte Hitler u. a.: „Ich habe das Judentum aus seinen Stellungen herausgedrängt, und zwar rücksichtslos ... damit habe ich der breiten Masse den letzten Katalysator weggenommen. Indem ich den Juden entfernte, habe ich in Deutschland die Möglichkeit irgendeiner revolutionären Kernbildung oder Keimzellenbildung beseitigt ...“

[70] Die Forcierung der Judendeportationen aus Frankreich ab Frühjahr 1943, der gleichzeitig zunehmende Druck auf Ungarn wegen der Judenfrage, die Vernichtung der Juden in der Ukraine (Frühjahr 1943) und andere Indizien sprechen dafür, daß der Vernichtungskampf gegen die Juden mit größter Radikalität wieder aufgenommen wurde, nachdem der militärische Krieg mehr oder weniger schon verloren war. Auch Eichmann sagte während des Prozesses in Jerusalem am 21. 6. 1961 aus, „nach Stalingrad“ sei „eine bedeutende Anstrengung seitens der Reichsführungsorgane“ zu bemerken gewesen, „die Deportierung [der Juden] mit allen Mitteln zu forcieren“. Die erste „Spitze“ der Forcierung sei in das Frühjahr 1942, die zweite in die Zeit nach dem Tod Heydrichs, die dritte in die Phase nach Stalingrad gefallen.

[71] Vgl. die Wiedergabe der Besprechungen Hitlers mit Antonescu und Horthy aufgrund der deutschen Protokolle bei Andreas Hillgruber, Staatsmänner und Diplomaten bei Hitler, 1970, Bd. 2. Über Hitlers Äußerungen zur Judenpolitik gegenüber Antonescu daraus (S. 332 f.) u. a. folgende Sätze: „Deshalb sei der Führer im Gegensatz zu Marschall Antonescu der Meinung, daß man je radikaler desto besser gegen die Juden vorgehen müsse ... Er (der Führer) ... breche lieber alle Brücken hinter sich ab, da der jüdische Haß sowieso riesengroß sei. In Deutschland habe man infolge der Bereinigung der Judenfrage ein geschlossenes Volk ohne Opposition zur Verfügung. Allerdings gäbe es auch kein Zurück auf dem einmal eingeschlagenen Weg.“ Irving erwähnt (S. 508) zwar die Besprechung, nicht aber Hitlers Äußerungen zur Judenfrage.

massiv äußerte er sich am 16./17. 4. 1943 gegenüber Horthy. Daß sich in Ungarn rund 800000 Juden trotz einiger seit 1938 erlassener Judengesetze noch relativ frei bewegen konnten, hatte schon seit längerer Zeit den stärksten Unwillen Hitlers hervorgerufen. Auf die Vorhaltungen, die ihm deswegen gemacht worden waren, antwortete Horthy am 16. 4. 1943[72] mit der Aufzählung zahlreicher Maßnahmen, die seine Regierung zur Einschränkung des jüdischen Einflusses unternommen habe, und schloß, in deutlicher Anspielung auf die ihm bekannten Nachrichten über deutsche Maßnahmen zur Judenvernichtung: „Er habe alles getan, was man anständigerweise gegen die Juden unternehmen könne, aber ermorden oder sonstwie umbringen könne man sie ja wohl nicht." Hitler, durch diese offene Anspielung offenbar in Verlegenheit gesetzt, wich zunächst aus und erklärte laut Protokoll: „... Dies sei auch nicht nötig. Ungarn könne genauso wie die Slowakei die Juden in Konzentrationslagern unterbringen ..." Dann in typisch Hitlerscher Verdrehungskunst zum Gegenangriff übergehend: „Wenn von Ermordung der Juden gesprochen würde, so müsse er (der Führer) feststellen, daß nur *einer* morde, nämlich der Jude, der die Kriege anzettele ..." Hitler und Ribbentrop ließen nicht locker und kamen am folgenden Tag (17. 4.) nochmals auf die Frage zu sprechen. In den wichtigsten Passagen des Protokolls heißt es hierzu:

„Auf die Gegenfrage Horthys, was er denn mit den Juden machen solle, nachdem er ihnen so ziemlich alle Lebensmöglichkeiten entzogen habe – erschlagen könne er sie doch nicht –, erklärte der Reichsaußenminister, daß die Juden entweder vernichtet oder in Konzentrationslager gebracht werden müßten. Eine andere Möglichkeit gebe es nicht."

Hitler ergänzte die offene Sprache seines Außenministers zunächst durch langatmige Ausführungen über den Verfall, den die Juden überall bewirkten, und kam in einer für ihn bezeichnenden Mischung von Offenheit und Verschleierung schließlich selbst auf den Kern der Sache, die Massentötung der Juden in den Vernichtungslagern in Polen, auf die Horthy angespielt hatte:

„Sie [die Juden] seien eben reine Parasiten. Mit diesen Zuständen habe man in Polen gründlich aufgeräumt. Wenn die Juden dort nicht arbeiten wollten, würden sie erschossen. Wenn sie nicht arbeiten könnten, müßten sie verkommen. Sie wären wie Tuberkelbazillen zu behandeln, an denen sich ein gesunder Körper anstecken könne. Das wäre nicht grausam, wenn man bedenke, daß sogar unschuldige Na-

---

[72] Protokolle bei Hillgruber, a. a. O., Bd. 2, S. 245 f. und 256 f.

turgeschöpfe wie Hasen und Rehe getötet werden müßten, damit kein Schaden entstehe. Weshalb sollte man die Bestien, die uns den Bolschewismus bringen wollten, mehr schonen."

Diese dokumentarisch überlieferten Äußerungen Hitlers konnte auch Irving nicht übergehen. Er gibt einige Passagen wieder (S. 509), sucht ihre Bedeutung aber durch eine Reihe von Kunstgriffen methodisch abzuschwächen: Die in Gegenwart Hitlers abgegebene Erklärung Ribbentrops (die Juden müßten vernichtet oder in Konzentrationslager gebracht werden) versteckt er in die Anmerkungen im Anhang des Buches[73], Hitlers eigene Bemerkung (in Polen würden die Juden, die nicht arbeiten wollten, erschossen und diejenigen, die nicht arbeiten könnten, müßten verkommen) leitet er ein mit einem Hinweis auf den kurz zuvor niedergeschlagenen Ghettoaufstand in Warschau (der in der Konferenz mit Horthy gar nicht zur Sprache kam) und läßt sie so fälschlich als Anspielung auf eine engbegrenzte und besonders begründete Aktion erscheinen. Um vollends den Eindruck zu verwischen, die kaum noch mißverständlichen Äußerungen des Führers seien eine Bestätigung der Judenvernichtungspolitik durch Hitler, läßt er das Gespräch mit Horthy, entgegen dem tatsächlichen Verlauf, enden mit der ausweichenden Bemerkung, die Hitler am Vortage (16. 4. 1943) auf die direkte Frage Horthys, ob er denn die Juden umbringen solle, gemacht hatte („Das sei nicht nötig"). Diese Worte werden bei Irving an den Schluß der Gesprächswiedergabe gesetzt, als einzige wörtlich zitiert ("There is no need for that") und mit Betonung in Anführungszeichen gesetzt. Den so gründlich entstellten Hergang und Inhalt der Unterredung beschließt Irving dann noch mit einigen auf weitere Entlastung Hitlers abzielenden, vor allem für Irvings eigenen apologetischen Interpretations-Hintergrund charakteristischen Bemerkungen (S. 509 f.). Sie sollen zur Veranschaulichung im vollen Wortlaut zitiert werden:
"What had prompted the earthier [!] language Hitler now employed?

[73] S. 872 (Anm. zu S. 509). Horthy hatte die Äußerungen Hitlers sehr wohl als Aufforderung zur Judenvernichtung verstanden. Das bestätigt sich in dem Entwurf eines Schreibens von Horthy an Hitler in bezug auf die Konferenz in Kleßheim, den das ungarische Außenministerium anfertigte und in dem es hieß: „Euer Exzellenz warfen mir des weiteren vor, meine Regierung schritte nicht mit dem gleichen Radikalismus in der Ausrottung des Judentums vor als dies in Deutschland durchgeführt und dort auch für andere Länder als erwünscht betrachtet wird" (im endgültigen Brief Horthys an Hitler vom 7. 5. 1943 war diese Passage ausgelassen; vgl. hierzu: The Confidential Papers of Admiral Horthy, Budapest 1965). In seiner Anmerkung nimmt Irving nur schamhaft Bezug hierauf, indem er das Wort „Ausrottung" in seinem Buch nicht übersetzt mit "extirpation" (so lautet jedoch die treffende handschriftliche Übersetzung Irvings am Rande der von ihm benutzten Kopie des Horthy-Briefes; IfZ, Sammlung Irving), sondern mit dem unbestimmten "stamping out".

It is possible to recognize the association in his mind of certain illogical ideas; half were unconscious or the result of his own muddled beliefs, but half had deliberately been implanted by trusted advisers like Himmler and Goebbels: the Jews had started the war; the enemy was the international Jew; the most deadly of the Bolsheviks, like Stalin's propagandist Ilya Ehrenburg, were Jews: Ehrenburg and the Jews behind Roosevelt were preaching the total extermination of the German race. The saturation bombing of German cities, their blasting and burning, was just the beginning. In his warning to Horthy that the 'Jewish Bolsheviks' would liquidate all Europe's intelligentsia, we can identify the influence of the Katyn episode ... But the most poisonous and persuasive argument used to reconcile [!] Hitler to a harsher treatment of the Jews was the bombing war. From documents and target maps recently found in crashed bombers he knew that the British aircrews were instructed to aim only at the residential areas now and to disregard the industrial targets proper. Only one race murdered, he told the quailing Horthy and that was the Jews, who had provoked this war and given it its present character against civilians, women, and children. He returned repeatedly to this theme as 1943 progressed; in 1944 it became more insistent; and in 1945 he embodied it in his Political Testament, as though to appease his own conscience and justify his country's actions."

Mit diesen „Erklärungen" hat unser Autor es wieder einmal geschafft: ohne den von Churchill veranlaßten britischen Bombenkrieg wäre Hitler kein solcher Judenhasser gewesen. Die einseitige Voreingenommenheit des Autors, seine Umsetzung von Churchill-Haß in Hitler-Apologie, ein Merkmal seines ganzen Buches, charakterisiert auch diese Passage.

Es war nicht möglich und auch nicht nötig, auf sämtliche Details der entstellenden Interpretation Irvings einzugehen. Daß sie Anlaß gegeben hat, über die Kritik hinaus auf die Sache selbst zurückzukommen, ist gleichwohl als ein Verdienst des Verfassers anzusehen: Bei aller Fehldeutung hat er doch auch aufmerksam gemacht auf bisher unzulängliche Kenntnisse oder Interpretationen.

Tendenzen der Vergangenheitsbewältigung

Zur Fernseh-Dokumentation „Flucht und Vertreibung“

Vor ziemlich genau zwei Jahren strahlte der Westdeutsche Rundfunk den Holocaust-Film aus. In diesen Tagen läuft, offenbar wieder mit hohen Einschaltquoten, die Fernsehserie zur Vertreibung der Deutschen über die Bildschirme. Besteht zwischen den beiden Fernseh-Ereignissen ein kompensatorischer Zusammenhang? Mich beschäftigt diese, von in- und ausländischen Beobachtern aufgeworfene, besorgte Frage. Wenn ich sie aufnehme, meine ich freilich am wenigsten diejenigen polnischen oder tschechischen Kommentare, die in der Fernsehdokumentation des geschichtlichen Themas der Vertreibung in der Bundesrepublik an sich schon so etwas wie einen unfreundlichen Akt erblicken. Es geht mir vielmehr zu allererst um die Frage nach unserem eigenen Umgang mit der jüngsten Vergangenheit, die sich wieder einmal stellt.

Mit vielen anderen Historikern in der Bundesrepublik, die selbst immer wieder versucht haben, sich ohne Beschönigung mit der nationalsozialistischen Herrschaft auseinanderzusetzen, bin ich der festen Meinung: auch der Vorgang der Vertreibung gehört in das Geschichtskapitel der unheilvollen Inflation totalitärer Gewaltsamkeit, das von Hitler aufgeschlagen wurde, das aber auch die Siegermächte infiziert hat und nicht tabuisiert werden kann. Das gebieten nicht nur die Vielzahl schwerer einzelner menschlicher Schicksale und die Bilanz der Opfer der Vertreibung. Auch die historische Bedeutung des Vorganges, der jahrhundertealte deutsche zivilisatorische Vergangenheit und vielgestaltige, oft fruchtbare Berührungen zwischen Deutschen und Nichtdeutschen in der osteuropäischen Völkermischzone auslöschte, ist evident. Und die geschichtliche Aufarbeitung dieses Vorganges ist aus der klärenden Distanz von 35 Jahren nach Kriegsende besser möglich als in der unmittelbaren Nachkriegszeit.

Entscheidend aber ist, wie diese Aufarbeitung geschieht. Die deutsche Leidensgeschichte der Vertreibung aus dem Osten ist mit der vorangegangenen Unrechtsgeschichte nationalsozialistischer Besatzungspolitik in demselben Osten untrennbar verbunden und kann von ihr nicht isoliert werden. Nicht nur, daß Hitler durch den Pakt mit Stalin im Sommer 1939 der Sowjetunion jene nach Westen verlagerte Grenze selbst garantierte, die dann nach der Niederlage Deutschlands den Grund für die Westverlagerung Polens auf Kosten Deutschlands bildete. Und nicht genug damit, daß die Nationalsozialisten mit der Umsiedlung von Volksdeutschen und der Aussiedlung von Polen und Juden selbst jene rabiate völkische Flurbereinigung einleiteten, die dann nach 1945 unheilvoll und im vergrößerten Maßstab auf die Deutschen im Osten zurückschlug. Wesentlicher scheint mir noch: die ideologisch-rassistische Grundlage der nationalsozialistischen Eroberungspolitik im Osten, die nicht nur zum Massenmord an den Juden, sondern auch zur Dezimierung polnischer und sowjetischer Führungsschichten, zu einer zynischen Entnationalisierung und Diskriminierung der angeblich minderwertigen slawischen Völker im Osten führten, bedeutete in den Augen der Welt am Ende des Zweiten Weltkrieges die selbsttätige Liquidierung des historischen Kapitals deutscher Kulturmission im Osten. Deshalb kann die Vertreibung weder qualitativ noch in bezug auf den Ursachenzusammenhang mit der verderblichen nationalsozialistischen Rassenpolitik verrechnet werden. Die Psychologie solcher Kompensionsbedürfnisse geht aber auch schon deswegen in die Irre, weil sie, sozusagen mit umgekehrten Vorzeichen, an der falschen Pauschalität deutscher Kollektivschuld festhält, die einer Entlastung durch entsprechende Gegenrechnungen bedürfe. Wir verdanken diese verantwortungslose Verrechnungstherapie nicht nur jenen kleinen Zirkeln der neonazistischen Publizistik, die seit vielen Jahren z. B. den nationalsozialistischen Massenmord an den Juden zu leugnen und statt dessen immer wieder auf die Verbrechen der anderen hinzuweisen sucht. Die Grauzone des Resonanzbodens für diese Art von Vergangenheitsbewältigung ist leider größer als die an sich politisch bedeutungslosen Gruppen des aktiven Rechtsextremismus. Obwohl weniger artikuliert und auch intellektuell weniger potent als die „neue Rechte" in Frankreich, reichen die Ausläufer der auf die NS-Zeit bezogenen Geschichts-Apologetik doch gelegentlich bis in die honorige konservative Presse und Publizistik hinein.

Eine geschichtlich behutsame, selbstkontrollierte Beschäftigung mit der Vertreibung der Deutschen hat aber nicht nur die Kurzschlüssigkeit solchen moralisch anspruchslosen Verrechnens abzuwehren. Sie ist, glücklicherweise, aufgrund der inzwischen gemachten Erfahrungen in der Lage, von einer nur nationalen Betrachtung oder gar Selbstbemitleidung absehen zu können. Die Vertreibung der Deutschen aus dem Osten Europas, die unter dem Gesichtspunkt des deutschen Nationalstaats und der nationalen deutschen Geschichtstradition als ein katastrophaler Einschnitt empfunden werden mußte, gewann angesichts der Teilung Europas in zwei Blöcke mit antagonistischer politisch-ideologischer Struktur jedenfalls für diejenigen Ostdeutschen, die in die westlichen Zonen gelangt sind und hier heimisch wurden, auch die Bedeutung einer Befreiung. Schon die Furcht vor der Roten Armee, die viele Deutsche im Osten 1944/45 zur Flucht trieb, war ja von diesem Motiv bestimmt. Und auch die große Mehrzahl der Vertriebenen, die in den Jahren 1945-1947 mit den Aussiedler-Transporten aus Polen, der Tschechoslowakei und Ungarn in den Westen Deutschlands gelangt sind, haben angesichts der nationalen und politischen Fremdherrschaft, die sie seit Kriegsende dort erlebt hatten, die Aussiedlung schließlich als Befreiung empfunden, als Weg zurück nach Deutschland, in eine Heimat, die es in Ostpreußen, Pommern, Schlesien und im Sudetenland für sie nicht mehr gab. Der Begriff der Heimatvertriebenen wird diesem Sachverhalt eigentlich nicht gerecht.

Weil es nicht nur um Aufrechterhaltung nationaler Ansprüche, sondern vor allem um politische Selbstbestimmung ging, hat die Bundesregierung selbst in einer Zeit, als man noch ernstlich an eine Revision der Oder-Neiße-Linie dachte, auch niemals die Politik verfolgt, die restlichen Deutschen, die noch in Polen oder der Tschechoslowakei lebten, zum nationalen Ausharren aufzufordern, sondern im Gegenteil, bis in die Gegenwart hinein, die Aussiedlung auch der restlichen Deutschen aus Ostmitteleuropa selbst zum Programm ihrer Außenpolitik gemacht. Die Zwangsvertreibung der Deutschen verband sich, so wie die Dinge lagen, mit dem freiwilligen Bedürfnis zur Abwanderung in das westliche Deutschland mit seinem freiheitlichen politischen System. Zu den Wirkungen der Vertreibung gehört ferner auch, daß das deutsche Wirtschaftswunder der 50er Jahre ohne die Vertriebenen in diesem Maße nicht möglich gewesen wäre und daß ohne die Auflösung des preußischen Staates mit seinen ostelbischen Traditionszentren der Demokratie-Neubeginn in der Bundesrepublik und ihre Integration in den Westen höchstwahrscheinlich nicht so reibungslos verlaufen wären.

Der anfangs so schmerzliche Vorgang der Vertreibung hatte, das gehört zu den großen Überraschungen der Nachkriegszeit, viel weniger negative und viel mehr positive Wirkungen, als damals erwartet werden konnte. Er störte, infolge der gelungenen Eingliederung der Vertriebenen, schließlich auch das politische Verhältnis der Bundesrepublik zu Polen und der Tschechoslowakei nicht nachhaltig. Die lebhafte Sympathie, die die große Mehrzahl der Deutschen in der Bundesrepublik heute gegenüber den politisch-gesellschaftlichen Kräften empfindet, die gegenwärtig in Polen eine freiheitlichere Gestaltung der sozialistischen Ordnung erstreben, ist ein eindrucksvolles Zeugnis davon, wie sehr anstelle der nationalen freiheitlich-humane Prinzipien das Verhältnis zu diesem Lande bestimmen. Diese Sympathie kann politisch aber nur dann glaubwürdig sein, wenn jeder Hintergedanke nationaler Revision ausgeschlossen ist. Solche Zungenschläge aus Westdeutschland, die es glücklicherweise nur ganz vereinzelt gibt, würden das Gegenteil bewirken, nämlich die politische und militärische Kontrolle und Bevormundung Polens durch die Sowjetunion nur verstärken helfen. Die geschichtliche Erinnerung an die Vertreibung hat auch dies zu bedenken.

In einer Nation wie der deutschen, in der die tradierten Normen nationalen Selbstbewußtseins durch den nationalsozialistischen Einbruch so zerstört oder pervertiert wurden, kann erst durch den sorgsamen, gewissenhaften Umgang mit dieser Geschichte historisch-nationale Identität wieder erwachsen. Am Umgang mit dieser Geschichte erweist sich auch die politische Kultur des neuen Gemeinwesens der Bundesrepublik.

Zwiespältige Distanzierung zur Vergangenheit

Albert Speers „Sklavenstaat"

Seit dem Herbst 1941 beschäftigte sich der immer erfindungsreiche Reichsführer SS und Chef der Deutschen Polizei Heinrich Himmler mit der in Rußland wachsenden Löwenzahn-Pflanze Kok Sagys. Deren Wurzelsaft enthielt Spuren von Naturkautschuk und Himmler verbiß sich in die Idee, mit Hilfe der Häftlinge seiner Konzentrationslager durch große Anpflanzungen den Naturkautschukmangel Deutschlands überwinden zu können. Albert Speer fand heraus, daß Himmler auch Hitler darüber in Gespräche verwickelte und in langen Schriftsätzen empfahl, bei den Versuchen „eine andere, in unseren Wäldern vorkommende Pflanze, nämlich die Wolfsmilch", nicht zu vergessen, die „in ihrem Saft eine noch stärkere Klebrigkeit hat wie der Löwenzahn in seiner Milch". Speer kommentiert: „Auf diese Weise die Klebrigkeit abschätzend, diskutierten der Diktator und sein Polizeichef den Gehalt von Kautschuk im Löwenzahn."

Berichtet wird der absurde Vorgang in dem neuen Buch des ehemaligen Rüstungsministers „Der Sklavenstaat. Meine Auseinandersetzung mit der SS".

Er bringt eine ganze Reihe weiterer, zum Teil grotesker Beispiele für ähnliche fixe Ideen, mit denen Himmler während des Krieges hochrangige Fachleute und Behördenchefs in Atem hielt. Sie gehören zu den raren Neuheiten von Speers drittem Buch, das die wirtschaftlichen Ambitionen der SS während des Krieges in den Mittelpunkt stellt und von diesem Hintergrund die Rationalität und Effizienz seiner eigenen Leistungen als Rüstungsminister abhebt.

Der erfolgreiche Minister und Autor Speer, der 1969 seine „Erinnerungen" und 1975 die „Spandauer Tagebücher" herausbrachte, wird mit der jetzt veröffentlichten Nachlese zu den vorangegangenen Memoiren deren publizistische Attraktivität schwerlich erreichen. Das Vielerlei, das Speer aufgrund seines Quellenstudiums auf rund 500 Seiten ausbreitet, ist wenig verarbeitet und nur mühsam thematisch gegliedert. Den einzig erkennbaren roten Faden bildet das subjektive Interesse des Autors an einer ihm richtig und wichtig erscheinenden Sicht seiner früheren Amtszeit. Mit der Publikation beansprucht er dafür öffentliches Interesse.

Bedauerlicherweise hat Speer sein Thema aus solchen subjektiven Gründen verengt zu einer Dokumentation des angeblich vor allem gegen ihn und seine Fachleute aus der Industrie gerichteten Machthungers der SS, der sich während des Krieges zunehmend auch in die Wirtschaftspolitik und Wirtschaft des Dritten Reiches hineinfraß. Viele Einzelheiten, die Speer in diesem Zusammenhang erzählt, zum Beispiel die Intrige gegen seinen Amtschef Schieber oder die zum Beweise der „Industriefeindlichkeit der SS" ausgebreiteten Zitate des Inland-SD-Chefs Otto Ohlendorf, der 1943 zum Ministerialdirektor im Reichswirtschaftsministerium avancierte, dürften dem Normalleser in ihrem tatsächlichen Bedeutungszusammenhang jedoch in Speers Darstellung kaum zugänglich werden. Seine nachträglich verkürzte Sicht – „Meine Auseinandersetzungen mit der SS" – schafft insofern ein Zerrbild. Sie konfrontiert, was seinerzeit durchaus miteinander verflochten war und keineswegs eine durchgängige Konfliktlinie bildete.

Speer selbst verschweigt ja nicht vollständig, daß er seit der Ernennung Himmlers zum Reichsinnenminister im Sommer 1943, schon um Bormanns Einfluß zu begegnen, auf ein gutes Verhältnis zur SS-Führung Wert legte. Und diese Konstellation trug wohl auch dazu bei, daß er im Herbst 1943 gegen die erste unmittelbare Beteiligung der SS bei einem der wichtigsten Rüstungsvorhaben – der unterirdischen V-Waffenproduktion im Harz mit Hilfe von KZ-Häftlingen – keinen Widerspruch einlegte.

Dabei hätte eine thematisch auf die deutsche Rüstungswirtschaft im Zweiten Weltkrieg konzentrierte, mit Hilfe der überlieferten Akten und aufgrund der eigenen Erinnerungen geschriebene Darstellung Speers durchaus manche wichtigen Antworten auf Fragen geben können, die in den „Erinnerungen" offengeblieben sind. Wie stand es tatsächlich mit den zum Teil von der SS kritisierten Interesseneinflüssen jener Großunternehmen, deren Vertreter unter Speer wichtige Vollmachten in dem von ihm entwickelten System der „Selbstverantwortung der Industrie" erlangten? Wie ordnet Speer nachträglich jenen Typus des staatlich bevollmächtigten Unternehmer-Wirtschaftsführers in die führerstaatliche Verfassung des Dritten Reiches ein? Wie beurteilt er jetzt die seinerzeit von ihm selbst vorangetriebene Praxis eines Herrschaftssystems, in dem jeweils wechselnde Günstlinge Hitlers, gestützt auf von ihnen erwirkte Führer-Erlasse und -Bevollmächtigungen, jederzeit andere Reichsbehörden ausmanövrieren und von Fall zu Fall neue, der formalen Regierungsanordnung mehr und mehr davonlaufende faktische Verfassungszustände herbeiführen konnten? Wie diagnostiziert Speer heute das, trotz aller

Konflikte, wirkungsvolle Bündnis von Parteibefehlshabern und Wirtschaftsmanagern, das während seiner Amtszeit im Zeichen der Umstellung der Wirtschaft auf den totalen Kriegseinsatz zustande kam?

Wer sich zu solchen, den ureigensten Erfahrungs- und Zuständigkeitsbereich Speers betreffenden Fragen genauere Einblicke oder gar selbstkritische Analysen erwartet hat, wird durch das Buch enttäuscht. Zu dessen Vorbereitung hat sich Speer mit Dokumentenbergen aus dem Bundesarchiv umgeben, vor allem den weitgehend erhaltengebliebenen Akten des Persönlichen Stabes des Reichsführers SS. Wir sehen einen Memoirenschreiber am Werke, der das vor Jahren aus der Erinnerung Aufgezeichnete anhand der Fülle der überlieferten Quellen noch einmal Revue passieren läßt und diese Vergangenheit gleichsam neu entdeckt. Die Akten verfremden selbsterlebte Vorgänge, lassen das „Spiel" der anderen deutlicher hervortreten, bewirken einen weiteren Schritt der – bei Speer freilich auch doppelsinnigen – Distanzierung von dieser Vergangenheit.

Herausgelöst aus dem Dunst geschichtlicher Größe und historischer Selbststilisierung, in dem seinerzeit selbst noch der schiere Irrsinn der gigantomanischen Planungen Hitlers oder Himmlers für ihre nächste Umgebung Bedeutungs-Suggestivität gewinnen konnte, tritt mit der Dürre der bloß schriftlichen Überlieferung das Wahnwitzige in seiner ganzen Nacktheit hervor. Die wirtschaftlichen Unternehmungen der SS, die auf dem Einsatz immer größerer Massen von KZ-Häftlingen basierten, vor allem in den besetzten Gebieten, und die Zukunftsplanungen, die Himmler und sein Bauchef Kammler 1941/42 für die Nachkriegszeit im Ostraum entwarfen, erscheinen dem historisch nachlesenden ehemaligen Rüstungsminister als ebenso fixe Ideen wie Himmlers Pflanzenkautschuk-Züchtungspläne. Sie setzen sich nachträglich zusammen zum Schreckbild eines unermeßlichen „Sklavenstaates". Im Schlußkapitel seiner Darstellung rechnet Speer unter dem Titel „Düsterer Endsieg" aufgrund dieser Planungen aus, daß zur Erfüllung der gesetzten Ziele zwanzig Jahre lang ein Sklavenheer von über 14 Millionen für die SS arbeitender KZ-Häftlinge erforderlich gewesen wäre.

Die Distanzierung, die Speer vollzieht, drückt sich aber eben auch darin aus, daß die Verwicklung der Industrie und der von Speer geleiteten rüstungswirtschaftlichen Dienststellen in die von der SS forcierte Kriegszwangsarbeit von KZ-Häftlingen eher ausgespart bleibt. Statt dessen werden aus den Akten Dokumente ausgewählt, die es erlauben, das sachlichere, weltanschauungsfreie, deshalb vergleichsweise humane Handeln in Speers Ressortbereich von den Praktiken und Zielsetzungen Hitlers und Himmlers gehörig abzusetzen. Ein wichtiger Abschnitt des Buches – jener, der die Judenfrage betrifft – steht ganz im Zeichen dieser doppelten Dokumentationsabsicht.

Wen es irritieren mochte, daß Speer im Nürnberger Prozeß und in seinen Memoiren bei seinem freimütigen Eingeständnis der Mitverantwortung für die an den Juden begangenen Verbrechen des Regimes so sehr im Allgemeinen blieb, der erfährt nun von ihm Konkreteres. Ausgehend vom Massenarbeitseinsatz der Juden für die Kriegswirtschaft, der seit 1942 gegen alle kriegswirtschaftliche Raison durch die nationalsozialistische Judenvernichtung abgebrochen und ruiniert wurde, ruft Speer denen, die es immer noch nicht oder nicht mehr wahrhaben wollen, eine Vielzahl dokumentarischer Einzelheiten und statistischer Bilanzen ins Gedächtnis: Gegen den hinhaltenden Widerstand von Vertretern der Wehrmacht und der Rüstungsdienststellen wurden die Ghettos und jüdischen Arbeitslager seit dem Sommer 1942 in Polen „dem Wunsch des Führers entsprechend", wie es in einer von Speer zitierten Weisung Himmlers vom 9.10.1942 hieß, Zug um Zug aufgelöst und die Juden in Vernichtungslager transportiert.

Der Autor zeigt, daß sich die Vernichtung von rund zwei Millionen polnischer Juden allein im Generalgouvernement während des Zeitraumes von 1942 bis 1944 auch aus den Unterlagen des dortigen Wehrwirtschaftsoffiziers nachweisen läßt. Nur im Reichsgau Wartheland, im Ghetto Litzmannstadt (Lodz), durften einige Zehntausend Juden bis zum Sommer 1944 weiterhin für die Kriegswirtschaft des Reiches arbeiten. Mit Genugtuung bemerkt Speer, daß ein anonymer Angehöriger der Rüstungsinspektion Posen dafür sorgte, daß eine Gruppe dieser Juden, die nach der Auflösung des Ghettos nach Auschwitz gebracht wurde, dort nicht getötet, sondern als Arbeitskräfte ins Reich evakuiert wurde und überlebte. Die Beispiele des Widerstandes gegen die Judenvernichtungen, die Speer, vor allem aus dem Bereich der Wehrmachts- und der Rüstungsinspektionen anführt, zeigen – selbst wenn man ihre Repräsentativität in Zweifel ziehen kann –, was wenigstens zeitweilig und im konkreten Einzelfall verhindert werden konnte.

Es ist wohl zwangsläufig, daß die Behandlung dieses Themas durch einen solchen Autor bei allem Bemühen um nachträgliche Einsicht und Selbstkritik nicht frei sein kann von apologetischem Einschlag. Zu den bemerkenswerten Einsichten, die Speer auch aus seiner Kenntnis der Atmosphäre, authentisch vermitteln kann, gehört seine Deutung der Serie von Reden Himmlers, in denen dieser sich 1943/44 vor hohen Funktionären des Regimes in unverblümter Offenheit über die inzwischen ausgeführte Judenvernichtung äußerte. Himmler habe, so Speer, diese Reden unmöglich ohne Wissen und Einverständnis Hitlers halten können. Durch sie sollte, in dieser Phase des Krieges, klargemacht werden, daß das Regime die Brücken hinter sich abgebrochen habe und niemand sich aus der Gesamtverantwortung davonstehlen könne. Dieser Deutung kann auch der Historiker zustimmen.

Kritischer wird er sein müssen, wenn Speer erneut das Beispiel von Henriette von Schirach erzählt, die im Zirkel der Gäste Hitlers auf dem Obersalzberg in erregter Form über den Abtransport von Juden berichtet habe, den sie in Holland aus nächster Nähe erlebt hatte. Die Schirachs, so Speer, mußten daraufhin noch in derselben Nacht den Berghof verlassen und Hitler habe sie nie wieder empfangen. Ein offenes Wort in der Judenfrage sei von Hitler nicht geduldet worden, „jede Regung dieser Art bedeutete augenblicklich Verlust von Rang und Ansehen, den Sturz in das Nichts". Die Begründung dieses Kommentars scheint, gerade durch das Beispiel Schirach, nicht stichhaltig; sie liegt wohl eher in den – damals noch hochgesteckten – Machtambitionen des Verfassers.

Plädoyer für Alltagsgeschichte

Eine Replik auf Jürgen Kocka

Im Oktoberheft dieser Zeitschrift hat Jürgen Kocka bestimmte Trends der Alltagsgeschichtsschreibung kritisiert, in manchen Punkten sicher zu Recht: zum Beispiel die Tendenz, die „Welt der kleinen Leute" als Idylle darzustellen; oder das auffällige Interesse an Maschinenstürmern oder Bettlern und Vaganten: sicher *auch* eine Rückprojektion „grüner" Zivilisationskritik in die Geschichte. Dennoch verfehlt Kockas Kritik der „anti-analytischen Stimmung" in Teilen der Alltagsgeschichte meiner Meinung nach ihren Gegenstand. Aus der persönlichen Freundschaft mit dem Kontrahenten und der starken Verbundenheit in ähnlichen Forschungsinteressen nehme ich mir im folgenden, auch begründet in eigenem Umgang mit Methoden und Perspektiven der Alltagsgeschichte, die Freiheit einer – zur Verdeutlichung – auch bewußt polemischen Entgegnung.

I.

Kocka billigt den Alltagshistorikern – gönnerhaft – durchaus eine Funktion zu, so sie sich in Schranken halten und ihren Ansatz als das erkennen, was er ist: *Ergänzung* der aus theoretischer Einsicht gewonnenen gesamtgesellschaftlichen Strukturgeschichte. Er verschweigt dabei die Sterilität, in die eine jahrelange gesamtgesellschaftliche Theorie-Diskussion die neuere Geschichte in der Bundesrepublik hineingeführt hat. Angesichts des im ganzen immer noch sehr schwachen Standes einer *qualitativen* Sozialgeschichte, die, über das Sozio-Ökonomische hinaus, deskriptive Mentalitäts-, Milieu- und Volkskultur-Forschung überzeugend zu leisten vermochte, wirkt das magisterhafte Austeilen von Zensuren an diese Adresse um so befremdlicher, wenn es sich um Sozialhistoriker vom Range Edward P. Thompsons handelt. Kocka registriert die „große Sensibilität und Hochachtung", die Thompson in *The Making of the English Working Class* „für die Welt, das Leben, die Kultur der kleinen Leute im 17. und 18. Jahrhundert" zeigt, kritisiert aber vehement: dies alles erkaufe sich Thompson „durch Vernachlässigung des Systemcharakters der von ihm untersuchten Gesellschaft", durch ein „antiquantitatives" Vorurteil, „seine Geringschätzung für theoretische Anstrengungen", die Unschärfe „vor allem seines Klassenbegriffs". Ich meine statt dessen: Das Deduzieren aus dem (theoretisch vorwegbestimmten) „Systemcharakter" einer erst zu untersuchenden Gesellschaft hat bestimmte Richtungen der neueren sozialwissenschaftlichen Historie genug in Verruf gebracht. Der Rezeptionshunger für Bücher wie die Thompsons zeigt, wo die Defizite der deutschen Geschichts- und Sozialwissenschaft liegen, nämlich gerade in der erzählerischen Vermittlung konkreter vergangener sozialkultureller Lebenswirklichkeiten. Nicht nur für die mittelalterliche Historie war aus solchen Gründen das Erscheinen eines Buches wie das von Le Roy Ladurie über die Lebenswelt französischer Bauern und Schafhirten in dem kleinen Pyrenäendorf Montaillou vor zwei Jahren eine solche Sensation. Und wegen ihrer qualitativen Evidenz ist noch heute die Sozialreportage, die Siegfried Kracauer 1930 über die Angestellten in Berlin, ihre Arbeitswelt und ihre Talmi-Freizeitkultur herausbrachte, eine so herausragende sozialhistorische Quelle. Kocka vermißt bei solchen Arbeiten den Beweis ihrer Repräsentativität, ohne zu gestehen, daß eine ganze Reihe wichtiger sozialwissenschaftlicher Fragestellungen (nach Mentalität, subjektiver Erfahrung, Gesellschaftskultur) kaum quantitativ angegangen werden können. Nur weil es auch in der Bundesrepublik immer wieder Sozialhistoriker gibt, die sich nicht abschrecken lassen durch das von Kocka aufgestellte Postulat, konnte vor Jahren eine so intuitive Studie wie die von Rolf Engelsing über die „Dienstboten-Lektüre" im 19. Jahrhundert entstehen, oder neuerdings – im Rahmen des Bayern-Projekts des Instituts für Zeitgeschichte – die preisgekrönte Arbeit Klaus Tenfeldes über die oberbayerische Bergarbeiterstadt Penzberg.

Da Kocka selbst, zum Beispiel mit seiner Untersuchung über Arbeiter und Angestellte der Firma Siemens, zu solcher konkreten ausschnitthaften Sozialgeschichte einen wesentlichen Beitrag geleistet hat, zeugen manche Elemente seiner jetzigen Kritik, wie mir scheint, eher von den Spätfolgen einer Theoriediskussion, bei der Kocka eigentlich selbst gegen Kocka steht und sich vielleicht nur noch nicht entschieden hat.

II.

Qualitative Sozialgeschichte läßt sich in der Regel nur im Rahmen begrenzter sozialer Einheiten, eines Betriebes, Ortsmilieus, Vereins, einer Behörde oder lokalen Parteigruppe überzeugend verwirklichen. Ob es sich bei solchen Ausschnitt-Geschichten nur um erbauliche Selbstbetrachtung beziehungsweise unterhaltsame Episodenerzählung oder um paradigmatische Gesellschaftsgeschichte handelt, erweist sich am Ende nur an ihrer den Ausschnitt transzendierenden Evidenz. Weniger die auf abstrakte Faktoren-Reduktion angewiesene „Analyse“ als die Zeige-Möglichkeit der Historie, ihre bildnerische Fähigkeit sind da gefragt, ihre „Kunst“ (wenn man so will) auch im Erzählen. Was aber bedeutet das anderes, als Gestalten, Konturen, Sozial-Typen, mit einem Wort: *Strukturen* aus besonderer Nähe zur historischen Wirklichkeit und deshalb mit der Chance größtmöglicher Differenziertheit synthetisch zu entwickeln und hervortreten zu lassen? Die bei Kocka erkennbaren Vorbehalte gegen das suggestiv Literarische und Bildhafte solcher erzählten Kultur- und Sozialgeschichte verweisen auf eine philiströse Verengung des Wissenschaftsbegriffs der Historie unter dem Einfluß der systematischen (quantifizierenden) Sozialwissenschaft.

Vor allem aber: Die lange Zeit vernachlässigte Evidenz- und Bildvermittelnde Funktion ausschnitthafter Sozial- und Kulturgeschichte, die eigentlich auch immer Alltagsgeschichte ist, hat ihre eigenständige strukturierende Funktion und läßt sich einer analytisch verfahrenden Strukturgeschichte nicht gönnerhaft subsumieren. Kockas Besorgnis, Alltagsgeschichte führe von der Strukturgeschichte weg, in die Vereinzelung und „Sackgasse“ von vielerlei disparaten Kulturbildern und sozialen Befindlichkeiten, mag im einzelnen belegbar sein, wird aber im ganzen der Bedeutung dieses Ansatzes nicht gerecht. Hier scheint noch immer das grundlegende Mißverständnis hereinzuspielen, Alltagsgeschichte vermöge nur Veranschaulichung und Exemplifikation der übergeordneten nationalen Strukturen und Prozesse unter dem Gesichtspunkt der subjektiven Erfahrung und Betroffenheit zu liefern. In Wahrheit geht es dabei, jedenfalls idealiter, gerade um größere Genauigkeit in der Erfassung des Strukturellen.

Was gesamtgesellschaftliche Strukturen – z. B. Nation, Klasse, gesellschaftlicher Pluralismus – historisch wirklich waren, zeigt sich erst an der Brechung mit den Grass-root-Kräften an der gesellschaftlichen Basis, in den Primäreinheiten eines sozialkulturell geprägten provinziellen oder industriellen Milieus. Die Aufspürung dieser milieugebundenen „Erfahrungen“ vermag überhaupt erst evident zu machen, wie Klassen-, Nations- oder Demokratiebildung sich in einer bestimmten Phase gesellschaftlich durchsetzten und welche Ausformungen und Amalgamierungen mit anderen, älteren sozialen

Kräften, Gewohnheiten und Normen dabei eintraten. Angesichts der hochgradigen Disparatheit und Segregation unterschiedlicher sozialkultureller Milieus in der deutschen Gesellschaft im Zeitalter der Industrialisierung und des Nationalstaates erhalten solche Forschungsansätze zusätzliche Bedeutung.

Das Erkenntnisziel alltagsgeschichtlicher Milieuforschung erschöpft sich nicht in der Abvariation der „großen" nationalen Geschichte. Sie geht vielmehr aus von der Annahme, daß die Summe der Basisbefunde nicht identisch ist mit dem, was auf höherer, gesamtstaatlich-nationaler Ebene (um bei unseren Beispielen zu bleiben) als Nation, Klasse oder Demokratie artikuliert wurde. Es geht hier gerade um das Sichtbarmachen der oft beträchtlichen Kluft zwischen der (weitgehend nur basis-empirisch) feststellbaren Realität gesellschaftlich-politischer Erfahrungen und den mehr oder weniger abstrakten Gesellschaftstheorien, die vom jeweiligen Führungspersonal nationaler Großgruppen bestimmt werden. Auf der Mikroebene lokaler Milieus besteht dabei außerdem die Chance, gesamtgesellschaftliche Interdependenzen synthetisch ansichtig zu machen und dabei die analytische, sektorale Trennung von Zusammenhängen zu überwinden, die nach meiner Einschätzung gerade auch ein Problem der Arbeiterbewegungsgeschichte bildet.

III.

Seit den sechziger Jahren hat sich die Geschichtswissenschaft der Bundesrepublik verstärkt dem Thema Arbeiterbewegung zugewandt; der wichtige und fruchtbare Beitrag, den die Sozialgeschichte hierbei leistete, ist evident. Aber die neue wissenschaftliche Begeisterung enthielt auch die Gefahr mangelnder Reflexion über ihren Gegenstand. Schließlich flossen auch Elemente neomarxistischer Theorie mit ein. Je mehr dies der Fall war, desto deutlicher wurde die Tendenz, das in der historischen Ideologie der deutschen Arbeiterbewegung enthaltene Axiom von Fortschrittlichkeit ebenso wie die sozio-ökonomische Lage-Analyse als dominante Kriterien auch der Geschichtswissenschaft zu übernehmen. Die Themen Arbeiterbewegung und Arbeiterklasse wurden für einige der jüngeren, sich emanzipatorisch verstehenden Historiker ein neues Faszinosum, gar zum neuen Mythos. Im merkwürdigen Nachhinken historischen Bewußtseins hinter der längst gewandelten Struktur der Sozialdemokratie hielt die einschlägige Geschichtsforschung am petrifizierten historischen Typus des klassenbewußten Arbeiters wie am Begriff der Arbeiterbewegung fest. Das Godesberger Programm wurde historiographisch kaum nachvollzogen.

In dem inzwischen fast überbesetzten Forschungsfeld ist, wie die dickleibige Bibliographie Gerhard A. Ritters und Klaus Tenfeldes ausweist, Organisations-, Ideologie- und Aktionsgeschichte der Arbeiterbewegung einerseits und sozio-ökonomische Sozialgeschichte der Arbeiterschaft in großer Fülle betrieben worden, aber das Verbindende, die *politische* Sozialgeschichte, blieb stark unterbelichtet. Die politisch relevanten Einstellungs- und Motivstrukturen der Arbeiterschaft oder überhaupt des Proletariats wurden als Forschungsgegenstand weit weniger wahrgenommen. Nicht anders erging es, in dieser Hinsicht, den bürgerlichen und bäuerlichen Mittel- und Unterschichten als einem potentiellen Rekrutierungsfeld der sozialistischen Bewegung. Die Ergebnisse der Wissenschaft von der Arbeiterbewegung sind reichhaltig. Aber wir wissen wenig darüber, wie die Ärmsten der Armen, die am meisten Abhängigen, wie die benachteiligten nichtorganisierten Volksmassen, kurz: wie das ganze Proletariat aussah, zu dessen Fürsprecher sich die historische Arbeiterbewegung gemacht hatte, wie es dachte, ob und wieweit es sich als „Klasse“ empfand, die Ideologie der Partei rezipierte usw. usf.

Vorgegebene Kategorien (Arbeiterbewegung, Arbeiterklasse) haben mitunter die Realität des sozialen Gefüges, zum Beispiel das zeitgleiche Nebeneinander ungleichzeitiger Sozialtypen innerhalb der Arbeiterbewegung – der „vorindustrielle“ ländliche Heimarbeiter neben dem sozialistisch geschulten Facharbeiter – und die Auswirkungen dieser Inhomogenität verdunkelt. Was wissen wir zum Beispiel vom Nationalbewußtsein und von nationalen Vorurteilen innerhalb der sozialdemokratischen Stammwählerschaft oder von dem oft gerühmten, vielfältigen sozialistischen Vereinswesen? Trug letzteres nur zur Klassenbildung bei oder auch zur Entwicklung oft unpolitischer Ableger der sozialistischen Subkultur? Wurden hier nicht eher bürgerliche Normen, Kulturinhalte und Betätigungen nachgeahmt, die den biedermeierlichen Grundzug der späteren Sozialdemokratie wesentlich mitbestimmten und zum Teil auch ohne besondere inhaltliche Umformung in die KdF-Freizeitgestaltung der Nazi-Zeit überführt werden konnten? Was wissen wir von den ideologisch-politischen Auswirkungen der sozialen Hierarchien innerhalb der industriellen Arbeiterschaft, von den Bedürfnissen nach gesellschaftlicher Anerkennung und Integration von Sozialdemokraten im Justemilieu Hunderter von Kleinstädten, was vor allem von Mentalität und sozialer Selbsteinschätzung von Proletariern außerhalb der sozialistisch gesinnten Arbeiterschaft?

Die Liste solcher noch weitgehend offenen Fragen dokumentiert meines Erachtens auch, welches Ausmaß von Alltagsgeschichtsschreibung noch zu leisten ist. Darauf hinzuweisen scheint um so notwendiger, als Kocka, wie andere Historiker der Geschichte der Arbeiterbewegung, offensichtlich dazu tendiert, die „im Kern konservative Lebens- und Wertewelt der kleinen Leute" nur als eine Art sperriges, der progressiven, erzieherischen Funktion der historischen Arbeiterbewegung entgegenstehendes Potential anzusehen, das ihn in der emanzipatorischen Einschätzung seines Gegenstandes kaum unsicher macht. In seinen Darlegungen ist zu wenig Verständnis dafür zu spüren, daß der „tönerne Koloß mit bröckelnder Basis", als der sich die Arbeiterbewegung, wie er selbst schreibt, am Vorabend des Nationalsozialismus zeigte, Gründe nicht nur in einem „falschen Bewußtsein" großer Teile des Proletariats hatte, sondern wesentlich auch in einem falschen Bewußtsein der organisierten Arbeiterbewegung von ihrer eigenen und der gesamtgesellschaftlichen Lage. Manche Defizite der politischen Arbeiterbewegung korrespondieren hier noch immer mit denen ihrer Geschichtsschreibung. Und was den sozio-ökonomischen Klassenbegriff betrifft, den Kocka von Thompson und anderen Sozialhistorikern einfordert, so geht es hierbei nicht um „Berührungsängste", wohl aber endlich auch darum, ungeschminkt deutlich zu machen, welche nach innen oder außen verheerenden Selbsttäuschungen der Arbeiterbewegung er geschichtlich bewirkt hat. Das Beharren auf Petrefakten hilft weder politisch noch in der Erkenntnis weiter. Es gilt nicht, Alltagsgeschichte der Arbeiterbewegung in die Schranken zu weisen, sondern sie zu ermutigen und anzuregen.

Voreilige Geschichtsschreibung?

Zu Arnulf Barings „Machtwechsel“

Ein zeitgeschichtliches Buch hat Furore gemacht. Erschienen während der Agonie der sozialliberalen Koalition, beschreibt es, spannend, anekdotenreich, deren vielversprechende Anfänge, die fünfjährige Ära Brandt/Scheel (1969 bis 1974).

Es geht uns hier nicht um eine Buchbesprechung, sondern um den Typus, das Grundsätzliche: Was kann Geschichtsschreibung nach so kurzer Zeit schon leisten? Ist sie nicht hoffnungslos verstrickt in Standortgebundenheit, persönliche und politische Vorurteile, leidet sie nicht auf Schritt und Tritt am Mangel klärender Distanz? Oder muß sie dennoch gewagt werden, schon um dem nicht zu verhindernden Wuchern von Halbwahrheiten und Legenden in der historischen Erinnerung der Zeitgenossen vorzubeugen? Vermag sie nicht wenigstens, bei aller Zeitverhaftetheit, schon eine erste Schicht gesicherten historischen Wissens zu legen? Methode, Darstellungsstil und Bewertungskategorien bei der zeitgeschichtlichen Darstellung jüngst vergangener Ereignisse sind relativ leicht zur Hand, wenn es sich um ein historisch gescheitertes, tyrannisches oder gar verbrecherisches Regime wie den Nationalsozialismus handelt, seine ideologischen Normen und Utopien sind durch die Ereignisse selbst widerlegt worden. Sehr viel unsicherer tastet die Zeitgeschichtsforschung, wenn es um das eigene politische System, in unserem Falle die Bundesrepublik, geht.

Arnulf Baring, von dessen Buch über den „Machtwechsel“ hier die Rede ist, kennt sich in der Problematik wie kaum einer aus. Seine vorangegangenen Schriften über Adenauer und dessen Außenminister Brentano weisen den Berliner Politikwissenschaftler als einen nicht nur publizistisch, sondern auch quellenkritisch versierten Autor aus. Mit dem neuen Buch hat er sich aber weit mehr vorgewagt, auch seine eigene bisherige Arbeitsmethode verlassen. Vom amtierenden Bundespräsidenten Walter Scheel eingeladen und ermuntert, die Entstehungsgeschichte der sozial-liberalen Koalition zu beschreiben, residierte Baring einige Jahre im Palmengarten der Villa Hammerschmidt, vom Bundespräsidialamt wohl ausgestattet mit Akten, Beziehungen und finanziellen Mitteln. Ein Schreiber am Hofe des

Präsidenten, so konnte es scheinen, eine Aufgabe, sehr reizvoll, aber auch gefährlich für einen auf Unabhängigkeit bedachten Autor. Die Arbeitssituation entsprach mehr der des Journalisten als des Historikers. Die meisten schriftlichen und mündlichen Hintergrundinformationen gingen ihm vertraulich zu. Baring kann sie in seinem Buch deshalb nicht belegen, sondern den Informanten nur pauschal danken. Die größere Freiheit, die sich aus solcher Anonymisierung der Quellen ergab, mußte aber gerade reizen, ausführlich auszubreiten, was der Autor von kundigen Teilnehmern und Beobachtern der Bonner politischen Szene erfuhr. Was aus alledem entstand, ist eine erste große Bestandsaufnahme der Ära Brandt/Scheel, vor allem ihrer neuen Ostpolitik, aber auch ein sehr geschwätziges Buch.

Es tut gut, sich in Erinnerung zu rufen, was im 19. Jahrhundert der britische Historiker Macaulay seinen Kollegen ins Stammbuch schrieb: Zuviele kleine Richtigkeiten ertöten die eigentliche, historische Wahrheit. Baring nimmt zu den Ereignissen, von denen er berichtet, nicht historisch Distanz, sondern reproduziert die erregende politische Nähe von damals. Die ausführlich geschilderte Entstehung des sozial-liberalen Bündnisses, vielleicht der beste Teil des Buches, wird nicht in eine geschichtliche Dimension gerückt. Der Autor meditiert nicht über die historische Bedeutung des Ereignisses, er schreibt kein Wort über die traditionelle Kluft zwischen sozialdemokratischer Arbeiterschaft und national-liberalem Bürgertum in Deutschland, die im Kaiserreich ebenso wie in der Weimarer Republik ein handlungsfähiges sozial-liberales Bündnis stets verhindert hatte. Er entnimmt die Stichworte seiner Darstellung nicht der Geschichte, sondern der Politik, so auch, als Titel des Buches, das 1969 von Heinemann bewußt polemisch geprägte Wort vom „Machtwechsel". Zeiterzählung nicht Zeitgeschichte, so schrieb Karl Friedrich Fromme in der Frankfurter Allgemeinen Zeitung. Das gilt auch für den Stil der Darstellung. Aufgegliedert in rund 150 kurze Unterkapitel mit wechselnden Themen, vergleichbar großen Zeitungsartikeln, ist das Buch mehr nachträgliche politische Reportage als Historiographie. Bahnbrechende Ereignisse, Heinemanns Wahl zum Bundespräsidenten, Bahrs Verhandlungen in Moskau, werden auf eine Stufe gestellt mit spektakulären Tagesereignissen, der Steiner-Wienandt-Affäre oder der mysteriösen Wehner-Reise nach Ostberlin im Mai 1973. Der Autor macht keinen kategorialen Unterschied zwischen dem historisch Bedeutungsvollen und dem Aufsehenerregenden.

Also doch voreilige Geschichtsschreibung, unreine Mischung aus Historiographie und Journalismus? Vieles ist ebenso faszinierend wie irritierend. Endlich ein Zeithistoriker, der aus der Studierstube, aus dem Aktenmagazin heraustritt und die Nähe der Politik sucht, sich in Hunderten von Gesprächen in sie einfühlt. Aber auch einer, der kein Wissen für sich behalten kann, um Gerechtigkeit bemüht gegenüber einigen Hauptfiguren seiner Geschichte, wie Brandt und Wehner, weniger behutsam umgehend mit anderen, mittelgroßen oder kleineren Nebenfiguren wie Ehmke, Horst Grabert oder dem armen Redenschreiber Klaus Harpprecht, in Aperçus verliebt, auch und gerade wenn sie boshaft sind. Eine wenigstens proportionale Vollständigkeit gelingt nicht, konnte nicht gelingen. Genscher, auch Wehner und Schmidt, stellten sich dem Autor als Gesprächspartner nicht zur Verfügung. Um viele andere Prominente, vor allem aus dem Lager der CDU/CSU-Opposition, hat er sich gar nicht bemüht. Die schriftliche Quellenlage, gelegentlich gewürzt mit bisher in vollem Wortlaut unbekannten Breschnew-Briefen an Brandt oder Sitzungsprotokollen des Kabinetts, ist ebenso ungleichmäßig wie die mündliche Information. Das Buch ist aber deswegen keine parteiische Schrift und ganz gewiß keine von der niederen Sorte, die entweder regierungsfromm oder radikal polemisch geschichtliche Themen vorwiegend als Alibi gebrauchen für politisch-weltanschauliche Positionskämpfe. Nicht monumentalisieren zu wollen, weder seinen Förderer Walter Scheel noch den mit viel Sympathie beschriebenen Willy Brandt, ist geradezu ein Grundsatz unseres Autors, gewiß ein lobenswerter. Aber wie er ihn umsetzt, das bleibt problematisch. Am meisten stört das psychologisierende, vertrauliche Über-die-Schulter-Sehen bei zwangsläufig ganz unzulänglichen Einblicken in Charakter, Biographie und persönliche Wesensart der Hauptfiguren. Die kritische Souveränität, die der Autor hier demonstrieren will, gerät mitunter zur Arroganz. Es ist gewiß erfrischend, daß er sich vor voreiligen Stilisierungen des Geschichtsverlaufs zurückhält und z. B. statt der häufig vermuteten Zielstrebigkeit der Schöpfer des sozial-liberalen Bündnisses die unansehnliche Zufälligkeit und Nervosität dieser Bündnisgeschichte hautnah beschreibt. Aber die mangelnde Unterscheidung zwischen überindividuellen Ursachen und persönlichen, situationsgebundenen Motiven bleibt doch hinter den Erfordernissen der Geschichtsschreibung weit zurück. Kein voreiliges Buch und kein unnützes, weil spätere Historiker es als Quelle reichlich benutzen werden, aber doch eine ärgerliche Herausforderung der zünftigen Geschichtswissenschaft. Sie kann und soll so unbekümmert Geschichte nicht schreiben, auch wenn sie sich dabei mancher publikumswirksamen Anekdote enthalten muß. Sie wird gegenüber Erfolgsbüchern wie dem Barings aber erst festeren Stand haben, wenn es ihr auf eigene, überzeugende Weise gelingt, die immer wieder notwendige Aufgabe nicht voreiliger, sondern vorläufiger Geschichtsdeutung jüngst vergangener Epochen zu erfüllen. Und sie hat dabei im Auge zu behalten: bei der historischen Reflexion einer demokratischen Gesellschaft über sich selbst geht es nicht nur um nachträgliche geschichtliche Offenlegung vergangenen Machtgebrauchs. Im Stil solchen historischen Nachdenkens und Nachzeichnens offenbart sich auch die politische Kultur einer Gesellschaft und die Verantwortlichkeit der Intellektuellen in ihr.

Enthüllung?

Die Rauschning-Kontroverse

In der Einleitung zu den „Gesprächen mit Hitler" erklärte Hermann Rauschning 1939, die Gespräche aus den Jahren 1932-1934 – als Rauschning noch prominenter Nationalsozialist und Danziger Senatspräsident war – seien „authentisch", er habe sich damals „meist unmittelbar nach dem Gehörten Notizen gemacht". Rauschning ergänzte dies aber schon bei der Erstveröffentlichung mit der vieldeutigen Bemerkung: „Vieles kann als nahezu wörtliche Wiedergabe gelten." Später, nach dem Krieg, hat Rauschning gegenüber verschiedenen Gesprächspartnern die äußere, formale Authentizität der von ihm mitgeteilten Hitler-Äußerungen noch weiter abgeschwächt, so in einem Brief an den Kölner Historiker Theodor Schieder am 22. 2. 1971: „Die Geschichtsforschung könnte Authentizität nur anerkennen, wenn ich tagebuchartig meine originalen Notizen veröffentlicht hätte. Ich habe statt dessen ein Gesamtbild Hitlers aus Notizen, aus dem Gedächtnis und sogar Mitteilungen anderer über Hitler ... zusammengewoben."

Im Einklang mit anderen Historikern, die schon seit Jahren das „Ärgernis" der Rauschningschen „Gespräche mit Hitler" darin erblickten, daß sie in kaum noch entwirrbarer Kombination unmittelbare Kronzeugenschaft, bloß mittelbare Zeugnisse und nachträgliche Deutung kombinieren, resümierte Schieder schon vor dreizehn Jahren: Es handelt sich hier um „kein Quellendokument, von dem man wörtliche oder protokollarische Überlieferung Hitlerscher Sätze und Sentenzen erwarten darf". Seitdem hat, soviel bekannt, kein namhafter Historiker oder Hitler-Biograph Rauschnings „Gespräche mit Hitler" als wortgetreue Wiedergabe von Hitler-Äußerungen kritiklos zitiert.

Welchen Erkenntnisfortschritt bringt angesichts dessen der vor Jahresfrist publizierte Traktat des Schweizer Geschichtslehrers Wolfgang Hänel, der in den vergangenen Wochen, ausgelöst durch einen Artikel in der „Zeit", als die große Entlarvung Rauschnings ins Rampenlicht gestellt worden ist? Hänel hat eine Entdeckung gemacht, die geeignet ist, die seit langem schon zweifelhafte äußere Authentizität der „Gespräche" noch weiter zu erschüttern. Aber sie reicht nicht aus für einen schlüssigen Beweis und ist schon gar nicht geeignet, die innere Authentizität und Kronzeugenschaft Rauschnings rundum zu diskreditieren oder zu belegen, daß Rauschnings „Gespräche“ „nichts weiter als eine Propaganda-Kampfschrift“ im Dienste der Alliierten gewesen seien.

Hänel fand Kontakt zu dem ehemaligen Presseagenten und Verleger Emery Reves (alias Imre Révész), der Hänel im April 1981 in einem längeren Gespräch erzählte, wie er Hermann Rauschning im Sommer 1939 dazu bewog, eine publikumswirksame Fassung seiner Erfahrungen und Gespräche mit Hitler in der Form möglichst wörtlicher Zitate aufzuschreiben, Reves berichtete auch, wie das Ganze dann binnen einiger Wochen über die Bühne ging und die „Gespräche“ zu einem sensationellen, bald in zahlreiche Sprachen übersetzten Buch wurden. Fünf Monate nach dem Gespräch mit Hänel ist Reves im September 1981 verstorben. Das Tonbandprotokoll, das Hänel von dem Gespräch aufnahm, bildet das durch Rückfragen bei Reves jetzt nicht mehr korrigierbare Schlüsseldokument Hänels.

Auch wenn man geneigt ist, dieser Quelle Glauben zu schenken, muß die Gesprächsaufzeichnung noch mit derselben quellenkritischen Vorsicht betrachtet werden wie Rauschnings „Gespräche mit Hitler“. Reves’ Erzählung bezog sich auf Vorgänge, die nicht nur, wie im Falle Rauschnings, fünf bis sieben, sondern mehr als 41 Jahre zurücklagen. Wie Rauschning bediente sich Reves gleichwohl häufig der Form wörtlicher Rede und Gegenrede (Rauschning sagte ..., ich sagte ...). Die ehemaligen Geschäftsbeziehungen zwischen Reves und Rauschning waren zum Zeitpunkt des Hänel-Reves-Gesprächs aufgrund finanzieller Konflikte längst abgebrochen, ihr Verhältnis war frostig geworden. Hänel hätte bis zum Tode Rauschnings (1982) noch Gelegenheit gehabt, diesem die Erzählung Reves’ mitzuteilen und Rauschnings Stellungnahme einzuholen, was nicht geschehen ist. Vor allem aber: Reves hat in diesem Gespräch selbst nicht expressis verbis von „Fälschung“ gesprochen und sich offenbar niemals vergewissert, ob sich Rauschning bei der Niederschrift der „Gespräche“ auf noch so kümmerliche zeitgenössische Notizen stützen konnte oder ob er sie gänzlich neu fabriziert hat, nur gestützt auf sein Gedächtnis und schon bekannte Quellen. Man wird deshalb schwerlich sagen können, daß Hänel mehr gliefert hat als neue Indizien zur Verstärkung längst bestehender Zweifel an der formalen Echtheit der „Gespräche mit Hitler“.

Sehr viel peinlicher ist etwas anderes. Vom Enthüllungspathos getrieben oder von irgendwelchen Mentoren schlecht beraten, hat sich Hänel dazu verstiegen, dem im Exil gewiß oft großsprecherisch auftretenden, ambitiösen Hermann Rauschning jede Glaubwürdigkeit abzusprechen. Für unglaubwürdig hält er zumal Rauschnings späte, leidenschaftliche und überzeugte Gegnerschaft gegen den Nationalsozialismus. Das ist ridikül und ein Zeugnis geschichtlicher Verständnislosigkeit. Daß Hänel die Unterscheidung zwischen äußerer und innerer Authentizität im Falle Rauschnings gar nicht trifft, daß er von der scharfen Beobachtungsgabe und analytischen Kraft dieses konservativen Gegners des Nationalsozialismus anscheinend gar nichts begriffen hat, macht den Traktat Hänels, trotz der Neuentdeckung, die er zu bieten hat, zu einer Alltäglichkeit, die mehr verzerrt als aufklärt.

Im „Fall Hermann Rauschning“ ist manches noch offen und strittig. Neu zugänglich gewordene Dokumente lassen erwarten, daß das Institut für Zeitgeschichte in Verbindung mit dem Bundesarchiv weitere Aufklärung leisten kann.

Von der polnischen Teilung zum Warschauer Vertrag

Sinnreicher historischer Zufall richtete es ein, daß die Ratifizierung und Inkraftsetzung des Warschauer Vertrages zwischen der Bundesrepublik Deutschland und Polen zusammenfällt mit der zweihundertsten Wiederkehr des Jahres der ersten Teilung Polens, die auf maßgebliche Initiative Friedrichs des Großen hin am 2. August 1772 in Petersburg zwischen den Vertretern Rußlands, Preußens und Österreichs besiegelt wurde. Die Entladung aggressiver Gewalt, die unter Hitler im Zweiten Weltkrieg in Polen vor sich ging, und der Rückschlag des Pendels der Gewalt, durch den 1945 die deutsche Stellung im Osten liquidiert wurde, bildeten das katastrophale Ende eines Antagonismus, dessen historische Grundkonstellation mit der Teilung Polens am Ende des 18. Jahrhunderts gesetzt worden war.

Der am 7. Dezember 1970 zwischen der Bundesrepublik und Polen geschlossene Vertrag, dessen Substanz in der Anerkennung des seit 25 Jahren bestehenden und stabilisierten neuen Grenzzustandes besteht, schafft an sich noch keine neuen Elemente der mit ihm intendierten Normalisierung des Verhältnisses zwischen Bonn und Warschau. Seine Bedeutung liegt zunächst und vor allem in dem von den Vertragspartnern bekundeten Willen, die Gefahren unheilvoller Reproduktion der Geschichte auszuschließen. Gerade unter diesem Gesichtspunkt wäre es fatal, wenn die Anerkennung der Irreversibilität der Vergangenheit zu einer Art moralischer Erschöpfung des historischen Zurückdenkens führte. Das einprägsame Jahresdatum der Ratifizierung des Warschauer Vertrages verlöre seinen Sinn, wenn ihm nicht eine feste Einprägung des historischen Erfahrungsgehalts der neuzeitlichen deutsch-polnischen Geschichte entsprechen würde.

Nach dem Warschauer Vertrag könnten Polen und Deutsche imstande sein, gelassener über ihre geschichtlichen Beziehungen zu urteilen. Das schon bisher fruchtbare Bemühen um den Abbau von Vorurteilen und undifferenzierten Pauschalierungen in den beiderseitigen Geschichtsbüchern könnte weitere Fortschritte machen. Die polnische Historie hätte es nicht mehr nötig, aus der frühmittelalterlichen Priorität polnisch-westslawischen Volkstums in den Oder-Neiße-Gebieten den immer neuen „Beweis" des rechtmäßig polnischen Charakters dieser Gebiete ableiten zu wollen. Und in den Lehrplänen der Bundesrepublik könnte man sich völlig freimachen von jenen verdeckt politischen Zielen der Ostdeutschland-Kunde, die jahrelang – als Ausdruck des Nichtanerkennungswillens – die Züge einer staatlich geförderten Stagnation des historischen Bewußtseins aufwies.

Es geht dabei nicht um eine wohlmeinende Historie, die sich selbst billig macht, indem sie einseitig die Leiden der anderen Seite herausstreicht oder auf unrepräsentative Episoden und Exponenten deutsch-polnischer Zusammenarbeit ausweicht und sie als neue historische Leitbilder über Gebühr in den Vordergrund rückt. Gewiß, die Widerlegung der Geschichtslegende vermeintlich tausendjähriger Erbfeindschaft zwischen Deutschen und Polen kann viele Zeugnisse für sich anführen; nicht nur die abendländische deutsch-polnische Gemeinsamkeit und Befruchtung im Mittelalter und Barock oder die gedeihliche Verbindung deutscher Stände und Städte in Pommerellen und Preußen mit der föderativen polnisch-litauischen Adelsrepublik gegen die starre Herrschaft des Ritterordens im 15. Jahrhundert. Auch die Geschichte des Asyls deutscher protestantischer Flüchtlinge in Polen im 17. Jahrhundert und die Aufnahme polnischer Aufstandsführer in Mittel- und Süddeutschland im 18. und 19. Jahrhundert, der Polen-Enthusiasmus der deutschen Liberalen des Vormärz, ebenso die der amtlichen preußisch-deutschen Polenpolitik entgegenwirkenden Kräfte im katholischen Zentrum und in der sozialdemokratischen Arbeiterbewegung im späten 19. Jahrhundert oder die Ausgleichsbemühungen des Warschauer Gesandten Ulrich Rauscher in der Weimarer Zeit können als Beispiele dafür genannt werden, daß es auch in der Neuzeit an Bemühungen um eine positive Gestaltung des deutsch-polnischen Verhältnisses nicht fehlte.

Daraus einen neuen roten Faden deutsch-polnischer Geschichte weben zu wollen, wäre gleichwohl falsche Harmonisierung angesichts der Katastrophe, in die diese Geschichte im 20. Jahrhundert tatsächlich mündete. Sie würde verschleiern, daß sich die Explosion der Gewaltsamkeit am Ende des Zeitalters nationalstaatlicher deutsch-polnischer Geschichte nicht nur auf Hitler und die von ihm provozierte Reaktion zurückführen läßt, sondern in den Etappen vorangegangener Geschichte seit den polnischen Teilungen nachhaltig präjudiziert worden ist. Vor allem aber würde die Gelegenheit versäumt, das Zeitalter deutsch-polnischer Geschichte zwischen dem

Ende des 18. und der Mitte des 20. Jahrhunderts als ein Lehrstück nationaler Konfliktforschung zu begreifen und zu ergründen.

Manche Konsequenzen aus den „Lehren" dieser Geschichte sind bereits manifeste Bestandteile der veränderten Gegenwart geworden. Das wird z.B. deutlich an den verfehlten Erwartungen, die westliche und westdeutsche Politiker immer wieder auf den polnischen Nationalismus als eine Sprengkraft im Gefüge des Ostblocks und der sowjetischen Hegemonie setzten. Preußisch-russische und spätere deutsch-russische Komplicenschaft haben 150 Jahre lang die außen- und machtpolitische Voraussetzung der Teilung und Niederhaltung Polens gebildet. Die polnischen Aufstandsversuche von 1794, 1830 und 1863 scheiterten stets an der Gemeinsamkeit preußisch-russischer Intervention und trugen meistens dazu bei, die reaktionäre Allianz zwischen Berlin und Petersburg neu zu festigen oder zu restaurieren. Polen machte in diesem Zeitalter, in dem es sich in der Mittellage zwischen überlegener preußisch-deutscher und russischer Macht befand, aber auch die Erfahrung, daß westlicher Beistand nicht ausreichte, um diese Zwangslage aufzuheben. Die auf Napoleon gesetzten Hoffnungen schlugen ebenso fehl wie das Bündnis mit Frankreich nach dem Ersten Weltkrieg oder die Verbindung der polnischen Exilregierung und der nationalen polnischen Untergrundbewegung mit den Westmächten im Zweiten Weltkrieg.

Versuche, als Alternative zur Komplicenschaft mit Rußland eine gegen Rußland gerichete preußische Verbindung mit Polen herzustellen, hatte es schon unter Friedrich Wilhelm II. am Vorabend der Französischen Revolution und während des preußischen liberalen März-Ministeriums im Revolutionsjahr 1848 gegeben. Spätere Versuche, an diese Linie einer veränderten preußisch-deutschen Polenpolitik anzuknüpfen, die von einzelnen Kritikern Bismarcks, wie Constantin Frantz, sowie von den Befürwortern aktiver deutscher Mitteleuropapolitik (Paul Rohrbach, Friedrich Naumann u.a.) ausgingen und im Ersten Weltkrieg zu einer halbherzigen Revision bisheriger Polenpolitik führten, machten jedoch deutlich, daß unter den veränderten Bedingungen deutschnationaler Macht- und Prestigepolitik für Polen innerhalb solcher Konzepte nur die Möglichkeit halbsouveräner Abhängigkeit offenblieb. Hitlers Politik des partiellen Ausgleichs mit Polen zwischen 1934 und 1938 im Rahmen einer antisowjetischen Globalstrategie und mit der Zielsetzung kolonialer Großraumhegemonie im Osten ließ dies in aller Schärfe und Zuspitzung erkennen.

Nach der Niederschlagung der deutschen Großmacht im Jahr 1945 hat diese Variante definitiv ausgespielt. Aber auch die schon in der

Zwischenkriegszeit von polnischer Seite verhängnisvoll überschätzten Möglichkeiten einer eigenen, von den Westmächten abgedeckten polnischen Führungsrolle in Ostmitteleuropa zur Absicherung gegen Deutschland und Rußland haben unter den veränderten europäischen Machtverhältnissen kaum noch eine Chance. Die Stabilität des seit 1956 von Gomulka in der polnischen Innenpolitik mit einigem Erfolg gegenüber der vorangegangenen stalinistischen Überfremdung durchgesetzten polnischen Weges zum Sozialismus beruhte wesentlich darauf, daß die Unterordnung unter die sowjetische Außenpolitik nicht ernstlich in Frage gestellt wurde.

Wenn Ernst Majonica in seinem 1963 veröffentlichten Buch über „Deutsche Außenpolitik" schrieb, der Nationalismus sei das „Sprengmittel, das die Einheit des kommunistischen Blocks gefährdet", so hatte er dabei in bezug auf Polen ebenso übertriebene Vorstellungen wie de Gaulle, der sich einige Jahre später im Warschauer Sejm von Gomulka sagen lassen mußte, daß jede Spekulation auf die antirussische Wirkung einer den Ostblock einbeziehenden „Europa-Politik der Vaterländer" gegenstandslos sei. Hier lagen auch die Grenzen einer Ostpolitik der Bundesrepublik, die unter Gerhard Schröder Normalisierung primär auf bilateralem Wege unter Ausklammerung der DDR suchte und damit Polen erneut eine Balancepolitik zwischen seinen östlichen und seinen westlichen Nachbarn zumutete.

Mag der Warschauer Vertrag Polens Sorge um die Stabilität seiner Westgrenze verringern und der polnischen Außenpolitik jene größere Beweglichkeit im Rahmen des Ostblocks ermöglichen, die sie Ende der fünfziger Jahre schon mit dem Rapacki-Plan erstrebte, so wird doch der Pufferstaat der DDR für Polen die sicherste Garantie seiner Westgrenze bleiben. Die in den polnischen geschichtlichen Erfahrungen tief verwurzelte Furcht vor deutschem nationalstaatlichen Machtpotential impliziert ein elementares polnisches Interesse an der Stabilität der staatlichen Existenz der DDR, und die leidvolle Erfahrung mit gescheiterten historischen Balance-Versuchen zwischen Ost und West wird eine *raison d'état* der polnischen Außenpolitik bleiben.

Strukturgeschichtliche Konfliktforschung am Leitfaden neuzeitlicher deutsch-polnischer Geschichte kann sich aber nicht nur auf diese machtpolitischen Grundkonstellationen der Außen- und Sicherheitspolitik beziehen. Sie hat ein weites Feld vor allem auch auf jenen Gebieten, in denen es um die Interdependenz von nationalen und gesellschaftlichen Kräften und Veränderungen geht. Die Tatsache, daß sich der deutsch-polnische Gegensatz seit dem letzten Drittel des 19.

Jahrhunderts zur totalen nationalen Konfrontation mit allen Begleiterscheinungen ideologischer Radikalisierung und Indoktrinierung verschärfte, erklärt sich nicht allein aus der nationalen Fremdherrschaft als solcher. Daß die Entwicklung des deutschen nationalen Machtstaates auf der einen Seite und der polnischen Nationalbewegung auf der anderen Seite in wilhelminischer Zeit Formen annahm, die durch zumutbare politische Kompromisse nicht mehr überbrückbar erschienen und immer mehr in eine auf Gewaltlösungen hindrängende Sackgasse der Unvereinbarkeit gerieten, lag in erheblichem Maße auch an der Potenzierung nationaler Gegensätze durch soziale Tatsachen.

Schon in der Anfangsgeschichte der polnischen Teilungen brachte die fatale Interdependenz des Aufstiegs der preußischen Hohenzollernmonarchie mit dem Niedergang der polnischen Adelsrepublik eine besonders scharfe Konfrontation gegensätzlicher Verfassungsprinzipien und Gesellschaftssysteme mit sich. Gegenüber keiner anderen Teilungsmacht kontrastierte das tradierte politische Selbstverständnis und das Sozialgefüge der polnischen Adelsnation so scharf wie gegen das Prinzip des absolutistischen Territorialstaates in der Form des preußischen Neustaates mit seinem disziplinierten bürokratisch-militärischen System. Der Umstand, daß sich in der Folgezeit der polnische Adel als Träger der polnischen Nationalbewegung zunehmend den mit der Französischen Revolution zu Wort gekommenen westlichen Idealen der politischen Demokratie zuwandte, während sich in Preußen eine nachhaltige Symbiose zwischen obrigkeitlichem Kulturstaatsideal und den Normen der heranwachsenden bürgerlichen Leistungsgesellschaft vollzog, milderte den Gegensatz nicht, sondern bereitete seine ideologische Überhöhung vor.

Prussifizierung und Germanisierung der polnischen Landesteile wurden jetzt, in der ersten Hälfte des 19. Jahrhunderts, nicht mehr nur als Machtmittel zur staatspolitischen Integration, wie unter Friedrich dem Großen, sondern als preußisch-deutsche Kulturmission verstanden. Unter den Bedingungen des preußischen Schulsystems und der von Preußen geförderten Gewerbetätigkeit, der Städte- und Bauernbefreiung vollzog sich unter der polnischen Bevölkerung Westpreußens und Posens ein schnellerer sozialer Wandel als im russischen Kongreßpolen und in Galizien. Auch dabei konnte aber die sozialemanzipatorische Wirkung der preußisch-deutschen Staatstätigkeit auf die polnischen Massen den nationalen Überfremdungseffekt gegenüber der nationalbewußten polnischen Führungsschicht nicht aufheben, der durch den erhöhten Leistungsdruck der preußischen Bürokratie eher noch verschärft wurde. Das Entstehen einer polnischen bürgerlichen Gesellschaft im östlichen Preußen, vor allem in der Provinz Posen, führte deshalb nicht zur Germanisierung der polnischen Führungsschichten, sondern dazu, daß die aus Kleinadel und niederem Klerus herangewachsene breitere Führungsschicht der polnischen bürgerlichen Intelligenz das nationalpolitische Ideal des Adels übernahm und zum Inbegriff einer nationaldemokratischen polnischen Volksbewegung machte, die nach der Reichsgründung den früheren Prozeß zwangloser Germanisierung polnischen Volkstums im preußischen Osten mehr und mehr zum Stillstand brachte oder rückgängig machte. Die Klagen über die Aufsässigkeit der polnischen Führungsschichten und ihren Mangel an Empfänglichkeit für die Wohltaten des preußisch-deutschen Staates ziehen sich wie ein roter Faden durch die Denkschriften der preußischen Bürokratie des 19. Jahrhunderts. Hier lag auch der Anknüpfungspunkt für Hitlers und Himmlers späteren Vernichtungsfeldzug gegen die polnischen Oberschichten, mit dem die sozialdarwinistischen Fabrikateure des Dritten Reiches glaubten, die Eindeutschung Polens erzwingen zu können.

Die besondere Rolle der polnischen Intelligenz im politischen und sozialen Leben Polens, die Dominanz einer von ihr vermittelten, aus der Tradition der Adelsnation stammenden elitären Sozialnorm hat gewiß nicht nur positive Wirkungen gehabt und kann nicht nur an den Tugenden unbeugsamen nationalen Widerstandswillens gemessen werden. Sie hat die Entwicklung einer egalitären bürgerlichen Industriegesellschaft, die lange Zeit in Polen mehr von deutscher und jüdischer Initiative ausging, eher gehemmt, wirtschaftliche Modernisierungsprozesse verzögert und auch mangelnden Pragmatismus in nationalen und politischen Fragen bewirkt. Auch in dieser Hinsicht ist aber das Jahr 1945 zur Zäsur geworden. Der durch den Nationalsozialismus bewirkte tödliche Aderlaß der polnischen Führungsschichten, die forcierte Industrialisierung und Urbanisierung in Volkspolen und die sozialistische Bildungsrevolution haben zu einer starken Veränderung der polnischen Gesellschaft geführt. Alle Zeichen sprechen dafür, daß die noch immer bestehenden Merkmale fortdauernder, aber früher klar dominierender elitärer sozialer Normen in ein ausgewogeneres Verhältnis zu den pragmatischen Verhaltensmustern einer neuen polnischen Industriegesellschaft getreten sind.

Zur heilsamen historischen deutsch-polnischen Konfliktanalyse gehört vor allem auch die Untersuchung der Vorurteilsbildung. Die zeitweilig scharfe, zerstörerische Form des geschichtlichen deutsch-polnischen Antagonismus läßt vielfach vergessen, daß die massenhafte Produktion antipolnischer und antideutscher Vor- und Pauschalurteile weitgehend erst ein Ergebnis des späten 19. und der ersten Hälfte des 20. Jahrhunderts gewesen ist und nur deshalb einen so erheblichen Teil des populären Schrifttums auf beiden Seiten prägte, weil der geschichtliche Höhepunkt nationaler Auseinandersetzung zwischen Deutschen und Polen zusammenfiel mit der Ausbildung des modernen Systems von Massenpublikationen und Massenmedien und seinen Vergröberungs- und Potenzierungseffekten. Erst in dieser Zeit wurden ältere historische Reminiszenzen von Kämpfen und Spannungen, die es schon im Mittelalter zwischen Deutschen und Polen gegeben hatte, ins Nationale und Polemische gewendet und zur bewußtseinbildenden Nationalliteratur gemacht.

Der Kreuzritter-Roman, den der bekannte polnische Schriftsteller Henryk Sienkiewicz um die Jahrhundertwende verfaßte, um metaphorisch die antipolnische Kampf- und Ostmarkenpolitik der damaligen preußisch-deutschen Regierung und Verwaltung im wilhelminischen Deutschland zu brandmarken, ist dafür ein Beispiel. Die Version von den preußischen Gendarmen als gewalttätigen neuen Kreuzrittern hatte Sienkiewicz schon vorgefunden, sie war von verschiedenen polnischen Journalisten und Literaten mit Berechtigung und Erfolg propagiert worden, nachdem im Jahre 1885 die preußischen Behörden zur Abwendung der „slawischen Gefahr" aus Oberschlesien und Posen etwa 25000 noch nicht eingebürgerte Polen mit Weib und Kind des Landes verwiesen und über die Grenzen nach Galizien und Kongreßpolen abgeschoben hatten. Was anfangs Metapher war, verfestigte sich durch spätere Erfahrungen, zuletzt mit dem „Orden" der SS, zur Vorstellung immerwährender deutscher Gewalttätigkeit. Zeitgenössisches Erlebnis und Schicksal wurde, getreu den Entstehungsgesetzen des Mythos, auf die jüngste und älteste Geschichte projiziert. Das 1960 in der Volksrepublik Polen mit starkem offiziellen Aufwand gefeierte Jubiläum des legendären Sieges, den ein polnisch-litauisches Heer 1410 bei Grunwald (Tannenberg) über den Deutschen Ritter-Orden in Preußen erfochten hatte, und die gleichzeitige Verfilmung des Sienkiewicz-Romans waren gewiß nicht nur Ausdruck starken historischen Bewußtseins, sondern auch metaphorische Demonstration gegen den „westdeutschen Revanchismus" oder die Kundgebungen der „Deutschen Jugend des Ostens" bei landsmannschaftlichen Treffen. Das „Ordenskreuz" als Symbol dieser landsmannschaftlichen Jugendbewegung zeigt aber auch, daß die Benutzung literarisch vorgeformter Geschichtsmythen für die volkspolnische Propaganda auf westdeutscher Seite immer noch Anhaltspunkte findet in archaischen völkischen Ost-Mythen, die – trotz

Hitler – unter antikommunistischem Vorzeichen eine lange Schonfrist erhalten haben.

Der Popularisierung nationaler Vorurteile diente vor allem der aktuelle Volkstumskampf zwischen Deutschen und Polen, der in den Grenz- und Mischgebieten Schlesiens, Pommerellens und Posens seit dem späten 19. Jahrhundert entbrannte. Er schuf nicht nur die Voraussetzungen dafür, daß hier deutsch-polnische Nachbarschaft tatsächlich vielfach in Erbfeindschaft verwandelt wurde und der viermalige Wechsel deutscher und polnischer Herrschaft zwischen 1914 und 1945 auf lokaler Ebene nicht selten eine Abfolge von Rache und Gegenrache bewirkte, die, wie opportunistisch immer motiviert, die Formen längst vergangener Blutrache annahmen. Die Akten polnischer und deutscher Volksgerichte, die vor und nach 1945 in Städten wie Bromberg und Thorn mit Hilfe von Denunzianten über frühere Denunzianten der anderen Nationalität zu Gericht saßen, geben davon trauriges Zeugnis. Mit der sozialen Abschließung polnischer und deutscher Gruppen, die der neuzeitliche Volkstumskampf schuf, entstanden auch die psychologischen Bedürfnisse und die egozentrischen Kommunikationssysteme, die der Ausbildung nationaler Vorurteile und ihrer Indoktrinierung in hohem Maße günstig waren.

Ältere, soziologisch bedingte Vorurteile zwischen bestimmten Gruppen gewannen unter solchen Bedingungen die Qualität stereotyper nationalpolitischer Diskriminierungen. So etwa, wenn aus der Begegnung mit dem zur sozialen Unterschicht herabgesunkenen Polentum in Oberschlesien oder anderen Provinzen, wo der politische und soziale Einfluß der Deutschen schon lange tonangebend gewesen war, generell auf die Minderwertigkeit polnischen Volkstums geschlossen wurde. Ein gegenteiliges Beispiel bildet die polnische kulturkritische Literatur des späten 19. Jahrhunderts, in der die Entartungen frühkapitalistischer Ausbeutung, welche sich bei der raschen, primär von Deutschen und deutschen Juden vorangetriebenen Industrialisierung der Stadt Lodz ergaben, als Produkt eines verhaßten (deutschen) Lodzer Menschentums dargestellt sind.

Auf ähnliche Verallgemeinerungen aus einer bestimmten Sozialperspektive gehen zahlreiche Vorurteilsbildungen zwischen Deutschen und Polen zurück. Sie konnten unter bestimmten Bedingungen auch Idealisierung bedeuten. So ist die Welle der Polenbegeisterung im liberalen deutschen Bürgertum nach 1830 wesentlich dadurch unterstützt worden, daß man vornehmlich von der Elite der adligen polnischen Aufstandsführer sprach und hörte. Die schwärmerischen Begriffe vom „edlen Polen“ und der „edlen polnischen Nation“, die in den zahlreichen Polenliedern und -gedichten dieser Zeit literarischen Niederschlag fanden, waren auch ein Stück Kompensation für den Mangel an eigenem tatkräftigem Freiheitsmut dieses liberalen Bürgertums. Zu einer ganz anderen perspektivischen Verzeichnung war Friedrich der Große gekommen, der Jahrzehnte vorher den polnischen Adel als die „elendeste Nation Europas" bezeichnete: Ausdruck der Geringschätzung des aufgeklärten absolutistischen Monarchen, der angesichts seines disziplinierten Militäradels die Freiheiten des polnischen Adels nur unter dem Gesichtspunkt anarchischer Desorganisierung und Korruption des polnischen Staates beurteilte. Ein ganz anderes „Polentum" wiederum repräsentierte die große Zahl der polnischen Saisonarbeiter in der ostelbischen Landwirtschaft vor 1914. Aus den ärmsten und rückständigsten Schichten der polnischen Landbevölkerung stammend, wurden sie wegen der Bedürfnislosigkeit und Fügsamkeit von deutschen Gutsbesitzern vielfach deutschen Arbeitern vorgezogen, doch das ihnen gezeigte Wohlwollen war vielfach von der herablassenden Art der „Herrenrasse" gegenüber Lohnsklaven, die als nützlich, aber minderwertig galten. Dieselbe preußisch-deutsche Großgrundbesitzerschicht hielt jedoch bis 1914 vielerlei familiäre und gesellschaftliche Beziehungen mit dem polnischen Adel aufrecht oder war selbst aus ihm hervorgegangen. Erst völkische Rassenkunde im Stile Hans F. K. Günthers exemplifizierte am polnischen Landproletariat die Theorie von der polnischen Minderwertigkeit. Und sie vergaß dabei nicht das etymologische Synonym von „Sklave" und „Slawe" auszuschlachten, das während des antiken Menschenhandels mit unfreien Slawen entstanden war.

Die Distanzierung von den alten nationalen Vorurteilen aus der Zeit vor 1945 hat gewiß auf deutscher wie auf polnischer Seite erhebliche Fortschritte gemacht, wenn ihre Quellen auch keineswegs schon verstopft sind. Auch sozialistische Solidarität reicht dazu oft nicht aus. Unter der Decke volksdemokratischer Brüderlichkeit hat die DDR in den Funktionärskadern der SED wie in der Bevölkerung offenbar Elemente preußisch-deutscher Wertorientierung vielfach stärker bewahrt als die Bundesrepublik und hat sie in die Form eines „preußischen Sozialismus" mit ausgeprägt obrigkeitlicher Leistungsgesinnung gebracht, die für die sozialistischen Nachbarn in Polen nicht selten ein Stein des Anstoßes ist. Überlegene wirtschaftlich-technische und administrative Fähigkeit bei unterentwickeltem Sinn für die politische Kultur des Machtgebrauchs – ein altes Thema der deutsch-polnischen Beziehungen – spielt auch im Verhältnis der DDR zu Volkspolen eine nicht unbedeutende Rolle.

In der Bundesrepublik zeigen sich andere, neue Quellen der Vorurteilsbildung, vor allem die Überlagerung tradierter nationaler Einstellungen durch undifferenzierte antikommunistische Motivationen. Das positive Interesse an Polen, das in der westdeutschen Öffentlichkeit anläßlich des „polnischen Oktober" und der Rückkehr Gomulkas an die Macht 1956 schlagartig wach wurde und einen ähnlichen Umschwung der vorher noch stark von landsmannschaftlichen Ressentiments beherrschten Stimmung hervorrief wie die Prager Ereignisse von 1968 gegenüber der tschechischen Nation, ist in seiner positiven Wirkung gewiß nicht zu unterschätzen. Die Denkschrift der Evangelischen Kirche Deutschlands über die Lage der Vertriebenen und das Verhältnis zum östlichen Nachbarn vom 1. Oktober 1965 und vergleichbare Markierungen, die innenpolitisch den Weg zum Warschauer Vertrag freizumachen halfen, wären ohne solchen vorangegangenen Stimmungswechsel schwer denkbar. Gleichwohl muß es bedenklich stimmen, daß Interesse und positiver Meinungswandel gegenüber Polen und anderen „östlichen Nachbarn" in hohem Maße vor allem stimuliert sind von Erwartungen einer freiheitlich-nationalen Emanzipation dieser Nationen von den Zwängen sowjetischer Hegemonie. Diese Emanzipationsmöglichkeiten werden für Polen auch nach dem Warschauer Vertrag mit der Bundesrepublik eng begrenzt sein. Die Ansätze der Normalisierung zwischen Bonn und Warschau könnten empfindlichen Schaden nehmen, wenn sie von falschen Vor-Urteilen und Erwartungen belastet werden.

Zur Kritik der Publizistik des antisemitischen Rechtsextremismus

Vorbemerkung zu der Untersuchung von Ino Arndt und Wolfgang Scheffler: „Organisierter Massenmord an Juden in nationalsozialistischen Vernichtungslagern“

Der folgende Beitrag beansprucht nicht, durchweg das Resultat originärer Erforschung bisher unbekannter Tatsachen zu sein. Durch ihn soll vielmehr auf der Basis wissenschaftlich gesicherter Erkenntnisse zusammenhängende Grundinformation gegeben werden über einen zentralen nationalsozialistischen Verbrechenskomplex, den die Verantwortlichen des Dritten Reiches selbst sorgsam abzuschirmen versuchten und dessen Spuren sie noch nachträglich systematisch zu beseitigen suchten: die Massenvergasung von Juden während des Zweiten Weltkrieges. Es muß angenommen werden, daß dieser Verbrechenskomplex, trotz der umfangreichen historischen und – vor allem – gerichtlichen Ermittlungen, die seiner Aufklärung dienten, und obwohl auf ihn innerhalb und außerhalb der Bundesrepublik so häufig Bezug genommen wird, sich auch heute noch im Halbdunkel ungenauen Wissens befindet, wobei zuzugeben ist, daß sich die historische Detailaufhellung z. T. noch immer in einem fragmentarischen Zustand befindet. Dieser Mangel an gesichertem Wissen hat – wie schon in früheren Jahren – den Boden bereitet für mancherlei, neuerdings wieder ins Kraut geschossene apologetische Tendenzliteratur und Agitation mehr oder weniger eindeutig rechtsextremistischer Provenienz, die die Existenz jener mit Vergasungsanlagen ausgestatteten Massentötungs-Stätten, die seit 1941/42 in den besetzten polnischen Gebieten errichtet und „in Betrieb“ genommen wurden, in Zweifel zu ziehen, wenn nicht überhaupt abzuleugnen sucht.

Die technisch-fabrikmäßige Tötung von wohl mindestens 3 Millionen jüdischen Menschen durch Gas in diesen Lagern (Chelmno, Sobibor, Belzec, Treblinka, Majdanek und Auschwitz-Birkenau) stellt innerhalb des Gesamtkomplexes der nationalsozialistischen Judenvernichtung den quantitativ größten Teilvorgang dar. Daneben fanden systematische Massenerschießungen von Juden statt, exekutiert vor allem durch die mobilen Einsatzgruppen und spätere stationäre

Kommandos der Sicherheitspolizei sowie allgemeine Polizeieinheiten in den besetzten sowjetischen Gebieten (die Zahl der jüdischen Opfer überschritt hier sicher die Millionengrenze) und durch örtliche Einheiten der Sicherheitspolizei und der Polizei im Generalgouvernement. Als dritter Groß-Komplex der ‚Endlösung der Judenfrage" kommt hinzu die zahlenmäßig besonders schwer abzuschätzende, aber hoch anzusetzende Zahl von Juden aus dem gesamten europäischen Machtbereich des NS-Regimes, die zwar nicht direkt getötet, aber mittelbar Opfer nationalsozialistischer Verfolgung wurden, weil sie in den Deportationstransporten, den Auffang- und Zwangsarbeitslagern, Zwangs-Ghettos (auch durch Epidemien) und noch in den letzten Kriegsmonaten als Folge überstürzter Evakuierungen und zusammengebrochener Versorgung auf den Landstraßen, in Eisenbahnzügen oder in den überfüllten Konzentrationslagern des Altreiches zu Tausenden dahinstarben.

Die Vernichtung durch Gas, obwohl nur ein Teilvorgang innerhalb dieses Gesamtkomplexes, symbolisiert wohl am schärfsten sowohl die perverse rassenideologische Ungeziefer-Vorstellung des Hitlerschen Antisemitismus als auch den perfekten und mechanisch-kaltblütigen Charakter ihrer subalternen Durchführung: technischer Genocid ohne Pogromstimmung bei den Tätern, ohne unmittelbar motivierende und erregende religiöse, nationale oder soziale Feindschaftsgefühle, weder schlüssig herzuleiten aus dem ideologischen Haß-Komplex gegen den „jüdischen Bolschewismus" noch aus jenem aus Angst, Aggression, Vergeltungsbedürfnis heillos gemischten Erregungszustand, der unter bestimmten Bedingungen in allen kriegführenden Armeen „Kriegsverbrechen" auszulösen vermag. Dieser planmäßige Judenmord in den Gaskammern fällt aus den Vergleichs- und Aufrechnungsspekulationen heraus.

Hier liegt unverkennbar ein gewichtiger psychologischer Ausgangspunkt für diejenigen, die sich und anderen gegen die unerschütterliche Evidenz der Fakten einreden wollen, die Judenvergasung habe es gar nicht gegeben, sie ließe sich nicht einwandfrei beweisen, sie sei eine Erfindung der Siegermächte, gestützt auf erpreßte Schuldgeständnisse der vor Gericht gestellten Angeklagten aus den Reihen der SS, Ergebnis systematisch verbreiteter Lüge, mit dem Ziel, das deutsche Volk auf ewig zu belasten, der sich auch die durch „Umerziehung" korrumpierte professionelle Geschichtswissenschaft ebenso wie die mit den Vernichtungslagern befaßte Strafjustiz der Bundesrepublik angeschlossen habe. Die Pathologie solchen Amok-Laufes gegen die Wirklichkeit ist in der diesbezüglichen Broschüren-Literatur mit ihren bezeichnenden Titeln („Auf der Suche nach der Wahrheit"[1], „Warum werden wir Deutschen belogen"[2], „Hexeneinmaleins einer Lüge"[3], „Die Auschwitz-Lüge"[4]) evident. Sie äußert sich in der Weigerung der betreffenden Autoren und ihrer Gläubigen, ihnen nicht passende historische Informationen überhaupt aufzunehmen und zu verarbeiten (hier hat das Institut für Zeitgeschichte vielfältige einschlägige Erfahrungen), in der armseligen Exklusivität, mit der die betreffenden Winkel-Autoren sich ständig gegenseitig selbst zitieren und aufeinander berufen (ein krasses Beispiel: Heinz Roths Zitat-Broschüren), wohl auch zur Absicherung gegen gerichtliches Vorgehen wegen falscher Tatsachenbehauptungen so kaschiert[5]; ebenso in der – freilich mit bewußtem propagandistischen Kalkül betriebenen – Benutzung immer der gleichen falschen Argumente, nicht belegter vermeintlicher Gegen-Dokumente, denen durch solche Wiederholung Glaubwürdigkeit attestiert werden soll[6]).

Für die Machart der Argumente sei noch ein Beispiel angeführt aus der schon genannten Broschüre von Heinz Roth, das sich auf ei-

---

[1] Reihentitel mehrerer von Heinz Roth seit 1970 in dessen Selbstverlag in Odenhausen/Lumda (bei Marburg) herausgegebenen Schriften.

[2] Titel einer von Heinz Roth 1973 im Refo-Druck u. Verlag H. F. Kathagen in Witten herausgebrachten Broschüre.

[3] Titel eines 1970 von Emil Aretz im Verlag Franz von Bebenburg in Pähl herausgegebenen Buches.

[4] Titel einer Schrift von Thies Christophersen, 1972 beim Kritik-Verlag in Mohrkirch (Postleitzahl 2341) erschienen. Der Herausgeber, Rechtsanwalt Manfred Röder, wurde am 23. Februar 1976 von einer Darmstädter Strafkammer wegen Volksverhetzung verurteilt (Frankfurter Allgemeine Zeitung Nr. 46, 24. Februar 1976, S. 3). Vgl. auch das Urteil des Richterdienstsenats des Oberlandesgerichts Hamburg vom 1. Juli 1975 (Az. RDS 1-47) in: Deutsche Richterzeitung, November 1975, S. 373.

[5] Ein, allerdings eingestelltes, Ermittlungsverfahren gegen Heinz Roth wegen der Beschuldigung der Volksverhetzung fand bei der Staatsanwaltschaft des Landgerichts Gießen 1973/74 statt.

[6] Ein Beispiel bildet die deutschsprachige Schrift von Alexander Scronn [wahrscheinlich Pseudonym], General Psychologus, Eine Studie der psychologischen Kriegführung gegen das Deutschtum, 1965 in Brasilien erschienen (als Verlag ist angegeben: Itatiaia Buchversand, Postanschrift Itatiaia E. F. D. B. Estado do Rio). Scronn schreibt auf Seite 42 dieser Schrift: „Mittlerweile hat sich die UNO mit der Frage der Kriegsverluste beschäftigt, und zwar für alle Völker, die am Kriege teilnahmen. Diese Unterlagen hat das Canadian Anti-Defamation Comitee of Christian Laymen (Juristen) verwendet und festgestellt, daß zweihunderttausend Juden in den zwölf Jahren der Hitler-Regierung 1933-1945 gestorben sind, gleich welcher Todesart, also durch Tötung, Verurteilung, als Partisan oder Saboteur, erschossen, durch Bomben, die auch auf Lager fielen, oder durch sonstige Kriegseinwirkungen, aber auch durch natürlichen Tod, also Krankheit und Alter. Diese Todes-Verluste", so heißt es auf derselben Seite bei Scronn weiter, „beziehen sich auf eine jüdische europäische Gesamtbevölkerung von vier Millionen." Ganz abgesehen davon, daß diese Angaben voller Unklarheiten und Fehler sind (die Zahl der europäischen Juden allein im territorialen Machtbereich der Achsenmächte nach dem Stande von 1941/42 bezifferte sich 1939 auf rund 9 Millionen), ist es bezeichnend, daß die „Feststellungen" der UNO ebenso wenig wie die des „Canadian-Anti-Defamation Comitee" durch irgendwelche näheren Angaben belegt und mithin Scronns Behauptungen jeder

ne Auskunft des Instituts für Zeitgeschichte bezieht und sie mit wenigen hurtigen Griffen in ihr Gegenteil verkehrt. Es heißt dort[7]:

„Das Institut für Zeitgeschichte, an das ich eine diesbezügliche Anfrage richtete, gab mir zur Antwort:

‚... Was den Führerbefehl zur Ermordung der Juden betrifft ..., so ist ein solcher in schriftlicher Form nicht aufgefunden worden, jedoch ergibt sich aus vielen Zeugnissen, daß er mündlich erteilt worden sein muß.'

Man nimmt also an, daß er ‚mündlich erteilt worden sein muß'. Ein solcher Bescheid sagt meines Erachtens so gut wie gar nichts. Wenn eine staatliche Einrichtung wie das Institut für Zeitgeschichte zugeben muß, daß es in einer so wichtigen Angelegenheit keinen schriftlichen Befehl, sondern nur Vermutungen gibt, daß ‚er mündlich erteilt worden sein muß' (noch nicht einmal ‚ist'), dürfte jeder Kommentar hierzu überflüssig sein.

Es ist also einwandfrei erwiesen, daß es keinen Befehl von höchster Stelle zur Vernichtung der Juden gegeben hat."

Der französische Journalist Paul Rassinier hat schon vor über 15 Jahren das Muster solcher Apologie-Argumentation in seinen von rechtsgerichteten Verlagen in der Bundesrepublik vertriebenen „Enthüllungs"-Schriften geprägt[8]. Sieht man davon ab, daß auch die häufige Wiederholung von plumpen Erfindungen oder Entstellungen von der zuvor gezeigten Art bei einem in dieser Frage vielfach kenntnislosen, deshalb kaum kritikfähigen und leicht in Verwirrung zu bringenden Publikum ihre Wirkung zu tun vermag, so kam Rassinier und seinen Nachahmern zugute, daß sie sich auch auf einzelne tat-

---

Nachprüfbarkeit entzogen sind. Eine Anfrage des Instituts für Zeitgeschichte [IfZ] bei Scronns Verlag in Brasilien blieb unbeantwortet. Gleichwohl wird diese apokryphe, jeglicher Glaubwürdigkeit schon auf den ersten Blick entbehrende Angabe (bei Scronn bleibt überhaupt unklar, ob er die angebliche Feststellung von 200000 jüdischen Kriegstoten auf die UNO oder das ‚Canadian Anti-Defamation Comitee" zurückführt) seit Jahren (meist kurz als „Feststellung der UNO") in der deutschen apologetischen Tendenz-Literatur herumgereicht. So z. B. in der im folgenden (Anm. 7) zitierten Broschüre von Heinz Roth auf der ersten Seite; ebenso in einem 1973 u. a. in Münchener Schulen verteilten Werbe- und Propaganda-Handzettel (offensichtlich aus dem Roth-Kreis stammend, herausgegeben vom MUT-Verlag, 3091 Asendorf, ein Exemplar im IfZ). Auf eine entsprechende Anfrage hat die Vertretung der Bundesrepublik Deutschland bei den Vereinten Nationen dem IfZ am 1. 8. 1974 mitgeteilt, daß die Zahl von 200000 jüdischen Opfern des NS-Regimes mit Sicherheit nicht auf Feststellungen der Vereinten Nationen beruht.

[7] Heinz Roth, Warum werden wir Deutsche belogen? Witten 1973, S. 40. Hervorhebung durch den Verfasser.

[8] Zu nennen sind hier vor allem P. Rassinier, „Die Lüge des Odysseus" und „Was nun Odysseus?", beide im Priester-Verlag (1959 bzw. 1960) herausgegeben, und die im Druffel-Verlag (Leoni am Starnberger See) 1962 erschienene Schrift „Zum Fall Eichmann. Was ist Wahrheit? oder Die unbelehrbaren Sieger".

sächlich unrichtige oder übertreibende (etwa im Nürnberger Prozeß vorgebrachte) Aussagen von ehemaligen Häftlingen oder Zeugen berufen konnten oder auf sonstige Ungereimtheiten, die in Presse und Literatur über die Judenvernichtung, die Konzentrationslager u. ä. irgendwann und irgendwo verlautbart worden waren. Auf der Basis solcher berechtigten Einzelkritik (etwa an Falschdarstellungen über die – gar nicht in Betrieb genommene – Gaskammer in Dachau oder an Widersprüchen in den Aussagen von Rudolf Höß über die Zahl der in Auschwitz vernichteten Juden, die längst bekannt, von ihm selbst eingestanden und von der Zeitgeschichtsforschung natürlich berücksichtigt wurden[9]) wird dann systematisch der Eindruck zu erwecken versucht, als stehe die ganze Kenntnis der Massenvernichtung der Juden quellenmäßig auf völlig unsicherem Boden.

Zu den Ursachen der Verwirrung trägt u. a. bei, daß die schon institutionell und zuständigkeitsmäßig innerhalb der SS und Sicherheitspolizei klar getrennten Komplexe „Konzentrationslager" und „Judenvernichtung" vielfach in der allgemeinen öffentlichen Erörterung nicht genügend unterschieden werden (zumal in Auschwitz tatsächlich eine Verbindung beider Komplexe gegeben war). So werden z. B. häufig die hohe Sterblichkeit von Häftlingen (auch von Juden) in den Konzentrationslagern und die besonderen vielfältigen Tötungsaktionen, die es in den Konzentrationslagern gegeben hat (Erschießung oder Ermordung von politischen Gegnern, sowjetischen Kommissaren, von Geiseln, kranken oder nicht mehr arbeitsfähigen Häftlingen, Tötung im Zusammenhang mit medizinischen Versuchen an Häftlingen u. a.), mit dem gesonderten institutionellen Vollzug der „Sonderbehandlung der Juden"[10] in Verbindung gebracht – was an sich leicht begreiflich ist –, auch z. B. hinsichtlich des Bestehens von Gaskammern. Wie schon bemerkt, haben Juden-Vernichtungen in institutionellem Sinne (Durchführung des Programms der „Endlösung") mittels Vergasungsanlagen ausschließlich in den genannten Lagern in den besetzten polnischen Gebieten stattgefunden. Im allgemeinen gab es dagegen in den Konzentrationslagern zwar Krematorien (zur Verbrennung der im Krieg in großer Zahl gestorbenen oder der getöteten Häftlinge), aber keine Vergasungsanlagen. Wo dies im einzelnen doch der Fall war (Ravensbrück, Natzweiler, Maut-

[9] Vgl. hierzu Rudolf Höß, Kommandant in Auschwitz, Stuttgart 1958, S. 162 f.
[10] Die zum Zwecke der Vernichtung deportierten Juden wurden überhaupt nicht Konzentrationslagerhäftlinge oder nur dann, wenn sie – wie z. T. in Auschwitz – von der Vernichtung vorläufig ausgenommen („selektiert") und zur Arbeit als Häftlinge in die KL überstellt wurden.

hausen[11]), sollten sie nicht der Judenvernichtung im Sinne des Programms der „Endlösung" dienen. Sie sollten vielmehr den Tötungskommandos ihre „Arbeit", die bislang durch Erschießung, Phenol-Injektionen u. a. ausgeführt wurde, psychisch erleichtern. Die Verwechslung von Konzentrationslagern mit Vernichtungslagern war unmittelbar nach Kriegsende z. T. auch dadurch bedingt, daß in einzelnen Konzentrationslagern, wie z. B. in Bergen-Belsen, bei der Befreiung durch britische Truppen Tausende von Leichen jüdischer Häftlinge aufgefunden wurden, so daß der Eindruck entstehen konnte, es habe sich hier um eines der berüchtigten Vernichtungslager gehandelt. Tatsächlich entstammten viele der in den letzten Wochen vor Kriegsende in Bergen-Belsen[12] ebenso wie in den Außenlagern von Dachau umgekommenen Juden den rasch improvisierten Rückverlegungen und Evakuierungen von jüdischen Arbeitskräften aus noch bestehenden Ghettos, Arbeitslagern und Konzentrationslagern im Osten (Auschwitz), zu denen sich das Regime in der letzten Kriegsphase entschloß.

In der gesamten apologetischen Literatur werden in der Regel die Mengen von Zeugnissen über die Erschießungsaktionen der Einsatzgruppen mit der Fülle ihrer Zahlenangaben über die Ausmaße der einzelnen Aktionen ebenso verschwiegen wie die von Auschwitz und anderen Vernichtungslagern z. T. erhalten gebliebenen Lager-Dokumente und Listen mit ihren Angaben über Juden-Transporte und „Selektionen" und die zahlreichen Unterlagen über die „Auflösung" der Ghettos in Polen in den Jahren 1942/43 und den Abschub dieser Juden in die Vernichtungslager oder die Dokumente über die oft genau rekonstruierbaren Judendeportationen aus Deutschland, Frankreich, Holland, Belgien, Ungarn, Griechenland und anderen besetzten Ländern in den Jahren 1941-1944. Diese Dokumente und Zeugnisse, die teilweise schon in den großen Darstellungen von Reitlinger und Hilberg erwähnt wurden[13], sind später im Eichmann-Prozeß und

---

[11] Vgl. hierzu u. a. die einschlägigen Aufsätze in: Studien zur Geschichte der Konzentrationslager, Schriftenreihe der Vierteljahrshefte für Zeitgeschichte, Nr. 21, Stuttgart 1970; K. Z.-Lager Natzweiler Struthof, herausgegeben von dem Comité National pour l'Erection et la Conservation d'un Mémorial de la Déportation au Struthof, 1966.

[12] Vgl. hierzu Eberhard Kolb, Bergen-Belsen. Geschichte des „Aufenthaltslagers" 1943-1945, Hannover 1962.

[13] Gerald Reitlinger, Die Endlösung. Hitlers Versuch der Ausrottung der Juden Europas 1939 bis 1945, Berlin 1956 (1. Aufl.), 1961 (4 verb. Aufl.); Raul Hilberg, The Destruction of the European Jews, Chicago 1961. Hinzuweisen ist auch auf eine Reihe regionaler Studien, von denen als Beispiel die von Paul Sauer herausgegebene Dokumentation über die Verfolgung der jüdischen Bürger in Baden-Württemberg durch das nationalsozialistische Regime 1933 bis 1945, 4 Bde, Stuttgart 1966 ff. (Veröffentlichung der staatlichen Archivverwaltung Baden-Württemberg, Bd. 16, 17, 20 und Beiband 20), genannt sei.

nicht zuletzt in den großen Prozessen gegen Lager-Funktionäre in den Vernichtungslagern Auschwitz, Chelmno, Sobibor, Treblinka und Belzec vor Gerichten in der Bundesrepublik erneut kritisch gewertet und durch weitere Feststellungen und Ermittlungsergebnisse ergänzt worden.

Angesichts dessen muß die Leugnung der Massenvernichtung der Juden durch die genannten Autoren und ihre sich auch im Ausland verzweigenden Agitationszirkel geradezu gespenstisch erscheinen. Oft wirksamer als über den Buchmarkt operieren sie durch Flugzettel, die „graue Literatur“ sogenannter Aufklärungsschriften – seit einiger Zeit auch durch eine „Deutsche Bürgerinitiative“ –, und offenbar in der „Provinz“ mehr als in den Großstädten. Es hängt aber wohl nicht nur mit dem propagandistischen Aufwand, sondern auch mit der immer noch vorhandenen psychologischen Sperre gegenüber diesem Verbrechenskomplex zusammen, wenn Bürger – und nicht wenige Akademiker – der Bundesrepublik z. B. in Schreiben an das Institut für Zeitgeschichte von dieser Propaganda induzierte Fragen stellen, die erkennen lassen, wie gering die gesicherte Kenntnis auf diesem Gebiet ist und in welchem Maße man noch ernstlich zweifelt, ob es das alles – die Judenvernichtung – überhaupt gegeben habe.

Zur Veranschaulichung sei aus einigen solchen Anfragen an das Institut zitiert:

Ein Fritz J. aus Freudenstein (7131) fragt am 7. 1. 73: „Aus den Veröffentlichungen der Autoren Heinz Roth und Paul Rassinier ist u. a. folgendes zu entnehmen:

1. Die UNO stellt fest, daß die Verluste der jüdischen Bevölkerung in den Jahren 1939 bis 1945 200000 Personen betrugen.

2. Die KL auf reichsdeutschem Boden hatten keine Gaskammern.

3. In Dachau wurden nach dem Kriege (1945) auf Anordnung der Amerikaner durch gefangene SS-Leute Gaskammern ausgebaut ...

Ich wäre Ihnen dankbar, wenn Sie zu diesen Punkten Stellung nehmen könnten ...“

Unter Bezug auf Schriften von H. Roth und die angebliche UNO-Feststellung über nur 200000 jüdische Todesopfer während des Krieges (vgl. oben Anm. 7) fragt Dr. N. aus Gelnhausen am 29. 3. 73: „Als Vater von drei schulpflichtigen Kindern fühle ich mich verpflichtet, mich mit dem Wahrheitsgehalt beider Nachrichten auseinanderzusetzen und wäre Ihnen dankbar, wenn Sie mir bei der Wahrheitsfindung helfen würden.“

Am 22. 8. 73 fragt Pfarrer B. aus Helmstedt: „Wie kommt es, daß in den meisten Geschichtsbüchern und deutschen Lexica mit einer Zahl von 5-6 Millionen durch die Nazis umgebrachter Juden gerechnet wird, wohingegen die UNO nur mit 200000 im letzten Krieg getöteten Juden rechnet?"

Der Filialleiter H. aus Augsburg schreibt am 25. 10. 73: „Ein gewisser Herr Heinz Roth, dessen Bücher Ihnen möglicherweise bekannt sind, hat mir unaufgefordert die beiliegenden Schriften zugeschickt ... Gab es in Auschwitz Gaskammern und wieviele? Wodurch ist bewiesen, daß diese nicht etwa nachträglich eingebaut wurden ...?"

Herr E. aus Weiden fragt am 30. 1. 74: „Ein Bekannter von mir ist kürzlich in den Besitz einer Broschüre ‚Deutsche Bürgerinitiative' gekommen, die den Titel ‚Die Auschwitz-Lüge' trägt. Im wesentlichen geht es dabei um die Gaskammern zur Judenvernichtung ..."

Herr B. aus Neumünster schreibt am 13. 3. 74: „Ich bitte um Auskunft, ob in Bergen-Belsen Gasöfen (sic!) gebaut wurden und in der NS-Zeit Menschen darin vergast worden sind?"

Major a. D. F. aus München teilt am 20. 2. 74 mit, einer seiner Freunde, „ein ehemaliger Lehrer am Goethe-Institut", habe ihm das beiliegende, von Heinz Roth stammende Flugblatt geschickt, das, wie er mitteilte, „in der Bahn verteilt wurde".

Der Lehrer F. aus Gütersloh fragt am 20. 8. 74: „Ich unterrichte Geschichte ... In einer Unterprima kursiert dort ein Heft von Heinz Roth ...Mich interessiert vor allem, wie es mit der angeblichen Erklärung der UNO aussieht ..."

Der Bundesbahndirektor a. D. W. schreibt am 27. 10. 74: „In letzter Zeit kommen mir immer wieder Veröffentlichungen vor Augen, die Art und Ausmaß der Judenvernichtung wenigstens in Frage stellen, meist aber in einer Weise darstellen ..., daß 1. die allgemeine Schätzung von 6000000 durch das ‚Dritte Reich' vernichteter [Juden] weit übertrieben ist, 2. es regelrechte Gaskammern, z. B. in Auschwitz, nie gegeben habe ..."

Nicht das wahrscheinlich hoffnungslose Bemühen, festgelegte Apologeten – ihre durchschaubaren Fangfragen sind hier auch nicht zitiert worden – eines Besseren belehren zu wollen, leitet diesen Beitrag, sondern die Erfahrung mit den meist aufrichtig gemeinten Anfragen, die vorstehend auswahlweise wiedergegeben wurden. Der Beitrag wurde im Auftrag des Instituts für Zeitgeschichte von Frau Dr. Arndt, die sich in diesem Institut seit Jahren mit einschlägigen Anfragen und Gutachten zu befassen hat, geschrieben. Herr Dr. Scheffler (Berlin) wurde gebeten, sie mit kritischem Rat und ergänzenden Informationen zu unterstützen. Der Artikel kann als Sonderdruck einzeln beim Institut für Zeitgeschichte bezogen werden. Für den Tatbestand der Menschenvernichtung durch Vergasungsanlagen und vor allem die großen Juden-Vernichtungslager in den besetzten polnischen Gebieten legt er die wichtigsten Fakten und Zusammenhänge dar. Er stützt sich dabei auch auf die Ergebnisse gerichtlicher Untersuchungen und Verfahren, die die Kenntnis dieser Vorgänge unter kritischer Verwendung sämtlicher einschlägiger Dokumente erheblich bereichert haben. Oft wegen ihrer vorsichtigen, im Zweifelsfalle für den Angeklagten oder für Nichtbeweisbarkeit plädierenden Urteile gescholten, hat die Justiz in der Bundesrepublik gerade im Bereich der Vernichtungslager mit ihrem umfangreichen, viele Jahre lang tätigen Ermittlungsapparat zur Aufklärung dieses nationalsozialistischen Verbrechenskomplexes vielfach mehr geleistet, als es den Historikern möglich gewesen wäre. Es steht zu erwarten, daß sie die Hunderte von Seiten der Urteilsbegründungen, in denen sie die Verhältnisse in Chelmno, Sobibor, Belzec und Treblinka aufzeichnete, in absehbarer Zeit in der Form einer von der Zentralen Stelle der Landesjustizverwaltungen besorgten Edition auch der breiten Öffentlichkeit zugänglich machen wird.

„Holocaust“ und die Geschichtswissenschaft

„Schwarzer Freitag für die Geschichtswissenschaft“, so kommentierte „Der Spiegel“ die sensationelle Resonanz, die Gerald Greens Holocaust-Fernseh-Serie Ende Januar 1979 in der Bundesrepublik ausgelöst hatte. Die Breitenwirkung des melodramatischen Spielfilms erteilte nicht nur deutschen Historikern, sondern vor allem auch Filmemachern und Publizisten eine Lektion. Sie alle hatten sich bisher, wenn überhaupt, an das hierzulande besonders heikle Thema des jüdischen Schicksals in der Hitlerzeit nur auf sehr vorsichtige, sachlich unterkühlte Weise herangewagt. Jetzt geschah dies: Millionen von Zuschauern in der Bundesrepublik wurden durch die Fernseh-Serie von der jüdischen Katastrophe während der NS-Herrschaft intensiver als je zuvor berührt, viele vielleicht zum erstenmal überhaupt nachdrücklich mit ihr konfrontiert. „Eine Nation ist betroffen“[1], so konnten die für die Sendung verantwortlichen Fernseh-Redakteure das Ereignis nachträglich zusammenfassen. Nicht ein sorgsam erarbeitetes Geschichtswerk hatte dies erreicht, sondern ein in bezug auf historische Stimmigkeit eher unbekümmert inszenierter Hollywood-Film.

Erst aus längerem Abstand von dem zeitgeschichtlichen Fernsehereignis wird sich abschätzen lassen, wie nachhaltig und bedeutsam der starke momentane Eindruck, wie lang- oder kurzfristig der durch ihn bewirkte, von Verlagen und Akademien schnell „umgesetzte“ Schub zeitgeschichtlichen Diskussions-, Mitteilungs- und Lese-Interesses sein wird. Zwischen der schon reichlich geleisteten aktuellen Kommentierung des Holocaust-Films und der später vielleicht möglichen Beantwortung der Frage, ob er einen neuen Trend ausgelöst und für das Holocaust-Thema ein positiv verändertes Rezeptionsklima in der Bundesrepublik erzeugt hat, scheint es angebracht, in dieser Zeitschrift einige derjenigen Bedenken und Überlegungen aufzuneh-

[1] Untertitel des Anfang März 1979 beim Fischer-Verlag (Frankfurt) von Peter Märthesheimer und Ivo Frenzel herausgegebenen Taschenbuches „Im Kreuzfeuer: Der Fernsehfilm Holocaust“.

men, die sich unter dem unmittelbaren Filmeindruck nicht oder nicht angemessen artikulieren ließen, dem Historiker der Zeitgeschichte aber schwerlich erlassen werden können. Ich beschränke mich dabei auf drei mir wichtig erscheinende Komplexe:
Die durch den Film grell beleuchtete Diskrepanz zwischen Breitenwirkung und Qualität geschichtlicher Erlebnisvermittlung;
die „Vergeßlichkeit" in bezug auf längst vorliegende geschichtliche Zeugnisse, die in der Reaktion auf den Film hervortrat;
die unbestreitbaren Unzulänglichkeiten der deutschen Zeitgeschichtswissenschaft bei der Behandlung des Holocaust-Themas.

I.

Wenn die durch Fernsehen, Rundfunk und Presse vermittelten Eindrücke über die Art der Zuschauerreaktion auf den Holocaust-Film in der Bundesrepublik nicht täuschen (eine systematische Meinungsauswertung steht noch aus), dann überwog die positive Aufgeschlossenheit in ihren verschiedensten Ausdrucksformen (der interessierten Nachfrage, der Betroffenheit, des Mitleids u. a.) deutlich die ablehnenden Äußerungen. Die Mehrheit der Bevölkerung hat den Film nicht als deutschfeindlich empfunden, sondern, wie auf jeweils verschiedene Weise auch die Bevölkerung in den USA, in Israel und in Frankreich, überwiegend selbstkritisch auf ihn reagiert. Für die politische Sekte betriebsamer rechtsradikaler Publizisten in der Bundesrepublik, die seit Jahren den Judenmord in den Gaskammern als Lüge hinzustellen suchen und sich für diese Propaganda eine potentiell stärker werdende Resonanz ausrechneten, weil es manche Anzeichen dafür gab, daß die Bevölkerung in der Bundesrepublik von dem Massenmord an den Juden und seiner Aufklärung, etwa durch die Justiz, nichts mehr wissen wollte, war *diese* Beteiligung des Fernseh-Publikums eine verlorene Schlacht. Die Genugtuung darüber kann aber nicht ganz ungetrübt sein.

Ist geschichtliche Aufklärung breiter Bevölkerungsschichten nur durch so gemachte Filme erreichbar, und was bedeutet dies für die Qualität historischer Erinnerung? Das Ereignis der Ausstrahlung des Fernseh-Films ließ die Erörterung seiner historischen Zeige-Qualität, vorher heftig geführt, auffällig verstummen. Die Rekordziffer der Einschaltquoten und die mit fassungslosen Fragen oder erschütternden Erinnerungen direkt in die Sendung eingespielten Telefonanrufe signalisierten oder suggerierten eine neue Form der – sonst aus Fußball-Länderspielen und Familien-Quiz bekannten – Fernseh-Nation, gekennzeichnet nicht nur durch die Massenhaftigkeit, sondern auch die Gleichzeitigkeit der Beteiligung: Vier Abende lang von der eigenen Geschichte betroffen, mit abgründigster Vergangenheit beschäftigt, viele erstmalig das nun konkret, leibhaftig sehend, worüber es damals, im Krieg, bestenfalls Gerüchte gab: das Warschauer Ghetto, Massenerschießungen Kiewer Juden in der Schlucht von Babi Yar, Judenvergasungen in Auschwitz. Der Film machte das mörderische Geschichtskapitel zur lebendigen Szene. Daß Millionen von Fernsehteilnehmern ergriffen wurden vom Schicksal einer gepeinigten jüdischen Familie, etwas erfuhren von der sinnlosen fanatischen Judenfeindschaft, die Deutschland in der Hitler-Zeit überschwemmte und schließlich zur gnadenlosen Ausrottung der Juden führte, mag bei vielen Zuschauern, welche Geschichte vielleicht nur auf solche, spielfilm-vermittelte Weise aufnehmen, ein neues moralisches Gefühl, ein Stück politische Aufmerksamkeit erweckt haben für das noch immer in die Gegenwart hineinragende Geschichtsthema: Deutsche und Juden.

Das Großartige des elektronischen Mediums, seine konkurrenzlose Reichweite und Suggestivkraft, die solches ermöglichten, offenbart aber zugleich das dem Medium innewohnende manipulative Potential bei der Ausstrahlung eines Filmes, der in solchem Maße nur „ankommen" konnte, weil er dem erprobten Erfolgsrezept melodramatischer historischer Spielfilm-Show-Inszenierung weithin widerstandslos folgte. Wenn, bei nur grober Tatsachenrichtigkeit, erfundene Filmhandlung und historische Vorgänge, Film-Figuren und historische Figuren so bedenkenlos und für den Zuschauer unkontrollierbar vermischt werden, droht geschichtliche Überlieferung selbst zum Arsenal der Filmfiktion zu werden: Der erfundene Erik Dorf führt mit dem historischen Heydrich oder Eichmann Gespräche über das Wesen der SS und die NS-Judenfeindschaft, die, als historische Kommentare in die Spielhandlung eingesetzt, mit ihrer Mischung aus willkürlicher Deutung und der Vermittlung hurtig angeeigneter Grob-Kenntnisse über SS-Mentalität und -Jargon die Dimension historischer Authentizität gerade nicht erreichen. Auch sonst ist der Tatsachenkern geschichtlicher Vorgänge häufig mit übergroßer Freiheit abgewandelt. Der Film-Autor inszeniert die berüchtigte Wannsee-Konferenz vom 20. Januar 1942 auf seine Weise: Neben dem erfundenen Erik Dorf läßt er den historischen Generalgouverneur Hans Frank, der an der Konferenz nicht teilnahm, auftreten und lange Reden führen. Die Film-Konferenz-Teilnehmer unterhalten sich offen über die anzuwendende Vergasungstechnik, worüber sie in Wirklichkeit schwiegen. In ähnlicher Weise verzerrt der Autor die Überlieferung der berüchtigten Tagung höherer SS-Führer am 4. Oktober 1943, in der sich Himmler offen über den Massenmord an den Juden aussprach. Elemente der verbürgten Himmler-Rede werden mit abwegigen Rede-Erfindungen, die der Autor dem SS-Führer Dorf in den Mund legt, frei kombiniert. Der Warschauer Ghetto-Aufstand und die mit Folklore umgebene jüdische Partisanentätigkeit in der Ukraine sind weit über das Maß der nur minimalen jüdischen Widerstands-Aktivitäten hinaus in Szene gesetzt, so proportioniert, wie junge Israelis sich wahrscheinlich wünschen, daß es gewesen sein möge.

Besonders bedauerlich ist: Der Film veranschaulicht und erklärt fast nichts von dem historisch-politischen System und Umfeld, das die Judenverfolgung in Gang setzte bzw. ermöglichte. Die im Dritten Reich zur Staatsdoktrin erhobene Judenfeindschaft erscheint meist als schierer Zynismus. Die ideologischen Motive und Stereotypen antisemitischer Dauerpropaganda im Rahmen eines totalitären Systems mit ihren sich ergänzenden Wirkungen – der systematischen Verunstaltung des Bildes von „den Juden", der Untergrabung humanitärer Verhaltensnormen, der intellektuellen Verunsicherung und moralischen Einschüchterung – und andere Bedingungen der jüdischen Tragödie bleiben außerhalb der Filmdarstellung. Nur selten gelingt ihr eine einfühlsame, verdichtete Wiedergabe des Wesentlichen historischer Situationen, Zustände und Verhaltensweisen. Angesichts so vieler Fehlgriffe bleibt auch fraglich, ob treffend eingesetzte Filmsymbole (der Bechstein-Flügel als Ausdruck leidenschaftlicher jüdischer Kunst- und Kulturbejahung, die Figur des jüdischen Hausarztes als historischer Archetyp jüdischen Aufstiegs in die freien akademischen Berufe) aus solchem Verständnis heraus oder nur aus Gründen publikumswirksamer Sympathiewerbung für die Helden des Films gewählt sind. Was Judentum damals in Deutschland war, tritt nur marginal in Erscheinung. Die kultivierte Film-Familie Weiß repräsentiert nur den kleinen Teil großstädtischer jüdischer besserer Gesellschaft, nicht die Masse der armen „Ostjuden" in den schmalen Gassen am Berliner Alexanderplatz, den jüdischen Vieh-, Getreide- oder Weinhändler in den kleinen Städten und Dörfern Hessens, Frankens, der Pfalz mit ihren noch immer „fremden", orthodoxen Lebensgewohnheiten, ihrer sozialen Abseitsstellung, ihren eigenen Identifikationsproblemen.

Resolut entschlossen, alles in Szene zu setzen, was historische „Tatsache" gewesen ist, verfehlt der Film aber vor allem die Realität dessen, was Lager-Fabriken wie Auschwitz an Degradierung, Entpersönlichung, Enthumanisierung bedeutet haben. Die Colorfilm-

Rühr- und -Redseligkeit noch immer wohlgenährter jüdischer Opfer auf dem Weg zur Gaskammer erscheint als fast blasphemische Ahnungslosigkeit, weitab von der Realität, die für den Zurückblickenden im Kern unvorstellbar bleibt, auch und gerade nach diesem Film. Die Wirklichkeit der geschundenen und moribunden, am Ende menschlicher Existenzmöglichkeit lebenden, angsterfüllt der nächsten „Selektion" entgegensehenden jüdischen Häftlinge von Auschwitz, die der soeben veröffentlichte Erlebnisbericht des Häftlingskapos Wieslaw Kielar wenigstens andeutungsweise zeigt, hätte die Einschaltquoten des Fernsehens drastisch reduziert. Hier steht der auf Publikumserfolg programmierte Film dem Anspruch, Holocaust-Wirklichkeit zu zeigen, hilflos im Wege.

Andere gleichzeitig erfolgreiche historische Darstellungen, etwa Diwalds „Geschichte der Deutschen", die zur Zeit der Holocaust-Sendung als Bestseller auf dem Buchmarkt figurierte, deuten darauf hin, daß emotionale nationale Ressentiments ebenso ein breites empfängliches Publikum zu finden vermögen wie die primär über die Emotionalität wirkungskräftiger Bild-Eindrücke vermittelten moralischen Anstöße zur Vergangenheitsbewältigung. Neben den großen positiven Möglichkeiten der Wirkung des Holocaust-Films werden auch fatale Gefahren historischen Realitätsverlustes sichtbar: Die fernsehgerecht geschnittene, verschönte und vereinfachte Film-Geschichte anstelle der auch moralisch viel komplizierteren tatsächlichen Geschichte, der Holocaust-Film und seine suggestiven Spiel-Figuren und -Szenen für Millionen von Zuschauern das eigentliche Nacherlebnis jüdischen Schicksals in der NS-Zeit, an das Eindrücke und Kenntnisse von dieser Vergangenheit für viele Zuschauer vielleicht ausschließlich geheftet bleiben. Solche nicht abzuwehrenden Empfindungen veranlassen den Historiker, gleichzeitig Gegensätzliches zu wünschen: Der durch den Film gegebene Erinnerungsanstoß möge anhalten, viele einzelne optische Eindrücke aber ausgewischt und ersetzt werden durch genauere, von historischer Einbildungskraft geleitete Aufnahme dessen, was damals war und geschah.

II.

Eine ganze Reihe ereignisgeschichtlicher Komplexe der jüdischen Katastrophe in der NS-Zeit wurde vielen Zuschauern durch den Holocaust-Film, wie aus den Reaktionen ersichtlich, zum erstenmal bekannt. Die hierbei hervortretende Kenntnislosigkeit des Fernseh-Publikums ist gewiß bedauerlich, aber als normal einzuschätzen, wenn man in Betracht zieht, daß es sich um 15 Millionen Zuschauer handelte und selbst das erfolgreichste zeitgeschichtliche Buch kaum mehr als einige hunderttausend Leser erreicht. Nachdenklicher machten ratlose Anfragen auch von zeitgeschichtlich sonst versierten Verlegern, Publizisten, ja selbst von Historikern („Gibt es wissenschaftliche Darstellungen über das Ghetto Warschau, über die jüdischen Partisanen in der Ukraine u. a. m.?"), die nach der Sendung gestellt wurden. Sie deuten darauf hin, daß vieles von dem, was zur Geschichte des Holocaust längst geschrieben und dokumentiert worden ist, auch bei der „Zunft" nicht angenommen oder in Vergessenheit geraten ist. Veränderte Produktions- und Konsum-„Gesetze" auch auf dem wissenschaftlichen Buchmarkt spielen dabei mit: Zeitgeschichtlich bedeutende Werke, die vor 25 Jahren erschienen, aber dann lange vergriffen waren, sind für eine neu heranwachsende Akademiker-Generation nicht mehr so ohne weiteres vorhanden. Der späte Bestseller-Rekord der 1974 herausgekommenen Neuauflage von Eugen Kogons „SS-Staat", zum erstenmal 1946 verlegt, ist ein Beispiel dafür, daß auch auf dem Gebiet wissenschaftlicher zeitgeschichtlicher Kenntnisvermittlung längst „Bekanntes" einige Dekaden später als ganz „Neues" erscheinen kann. Nicht nur die wissenschaftliche Erstproduktion, auch die immer wieder neue Reproduktion scheint nötig, wenn die Kontinuität geschichtlichen Wissens – über wenige Spezialisten hinaus – einigermaßen erhalten bleiben soll.

Im Falle der Geschichte des Holocaust ist diese Kontinuität von Anfang an fraglich und brüchig gewesen. Die Geschichte der jüdischen Katastrophe im Zweiten Weltkrieg war zunächst und vor allem *jüdische* Geschichte und Erinnerung. Diese trat anfangs, vor allem in den Jahren 1945-1948, auch in der Form einer breiten, spontan entstandenen jüdischen Erinnerungs-„Trivialliteratur" hervor, rasch und oft unbeholfen in Displaced-Persons-Camps von Überlebenden der Katastrophe niedergeschrieben, von improvisierten jüdischen „Geschichtskommissionen" in kurzlebigen Serien oder Zeitungen (in der amerikanischen Zone Deutschlands, in Polen, Palästina oder den USA) zur Veröffentlichung gebracht, meist – da es sich überwiegend um Juden aus Osteuropa handelte – in jiddischer Sprache[2].

[2] Ein Beispiel dieser Literaturgattung sind die zwischen 1946 und 1948 von der (für die jüdischen DP's in der US-Zone Deutschlands zuständigen) jüdischen „Central Historical Commission" in München in jiddischer Sprache (nur mit englisch-sprachigem Titelblatt) herausgegebenen Hefte der Serie "From the last Extermination. Journal for the History of the Jewish people during the Nazi regime" mit zahlreichen Erlebnisberichten über Lager und Ghettos in Polen, Litauen, der Ukraine u. a. m. (das Institut für Zeitgeschichte besitzt die Nummern 2-10). Diese Münchener jüdische Kommission gab außerdem bis Dezember 1948 eine jüdische Zeitung "Fun letstn khurbn" („Von der letzten Zerstö-

Neben dieser vielfältigen, heute kaum noch zugänglichen „khurbn"-Literatur entstanden in derselben Zeit viele Tausende unveröffentlicht gebliebener jüdischer Erlebnis- und Augenzeugenberichte, die später in entsprechend umfangreichen Sammlungen in jüdischen wissenschaftlichen Instituten in Warschau, Paris, New York, Jerusalem und anderswo aufbewahrt wurden.

Diese Überlieferungsschicht der Holocaust-Erinnerung blieb schon aus sprachlichen Gründen nichtjüdischen, auch deutschen Historikern weitgehend verschlossen[3]. Aber auch die Fülle der wissenschaftlich erarbeiteten Dokumentationen und methodisch oft vorbildlichen Untersuchungen zur Vorgeschichte und Geschichte des Holocaust, die von jüdischen historischen Instituten im ersten Jahrzehnt nach dem Zweiten Weltkrieg, in den USA zum Teil schon während der Kriegsjahre, herausgebracht wurde, ist von der später einsetzenden Zeitgeschichtswissenschaft in der Bundesrepublik nie mehr ganz zur Kenntnis genommen und verarbeitet worden. Der Holocaust-Film gibt Veranlassung, einiges in Erinnerung zu rufen, was schon damals an wertvoller jüdischer Zeitgeschichtsliteratur entstand.

Das „Institute of Jewish Affairs", im Februar 1940 in New York auf Initiative des „American Jewish Congress" gegründet, war wohl das erste große jüdische historische Institut, das schon während des Krieges systematische Materialsammungen zum Schicksal der Juden im europäischen Herrschaftsbereich des NS-Regimes anlegte und mit einschlägigen Veröffentlichungen hervortrat[4]. Ihr Wert besteht noch heute u. a. darin, daß sie deutlich machen, wie weitreichend und wie genau oder ungenau die Kenntnis dieser „Fakten" bereits 1943 oder 1944 in den Vereinigten Staaten war.

Zu dem wohl bedeutendsten Zentrum jüdisch-historischer Forschung in den USA entwickelte sich nach 1945 das 1939 von Wilna nach New York übergesiedelte berühmte Yiddish Scientific Institute (YIVO) mit seinen großen Sammlungen von authentischen Materialien aus polnischen und litauischen Ghettos (Lodz, Wilna u. a.), umfangreichen Aktenbeständen zur Situation der jüdischen Displaced

---

rung") heraus. Vgl. zu dieser jüdischen Literaturgattung Philip Friedman, Research and Literature on the recent Jewish tragedy, in: Jewish Social Studies 12 (1950), S. 17 ff.

[3] Vergleichbare, aber kleinere Sammlungen von Erinnerungsberichten deutscher, meist vor 1939 emigrierter Juden sind im Leo Baeck-Institut in New York, in der „Wiener Library" in London und in Yad Vashem in Jerusalem aufbewahrt.

[4] Zu den über 20 Publikationen, die das Institut schon 1941-1944 herausbrachte, gehören die Gemeinschaftsarbeit "Hitler's Ten Years' War on the Jews" (1943) und die von Jacob Lestschinsky verfaßte Schrift "The Jewish Catastrophe" (1944), wohl die ersten wissenschaftlich erarbeiteten Gesamtdarstellungen der nationalsozialistischen Judenpolitik überhaupt.

Persons und vielen anderen Dokumenten und Zeugnissen. Traditionsgemäß stand die Geschichte des ost-mitteleuropäischen Judentums im Zentrum der wissenschaftlichen Veröffentlichungen des YIVO[5].

Ein Blick in die „alten" Jahrgänge des YIVO-Annual[6] oder der seit 1938 ebenfalls in New York (im Auftrag der American Conference on Jewish Relations) vierteljährlich herausgegebenen „Jewish Social Studies"[7] bestätigt, wie reichhaltig in dieser frühen Phase in den USA die dokumentarische und intellektuelle jüdische wissenschaftliche Produktion zur Holocaust-Geschichte gewesen ist, getragen von einer Gruppe hervorragender jüdischer Gelehrter, die zum großen Teil als Flüchtlinge oder Überlebende der NS-Judenpolitik erst nach 1933 oder nach 1945 aus Deutschland, Polen, Ungarn, Litauen und anderen europäischen Ländern nach Amerika gelangt waren.

Den Aktivitäten jüdisch-amerikanischer Wissenschaftler war es vor allem auch zuzuschreiben, daß wenigstens einige der wichtigsten unmittelbar nach dem Krieg von jüdischen Überlebenden aus Osteuropa in ebenso großer Zahl wie unterschiedlicher Qualität geschriebenen Lager- und Ghetto-Memoiren sowie der nach 1945 ans Licht kommenden zeitgenössischen Berichte und Tagebücher jüdischer

---

[5] Die im Auftrag des YIVO-Institute von Joseph Tenenbaum verfaßte Schrift "In search of a lost people" (New York 1948) bildete die erste Gesamtdarstellung der Vernichtung des polnischen Judentums. Seit 1946 wurde in englischer Sprache das YIVO-Annual of Jewish Social Science herausgegeben neben den älteren (noch materialreicheren) jiddischen „YIVO-Bleter" (die Jahrgänge 1947 und 1953 ausschließlich mit Studien über die jüdische Katastrophe im Zweiten Weltkrieg).

[6] Zur Illustration seien im folgenden die Beiträge des YIVO-Annual 1953 aufgeführt, die sich ausschließlich auf die Holocaust-Thematik bezogen: Zelig Kalmanovitch, A diary of the Nazi Ghetto in Vilna; Isaiah Trunk, Epidemics and Mortality in the Warsaw Ghetto, 1939-1942; W. Glicksmen, Social Differentiation in the German Concentration Camps; Philip Friedman, The Lublin Reservation and the Madagaskar Plan; Joseph B. Shechtman, The Transnistria Reservation; Bruno Blau, The last days of German Jewry in the Third Reich; L. Koninchowsky, The Liquidation of the Jews of Marcinconis; Hugo Valentin, Rescue and Relief activities in behalf of Jewish victims of Nazism in Scandinavia; L. Poliakow, Jewish resistance in France; Zanvel Diamant, Jewish Refugees on the French Rivéra; Isoae Kabeli, The resistance of Greek Jews; J. Kermish, Mutilated version of Ringelblum's Notes.

[7] In den ersten Nachkriegs-Jahrgängen der Jewish Social Studies u. a. folgende besonders informative Beiträge: Leon Shapiro/Joshua Starr, Recent population data concerning the Jews in Europe (Jg. 8/1946, S. 75); Jacob Lestchinsky, The economic struggle of the Jews in Independent Lithuania (Jg. 8/1946, S. 267); Koppel S. Pinson, Jewish Life in Liberated Germany (Jg. 9/1947, S. 101); Sosa Szajkowski, The organization of the „UGIF" in Nazi Occupied France (Jg. 9/1947, S. 239); Jacob Lestchinsky, Economic Aspects of the Jewish Community Organization in Independent Poland (Jg. 9/1947, S. 319); Leon Poliakoff, Mussolini and the extermination of Jews (Jg. 11/1949, S. 249); Hannah Arendt, Social Science and the Study of Concentration Camps (Jg. 11/1949, S. 129); Bruno Blau, The Jewish Population in Germany 1939-1945 (Jg. 12/1950, S. 161); Samuel Gringauz, Some methodological Problems in the study of the ghetto (Jg. 12/1950, S. 65); Philip Friedman, Research and literature on the recent Jews tragedy (Jg. 12/1950, S. 17).

Chronisten aus Warschau, Wilna und anderen jüdischen Zentren (meist ebenfalls in jiddischer Sprache verfaßt) durch angelsächsische Auswahleditionen und -übersetzungen wenigstens teilweise zugänglich wurden[8]. Die wohl berühmteste, aber keineswegs einzige dieser letztgenannten, wegen ihrer zeitgenössischen Entstehung besonders wichtigen jüdischen Primär-Quellen bildet das sogen. Ringelblum-Archiv, eine die Jahre 1941-1943 umfassende umfangreiche Sammlung tagebuchartiger Notizen über die Geschichte des Ghettos Warschau, die der jüdische Chronist Emmanuel Ringelblum vor der Zerstörung des Ghettos vergrub und von der Teile 1946 und 1950 in den Trümmern des Ghettos aufgefunden wurden[9]. Als weiteres wichtiges außerdeutsches Zentrum jüdischer Forschung und Dokumentation, das sich nach 1945 intensiv mit der Holocaust-Geschichte beschäftigte, entstand 1945 in Paris das „Centre de Documentation Juive Contemporaine" mit der Zeitschrift „Le Monde Juif" und zahlreichen Buchveröffentlichungen[10]. Ebenso große Bedeutung als Forschungs- und Editionszentrum mit umfangreichen Sammlungen hatte das 1945 in Warschau gegründete Jüdische Historische Institut, ehe seine Existenz und Aktivität unter dem Einfluß der antizionistischen Ideologie in der polnischen Volksrepublik in den 60er Jahren auf ein kümmerliches Schattendasein reduziert wurde. Wichtige Veröffentlichungen und Dokumentationen zur nationalsozialistischen Judenpolitik in Polen (meist aus deutschen Akten, die den polnischen Behörden in die Hände fielen) brachten daneben vor allem die dem polnischen

---

8 Ein Beispiel ist die von Leo W. Schwarz unter dem Titel "The Root and the Bough" sorgfältig editierte Anthologie unveröffentlichter jüdischer Augenzeugen- und Erlebnisberichte (New York 1949).

9 Ringelblum, der 1943 außerhalb des Ghettos untertauchen konnte, wurde 1944 entdeckt und mit seinem Sohn in Warschau erschossen. Die Originale des Ringelblum-Archivs befinden sich im Jüdischen Historischen Institut in Warschau (eine Gesamtkopie im israelischen Museum und Forschungszentrum Yad Vashem). Die von Jacob Sloan ins Englische übersetzte Auswahl-Edition (Emmanuel Ringelblum, Notes from the Warsaw Ghetto, New York 1956) basiert auf der vorangegangenen, im Auftrag des Jüdischen Historischen Instituts in Warschau 1953 herausgegebenen polnischen Auswahl und Übersetzung (aus dem Jiddischen). Eine umfassende und kritische wissenschaftliche Edition des Originals steht noch aus. Ein vergleichbares Tagebuch von bedeutendem Wert und z. T. erschütternder Authentizität aus dem Ghetto Wilna veröffentlichte das YIVO-Annual auszugsweise in den Jahrgängen 1953 (vgl. Anm. 6). Eine der frühesten Quellenveröffentlichungen dieser Kategorien bildet die englische Ausgabe des Tagebuches einer jungen jüdischen Frau polnischer Herkunft, die aufgrund ihrer amerikanischen Staatsangehörigkeit schon während des Krieges aus Warschau entkommen konnte: Mary Bergs, Warsaw Ghetto. A Diary. Translated by Norbert Guterman and edited by S. L. Schneiderman, New York 1945.

10 Zu den ersten Veröffentlichungen des Instituts gehören: R. Sarrants/P. Tager (Hrsg.), Les Juifs sous l'occupation. Recueil des textes français et allemands, 1940-1944, Paris 1945, und J. Lubetzki, La condition des juifs en France sous l'occupation allemande, 1940-1945. La legislation raciale, Paris 1945.

Justizministerium unterstellte Warschauer „Hauptkommission zur Untersuchung Hitlerscher Verbrechen in Polen“[11] und das „Staatliche Museum Auschwitz“[12] heraus.

Seit den 50er Jahren ist neben der amerikanischen jüdischen Geschichtswissenschaft vor allem Israel zum Zentrum der Holocaust-Forschung geworden, und zwar mit dem staatlichen Museum und Forschungszentrum Yad Vashem und verschiedenen Universitäts-Instituten für jüdische Geschichte (vorrangig das „Institute for Contemporary Jewry“ an der Hebrew University/Jerusalem) als führenden Einrichtungen. Seit 1957 bilden die „Yad Vashem Studies on the European Jewish Catastrophe and Resistance“ eine unentbehrliche Grundlage für den Historiker, der sich mit der Holocaust-Geschichte ausführlicher befassen will. Wie bei vielen nach 1945 in jiddischer Sprache erschienenen wertvollen Dokumentationen erschwerte freilich auch bei der neueren in Israel entstandenen, nur z. T. ins Englische übersetzten (hebräischen) Holocaust-Literatur die Sprachbarriere für die deutschen Historiker den vollen Zugang, vor allem zu den Primärquellen der Geschichte des osteuropäischen Judentums im Zweiten Weltkrieg.

Die ohne jeden systematischen Anspruch aufgeführten Beispiele der reichen veröffentlichten dokumentarischen und historiographischen Überlieferung zur Vorgeschichte und Geschichte des „Holocaust“, die schon bald nach dem Zweiten Weltkrieg außerhalb Deutschlands entstand und bald auch in große zusammenfassende Darstellungen über die NS-Judenpolitik[13] und das Schicksal der Juden einzelner Länder im Machtbereich des NS-Regimes[14] mündete, verdeutlichen, wieviel Vergeßlichkeit hinter dem Defizit an Kennt-

---

[11] Vgl. vor allem das von der „Hauptkommission“ in Warschau herausgegebene „Biuletyn“ (von 1946 bis 1975: 26 Nummern) mit zahlreichen Veröffentlichungen in Polen aufgefundener deutscher Dokumente, auch in bezug auf die antijüdischen deutschen Maßnahmen; sehr informativ und materialreich in dieser Hinsicht z. B. Nr. XIII des „Biuletyn“ (1960).

[12] Besonders bemerkenswert die auch in deutscher Sprache seit 1959 herausgegebenen „Hefte von Auschwitz“ (bis 1975: 15 Nummern mit zahlreichen Veröffentlichungen auch deutscher Dokumente; besonders informativ das von Danuta Czech seit 1959 zusammengestellte „Kalendarium der Ereignisse in Auschwitz“).

[13] Gerald Reitlinger, The Final Solution. The attempt to exterminate the Jews of Europe 1939-1943, London 1953; Léon Poliakov, Bréviaire de la Haine. Le IIIe Reich et les Juifs, Paris 1951; Raul Hilberg, The destruction of the European Jews, Chicago and London 1961.

[14] Zu den frühen, noch überwiegend memoirenhaften Werken dieser Kategorie gehört das Buch des lettischen Juden Max Kaufmann, Die Vernichtung der Juden Lettlands, München 1947. Zu den späteren, wissenschaftlich organisierten Werken u. a. Randolph L. Braham, The Destruction of Hungarian Jewry. A documentary account, New York 1963, oder Jacob Presser, The Destruction of the Dutch Jews, New York 1965.

nissen steht, das auch bei Publizisten und Historikern mit der Fernseh-Holocaust-Serie zutage trat.

Für die nichtjüdische, gerade auch für die deutsche Zeitgeschichtswissenschaft wird es nicht zuletzt darauf ankommen, daß die Fülle der von jüdischen Überlebenden und Wissenschaftlern nach 1945 verfaßten Literatur zur Vorgeschichte und Geschichte des Holocaust nicht nur jüdische Historiographie und Erinnerung bleibt, sondern stärker rezipiert und integriert wird.

III.

Der Holocaust-Film hat insbesondere die Frage aufgeworfen, ob von der deutschen Geschichtswissenschaft für die Aufklärung und Darstellung der NS-Zeit und des jüdischen Schicksals genügend getan worden ist.

In quantitativer Hinsicht kann sich der Befund sehen lassen. Aus dem Index dieser Zeitschrift und der in ihr regelmäßig erscheinenden Bibliographie läßt sich unschwer feststellen, daß wissenschaftliche Arbeiten zur NS-Zeit seit Jahren an der Spitze zeitgeschichtlicher Neuveröffentlichungen in der Bundesrepublik stehen, weit vor den Untersuchungen zur Weimarer Zeit oder zur deutschen Geschichte nach 1945. Diese wissenschaftlich erarbeitete zeitgeschichtliche Literatur blüht auch keineswegs nur im Winkel spezialistischen Akademikertums. Nicht allein die Hitler-Bücher von Joachim Fest und Sebastian Haffner, auch von prominenten akademischen Historikern stammende Gesamtdarstellungen zur NS-Zeit haben in den vergangenen zwei Jahrzehnten große oder doch respektable Auflagen erzielt und als Grundlektüre in einschlägigen zeitgeschichtlichen Universitätsseminaren oft eine nicht allein nach Auflagenzahlen bemeßbare Bedeutung erlangt: z. B. Helga Grebings Schrift über Ursprung und Wesen des Nationalsozialismus (zwischen 1959 und 1964: 15 Auflagen!), „Die Deutsche Diktatur" (1969) von Karl-Dietrich Bracher, Karl Dietrich Erdmanns Darstellung über die NS-Zeit in Gebhardts Handbuch der Deutschen Geschichte, auch die auf die NS-Zeit bezogenen Bände von Mitarbeitern des Instituts für Zeitgeschichte im Rahmen der „dtv-Weltgeschichte des 20. Jahrhunderts". Antisemitismus und NS-Judenpolitik sind in diesen Gesamtdarstellungen keineswegs ausgeklammert und wurden seit den 60er Jahren auch wiederholt Gegenstand spezieller Studien in der Bundesrepublik, nachdem die westdeutsche Zeitgeschichtsforschung den Vorsprung der ausländischen Wissenschaft auf diesem Gebiet einzuholen begonnen hatte[15].

In den 27 Jahren seit ihrer Gründung sind in dieser Zeitschrift nicht weniger als 16 Beiträge zum Thema Antisemitismus und NS-Judenpolitik veröffentlicht worden, schon im zweiten Heft (Juli 1953) eines der bemerkenswertesten Schlüsseldokumente: Kurt Gersteins Augenzeugenbericht über die Judenvergasungen. Daß die auf den ganzen Umkreis der Geschichte bezogenen allgemeinen historischen Fachzeitschriften sich der Thematik nicht in gleichem Maße annahmen, ist verständlich. Bemerkenswert ist freilich, daß das führende historische Organ der DDR, die „Zeitschrift für Geschichtswissenschaft", das Thema ausgespart hat[16].

Wir sind auch der Frage nachgegangen, wie es im Lehrangebot der Universitäten der Bundesrepublik mit der Behandlung der NS-Zeit aussieht, und haben deswegen die Vorlesungsverzeichnisse von 22 Universitäten[17] für den Zeitraum Wintersemester 1970/71 bis Sommersemester 1978 in bezug auf die Fächer Geschichte und Politische Wissenschaft durchgesehen. Das Ergebnis ist erstaunlich positiv.

An diesen Universitäten wurden in den letzten neun Jahren (18 Semestern) insgesamt 650 Vorlesungen, Übungen oder Seminare zum Thema der deutschen Geschichte in der NS-Zeit abgehalten, d.h. durchschnittlich pro Universität ca. 30 und pro Semester an jeder Universität fast 2. An der Spitze lagen die großen Universitäten Berlin (75), Hamburg (61), Frankfurt (60), daneben auch Mainz (59)

---

[15] Zu nennen sind hier u.a.: das 2-bändige Werk „Anatomie des SS-Staates" (Freiburg 1965) mit Beiträgen über NS-Judenverfolgung und nationalsozialistische Konzentrationslager, auch als dtv-Taschenbuch erschienen; die Untersuchungen von Wolfgang Scheffler, Judenverfolgung im Dritten Reich 1933-1945, Berlin 1960; Uwe Dietrich Adam, Judenpolitik im Dritten Reich, Düsseldorf 1972; sowie Eberhard Jäckels erfolgreiche Schrift „Hitlers Weltanschauung", Tübingen 1969. Methodisch vorbildlich vor allem auch die aus regionalen Polizei- und Verwaltungsakten (besonders Unterfrankens) gearbeitete Darstellung H.G. Adlers, Der verwaltete Mensch, Tübingen 1974, über die Deportation der Juden. Eine im Auftrag des Instituts für Zeitgeschichte von Helmut Krausnick und Heinrich Wilhelm erarbeitete Studie über die Einsatzgruppen der Sicherheitspolizei und des SD, die als erste in der Sowjetunion im Sommer 1941 mit den Massenexekutionen von Juden begannen, ist soeben fertiggestellt und wird demnächst in der Reihe „Studien zur Zeitgeschichte" erscheinen.

[16] In den 20 Jahrgängen der „Zeitschrift für Geschichtswissenschaft" in der DDR zwischen 1953 und 1972 ließ sich außer einem Literaturbericht von Klaus Drobisch über „Westdeutsche Neuerscheinungen zur Geschichte der faschistischen Judenverfolgung" (in Jg. 7/1961, S. 1680) kein einschlägiger Beitrag entdecken.

[17] Die Untersuchung wurde wegen der Vollständigkeit der Verzeichnisse nur dieser Universitäten in der Bibliothek des IfZ für den angegebenen Zeitraum begrenzt auf die FU Berlin sowie die Universitäten Bielefeld, Bochum, Bonn, Düsseldorf, Erlangen, Frankfurt, Freiburg, Göttingen, Hamburg, Heidelberg, Kiel, Köln, Konstanz, Mainz, Mannheim, Marburg, München (Ludwig-Maximilians-Universität), Münster, Tübingen, Saarbrücken, Würzburg.

und Tübingen (40), über dem Durchschnitt ferner Freiburg (36), Bonn (35), Göttingen (34), Marburg (31). Auch die skeptische Annahme, bei der Behandlung der NS-Zeit an der Universität würden die Themen Außenpolitik, Geschichte des Zweiten Weltkrieges oder allgemeine Faschismustheorie einseitig dominant sein, hat sich nicht bestätigt. Die insgesamt 650 Lehrveranstaltungen zur Deutschen Geschichte der NS-Zeit verteilten sich folgendermaßen auf einzelne Themengruppen:

Vorgeschichte des NS bis 1933	38
Allgemeine Geschichte der NS-Zeit	71
NS-Außenpolitik (allgemein und speziell)	120
Zweiter Weltkrieg (allgemein und speziell, ohne Besatzungspolitik, Widerstand und Verfolgung)	61
NS-Innenpolitik (allgemein und speziell, einschl. Verfassungs- und Machtstruktur, Propaganda, Erziehungs-, Kultur- und Kirchenpolitik)	97
Wirtschafts- und Sozialgeschichte in der NS-Zeit (allgemein und speziell)	86
Faschismus allgemein, außerdeutscher Faschismus	73
Sonstiges	104
	insgesamt 650

Unter „Sonstiges“ sind u.a. enthalten: 46 Lehrveranstaltungen zum Thema Widerstand und Verfolgung in der NS-Zeit, 22 zur Geschichte des Antisemitismus und des deutschen und außerdeutschen Judentums im 19. und 20. Jahrhundert (wegen ihres evidenten Bezugs zur NS-Zeit in die Zählung aufgenommen), 17 über die Person Hitlers, seine Ideen, Schriften u. a., 6 über NS-Rassetheorie oder ihre ideologischen Vorläufer und 2 weitere Vorlesungen, die sich ausschließlich mit der „Jüdischen Geschichte im Zweiten Weltkrieg“ bzw. der „Nationalsozialistischen Endlösungs-Politik“ beschäftigten.

Die Themenauszählung universitärer zeitgeschichtlicher Lehrveranstaltungen vermittelt einen ähnlichen Eindruck wie die Lektüre der meisten in der Bundesrepublik erarbeiteten historischen Werke über die NS-Zeit: Die „Endlösung der Judenfrage“ ist keineswegs ausgespart, aber ganz überwiegend nur im Kontext allgemeiner Darstellungen über die Geschichte des Dritten Reiches, d. h. meist relativ kurz behandelt und nur sehr selten Gegenstand ausführlicher Vertiefung. Das schlimmste Verbrechen der Hitler-Zeit wird beim Namen genannt, aber mehr konstatiert als veranschaulicht. Aus der Lektüre mancher einschlägiger Darstellungen aus akademischer Feder ergibt sich der Eindruck, daß die Kürze der Erwähnung des heiklen Themas nicht nur auf moralischer, sondern auch auf sozusagen „stilistischer" Verlegenheit beruht. Für die an erhabene Geschichtsideen gewöhnte Sprache und Reflexion des Historismus sind Massenexekutionen und Gaskammern ein „Stilbruch" der Geschichte, über den man schnell hinwegzukommen sucht. Die Ausrottung der Juden entzieht sich aber auch der funktionalen, auf gesellschaftliche Interessen abhebenden Faschismus-Deutung, bereitet deshalb auch in der „linken" Zeitgeschichtsschreibung erkennbare Verlegenheit. Nicht allein die mangelnde Rezeption jüdischer Historiographie, auch solche „deutschen" Gründe haben es der Geschichtsschreibung in der Bundesrepublik oft verwehrt, das NS-Verbrechen gegenüber den Juden als historischen Vorgang ereignisgeschichtlich zu erzählen und plastisch zu machen, es nicht nur als Tatsache pflichtschuldig-lakonisch festzuhalten.

Der Holocaust-Film hat deutlich gemacht, daß es noch andere Defizite gibt. Seine Wirksamkeit beruht hauptsächlich darauf, daß er am unterschiedlichen Schicksal der Großeltern, Eltern und Kinder einer Familie jüdische Betroffenheits- und Leidensgeschichte in historisch typischen Varianten emotional nahebrachte. In der Bundesrepublik ist die Darstellung der *jüdischen* Geschichte in der NS-Zeit, *jüdischer* Erlebnisse und Schicksale, mit Ausnahme einiger bemerkenswerter vor allem auch lokal- und landesgeschichtlicher Dokumentationen[18], bisher weitgehend unterblieben bzw. dem New Yorker Leo Baeck-Institute[19] überlassen worden. Die einschlägige deutsche Zeitgeschichtsschreibung, auch die Bild- und Filmdokumentationen, stellte in aller Regel nicht die *jüdische* Erlebnis- und Verhaltensgeschichte, sondern fast ausschließlich die *deutsche* Aktionsgeschichte der Ju-

---

[18] Diese Dokumentationen, z. T. von Staats- oder Stadt-Archiven herausgegeben, sind zahlreich und eindrucksvoll. Vgl. u. a.: Paul Sauer, Die Schicksale der jüdischen Bürger Baden-Württembergs während der nationalsozialistischen Verfolgungszeit 1933-1945, Stuttgart 1969; Franz Hundsnurscher/Gerhard Taddey, Die jüdischen Gemeinden in Baden, Stuttgart 1968; Paul Arnsberg, Die jüdischen Gemeinden in Hessen, Frankfurt/M. 1971; Kurt Düwell, Die Rheingebiete in der Judenpolitik des Nationalsozialismus vor 1942, Bonn 1968; Johannes Simmert (Bearb.), Die nationalsozialistische Judenverfolgung in Rheinland-Pfalz 1933-1945, Koblenz 1974; Arnd Müller, Geschichte der Juden in Nürnberg 1146-1945, Nürnberg 1968; Jens-Joachim Fliedner, Die Judenverfolgung in Mannheim 1933 bis 1945, 2 Bde., Stuttgart/Berlin/Köln/Mainz 1971.

[19] Vor allem das seit 1956 herausgegebene Year-Book des New Yorker Leo Baeck-Institutes enthält eine Fülle hervorragender Beiträge zur Geschichte des deutschen Judentums bis zum Zweiten Weltkrieg. Aus den Leo Baeck-Instituten in New York und London gingen auch hervorragende Einzelveröffentlichungen hervor, z. B. der Sammelband zur „Struktur" des deutschen Judentums vor Beginn der NS-Herrschaft: Entscheidungsjahr 1932. Zur Judenfrage in der Endphase der Weimarer Republik, hrsg. von Werner E. Mosse, Tübingen 1965, oder die von Monika Richarz herausgegebenen zwei Bände „Jüdisches Leben in Deutschland" (ein 3. Bd., bezogen auf die Weimarer und NS-Zeit, befindet sich in Vorbereitung).

denverfolgung in den Mittelpunkt. Basierend vor allem auf amtlichen deutschen Quellen aus der NS-Zeit, blieb die Verfolger-Perspektive dieser Quellengrundlage auch für die Darstellung des Themas weitgehend maßgeblich. Die jüdischen Opfer kommen meist nur schemenhaft vor, als Objekte der Verfolgung. Nicht Geschichte des Holocaust, sondern der „Endlösung" wurde geschrieben, auch in den Schulbüchern.

Der Exodus deutsch-jüdischer Gelehrter nach 1933, der auch nach 1945 in der Bundesrepublik nur eine kümmerliche historische Judaistik wiederentstehen ließ, ist sicher neben der deutschzentrischen Quellenlage ein wesentlicher Grund dafür, daß die jüdische Geschichte in der NS-Zeit in den einschlägigen deutschen zeitgeschichtlichen Darstellungen so stark ausgeklammert blieb. Die Überwindung dieses Defizits ist, schon aus pädagogischen Gründen, gleichwohl nötig und auch möglich. Deutschen Historikern, auch wenn sie sich für innerjüdische Geschichte nicht kompetent fühlen, bietet sich genügend Material, das es ihnen erlaubt, die wichtigen Züge der Sozial-, Wirtschafts- und Kulturgeschichte des deutschen Judentums, die nach 1933 Schritt für Schritt ausgelöscht wurde, in eine integrale deutsche Geschichte der NS-Zeit einzubeziehen. Ähnliches gilt für die Geschichte des außerdeutschen Judentums, soweit es Opfer nationalsozialistischer Politik wurde. Wenn wissenschaftliche Geschichtsschreibung zunächst und vor allem organisierte Erinnerung sein will, darf sie sich nicht auf die Rekonstruktion des Zerstörungshandelns beschränken, sondern muß vor allem festhalten, *was* zerstört wurde und verloren ging.

Unter dem Gesichtspunkt politischer Erfahrungsbildung kommt dabei vor allem auch der Darstellung der Beziehungsgeschichte zwischen Deutschen und Juden eminente Bedeutung zu. Bezogen auf die NS-Zeit wird sich erst aus einer systematischen Darstellung deutsch-jüdischer sozialer Beziehungen und reziproker Verhaltensweisen erkennen lassen, inwieweit die „amtliche" NS-Judenpolitik eingebettet war in judenfeindliche Volksstimmungen und inwieweit und wann sie sich davon loslöste, sich zum paranoiden Wahn einer Führungs-Clique verselbständigte. Erste Ansätze solcher Untersuchungen[20] zeigen die Fruchtbarkeit dieser Perspektive, die auch ge-

---

[20] Vgl. Judenverfolgung und nichtjüdische Bevölkerung, in: Bayern in der NS-Zeit. Soziale Lage und politisches Verhalten der Bevölkerung im Spiegel vertraulicher Berichte, hrsg. von Martin Broszat, Elke Fröhlich, Falk Wiesemann, München 1977. Eine systematische Studie zum gleichen Thema von dem britischen Historiker Ian Kershaw wird im zweiten Band dieser vom Institut für Zeitgeschichte herausgegebenen Reihe („Bayern in der NS-Zeit") 1979 erscheinen.

nauere Auskunft verspricht zu der immer wieder gestellten Frage: Was hat die deutsche Bevölkerung gewußt und mitgemacht, was ist ohne ihr Wissen geschehen?

Der Holocaust-Film von Gerald Green ist hinter der großen historiographischen Überlieferung zur Geschichte der jüdischen Katastrophe in der NS-Zeit weit zurückgeblieben. Er kann gleichwohl dazu beitragen, daß sie besser genutzt wird und die Geschichtswissenschaft bei der Erforschung der NS-Zeit die in dieser enthaltene jüdische Betroffenheitsgeschichte und deutsch-jüdische Beziehungsgeschichte stärker in den Blick nimmt. Dann besteht auch eine größere Chance, daß NS-Judenpolitik nicht ein erratischer Block unvorstellbaren, gleichsam metahistorischen Verbrechens bleibt, sondern als menschliche Erfahrungs- und Verhaltensgeschichte der Opfer nacherlebbar wird.

Zehn Jahre Warschauer Vertrag

I.

Die wichtigsten Elemente des Warschauer Vertrages waren die Anerkennung der Oder/Neiße-Linie als polnische Westgrenze durch die Bundesrepublik und – in den Protokollnotizen außerhalb des Vertragstextes vereinbart – die Aussiedlung der noch in Polen lebenden Deutschen.

Diese beiden Hauptversprechungen sind in den zehn Jahren eingelöst worden. Die Bundesrepublik gab ihre bisherige Politik der Nichtanerkennung der Oder/Neiße-Grenze auf und trug damit wesentlich zur Entspannung der politischen Atmosphäre bei. Die polnische Regierung löste sich von ihrer vorangegangenen starren Behauptung, daß es eine deutsche Minderheit in Polen nicht mehr gebe. Tatsächlich sind seit der Vertragsunterzeichnung mehr als 200000 Personen deutscher Herkunft aus Polen ausgereist und in der Bundesrepublik aufgenommen worden.

Der Historiker muß freilich auch anderes konstatieren:

1. Die wirtschaftlichen und kulturellen Beziehungen zwischen der Bundesrepublik und Polen waren schon vor 1970 recht lebhaft und hatten ja auch schon vorher zur gegenseitigen Errichtung von Handelsmissionen geführt. Der Vertrag, der erst die offizielle Aufnahme diplomatischer Beziehungen ermöglichte, hat diesen Austausch weiter intensivieren helfen, aber bildete keine einschneidende Zäsur.
2. Obwohl der Warschauer Vertrag mit den genannten beiden Hauptinhalten wesentliche geschichtliche Belastungen der deutsch-polnischen Beziehungen beseitigen half, so konnte er doch natürlich das Weiterwirken dieser historischen Belastungen nicht gänzlich und mit einem Schlage beseitigen. Bemerkenswert ist jedoch, wie stark das historische Bewußtsein dieser Belastungen bei dem Vertragsabschluß auf beiden Seiten war.

II.

Keiner der Verträge, die die Bundesregierung im Laufe ihrer neuen Ostpolitik vor 10 Jahren auf den Weg brachte, stand so sehr im Zeichen historischer Hypotheken wie der Warschauer Vertrag. Das drückt schon die Präambel aus, die expressis verbis bezugnimmt auf den mit dem deutschen Angriff auf Polen 1939 begonnenen Zweiten Weltkrieg. Wenn es dort heißt, daß Polen das „erste Opfer" dieses Krieges wurde, der „über die Völker Europas schwerstes Leid gebracht hat", so meinte diese sehr zurückhaltende Formulierung vor allem auch zwei tragische Erfahrungen beider Völker:

1. Die gewalttätige, vor physischer Vernichtung nicht zurückschrekkende nationalsozialistische Herrschaft in den besetzten polnischen Gebieten und die als Folge des Krieges zustande gekommene Westverlagerung Polens, d. h. des Austausches der an die Sowjetunion abgetretenen ehemaligen polnischen Ostgebiete gegen die ehemaligen deutschen Ostgebiete jenseits von Oder und Neiße.
2. Auf deutscher Seite: den Verlust dieser Ostgebiete und damit auch einer großen nationalen Kulturtradition und die Zwangsaussiedlung der Deutschen als Folge jenes Rückschlages des Pendels gewaltsamer nationaler Flurbereinigung, mit der unter Hitler in Polen begonnen worden war.

Auf diese geschichtlichen Vorbelastungen bezog sich auch Bundeskanzler Willy Brandt, als er am 7. Dezember 1970 in Warschau bei der Vertragsunterzeichnung äußerte, es gelte, die historische „Kette des Unrechts" zu unterbrechen; gemeint war: Nur durch Anerkennung der nach 1945 geschaffenen Tatsachen lasse sich die gespenstische Vorstellung beseitigen, daß es in diesem deutsch-polnischen Grenzraum abermals zu Herrschaftsveränderungen mit neuen Umsiedlungs- oder nationalen Diskriminierungsfolgen für die neuen Bewohner dieses Gebiets kommen könne. Genau dies war schon im 19. Jahrhundert nach der Teilung Polens im Zeichen polnisch-deutscher Germanisierung geschehen, dann nach 1918 in der Form der Unterdrückung und Kolonisierung der deutschen Minderheit in Polen, und schließlich wechselseitig im schlimmsten Maße nach 1939 und nach 1945.

III.

Seit rund einem Jahrhundert, spätestens seit dem letzten Drittel des 19. Jahrhunderts, hatte der deutsch-polnische Gegensatz, nicht zuletzt im populären Geschichtsverständnis in beiden Völkern, den Rang einer Erbfeindschaft erlangt. Die aus unvereinbaren territorialen Ansprüchen und zahlreichen alltäglichen Widrigkeiten auf politischer und gesellschaftlicher Ebene entstandene Aufladung von Feindbild-Emotionen war bestimmend geworden, für die Geschichtsdarstellung in den Schulbüchern, aber auch die geschichtliche Romanliteratur und später auch für die historischen Filme auf beiden Seiten. Diese sogenannte Erbfeindschaft war schließlich gegen die Grundsätze wissenschaftlicher Objektivität auch auf frühere Zeiten der mittelalterlichen Geschichte projiziert worden. Diese sozusagen objektiv gewordenen Voreingenommenheiten in den Geschichtsbildern abzutragen, konnte nicht einfach sein. Als zeitweiliges Mitglied der deutschen Historikerkommission erinnere ich mich, wie hart in der Sache die Verhandlungen oft geführt wurden. Als Beispiel für den besonders umstrittenen Komplex des Vertreibungsgeschehens nach 1945 möchte ich erwähnen: es dauerte Tage, bis die polnische Delegation den Begriff „Zwangsausweisung" in diesem Zusammenhang akzeptierte. Und es war unsererseits nicht leicht zuzustimmen, daß daneben auch der im Protokoll des Potsdamer Abkommens enthaltene technische Begriff des Bevölkerungs-„transfers" in die Empfehlung aufgenommen wurde, nachdem wir zu der Überzeugung gekommen waren, daß dadurch die geschichtliche Bedeutung dieses Vorgangs, wenn man den gesamten Kontext der Empfehlungen richtig liest, nicht als Verharmlosung mißverstanden werden kann.

Diese Schulbuchempfehlungen haben in der Bundesrepublik manches Lob erfahren. Sie sind andererseits auf heftige Kritik gestoßen. An diesem Beispiel wird aber nur deutlich: Bei der Überwindung von geschichtlich erwachsenen Vorurteilen geht es nicht nur um ein Geschäft zwischen Deutschen und Polen, sondern auch um eine Sache, die jede Nation mit sich selber auszutragen hat.

IV.

Die immerhin beträchtlichen Fortschritte im Abbau historischer Belastungen zwischen der Bundesrepublik und Polen wären meines Erachtens sicher nicht erreichbar gewesen, wenn es nicht in beiden Ländern nach 1945 schwere Kontinuitätsbrüche gegeben hätte. Die massive Realität dieser Umbrüche hat wahrscheinlich mehr als der gute Wille auf beiden Seiten zu veränderten Einstellungen beigetragen. Ich nenne hier lediglich zwei wichtige Faktorenkomplexe:

1. Polen und die Bundesrepublik haben nicht nur keine gemeinsame Grenze, sie sind auch in zwei übernationale Systeme eingebettet, die die Realisierung ihrer nationalen Wunschvorstellungen stärkstens begrenzen und anstelle des nationalen Gegensatzes von einst zu einer Abgrenzung beider politisch-gesellschaftlicher Systeme geführt haben.
2. Eingeleitet durch die territorialen Veränderungen und massiven Bevölkerungsbewegungen in beiden Ländern nach dem Krieg, haben sich neue gesellschaftliche Strukturen entwickelt und vergangene Strukturen sind zum Teil gewaltsam hinweggefegt worden. Der preußische Staat, für die Polen eineinhalb Jahrhunderte hindurch ein Stein besonderen Anstoßes, besteht ebensowenig noch wie der polnische Adel, den die preußischen Landräte in Posen oder Pommerellen vor 1914 als Herd ständiger polnisch-nationaler Aufsässigkeit und Konspiration bekämpften.

Der ursprünglich so starke soziale Gegensatz zwischen der polnischen Bauern- und Adelsnation und dem deutschen Bürgertum, der geschichtlich zur Verstärkung des deutsch-polnischen Antagonismus wesentlich beigetragen hatte, ist zumindest stark eingeebnet. Polen hat sich nach dem Krieg von einer Agrargesellschaft zu einer Industrienation verwandelt. Und die Westverlagerung seines Territoriums hat zu dieser Modernisierung und Industrialisierung, die ihre Hauptzentren heute nicht zuletzt in den ehemals deutschen Küstenstädten Danzig und Stettin und in Oberschlesien hat, erheblich beigetragen.

Diese Strukturveränderungen haben auch manche Umwertungen traditioneller nationaler Einstellungen bewirkt, die Fortdauer unguter preußischer Traditionen empfinden viele Polen heute eher beim Blick auf die DDR mit ihrem perfekten preußischen Sozialismus, als im Blick auf die Bundesrepublik, und die abschätzige Rede von polnischer Wirtschaft ist heute in der DDR eher anzutreffen als in der Bundesrepublik. Umgekehrt hat zum Beispiel die besondere Rolle, die die katholische Kirche als Hort der polnischen Nation immer wieder gespielt hat und die im 19. Jahrhundert ein starkes Ärgernis für die preußische staatliche Verwaltung in den damals zu Preußen gehörenden Teilen Posens und Pommerellens bildete, in der Bundesrepublik eine ganz neue Wertschätzung erfahren. Unter den veränderten Systembedingungen wird sie jetzt mit Recht als einer der wesentlichsten Faktoren polnischer Selbstbestimmung innerhalb des Ostblocks bewertet. Die wenigen Beispiele mögen genügen, deutlich zu machen: Neue Entwicklungs- und Erfahrungsschichten haben seit 1945 die Fortdauer traditioneller nationaler Einstellungen überlagert. So könnte man zusammenfassend sagen, wenn bei dem Warschauer Vertrag auch in besonderem Maße historisches Bewußtsein Pate stand, so hat doch der Untergrund veränderter Realverhältnisse diesem Bewußtsein erst den Weg geebnet.

Soll das Leugnen oder Verharmlosen nationalsozialistischer Judenmorde straffrei sein?

Kritische Anmerkungen zum Entwurf einer Strafrechtsänderung des Bundesjustizministeriums

Mit Titeln wie „Gaskammer-Schwindel“, „Auschwitz-Lüge“ u. ä. ist seit Mitte der siebziger Jahre eine neue Welle rechtsextremistischen Schrifttums hervorgetreten. Sie ist nicht auf die Bundesrepublik begrenzt, muß aus guten Gründen hier aber besonders empfindlich aufgenommen werden. Die Machart der meisten dieser Publikationen verrät insofern auch eine Verhöhnung des Rechtssystems der Bundesrepublik, als die betreffenden Autoren am Rande bestehender Straftatbestände (Verbreitung von Rassenhaß oder Billigung von Völkermord) den nationalsozialistischen Genozid an den Juden nicht expressis verbis billigen, sondern „nur“ leugnen oder bis zur Unerheblichkeit verharmlosen. Erst seit 1979 ist eine Handhabe strafrechtlicher Verfolgung in solchen Fällen dann gegeben, wenn jüdische Bürger der Bundesrepublik sich von solchen Schriften betroffen fühlen und Strafanzeige erstatten. Menschen jüdischer Abstammung, so hatte der VI. Zivilsenat des Bundesgerichtshofs in einem mutigen Präzedenzfallurteil am 18.9.1979 befunden, haben aufgrund des einzigartigen Vorgangs der nationalsozialistischen Judenverfolgung einen persönlichen „Achtungsanspruch“ in bezug auf das Verfolgungsschicksal der Juden gegenüber den Bürgern des Landes, „auf denen diese Vergangenheit lastet“. „Wer jene Vorgänge zu leugnen versucht, spricht jedem von ihnen diese persönliche Geltung ab, auf die sie Anspruch haben.“ Solches Leugnen bedeute praktisch „Fortsetzung der Diskriminierung“.

Seit auf der Grundlage dieser höchstrichterlichen Rechtsprechung judiziert wird, ist die Abhängigkeit strafrechtlicher Verfolgbarkeit von privaten jüdischen Anzeigen als ungenügend, weil dem öffentlichen Interesse an der Verhinderung solchen Mißbrauchs nicht hinreichend Rechnung tragend, empfunden worden. Deshalb hat sich das Bundesjustizministerium schon unter der Leitung Hans-Jochen Vogels zu einer Novellierung des § 140 StGB (Verbot der öffentlichen Billigung von Völkermord) entschlossen. Der im Januar dieses Jahres vorgelegte Referentenentwurf, der auch noch andere Möglichkeiten der Verbesserung der Strafverfolgung neonazistischer Aktivitäten vorsieht, schlägt vor, daß künftig nicht nur das Billigen, sondern auch das *Leugnen* und *Verharmlosen* von Völkermord unter Strafe (Freiheitsstrafe bis zu einem Jahr oder Geldstrafe) gestellt wird, wenn dies in einer Weise geschieht, „die geeignet ist, den öffentlichen Frieden zu stören", und wenn die Substanz der Leugnung oder Verharmlosung so gravierend ist, daß sie eine Störung des öffentlichen Friedens tatsächlich erwarten läßt. Zur Begründung des Entwurfs führt das Bundesjustizministerium aus:

„Die Strafrechtsordnung kann solche Verhaltensweisen nicht als Taten bewerten, die sich vornehmlich gegen individuelle Rechte einzelner Bürger richten und deren Verfolgung von ihrer Entschließung abhängen soll. Die Leugnung nationalsozialistischer Untaten berührt den öffentlichen Frieden und damit ein überindividuelles Rechtsgut, dessen Verletzung unabhängig von einer privaten Willensentschließung strafbar sein muß."

Die Respektabilität dieser Rechtsgründe ist kaum bestreitbar. Ob eine entsprechende Novellierung aber auch rechtspraktisch sinnvoll ist, muß, gerade aus der Sicht der Zeitgeschichtswissenschaft, in Frage gestellt werden.

Selbst der unbegründete bloße Anschein einer strafrechtlichen Einengung der öffentlichen, kritischen und ggfs. auch provozierend-polemischen Diskussion über die NS-Zeit muß die in erster Linie erzieherisch, aufklärerisch und geistig zu leistende Immunisierung gegen rechtsextremistische Geschichtsklitterung beeinträchtigen. Die Novellierung könnte den fatalen Eindruck erwecken, als gebe es eine staatliche judikative Kompetenz auf dem Gebiet historischer Tatsachenfeststellung, als seien die freien wissenschaftlichen, publizistischen und gesellschaftlichen Kräfte in der Bundesrepublik, wozu keinerlei Anlaß besteht, nicht imstande, Ehrlichkeit, Moralität und Anstand in der Wiedergabe der Bewertung der Massenverbrechen des NS-Regimes selbst durchzusetzen.

Aber auch unter dem Gesichtspunkt der Rechtsklarheit und Rechtssicherheit gibt der Novellierungsentwurf zu Befürchtungen Anlaß. Die bisher schon aufgrund des genannten BGH-Urteils vor die Gerichte gebrachte Beweisaufnahme darüber, inwieweit der nationalsozialistische Judenmord als feststehende historische Tatsache gelten kann, würde künftig noch vermehrt und mithin den rechtsextremistischen Autoren in den Gerichtssälen in noch verstärktem Maße eine öffentliche Tribüne eingeräumt werden. Abweichend von der bisherigen Praxis wäre dabei nicht nur die Tatsache des Leugnens oder Verharmlosens zu prüfen, sondern auch, ob eine Störung des öffentlichen Friedens gegeben ist. Höchstwahrscheinlich würden Staatsanwaltschaften und Gerichte in den verschiedenen Ländern der Bundesrepublik dabei nicht einheitlich verfahren. Das Legalitätsprinzip der Strafverfolgung würde brüchig und Freisprüche wegen nicht bejahter Störung des öffentlichen Friedens könnten von den rechtsextremen Agitatoren billig als Freisprüche in der Sache (Leugnung oder Verharmlosung) öffentlich plakatiert werden. Gesetzesperfektionismus fördert häufig nicht die rechtlich überzeugende Anwendung bestehenden Rechts und die Rechtsauslegungskraft und -bereitschaft der Richter.

Die „Hitler-Tagebücher“: Original oder Fälschung?

Hier ist ein Dokument publiziert worden, aus welchen Gründen auch immer, ohne genügende vorherige Prüfung. Das ist natürlich ein sehr ärgerliches Faktum. Die Beweislast, daß es sich um ein echtes Dokument handelt, liegt voll beim „Stern“. Solange dieser Beweis nicht in überzeugender Weise geführt ist, steht das Ganze unter einem Fälschungsverdacht – und der ist nicht wegzunehmen. Er kann nur weggenommen werden durch den „Stern“, und zwar indem der Stern nicht nur Gutachter selbst anstellt, sondern wirklich unabhängige Leute.

Es gibt einige Grundregeln der Quellenkritik, die man hier noch einmal deutlich machen sollte. Mindestens drei Elemente sind unverzichtbar. Erstens, die formale Echtheitsprüfung, Handschriftenprüfung, Papierprüfung, Tintenprüfung usw. Zweitens – was ich für viel wichtiger halte – die volle inhaltliche Prüfung des gesamten Textes. Das ist für den Historiker, zumal bei einer Quelle solchen Umfangs, das Entscheidende. Ich halte es für unmöglich, daß sechzig Tagebücher ohne innere Widersprüche gefälscht sind. Der dritte Punkt ist der empfindlichste. Selbst wenn diese beiden Prüfungen, formale und inhaltliche Kritik, erfolgt sind, dann wird es dennoch unverzichtbar sein, die Überlieferungsgeschichte offen darzulegen. Hier greift der Schutz des Informanten angesichts eines solchen Dokuments nicht mehr.

Den Historikern wird massiv vorgeworfen, daß sie hier mit großer Sicherheit Ferndiagnosen machten. Diesen Vorwurf halte ich für völlig verkehrt. Der „Stern“ hat die Historiker in die Lage versetzt, nur Ferndiagnosen machen zu können. Ich hoffe, daß die Ferndiagnosen weitergehen, solange der „Stern“ nicht Nahdiagnosen erlaubt. Dieser Vorwurf dreht die Verhältnisse und die Verantwortlichkeiten um.

Allein wenn ich mir das Für und Wider in den Gazetten in den letzten zehn Tagen anschaue, dann ist das eine Ebene der Klein-Klein-Argumentation: was spricht für Kunstleder, was spricht dagegen; hat die Haushälterin auf dem Berghof durch das Fenster Herrn X gezeigt, es gibt Tagebücher, und was noch alles aufkommt. Da es ein weltweites Medienereignis ist, können wir damit rechnen, daß es jetzt wimmelt von selbsternannten Zeugen, die dies und jenes bezeugen. Ein ganzes Heer von Historikern könnte beschäftigt werden, um diese Angaben zu prüfen. Wir würden uns aber lächerlich machen, das zu tun. Es kommt nicht auf diese Klein-Klein-Prüferei an. Es kommt jetzt darauf an, wirklich kardinale Fragen zur Überlieferungsgeschichte zu stellen. Mich wundert es, daß einige ganz wichtige Fragen offen geblieben sind. Z. B. fehlt mir bisher jede plausible Antwort darauf, wie ein und dieselbe Person diese Dokumente vom Absturz des Flugzeugs bis zum heutigen Tag behalten und davon über 35 Jahre lang keinen Gebrauch gemacht hat. Welchen plausiblen Grund gibt es dafür? Was hatte der Mann zu verbergen? Hatte er etwas verbrochen? Er hat ja was gerettet! Man bräuchte ja die Anonymität dieses Mannes nicht zu lüften. Er kann erklären, was die Motive dieses Schweigens über fast vier Jahrzehnte gewesen sind. Es ist völlig unplausibel! Man muß wenigstens wissen, was die Gründe sind, sonst sind wir in einem Sumpf von Anonymität. Die Befürchtungen, daß hier ein, sozusagen, leidenschaftlicher Sammler und Jäger einfach aufgelaufen ist, daß man ihm irgendetwas zugespielt hat und er nicht erkannt hat, was ihm hier zugetragen wird, diese Vermutung wird immer größer, wenn diese Geheimniskrämerei nicht beseitigt wird.

Ganz wichtig ist es, daß wir unterscheiden zwischen Echtheit und Wahrheit eines Dokuments. Was wir schon bei den wenigen Vorweg-Zitaten aus dem „Stern", mal angenommen, sie seien echt, spüren, ist – und das kennen wir ja aus den Goebbels-Tagebüchern und anderen solchen Überlieferungen –, daß die Echtheit einer Quelle hochgradige Selbstverlogenheit und Selbststilisierung überhaupt nicht ausschließt.

Was mich irritiert, ist die Leichthändigkeit, mit der, nachdem angekündigt worden war, die Geschichte müßte umgeschrieben werden, jetzt erklärt wird, das sei alles sehr großmäulig gewesen, dieses Dokument sei ziemlich banal. Das erschreckt mich doch zutiefst. Hier ist nun ein Tatbestand erreicht, daß nur noch der Nachrichtenwert „Hitler", ganz gleich was das ist, das Geschehen bestimmt – selbst wenn man sich darüber klar ist, daß die Quelle keinen Erkenntniswert hat und überhaupt keine Revision der Geschichte notwendig macht. Das ist eine fatale Angelegenheit.

Bei einer Quelle von einer solchen Bedeutung, deren inhaltliche Bedeutung ich nicht hoch schätze, ist der Anspruch des Informantenschutzes verwirkt. Die Frage, gibt es ein „Hitler-Tagebuch" oder nicht, kann man nicht einfach als quantité négligeable abtun. Hier geht es um andere Kategorien. Ein Journalist wie Heidemann kann nicht einfach sagen, er sei von der Echtheit überzeugt, wenn er nicht kontrollierbar nachweisen kann, daß die notwendige Prüfung stattgefunden hat. Ich vermute, er ist nicht imstande, die Genesis nachzuweisen. Worauf gründet er denn sein entschiedenes Urteil? Das ist einfach zu dünn und gibt uns allen Grund, vorläufig außerordentlich skeptisch zu sein. Bei dieser Skepsis bleibe ich.

Wir sind jetzt bei der Frage nach Inhalt und Bedeutung der „Hitler-Tagebücher" und klammern die Frage nach Echtheit oder Fälschung einmal aus. Wir haben dabei alle zusammen über einen Gegenstand zu sprechen, den wir nicht kennen. Das macht es etwas schwer. Wir kennen ganz schwache Vorauszüge. Immerhin ist vielleicht ein vorsichtiges Urteil erlaubt. Auch deswegen, weil der „Stern" doch wohl gemeint hat, im Vorabdruck vielleicht etwas Typisches und Repräsentatives zu bringen, wovon ich ausgehe. Ich habe ein subjektives Gefühl des Nicht-Authentischen bei diesen Äußerungen, das ich schwer beweisen kann, ein Gefühl, das ein Historiker haben kann, das man aber bestreiten kann. Lassen wir das einmal beiseite. Einige Elemente sind erkennbar. Was auffällt und irritiert an diesen Vorweg-Zitaten, ist das Unspezifische. Konkrete Dinge, auch Personencharakterisierungen, Verantwortlichkeiten werden merkwürdig abgeschliffen. Die Historiker wird das nicht sehr beeindrucken. Ihr Geschichtsbild wird dadurch nicht sehr korrigiert werden. Sie haben massenhaft andere Quellen, nur: Die millionenfache Publikation dieses Hitlerbildes über Monate hinweg, die uns jetzt bevorsteht, national und international, wird natürlich die vielen Leser – seien es nostalgische japanische Leser, seien es anti-jüdisch gesinnte arabische Leser – schon beeindrucken, dieses banalisierte, verharmloste, verkleinerte Hitlerbild. Das würde ich nun nicht gering schätzen. Wir müssen unterscheiden zwischen der historischen Erkenntnis der Zunft, die mit ihren kleinen Auflagen die Massen und die Öffentlichkeit ja gar nicht erreicht, und diesem Medienereignis, mit dem jetzt ein Geschichtsbild gemacht wird. Ich verkenne nicht, daß es in den Anfangszeiten der Bundesrepublik – wir hatten eine hochgradig nazifizierte deutsche Bevölkerung – nicht unbedingt die Leistung der Historiker war, die eine Immunisierung der deutschen Gesellschaft gegen den Nazismus zustande brachte, das ist vielleicht viel mehr den Medien zuzuschreiben. Die Gefahr, daß jetzt ein neuer Trend, eine Historisierung falscher Art und eine, in der Tendenz, Verharmlosung des Hitlerbildes erzeugt wird, schätze ich doch hoch ein. Insofern bin ich nicht frei von der starken Besorgnis, daß hier auch die mühevolle Anstrengung der Historiker konterkariert wird, unsere Bemühungen, historische

Bilder in dieser differenzierten Weise und nicht grobschlächtig weder Fratzenbilder von Hitler zu vermitteln (das halte ich für genauso falsch, selbst wenn man damit eine negative Emotionalisierung erreicht), noch diese Art der Legenden von einem Hitler, der eigentlich von allem nicht so richtig gewußt hat.

Hier kann nichts verborgen werden. Wenn erwiesen ist, daß die Quelle echt ist, dann muß sie gezeigt werden. Wie sie gezeigt wird, wie sie kommentiert wird, ist eine ganz andere Frage. Wir haben jetzt eine Quellenveröffentlichung bevorstehen, und sie wird Wirkungen haben bei den vielen Lesern dieser Magazine, seien es nun Franzosen, seien es Engländer, seien es Australier und Japaner, die eine ganz flüchtige Meinung vom Dritten Reich haben. Dort ist eine junge Generation nachgewachsen, bei der sich ein quellenmäßig ganz ungesichertes Hitlerbild in den Köpfen festsetzen könnte.

Die Vorstellung ist wirklich atemberaubend, daß jetzt die deutsche und internationale Öffentlichkeit womöglich achtzehn Monate lang Zuschauer sein muß, wie in den Medien eine Quelle veröffentlicht wird, über der der Generalzweifel steht, ist das ein Machwerk von irgendwelchen Ex-Nazis oder ist das eine Quelle. Dieser Zustand ist wirklich unerlaubt und ich hoffe nur, daß der „Stern" dafür sorgt, daß dieser Zustand überwunden wird! Das kann übrigens auch der „Stern" nicht aushalten, glaube ich.

Wir müssen uns klarmachen, was Tatsachen sind, nämlich das, was im Bewußtsein der Leute als Tatsache gilt. Das Fatale mit den Massenmedien ist ja, daß die Grenzen zwischen Realität und Fiktivität verwischt werden. Die Tatsachenfrage wird aufgelöst. Wenn ein solches Dokument mit dem ganzen Pathos des Enthüllens präsentiert wird, dann heißt das für einen einfachen Zuschauer und Leser: die Wahrheit wird enthüllt, jetzt erfahren wir die Wahrheit! Das Mißverständnis ist, etwas Echtes produziere die Wahrheit. Vielleicht kann ich es einmal mit einem Bild sagen. Ich hoffe die Zuschauer verstehen, was ich meine. Diese ganze Hitler-Geschichte hat mich an einen Roman erinnert, den Nicolas Born, der inzwischen verstorbene Schriftsteller, geschrieben hat. Er trägt den bezeichnenden Titel „Die Fälschung". Der Held dieser Geschichte ist übrigens ein Hamburger Journalist. Es geht um den Krieg im Libanon. Der Journalist gibt zum Entsetzen seiner Frau, die überhaupt nichts begreift, schließlich seinen Job auf, weil er verstanden hat, daß es bei Massenmedien Bedingungen und Selektionsmechanismen gibt, die ganz Bestimmtes an Wirklichkeit durchlassen bzw. nicht durchlassen. Sie müssen die Bedingungen des Sensationellen erfüllen. Das können sie nur eine bestimmte Zeit lang, dann nicht mehr. Der Journalist hat begriffen, daß selbst die richtigen Berichte, die dort selektiert gebracht werden, fiktiv werden, weil sie unter den Produktionsbedingungen der Massenmedien erfolgen, die die Realität dann zur Fiktion machen. Das meinte ich vorhin. Unter solchen Bedingungen wird die Realität zur Fiktion, und deshalb heißt das Buch „Die Fälschung". In diesem Sinne fürchte ich – völlig unabhängig, davon, ob das Dokument eine Fälschung ist oder nicht –, daß seine Publikation in diesem Bornschen Sinne letzten Endes Fälschung ist.

Wir kennen die Tischgespräche und andere Äußerungen, die doch sehr dicht sind, und an deren Authentizität nicht zu zweifeln ist. Aus all diesen Dokumenten tritt doch auch – unter Berufung auf Hannah Arendt – das Verbrecherische und das Banale hervor, das dicht beieinander liegt. Solche banalen Äußerungen, wie sie uns jetzt vorgeführt werden, sind durchaus verträglich mit gleichzeitig verbrecherischen. Aber wenn es sich herausstellen sollte, daß in den sechzig „Tagebüchern", die uns jetzt vorgelegt werden, dieses leidenschaftlich Besessene und dieses Zerstörerische von Hitler, dieses Destruktive, das in seinen Reden, seinen Tischgesprächen natürlich deutlich zu Wort kommt, nicht hervortreten sollte – ganz gleich ob die „Tagebücher" gefälscht sind oder nicht –, dann würde ich sagen, es ist eine unwahre Quelle und ihre Produktion ist dann im Bornschen Sinne eine Fälschung, eine Fälschung des Geschichtsbildes.

Ich halte Wahrheitsfindung – und insofern kann ich mit dem hier gefallenen Begriff der „totalen Wahrheit" gar nichts anfangen – für einen dialektischen Prozeß. Es gibt nie eine absolute und totale Wahrheit. Wir versuchen, uns mühsam der besseren Erkenntnis anzunähern und wir werden, weil wir Menschen sind, eben nicht in den Besitz der totalen Wahrheit gelangen. Und ich glaube, daß gerade das Dialogische, eben auch belehrt zu werden, durch eine Quelle Neues zu erfahren, das Urteil auch in Stücken gewissenhaft zu revidieren, den Erkenntnisprozeß ausmacht, den wir wollen, den wir bejahen. Es geht überhaupt nicht darum, daß die deutschen Historiker immer bei einem Standpunkt bleiben sollten, und ich bin der erste, der dafür ist, daß sie sich ihre Befunde sehr selbstkritisch ansehen. Ich will gar nicht bestreiten, daß eine solche Hitler-Quelle, wenn sie sich als echt erweisen sollte, für die Psychologie und Mentalität dieses Mannes – er ist nun einmal eine Führungsfigur dieser Zeit – für die Historiker dann doch eine wichtige Quelle ist. Das hat nichts damit zu tun, daß die Geschichte des Dritten Reiches umgeschrieben werden muß. Wir kennen auch die Goebbels-Tagebücher. Sie strotzen von autosuggestivem Selbstbetrug und von Lügen. Das ändert nichts daran, daß ein Informationswert – vor allem wenn ich ihren Informationswert, den ich viel höher ansetzen würde, mit den bisherigen Auszügen im „Stern" vergleiche – gegeben ist. Bisher vermisse ich Konkretisierungen. Man erwartet ja von einem intimen Zeugnis, daß das, was man an sich schon weiß, nun noch spezifischer und konkreter beleuchtet wird. Dafür gibt es in den „Hitler-Tagebüchern" bisher kein einziges Beispiel. Das ist sogar alles unschärfer als das, was wir schon authentisch wissen. Die Chamberlain-Bewertung, die paßt doch nicht, die sitzt doch nicht. Viele Dinge könnte man hier anführen, aber das würde zu weit gehen. Ich sage nicht, daß die Quelle wertlos ist, wenn sie echt ist. Die Historiker werden daraus lernen können. Das eine ist sicher, die „Stern"-Redaktion gibt das mittlerweile auch zu, von einer Revision des Geschichtsbildes kann keine Rede sein.

Wir wiederholen hier mit unserer Diskussion mehr oder weniger Argumente, die schon in der Presse erörtert wurden. An sich kommen wir in der Sache nicht weiter. Was machen wir mit dieser Diskussion genau genommen? Wir verhelfen der Publizität des „Stern" zu weiterer Wirkung. Wir heben den Nachrichtenwert „Hitler" noch einmal. Das ist die Fatalität, in der wir uns befinden. Aber wir müssen es trotzdem tun, weil wir nicht einfach wortlos geschehen lassen können, daß jetzt zur Tagesordnung übergegangen wird und weiter publiziert wird. Diese Fatalität empfinde ich sehr stark und sie erregt mich.

Man kommt sich ja lächerlich vor! Was habe ich jetzt für einen Grund, mir Gedanken darüber zu machen, was der Hitler sich gedacht haben könnte, weshalb er das Tagebuch schreibt, wenn diese Grundfrage: ist es ein echtes Tagebuch oder nicht, ungeklärt ist. Ich weigere mich einfach, darüber nachzudenken! Ich will jetzt wissen, ob das echt ist oder nicht! Es ist ja lächerlich, ich habe anderes zu tun, als mir diese Frage zu stellen!

„Vertreibungsverbrechen“ – ein mißverständlicher Begriff

Bereits 1951 gab das Bundesministerium für Vertriebene und Flüchtlinge die Erarbeitung einer wissenschaftlich gesicherten „Dokumentation der Vertreibung der Deutschen aus Ost-Mitteleuropa“ in Auftrag, deren Ergebnisse zwischen 1953 und 1961 in einer Reihe umfangreicher Bände veröffentlicht worden sind. Zugrunde lagen neben relativ wenigen amtlichen schriftlichen Quellen viele Tausende von Erlebnisberichten Betroffener, letztere unmittelbar nach den Ereignissen in Flüchtlings- und Vertriebenen-Aufnahmelagern vor allem auf Initiative von Hilfskomitees der evangelischen Kirche Deutschlands niedergeschrieben oder von Interviewern festgehalten. Der Einsatz der Wehrmacht, das häufige Versagen der NSDAP bei der Organisation der Evakuierung, die oft katastrophalen Erlebnisse bei der winterlichen Flucht, die Hilfe von „Fremdarbeitern“ u. a. aus den von der Roten Armee bedrohten Gebieten Ostdeutschlands wurden dabei ebenso eindrucksvoll und vielfältig bezeugt wie die organisierten oder individuellen Racheaktionen von Rotarmisten, polnischer Miliz oder jugoslawischer Partisanen bei der Besetzung oder in den späteren Internierungslagern.

Auch gemessen am heutigen Forschungsstandard und der gegenwärtigen Quellenlage stellt diese umfangreiche Dokumentation, die den Buchmarkt freilich kaum erreichte und inzwischen beinahe in Vergessenheit geraten ist, eine schwerlich überbietbare, minutiöse Rekonstruktion des vielfältigen Geschehens von Evakuierung, Flucht und Vertreibung dar.

Um so weniger hat es berechtigten Grund, daß in den sechziger Jahren, als mit peinlicher Verspätung die Aufdeckung nationalsozialistischer Massenverbrechen an Juden durch den Frankfurter Auschwitz-Prozeß und eine Reihe weiterer Verfahren vor deutschen Gerichten die Öffentlichkeit in der Bundesrepublik bewegte, auch die vorwurfsvolle Ermahnung aufkam, nun gelte es die „Verbrechen der anderen Seite“, besonders die „Vertreibungsverbrechen“, zu dokumentieren. Tatsächlich war das, wie gesagt, lange vorher schon geschehen. Auf Veranlassung bestimmter Kreise innerhalb der CDU faßte das von Bundeskanzler Kiesinger geleitete Kabinett der Großen Koalition gleichwohl am 25. Juni 1969 den Beschluß, das Bundesarchiv zu beauftragen, die Möglichkeiten einer Dokumentation und auch statistischen Erfassung der „Vertreibungsverbrechen" zu prüfen und darüber intern zu berichten.

Der 1974 erstattete Bericht des Bundesarchivs erläuterte ausführlich Möglichkeiten, vor allem aber die großen methodischen Schwierigkeiten einer exakten zahlenmäßigen Feststellung der Vertreibungsopfer. Waren es rund einhunderttausend (Minimalzahl), zweihunderttausend oder gar zweihundertfünfzigtausend (Maximalzahl) Deutsche aus Ost-Mitteleuropa, die – im Rahmen des Gesamtverlustes von annähernd zwei Millionen Menschen – Opfer vorsätzlicher, verfahrensloser und mithin verbrecherischer Tötungsaktionen geworden sind? Die exakte Zahl wird sich hier auch künftig ebensowenig feststellen lassen wie die nicht unbeträchtliche Zahl der Opfer, die die Selbstjustiz der Résistance gegenüber wirklichen oder vermeintlichen Kollaborateuren in Frankreich 1944/45 forderte.

Bundesinnenminister Zimmermann hat bald nach seiner Amtsübernahme, zu Beginn dieses Jahres, den genannten Bericht des Bundesarchivs, der vordem als „Verschlußsache" vertraulich gehalten worden war, zur publizistischen und wissenschaftlichen Auswertung freigegeben. Im Zusammenhang damit brachte Zimmermann erneut, wenigstens amtsintern, die Wünschbarkeit einer Dokumentation und statistischen Erfassung der „Vertreibungsverbrechen" zum Ausdruck. In der Presse ist die Aufhebung der Verschlußanweisung verschiedentlich mißverständlich kommentiert worden als längst fällige „Enttabuisierung" – dabei waren die Vorgänge schon durch die vielbändige Dokumentation des Bundesvertriebenenministeriums seit Jahrzehnten bekannt.

Hier soll nicht bestritten werden, daß es eine gewisse Zurückhaltung durchaus gibt: Schon dem Begriff „Vertreibungsverbrechen", oft vage, viel zu allgemein und nicht strafrechtlich distinkt gehandhabt, haftet der Geruch der Verrechnungsabsicht an. Neuere polemische Traktate aus rechtsnationaler Ecke, die die Definition und das Ausmaß der „Vertreibungsverbrechen" in absurder Weise ausweiten (Heinz Nawratil, Alfred Schickel u. a.), geben solchen Befürchtungen reichlich Grund.

Ernsthafte zeitgeschichtliche Forschung sollte sich davon gleichwohl nicht beirren lassen; sie wird mit dem eher neue Mißverständnisse als Klarheit schaffenden Begriff „Vertreibungsverbrechen" wenig anfangen können. Nach dem Abstand von beinahe 40 Jahren besteht ihre Aufgabe darin, mit größerer Distanz und innerer Freiheit das nachzuholen, was in den fünfziger Jahren bei der vom Bundesvertriebenenministerium initiierten Dokumentation noch nicht möglich war, jedenfalls unterblieb: eine nüchterne, exakte Zusammenfassung und Gesamtdarstellung des historischen Vorgangs von Evakuierung, Flucht und Vertreibung der Deutschen aus Ost-Mitteleuropa vorzunehmen, die ohne Beschönigung auch die Explosion von Rache und Gewalttätigkeit aufzeigt, die nach dem von Hitler begonnenen Krieg auf die Deutschen zurückschlug. Nur eine solche, die zeitgeschichtlichen Gesamtzusammenhänge berücksichtigende Darstellung – nicht eine isolierte, methodisch überzeugend gar nicht mögliche Dokumentation und Statistik der „Vertreibungsverbrechen" – vermag heute dem Bedürfnis nach geschichtlicher Aufklärung und Erkenntnis dieses Vorgangs gerecht zu werden.

Zur Errichtung eines „Hauses der Geschichte der Bundesrepublik Deutschland“ in Bonn

Gegen den Grundgedanken der „Überlegungen und Vorschläge“, der das vorgelegte Gutachten der von der Bundesregierung eingesetzten Sachverständigenkommission leitet, habe ich einige prinzipielle Bedenken. Ich beschränke mich deshalb in meiner Stellungnahme darauf, diese zu skizzieren und daran einige alternative Überlegungen zu knüpfen, und verzichte darauf, zu den Einzelheiten des Gutachtens Stellung zu nehmen.

1. Es scheint zunächst voll und ganz verständlich, daß die Geschichte der Bundesrepublik nach nunmehr rund 35jähriger Dauer (eine weit längere Phase der Zeitgeschichte als die Weimarer und NS-Zeit zusammengenommen) zum Gegenstand nicht nur der historischen Forschung und Darstellung, sondern auch einer museumsähnlichen historischen Bestandsaufnahme gemacht werden soll. Gerade auch wegen der alles in allem glücklichen Wendung, die die deutsche Geschichte nach den vorangegangenen Irrwegen und Katastrophen mit der Gründung und Westbindung der Bundesrepublik genommen hat, und wegen der auch im internationalen Vergleich großen Stabilität, die die politische und gesellschaftliche Grundordnung der Bundesrepublik über die Jahrzehnte hin bewiesen hat, erscheint der Grundgedanke einer solchen ständigen historischen Ausstellung für die zahlreichen Bonn-Besucher aus dem In- und Ausland auf den ersten Blick durchaus einleuchtend.

2. Gleichwohl kann die wohlmeinende Absicht zu bedenklichen Folgen führen. Das gilt nicht zuletzt in bezug auf die Verfahrensweise bei der Planung und das Statut einer solcher Einrichtung.

– Zur Erarbeitung eines Konzepts ist vom Bundeskanzleramt eine kleine Gruppe von Historikern „des besonderen Vertrauens“ der amtierenden Bundesregierung bestellt worden, die nach ihrem politischen Standort und ihrer Wissenschaftsauffassung sicher nicht als repräsentativ für die Geschichtswissenschaft und Zeitgeschichtsforschung in der Bundesrepublik angesehen werden kann. Von daher sind die Chancen, daß es bei dem Vorhaben zu einem Konsens kommt, der nicht nur das Regierungslager repräsentiert, von vornherein sehr vermindert worden. Die Versendung des Gutachtens durch das Bundesinnenministerium an eine Reihe von Institutionen und Personen mit der Bitte um Stellungnahme kann dies schwerlich wettmachen: es sei denn, daß dahinter die Bereitschaft steht, nicht nur einzelne Verbesserungsvorschläge, sondern auch grundsätzlich andere Entwürfe zu berücksichtigen.

– Die bisherige Vorlage enthält keinerlei Anhaltspunkte, wie das zu gründende „Haus“ statutenmäßig verfaßt sein soll. Mindestens ebenso wichtig wie ein inhaltliches Konzept ist aber diese Statutenfrage. Ihre Regelung wird letzten Endes darüber bestimmen, wie unabhängig und mit welchen Qualitätsvoraussetzungen das zu gründende Museum gestaltet und geleitet werden kann. Es geht dabei nicht nur darum, Unabhängigkeit von der jeweils regierenden Mehrheit und ihrer Sicht der Bundesrepublik-Geschichte zu gewährleisten. Es stellt sich auch die schwierigere Aufgabe, die Gestaltung eines solchen Museums – trotz der Verpflichtung zur Berücksichtigung verschiedener historischer Sichtweisen, sozialer Erfahrungsperspektiven und Betroffenheiten – so weit wie möglich freizuhalten von den bekannten fatalen Folgen des Parteien- und Verbändeproporzes. Kommt es bei einem solchen „Museum“ doch wesentlich darauf an, Inhalt und Gestaltung ebenso interessant und eindrucksvoll wie differenziert zu machen und der dafür nötigen Kreativität der Veranstalter großen Spielraum zu lassen. Deshalb sollte die Verfassung des geplanten „Hauses“ nicht erst *nach,* sondern gleichzeitig *mit* der inhaltlichen Konzeptionsbildung zum Gegenstand der Erörterung gemacht werden.

3. Es ist meines Erachtens nicht zu verkennen, daß bei der vielfältigen öffentlichen Klage über einen Mangel an Geschichtsbewußtsein in der Bundesrepublik, die häufig auch von deren führenden Repräsentanten (Bundespräsidenten, Bundeskanzlern u. a.) geäußert wird und der die Idee zur Errichtung eines „Hauses der Geschichte der Bundesrepublik Deutschland“ zugrunde liegt, auch falsche Töne und Erwartungen mitschwingen. Der Ruf nach mehr Geschichte und mehr Geschichtsbewußtsein, auch wenn er von Repräsentanten demokratischer Parteien ausgeht, ist nicht gänzlich frei von der in den letzten Jahrzehnten des 19. Jahrhunderts begründeten unguten Tradition des deutschen Historismus, namentlich in seiner borussischen Spielart, bei der der Historie eine Hilfsfunktion zur Affirmation des politischen status quo zukam. Dabei spielt eine wesentliche Rolle, daß die konsequente Anwendung des Prinzips des demokratischen Pluralismus auf die Historie, das Sich-Abfinden damit, daß es kein verbindliches und gesichertes Geschichtsbild geben kann, sondern

nur unterschiedliche historische Deutungen (freilich auf der Basis eines auf humanitären und politischen Grundwerten bestehenden Minimalkonsenses), im allgemeinen Bewußtsein und zweifellos auch bei zahlreichen Repräsentanten demokratischer Parteien oft nicht zur Genüge nachvollzogen und ernst genommen wird. Daraus erklärt sich auch die oft überhöhte und problematische Erwartung, über die Vermittlung von Geschichte im Sinne eines einheitlichen Geschichtsbildes ließe sich mehr politisch-nationale Identifikation mit den bestehenden staatlich-politischen Verhältnissen erreichen. Der Geschichtsvermittlung in einem demokratischen Gemeinwesen wird hier oft zugemutet, etwas zu leisten, was über das unmittelbare Wirken der demokratischen Institutionen und des Prozesses der demokratischen Meinungs- und Entscheidungsbildung hinausgeht. Tatsächlich kann sie, vergleichbar dem Werben der Parteien und politischen Richtungen, im wesentlichen nur Interesse und Engagement für bestimmte historisch-politische Perspektiven oder Problemlagen wecken, allerdings auch Respekt für andere Sichtweisen, Interessen und Betroffenheiten – und insofern mittelbar Konsensbereitschaft. Jede staatliche, an sich sehr zu begrüßende Förderung institutioneller Einrichtungen zur Stärkung des historischen Bewußtseins muß sich dieser Grenzen bewußt sein und das Zwielicht anders gearteter (uniformierender, harmonisierender, affirmativer) Erwartungen vermeiden.

4. Gegen die oben (Punkt 1) aufgeführten Gründe, die die Errichtung eines museumsähnlichen „Hauses der Geschichte der Bundesrepublik Deutschland“ erwünscht erscheinen lassen, sind eine Reihe von Gegengründen geltend zu machen. Dabei ist vor allem zu berücksichtigen, daß eine Historisierung der Bundesrepublik-Geschichte mit dem Ziel musealer Objektivierung in vieler Hinsicht etwas anderes bedeutet als Geschichtsforschung, nämlich zwangsläufig kontroverse Geschichtsdeutung auf einem Feld gegenwartsnaher Vergangenheit.

- Die Geschichte der Bundesrepublik *allein*, mehr oder weniger isoliert, zum Gegenstand eines historischen Museums bzw. einer ständigen historischen Ausstellung zu machen, kann sehr leicht (gerade auch im internationalen Vergleich mit den hauptstädtischen historischen Museen anderer Länder) als allzu *kurzatmige*, allzu selektive Form deutscher Geschichtserinnerung erscheinen und insofern einen negativen Effekt erzielen.
- Die historischen Voraussetzungen (NS-Zeit, Weimarer Republik u. a.), von denen her erst voll begreiflich gemacht werden kann, warum die bisherige Bundesrepublik-Geschichte als relativ „hei-

le“ und „glückliche“ Phase deutscher Geschichte zu bewerten ist, können in einem solchen Museum deshalb m. E. nicht nur in einen Vorraum („Dunkelkammer“), gleichsam pflichtschuldig, eingezwängt werden. Sie müßten vielmehr gleichgewichtige Gegenstände eines solchen Museums sein. Nur im Kontext der vorangegangenen spektakulären, aber auch katastrophalen Phasen jüngster deutscher Geschichte läßt sich verstehbar machen, welche Bedeutung der unsensationellen Stabilität dieser Bundesrepublik-Geschichte zukommt. Eine solche Ausweitung des Gegenstands des geplanten Museums wäre selbst bei erheblicher Überschneidung mit den Plänen zur Errichtung eines Museums der deutschen Geschichte in Berlin aus den genannten Gründen besser als eine Isolierung der Bundesrepublik-Geschichte. Sie würde den Gegenstand des Museums auch für ausländische Besucher attraktiver machen als eine Beschränkung auf Bundesrepublik-Geschichte, die, als Verlaufsgeschichte, ausländische Besucher eher provinziell anmuten und wenig paradigmatische Bedeutung haben würde. Eine solche Ausweitung würde vor allem auch den sonst naheliegenden fatalen Eindruck vermeiden helfen, als solle mit diesem neuen „Haus der Geschichte“ in Bonn nach so viel selbstkritischer Vergangenheitsbewältigung gleichsam kompensatorisch eine davon losgelöste und wieder im alten Sinne affirmative deutsche geschichtliche Selbstbetrachtung eingeübt und institutionalisiert werden. Gerade weil die Leistungsbilanz der Bundesrepublik-Geschichte sich sehen lassen kann, würde die Beschränkung auf diese „Erfolgsgeschichte“ allzu leicht als peinliche *Selbstgefälligkeit* mißverständlich sein. Die guten Gründe für eine im wesentlichen positive Einschätzung dieses Kapitels deutscher Geschichte würden dadurch stark entwertet.

5. Andere Schwächen einer musealen Umsetzung der Verlaufsgeschichte der Bundesrepublik sind darin begründet, daß diese Geschichte ja nicht abgeschlossen ist. Allein schon der Versuch einer Periodisierung, vor allem ihrer gegenwartsnäheren Phasen seit den sechziger Jahren, stößt auf erhebliche Schwierigkeiten, und darüber läßt sich wahrscheinlich auch kein Konsens in der historischen Wissenschaft erzielen. Der in dem Gutachten gemachte Versuch, die räumliche Anordnung und Ausgestaltung des geplanten „Hauses“ primär nach Periodisierungen der politischen Geschichte zu strukturieren, ist deshalb wenig überzeugend: er zerschneidet auch sachthematische Zusammenhänge (z.B. der Sozialstaatsproblematik, der kulturellen Entwicklung), die ihre eigenen Periodisierungen und Zäsuren haben.

Auch die Tatsache, daß bisher und auf einige Zeit hin nur für die Anfangsphase der Bundesrepublik deutsche und alliierte Akten voll zugänglich sind und mithin nur für diese Periode die internen Entscheidungsprozesse in differenzierter Weise dokumentiert werden können, spricht gegen eine verlaufsgeschichtlich orientierte ständige Ausstellung, die zwangsläufig zu einer ganz unterschiedlich substantiierten Dokumentation führen würde: denn für die späteren Phasen der Bundesrepublik-Geschichte müßte man sich mit eher oberflächlichen Dokumentationsbefunden begnügen.

Die museale Form der Historisierung der noch in Gang befindlichen Geschichte der Bundesrepublik verleitet ganz unvermeidbar zu einer vorzeitigen Kanonisierung und Festschreibung von Bewertungen, Interpretationen, Bedeutungszumessungen, die noch „im Fluß" und Gegenstand noch ganz offener, historischer Diskussion sind. Es ist – auch in dem vorgelegten Gutachten – unverkennbar, daß solcher museumsbedingter Zwang zur Festschreibung von Bedeutungsgehalten höchst gegenwartsnaher Kapitel der Bundesrepublik (z.B. der Amtszeit des Kanzlers Helmut Schmidt) gar nicht zu leisten ist und zu mehr oder weniger verlegenen Unsicherheiten führen muß. Noch fataler ist die Vorstellung, daß die kanonische Museumsbewertung solch gegenwartsnaher Kapitel der Bundesrepublik-Geschichte jeweils nach dem Fortschritt der historischen Erkenntnis und dem wachsenden Abstand nach einer Reihe von Jahren „umgeschrieben" werden muß.

6. Als Alternative zu dem vorgeschlagenen Modell (Verlaufsgeschichte der Bundesrepublik) empfehle ich deshalb eine Begrenzung der ständigen Ausstellung auf die konstitutive Phase der Gründung und Westbindung der Bundesrepublik (1945-1955) und, damit zusammenhängend, eine Verkehrung des in dem Gutachten vorgeschlagenen Verhältnisses von ständiger Ausstellung und wechselnden Ausstellungen. Erstere, konzentriert auf die Gründungsphase, sollte nur einen relativ beschränkten Teil der Ausstellungsräume (ständige Grundausstattung) füllen. Die wechselnden Ausstellungen könnten dann zahlreichen für die Bundesrepublik-Geschichte wichtigen Ereigniskomplexen und Sachthemen, aber auch Themen, die die historischen Voraussetzungen der Bundesrepublik-Geschichte betreffen, gewidmet sein. Es gibt eine ganze Reihe von Gründen, die sich für ein solches verändertes Modell anführen lassen. Ich nenne nur die folgenden:

– Die in dem bisherigen Gutachtenvorschlag nicht eingelöste Erwartung, daß in dem Geschichtsmuseum sowohl Bundesrepublik-Geschichte wie die Geschichte der geteilten deutschen Nation abgebildet werden soll, ließe sich durch ein so verändertes Konzept weit befriedigender erfüllen. Die Konzentration auf die Gründungsphase und die ihr vorangegangene Besatzungszeit des Vier-Zonen-Deutschland würde den nationalen und Teilungs-Aspekt stark einbringen. Und der größere Spielraum für thematisch wechselnde, nicht streng auf Bundesrepublik-Geschichte festgelegte Sonderausstellungen würde es z. B. auch ermöglichen, DDR-Geschichte und die verschiedensten Aspekte eines Vergleichs von Bundesrepublik- und DDR-Entwicklung zum Gegenstand zu machen.

- Im Gegensatz zu den späteren Phasen steht die Gründungsgeschichte der Bundesrepublik durchweg und in vollem Maße im Schnittpunkt internationaler Umwälzungen. Sie kann deshalb als ein nicht nur die Deutschen betreffendes Paradigma mit Sicherheit auch höheres allgemeines, internationales Interesse voraussetzen und beanspruchen. Die im Falle einer mehr oder weniger gleichmäßig dokumentierten Verlaufsgeschichte der Bundesrepublik sich zwangsläufig stellende Frage, ob die einzelnen dabei zu berücksichtigenden Aspekte genügend interessant sind und eine Dauerausstellung rechtfertigen, würde sich erübrigen.
- Ein solches verändertes Konzept könnte sich an ausländische Vorbilder historischer Museen halten, die ebenfalls primär oder ausschließlich der Staatsgründungsgeschichte gewidmet sind (Vereinigte Staaten u. a.). Auch das ungute Gefühl, daß die Bundesrepublik-Geschichte in ihrem Gesamtverlauf vorzeitig oder zu übergewichtig Gegenstand musealer Historisierung wird, wäre gegenstandslos.
- Wenn man entsprechend einem solchen veränderten Konzept davon ausgehen würde, daß den wechselnden Sonderausstellungen das Hauptgewicht und der größere Raum gewidmet werden soll, wäre auch die Möglichkeit eröffnet, hierbei der Pluralität und kontroversen Sicht der Geschichte in liberaler Weise Raum zu geben; auch z. B. dadurch, daß unterschiedlichen Gruppen und Institutionen die Initiative und Verantwortung für die Gestaltung solcher Sonderausstellungen überlassen wird. Gerade auch durch eine solche Liberalität und ein sie ermöglichendes Statut könnte das „Haus" ein Zeichen setzen und ganz bewußt deutlich machen, daß es sich hierbei nicht um ein nationalgeschichtliches Museum alten Typs in Kleinformat handelt.

Die Ambivalenz der Forderung nach mehr Geschichtsbewußtsein

Als Alfred Heuß und einige andere prominente Vertreter der Geschichtswissenschaft der Bundesrepublik in den fünfziger Jahren vom Verlust der Geschichte redeten und schrieben[1], war das – in der Zeit des rasanten Wiederaufbaus und Wirtschaftswachstums, dem damals fast alles öffentliche und gesellschaftliche Interesse galt – eine unzeitgemäße, fast schon querulatorisch altfränkische Klage gewesen, die in der offiziellen Politik der Bundesrepublik kaum auf Resonanz stieß. *Politische* Bedeutung erhielt die Verteidigung der Historie erst 20 Jahre später, als das Fach Geschichte an den Universitäten und Schulen im Zeichen emanzipatorischer bildungspolitischer Experimente in verschiedenen sozialdemokratisch regierten Ländern der Bundesrepublik an den Rand gedrängt wurde, bzw. sich selbst unter den Druck gesellschaftspolitischer Relevanzbegründungen stellte.

Die gewöhnliche Kluft zwischen den Erfahrungen der Älteren und denen der Jungen, so registrierten zur Zeit der Studentenrebellion mit besonderer Sorge auch liberale Historiker, habe längst „die kritische Grenze überschritten" und „eine neue Qualität der Entfernung von aller Geschichte" erreicht[2]. Die Berufung auf geschichtliche Erfahrungen und geschichtliche Bildung gewann in der Phase überheizter Reformbestrebungen und neo-marxistischer Ideologieanfälligkeit die auch politisch-relevante Funktion historischer Ideologiekritik. Das Eintreten für die Bildungstradition des Historismus wurde nolens volens bis zu einem gewissen Grade zur Stütze der konservativen Opposition in der Bildungspolitik, und zu einer dort besonders beliebten Stütze, wenn sie von sozialdemokratischen Gelehrten (wie Hermann Lübbe oder Thomas Nipperdey) ausging.

Seit etwa einem Jahrzehnt ist die zeitweilige Krise der Historie in Universität und Schule beendet. Der Mannheimer Historikertag von 1976 signalisierte auch für die Historikerschaft die Wende[3]. Seitdem

---

[1] Vgl. Alfred Heuß, Verlust der Geschichte, Göttingen 1959.

[2] Christian Meier, Schwierigkeiten unserer Zeit mit der Geschichte, in: Geschichtsdidaktik 1 (1976), H. 1, S. 15ff.

[3] Vgl. dazu die einschlägigen Artikel in dem oben (Anm. 2) zitierten ersten Jahrgang der Zeitschrift „Geschichtsdidaktik".

ist Bundes-Prominenz regelmäßig bei den Historikertagen in der Bundesrepublik vertreten und erweist dem Fach Geschichte politische Reverenz.

Mit der Öl- und der Ökologiekrise in den frühen siebziger Jahren baute sich allmählich eine Umschichtung des zivilisatorischen Bewußtseins auf, nicht nur in der Bundesrepublik aber hier in besonderem Maße. War doch hierzulande der Glaube an die weitere unbegrenzte Progression der Prosperität so etwas wie eine Staatsreligion gewesen. Die um sich greifende Zukunftsskepsis verschaffte der Geschichte eine überraschende neue Konjunktur.

Die neue Wertschätzung und amtliche Förderung geschichtlicher Bildung erbrachte manche Erleichterung, z. B. die fällige Revision vorangegangener rigoroser Emanzipationsideologien in Geschichtsdidaktik und ministeriellen Richtlinien für den Geschichtsunterricht. Forschung und Lehre auf dem Gebiet der Historie sind wieder möglich, ohne daß jeweils eine gesellschaftspolitische Relevanzbegründung geliefert werden oder das Fach Geschichte sich als historische Sozialwissenschaft camouflieren muß.

Die Forderung nach mehr Geschichtsbewußtsein ist mittlerweile aber selbst auf dem Wege, eine Stereotype zu werden, mit naiven, zum Teil weit überzogenen Erwartungen im Hinblick auf das, was Geschichte an Sinnstiftung und staatsbürgerlich-nationaler Identifikation in einer pluralistischen, postnationalstaatlichen, demokratischen Gesellschaft leisten kann und soll.

Eine selbstkritische, liberale Historie hat sich inzwischen wieder zu verteidigen gegen pädagogische oder politische Geschichtsbild-Illusionen und eine – entweder alternativ linke oder neokonservative – politische Indienstnahme. Die verständliche Genugtuung darüber, daß die „Krise der Historie" anscheinend überwunden ist und das Fach Geschichte politisch und gesellschaftlich wieder hohes Ansehen und auch staatliche Förderungsbereitschaft genießt, darf nicht über die neue Schräglage hinwegtäuschen. Ich will versuchen, im folgenden wenigstens einige ihrer mir besonders wichtig erscheinenden Aspekte herauszuheben.

Bemerkenswert an dem neuen Geschichtsboom ist zunächst einmal seine kulturelle und politische Ambivalenz. Es ist schwer abzuschätzen, welche kulturelle Bedeutung und Nachhaltigkeit manche Formen des neuen Geschichtsinteresses haben. Manches auf diesem Feld, z. B. die neue historisierende Architektur oder die besonders in den USA aufgeschossene private Entdeckung der historischen „roots", der familien- und einwanderungsgeschichtlichen Herkunft, aber wohl auch manches neue Interesse für historische Biographien oder historische Darstellungen bei uns in der Bundesrepublik, ist wohl eher als nostalgischer Trend zu werten und signalisiert keineswegs schon einen zivilisatorisch relevanten Einstellungswandel. Andere Erscheinungsformen, wie z.B. die zum großen Teil außerhalb der akademischen Zunft entstandenen historischen Werkstätten, die neue Geschichtsbewegung auf lokaler und alltagsgeschichtlicher Basis implizieren dagegen eine mehr prinzipielle Wendung gegen Fortschritts- und Modernisierungsoptimismus. Vor allem das unvermutete neue Geschichtsinteresse auf der Linken, die Faszination durch vermeintlich noch unverdorbene vormoderne historische Lebensformen als Bezugspunkt von Gegenwartskritik und alternativen Entwürfen, drückt wohl am deutlichsten die Tendenzwende aus. In einer Zeit schwindenden Zukunftsvertrauens gewinnen verlorene Zustände der Vergangenheit neue Leuchtkraft und Symbolwert für ein postmodernes, auf Bewahrung, Defension oder Resistenz eingestelltes Lebensgefühl. Im geteilten Deutschland mit der in beiden Teilstaaten zunehmend stärker empfundenen übergroßen Abhängigkeit von der jeweiligen Führungsmacht gilt das in wachsendem Maße auch für die ehemals gemeinsame nationale Vergangenheit. Je mehr diese in die Distanz einer fast mythischen Unwirklichkeit entrückt, um so mehr scheint sie wieder Faszinationskraft zu entfalten.

Gerade auch das neue Interesse für deutsche nationale Geschichte bei der intellektuellen und literarischen Linken zeigt die von rechts bis links reichende politische Ambivalenz und Streubreite der gegenwärtigen Geschichtskonjunktur. Am auffälligsten ist gleichwohl der forcierte Geschichtsenthusiasmus im konservativen Lager der Bundesrepublik. Die überbetonte Forderung nach mehr Geschichtsbewußtsein – als gäbe es noch eine schwere Krise der Historie – und die häufigen Beteuerungen hochgestellter Amtspersonen der Bundesrepublik über den unersetzlichen Wert eines gesunden Geschichtsbewußtseins zeigen an, daß den Deutschen der Bundesrepublik mit der scheinbar nur bildungsbeflissenen amtlichen Geschichtsfreundschaft auch ein neuer politischer Quietismus angesonnen wird. Auf dem Hamburger Historikertag von 1978 kritisierte Bundeskanzler Helmut Schmidt noch die vorher in der FAZ ausgesprochene Erwartung, es möge den Historikern der Bundesrepublik gelingen, wenigstens „ein einigermaßen verbindliches Geschichtsbild" wiederherzustellen[4]. Eine pluralistische Gesellschaft müsse sich, so Schmidt da-

---

[4] Die Rede Helmut Schmidts zur Eröffnung des Deutschen Historikertages in Hamburg am 10. Oktober 1978 ist abgedruckt in: Geschichtsdidaktik 4 (1979), S. 1f.

mals, damit abfinden, daß es auch kein einheitliches Geschichtsbild geben könne. Vier Jahre später, beim Historikertag in Münster, kam mit dem Grußwort des Bundespräsidenten aber knarrende Biederkeit zu Wort. Ein wohlabgewogenes Verhältnis zur eigenen Vergangenheit mit ihren vielen Höhen und Tiefen, so hieß es da zur Überraschung der versammelten Historiker, vermöge dem einzelnen wie dem Gemeinwesen „Geborgenheit, Sicherheit und Selbstvertrauen" zu geben und ihm zur „geistigen und seelischen Heimat" zu werden[5]. Die offizielle Betonung des Wertes eines (wieder) gesunden Geschichtsbewußtseins rückte hier in die Nähe der gleichfalls versuchten Wiederbelebung deutschen Wanderns und Singens.

In seiner vielbeachteten Rede zum 40. Jahrestag des Kriegsendes in Deutschland hat Bundespräsident Richard von Weizsäcker demgegenüber Maßstäbe eines der deutschen Lage angemessenen, differenzierten Geschichtsbewußtseins gesetzt. Die aus der allgemeinen politischen Landschaft herausragende Rede konnte aber nicht verhindern, daß aus dem konservativen Regierungslager weiterhin Äußerungen über Geschichtsbewußtsein laut wurden, die den Eindruck erwecken, als sei Geschichte vor allem zur De-Sensibilisierung kritischen Gegenwartsbewußtseins gefragt. So wenn es neuerdings heißt: Geschichte sei nötig, um die Zukunft zu meistern. Oder: Wer die historische Erinnerung bestimmt, dem gehört auch die Zukunft[6]. Als gäbe es nicht Dutzende von Traktaten, in denen erkenntniskritisch auseinandergelegt wurde, weshalb aus der Geschichte keine konkreten Handlungsanweisungen für die Zukunft abgeleitet werden können.

Was sich in solchen Äußerungen vermeintlicher Geschichtszuwendung bekundet, ist ein erstaunliches Maß historischer Vergeßlichkeit. Nach der vollständigen Auslöschung hegelianischer, romantischer oder historistischer Idealisierung und Spiritualisierung von Geschichte durch die zeitgeschichtlichen deutschen Erfahrungen der ersten Hälfte des 20. Jahrhunderts, vor allem der beiden Weltkriege, führt kein Weg mehr zurück hinter die skeptische und nüchtern bescheidene Auffassung von geschichtlicher Bildung, wie sie im 19. Jahrhundert im wesentlichen schon Jakob Burckhardt formuliert hat. In unsere Wirklichkeit und Sprache übersetzt, lautet sie: Historie

[5] Die Rede von Karl Carstens zur Eröffnung des 34. Deutschen Historikertages in Münster am 6. Oktober 1982 findet sich in: Karl Carstens, Reden und Interviews, hrsg. v. Presse- und Informationsamt der Bundesregierung, Band 4, Bonn 1983, S. 85ff.

[6] Vgl. den Artikel von Michael Stürmer in der Doppel-Nummer der Beilage zur Wochenzeitung „Das Parlament" v. 17./25. Mai 1986.

als die geistige Form, in der eine Gesellschaft Rechenschaft über die eigene Vergangenheit ablegt, vermag nur dadurch auch (in nicht geringem Maße) politisch bedeutungsvoll zu werden, daß sie helfen kann, gedankenlose oder ideologische Naivitäten zu vermeiden, indem sie unser Gegenwartsverständnis differenziert. Gerade deshalb haben wir allen Grund, hellhörig zu sein, wenn uns über mehr Geschichtsenthusiasmus Selbstgefälligkeit zugemutet wird.

Gegenüber der Vergeßlichkeit, die sich in der naiven oder voluntaristischen Erwartung äußert, mehr Geschichtsbewußtsein könne der politischen Vitalisierung oder Selbstsicherheit dienen, sind eine Reihe noch handgreiflicher jüngerer Erfahrungen ins Gedächtnis zurückzurufen, z. B. auch die immerhin guten Gründe, die die Schuldidaktik in den frühen siebziger Jahren in Hessen und anderswo veranlaßten, eine Emanzipation des Geschichtsunterrichts aus der langen obrigkeitsstaatlichen Tradition eines vaterländischen Gesinnungsfaches zu versuchen. Daß diese Versuche wegen der verkrampften Methoden und illusionären Ziele scheiterten, kann doch keineswegs eine Rückkehr zu geschichtlicher Bildung als einer Form der Affirmation politischer und gesellschaftlicher Herrschaft rechtfertigen.

Zu erinnern ist ferner an die wohlbegründete Historismus-Kritik, die nach 1945 in der Bundesrepublik, wenn auch zaghaft, aufkam: an die Kritik sowohl der borussisch-nationalliberalen Spielart des Historismus à la Treitschke, die so behende ihre idealistische philosophische Grundlage in eine Verherrlichung des nationalen Machtstaates umsetzte, als auch der ethischen Auszehrung des Späthistorismus, die schon von Ernst Troeltsch nach dem Ersten Weltkrieg selbstkritisch diagnostiziert worden war. Ins Gedächtnis zurückzurufen sind ebenfalls die triftigen Gründe der nach 1945 in Westdeutschland lange Zeit geübten Enthaltsamkeit von Geschichte. Resultierte diese doch nicht nur aus Verunsicherung von Eltern und Lehrern infolge der Verheerungen der Nazizeit. Nach der massiven Einspannung für großartige historische Ziele, die mehrere Generationen von Deutschen vor 1945 erlebt hatten, war die endlich erreichte Freiheit auch eine Freiheit von Geschichte, die mehr bedeutete als eine Zeit heilsamer Quarantäne. Der Rückzug ins Private, ins Berufliche und Gesellschaftliche bedeutete auch Wiederentdeckung verschütteter privater Fähigkeiten und Tugenden, ohne die z. B. das Entstehen der so erfolgreichen bürgerlichen Erwerbsgesellschaft der Bundesrepublik und damit eines ihrer wichtigsten Fundamente gar nicht möglich gewesen wäre. Bei vielen derjenigen, die, wie ich, im Dritten Reich aufgewachsen waren und mit quasi-religiöser Inbrunst die Rudolf-Alexander-Schröder-Hymne „Heilig' Vaterland" zu singen gelernt hatten, entstand aus dem Zorn über den Mißbrauch solcher Gefühle zwar nicht generelle Abwendung von Geschichte, vielfach sogar ein besonderer Impetus für kritische Zeitgeschichte, aber jedenfalls eine entschiedene Abkehr von aller vermeintlichen Geschichtsgroßartigkeit und Geschichtsheiligkeit, eine kritische Distanz auch gegenüber der Hypertrophie von Geschichte und Geschichtskultur des 19. Jahrhunderts, um endlich der Gegenwart zum Recht zu verhelfen gegen ein Zuviel an Geschichte. Aus der Erfahrung eines schmählich pervertierten Idealismus resultierte ein geradezu emphatisches Verlangen nach Nüchternheit, auch im Umgang mit Geschichte.

Im Gegensatz zu der zum Erbe des Historismus gehörenden Neigung zur Spiritualisierung des Geschichtsverlaufs, so als ob Geschichte eine eigene Wesenheit wäre, nicht nur eine Rekonstruktion und Deutung des forschenden und nachsinnenden Historikers, die im 19. Jahrhundert die National-Historiker zeitweilig in den Rang säkularer Priester erhoben hatte, verstand sich nach 1945 die Verabschiedung von solchen idealistischen Überhöhungen des Geschichtsverständnisses, von jeglicher metaphysischen Besetzung des Geschichtsbegriffs, im Zeichen der tiefen existentiellen Betroffenheit von Geschichte von selbst. Aus purer Vergeßlichkeit oder zur Bemäntelung anderer Ziele den Historismus des 19. Jahrhunderts zu restaurieren, würde bedeuten, eine der wichtigsten Erfahrungen unserer Zeit aufs Spiel zu setzen.

Geblendet von Geschichtsgläubigkeit, von obrigkeitsstaatlichen Historikern zu vaterländischer Begeisterung erzogen, hatten zwei bis drei Generationen deutscher Bildungsbürger sich daran gewöhnt, den von Bismarck geschaffenen deutschen Nationalstaat vornehmlich unter dem Gesichtspunkt seiner Eignung für historiographische Monumentalisierung zu sehen. Kein Wunder, daß von diesem historischen Größenbedarf her die Weimarer Republik schlecht abschnitt und ihre demokratische Verfassungsgrundlage wirksam untergraben werden konnte. Hitler bildete in gewisser Weise das Endprodukt solcher Aufgipfelungen und Perversionen des Historismus: Ein Führer und Diktator verzehrt von Geschichtslust, ganz und gar versessen darauf, sich und seinem Volk zu geschichtlicher Größe zu verhelfen.

Diese jüngste Vergangenheit fanatischer und theatralischer Inszenierung von Politik als Geschichte hinter sich gelassen zu haben, war nach 1945 eine der großen Erlösungen, und auf dem Wege zu den neuen Idealen und Zielen der europäischen und atlantischen Westintegration schien die Zwangsstillegung der deutschen Nationalstaatsgeschichte infolge der Zerstörung der nationalen Einheit vielen als schicksalhafte Konsequenz von programmatischer Bedeutsamkeit.

Ich berühre damit ein besonderes Dilemma des Geschichtsbewußtseins in der Bundesrepublik: das Verhältnis dieses Teilstaates zur deutschen Nation und zur deutschen Nationalstaatsgeschichte in unserem historischen Bewußtsein. Das Dilemma begann mit der Bildung der Bundesrepublik und ihrer Westintegration unter Adenauers zielstrebiger Führung. Dadurch daß man sich mit dem Provisorium-Vorbehalt des Grundgesetzes und mit der – in den Deutschland-Vertrag eingebauten – Verpflichtung der Westmächte zur Wiedervereinigungspolitik offiziell auf die Maxime festlegte, diese Staatsgründung sei nur ein Interim auf dem Wege zum größeren nationalen Deutschland, sperrte man sich jahrelang selbst ab von einer uneingeschränkten Identifizierung mit der Bundesrepublik. Die von Adenauer propagierte oder zugelassene Behauptung von der Wiedervereinigungsfunktion der Westintegration verhinderte, daß der ideelle Gehalt dieser Westbindung seiner Bedeutung entsprechend ins Licht gerückt werden konnte. Tatsächlich ist diese ideelle Legitimation der Bundesrepublik, die Begründung von Weststaat und Westintegration als epochale Rückwendung zur vornationalstaatlichen politisch-kulturellen westeuropäischen Gemeinsamkeit, nach den Verirrungen deutscher Sonderwegs-Ideologie seit der Romantik, während der Adenauerzeit kaum schon bewußtseinsbildend artikuliert worden. Das geschah in stärkerem Maße erst seit den späten sechziger Jahren, als man nicht nur auf den Erfolg des Wirtschaftswunders, sondern nach dem gelungenen Machtwechsel auch auf eine erfolgreiche Demokratiestabilität zurückblicken konnte, und es außerdem galt, das seiner selbst sicherer gewordene Staatswesen Bundesrepublik gegen den utopischen Systemveränderungswillen der neuen Linken zu verteidigen. Mochte es in der Adenauerzeit mit Rücksicht auf die noch starken nazistischen und nationalistischen Traditionsbestände unvermeidlich gewesen sein, die neue Demokratiegründung unter dem Protektorat der westlichen Besatzungsmächte gleichsam mit der nationalen Flagge abzusegnen, so bleibt doch das paradoxe Fazit: um der inneren Integration der Bundesrepublik willen mußte diese in der Anfangszeit darauf verzichten, ihre beste Staatsidee selbstbewußt zu entfalten. Oder anders, historisch wohl richtiger gewendet: Die anfängliche Mischung von elementarem Notbewältigungsbedürfnis, Sowjetfurcht, Kaltem Krieg und nur eingeschüchterten, aber nicht überwundenen obrigkeitlich-nationalistischen Denktraditionen formte sich erst im Laufe der stupend erfolgreichen wirtschaftlichen, sozialpolitischen und zivilisatorischen Entwicklung der Bundesrepublik während der fünfziger und sechziger Jahre zu einer allmählich positiven Demokratiegewöhnung. Als das Erhard'sche

„Wir sind wieder wer" sich nicht mehr allein auf die Wirtschaftspotenz, sondern, nach Bildung erst der Großen, dann der Sozialliberalen Koalition, auch auf das Funktionieren der demokratischen Verfassung beziehen ließ und als mit der neuen Ostpolitik ein Teil des Ballastes nationaler Bemäntelung der Bundesrepublik über Bord geworfen werden konnte, war der Weg freier für die von Gustav Heinemann so bezeichnete „Selbstanerkennung der Bundesrepublik". Jetzt brachten ihre führenden Repräsentanten die Selbstachtung dieses Staatswesens Bundesrepublik entschieden zum Ausdruck, so z.B. Helmut Schmidt, als er am 14. März 1968, damals als Fraktionsführer der SPD im Bundestag während der Großen Koalition, zur außerparlamentarischen Opposition gewandt, mit Schärfe erklärte: „Wir lassen uns diesen Staat und seine Verfassung nicht in den Dreck ziehen. Wir haben diesen Staat gewollt; das ist unser Staat und unsere Gesellschaft. Freilich sind Staat und Gesellschaft noch keineswegs gut. Aber dies ist der beste demokratische Staat, den es je auf deutschem Boden gegeben hat, und dies ist die freieste Gesellschaft, die je in Deutschland existierte." Erst etwa seit dieser Zeit, 20 Jahre nach ihrer Gründung, stellte sich so etwas wie ein historisches Bewußtsein der Bundesrepublik her, mit starker Betonung der Staatsidee der historischen Rückwende zum Westen, wie sie z.B. Richard Löwenthal nicht müde wurde zu propagieren.

Wohl mit einer gewissen Zwangsläufigkeit ist damit aber auch das Dilemma des Verhältnisses zwischen Bundesrepublik und deutscher Nation auf anderer Ebene neu aktuell geworden. Die größere Selbstgewißheit der Bundesrepublik half ein Stück der Hypothek des Dritten Reiches abbauen und zog das Bedürfnis nach, nun auch mit der deutschen Geschichte überhaupt wieder ins Reine zu kommen. Schmidt war auch hier einer der ersten, der dies fast überdeutlich in der schon zitierten Rede von 1968 artikulierte, so z.B. mit folgenden, keineswegs abgewogenen Bemerkungen: „Wir Sozialdemokraten wehren uns entschieden gegen nationalistische Überheblichkeit der Deutschen anderen Völkern gegenüber, aber ebenso entschieden dagegen, wenn unser Volk in einer Art von permanentem Anklagezustand zum Sündenbock für jegliche Aggression auf der Welt gemacht werden soll ..." Die auffällig gereizte Form der Zurückweisung angeblicher pauschaler Verteufelung der deutschen Geschichte wurde von Schmidt wohl bewußt so vorgebracht, um der damals nicht ungefährlich starken NPD Wasser abzugraben. Die zitierte Passage offenbart gleichwohl das sich dann in der Folgezeit kontinuierlich verstärkende Bestreben der staatstragenden „politischen Klasse" der Bundesrepublik, die geschichtliche Bejahung dieses deutschen Staates einzubinden in ein wieder halbwegs normalisiertes historisches Nationsbewußsein. Die beiden Museumsgründungsvorhaben der jetzigen Bundesregierung, das Haus der Geschichte der Bundesrepublik in Bonn und das Museum für Deutsche Geschichte in Berlin, unterstreichen das gleichsam körperhaft.

Bei den psychologischen und politischen Gründen hierfür spielt, so scheint mir, der überlegene Emotionalgehalt der deutschen Nationalgeschichte, verglichen mit der Bundesrepublikgeschichte, eine erhebliche Rolle. Gerade auch die letzten Phasen der deutschen Nationalstaatsgeschichte seit dem Ersten Weltkrieg, so leidvoll sie für viele Deutsche gewesen waren, stellen mit ihren dramatischen Auf- und Abschwüngen Geschichtskapitel mit besonders eng beschriebenen Blättern dar. Ihre Erlebnisintensität übertraf bei weitem die Dauer. Der Versuch, Bundesrepublikgeschichtsbewußtsein gegen diese noch immer starke Erinnerung aufzubieten, mußte zum Teil zwangsläufig ins Leere gehen, weil die postnationalstaatliche Erfahrung der Bundesrepublik ganz anderer Art ist und viel weniger auf Emotionalität beruht. Was an Affirmation dieses Staatswesens in der Mehrheit seiner Bevölkerung allmählich heranwuchs, äußerte sich weniger in pathetischen Bekenntnissen als durch langsame Eingewöhnung in eine als annehmlich empfundene Wohlstands-, Rechts- und Zivilisationsgemeinschaft.

Die überwiegend nur rationale Bejahung der Bundesrepublik kann bestehende oder neuentstehende Bedürfnisse nach stärkerer gefühlsmäßiger Bindung kaum voll befriedigen. Die deshalb meist nur kargen und spröden Äußerungen der Zuwendung zur Bundesrepublik, wie wir sie etwa auf Seiten der Linken kennen, werden seit der Tendenzwende, das ist das Neue, auch expressis verbis nicht selten mit der verlorenen Nation begründet. So bekannte der gemäßigte linke Schriftsteller Dieter Wellershoff vor einigen Jahren: „Eine objektlos gewordene, aber unübertragbare Liebe zu Deutschland hindert mich daran, diesen Staat (Bundesrepublik), der sich zunächst selbst als Provisorium verstand, anders zu erleben als einen akzeptablen politischen Lebensrahmen und dieses restliche, arg geschrumpfte Land für das verlorene Ganze zu nehmen."[7] Vieles spricht dafür, daß eben diese von Wellershoff bestätigte überlegene Emotionalqualität der Nation auch die politische Führung der Bundesrepublik seit der Tendenzwende zunehmend veranlaßt, durch

---

[7] Vgl. Dieter Wellershoff, Deutschland – ein Schwebezustand, in: Jürgen Habermas (Hrsg.), Stichworte zur ‚Geistigen Situation der Zeit', Band 1, Frankfurt/Main 1979, S. 78.

mehr historisches Nationalbewußtsein gleichsam eine Legitimations-Verstärkung zu erreichen. Dabei spricht wohl auch mit, daß andere Legitimationsstützen, so z. B. Willy Brandts verfassungspolitisches Vorhaben, mehr Demokratie zu wagen, infolge der ökonomisch-politischen Tendenzwende scheiterten und der Rekurs auf nationale Geschichte, so meine Interpretation, auch kompensatorische Funktion hatte. Sehr viel deutlicher liegt diese kompensatorische Funktion der Pflege nationaler Geschichte in der DDR zutage, wo die sozialistische Staatsidee des Arbeiter- und Bauernstaates sich selbst bei den einst gläubigen Funktionären der SED erheblich abgenutzt hat.

Meine akademischen Kollegen mögen es mir nachsehen, wenn ich mich bei diesen Gedankengängen ein zweites Mal auf einen Schriftsteller stütze, dieses Mal auf Martin Walser, der nach einigen Jahren der Tendenzwende 1979 unter dem Titel „Händedruck mit Gespenstern“ sich zu seinen nationalen Gefühlen bekannte und dabei auch den Zusammenhang zwischen der Enttäuschung über die ungenügende Reformfähigkeit der Bundesrepublik und dem Festhalten an der Idee deutscher Nation deutlich machte. In der Bundesrepublik, so Walser, sei es „nicht gelungen, Offenheit zu einer lohnenden demokratischen Tugend zu machen“. Hoch im Kurs stehe dagegen „Geschlossenheit, also der Schein von Stärke, Sicherheit, Wissen, also Heuchelei. Wir haben Schwäche und Elend und Hilflosigkeit so negativ ausgezeichnet, daß wir einander nicht mehr über unseren wirklichen Zustand informieren können.“[8] Nicht zuletzt aus solchen Gründen sah sich Walser nicht zu einer vollen Identifizierung mit der Bundesrepublik im Stande, noch weniger freilich zu einer Identifizierung mit der DDR. Der Rückgriff auf die Nation war für Walser in diesem Zusammenhang gleichsam der einzige noch offene Türspalt für die Hoffnung auf Nichtendgültigkeit der für ihn unbefriedigenden Realität Bundesrepublik. So zu verstehen ist auch sein auf den ersten Blick allzu leichtfertig oder subjektivistisch erscheinender Stoßseufzer: „Ich habe ein geschichtliches Bedürfnis nach Überwindung des Zustandes Bundesrepublik.“

Von diesem Aspekt ergibt sich ein weiterer Bedeutungsgehalt der Forderung nach mehr Geschichtsbewußtsein, den ich zum Schluß herausstellen und von dem ich überleiten möchte zu einigen abschließenden Bemerkungen über die Lage speziell der Zeitgeschichtsforschung und -darstellung.

Daß man die an sich, siehe Walser, nicht so ohne weiteres verein-

---

[8] Martin Walser, Händedruck mit Gespenstern, in: ebd., S. 45.

barliche Identifikation sowohl mit der Bundesrepublik wie mit der deutschen Nation über Geschichtsbewußtsein gleichwohl glaubt erreichen zu können, das ist, so scheint mir, auch gesteuert von der nachlassenden Irritation, die das Geschichtskapitel des Nationalsozialismus verursacht, aus dem Empfinden, die nunmehr 37 Jahre andauernde Erfolgsgeschichte des demokratischen Staates Bundesrepublik habe die 12 Jahre Nazi-Unheil einigermaßen wettgemacht und es ließe sich nun ein Bogen der Kontinuität spannen zwischen früheren, großen Perioden der deutschen Geschichte und der Geschichte der Bundesrepublik. Solche Bedeutung hatte es offensichtlich, wenn Bundeskanzler Kohl am 23. Juni 1983 im Bundestag anläßlich des Berichts zur Lage der Nation im geteilten Deutschland erklärte: „Wir wissen, die Geschichte ist auf unserer Seite. Der totalitäre Staat, die Diktatur ist nicht das Ziel der deutschen Geschichte gewesen und nicht ihr letztes Wort geblieben, sie ist Vergangenheit, widerlegt durch ihre Taten und überwunden durch die Entscheidung der Deutschen für die Freiheit und Würde der Menschen."

Sieht man ab von dem Diktum „die Geschichte ist auf unserer Seite", diesem bemerkenswerten Nachhall traditioneller Spiritualisierung des Geschichtsbegriffes, kann sicherlich gesagt werden, daß der Bundeskanzler sich mit der zitierten Äußerung im Einvernehmen mit einer wachsenden Zahl auch von Intellektuellen und Historikern befindet, die ihr Geschichtsbewußtsein nicht mehr auf Schritt und Tritt durch die Verbrechen der Hitler-Zeit blockieren lassen wollen. Das unbehagliche Gefühl der Deutschen gegenüber der Nazizeit, über vierzig Jahre nach ihrem Ende, beruht, so scheint mir, auf einer unaufhebbaren Widersprüchlichkeit moralisch-didaktischer und historischer Erfordernisse oder Ansprüche. Obwohl die ohnehin meist hilflosen Gesten und Sprachformen moralischer Betroffenheit durch die NS-Verbrechen sich inzwischen stark abgenutzt und neue weltgeschichtliche Gewalt- und Katastrophenerfahrungen die Singularität des nationalsozialistischen Genozid eingeschränkt haben, besteht doch trotz des vergrößerten historischen Abstandes international weiterhin die starke Tendenz, das Dritte Reich als Paradigma exzessiver Verunstaltung menschlicher Zivilisation im Gedächtnis zu erhalten. Und manche Anzeichen sprechen sogar dafür, daß die Darstellung dieser zum weltgeschichtlichen Lehrkapitel geronnenen zwölf Jahre der Nazi-Herrschaft mit der historischen Entfernung, jedenfalls im populären Bewußtsein außerhalb Deutschlands, nicht differenzierter, sondern eher holzschnittartiger ausfällt. Auch die politische Didaktik braucht ihre Mythen. Gegen solche totale Pädagogisierung des schmerzhaften Kapitels der neuesten deutschen Geschichte anzukämpfen, ist aus deutscher Sicht, so meine ich, notwendig. Dabei ist allerdings zu respektieren, daß dieses Geschichtskapitel infolge des millionenfachen Unheils, das die deutsche Führung im Zweiten Weltkrieg über Juden, Polen, Russen und andere Völker brachte, nicht mehr ausschließlich oder vorrangig als Bestandteil der *deutschen* Geschichte und für *deutsches* historisches Nachdenken reklamiert werden kann. Gleichwohl, unter deutscher Perspektive ist die stärkere Historisierung der NS-Zeit mit dem größer gewordenen Abstand unumgänglich. Solche Historisierung, gesteuert von dem Verlangen nach differenzierter historischer Sicht und Authentizität, hat, recht verstanden, nicht das geringste mit Apologie zu tun, auch wenn es die Freiheit einschließt zu sagen, daß nicht alles, was in der NS-Zeit geschah und historisch bedeutsam war, nur den inhumanen Zielsetzungen des Regimes diente. Solche Historisierung dient im Gegenteil der Verhinderung der viel schlechteren Alternative der Normalisierung unseres Geschichtsbewußtseins um die Nazizeit herum.[9] Erst durch die Aneignung der deutschen Geschichte auch der nationalsozialistischen Zeit, nicht nur als didaktisches Exempel, sondern wirklich als Teil der deutschen Geschichte, der mit dem Vorher und Nachher durch vielfältige Verstrebungen verbunden ist, kann gesichert werden, daß auch die Bedeutung, die diese Erfahrung der NS-Zeit für unser Geschichtsverständnis überhaupt hat, daß das Säurebad der Ernüchterung des Historismus, das wir dieser Erfahrung verdanken, wirksam bleibt, auch für unseren Umgang mit anderen, älteren oder jüngeren Perioden der neuesten deutschen Geschichte. Das bezeichnet auch den Angelpunkt meiner Bedenken gegen das Haus der Geschichte in Bonn und der hierbei geplanten Reduzierung der deutschen Zeitgeschichte auf die Geschichte der Bundesrepublik. Schon die geringste Gefahr, daß hier unter dem Namen „Deutsche Geschichte“ eine allzu heile Welt aufgebaut werden könnte, wäre fatal. Sie aber läßt sich verläßlich nur verhindern durch eine Erweiterung auf den gesamten Zeitraum der deutschen Zeitgeschichte, wenigstens seit 1918. Erst in diesem Kontext läßt sich auch das Heilsame des nicht spektakulären Verlaufs der Bundesrepublikgeschichte am besten begründen.

Der Argwohn gegenüber einer allgemeinen Tendenzwende, auch im Bereich der Zeitgeschichte, kann sich immerhin auf einige Evidenz und vor allem auch auf psychologische Plausibilität stützen. Die nun schon Jahrzehnte anhaltende, das Herz des Historikers wenig

[9] Vgl. hierzu mein „Plädoyer für eine Historisierung des Nationalsozialismus“; in diesem Band, S. 159ff.

befriedigende Anstrengung, die es bedeutet, sich einer Periode der deutschen Geschichte wie der Nazizeit kritisch zu stellen, stärkt naturgemäß das Bedürfnis, endlich wieder einmal Zeitgeschichte mit Liebe und Begeisterung schreiben oder lehren zu dürfen. Solchem Kompensationsverlangen ist es wohl zuzuschreiben, daß in manchen neueren Werken zur Geschichte der Bundesrepublik die Affirmation unbedenklich die Feder geführt hat, gleichsam als gelte es, mit der Bundesrepublikgeschichte auch das ganze, im Kielwasser der NS-Erfahrung entstandene, neue selbstkritische Verständnis von Historie ad acta zu legen.

Das ist aber nur eine Seite der Medaille. Die starke Irritierung unseres Geschichtsbewußtseins durch die Nazizeit hat auch das Gegenteil bewirkt: Aus der gedankenlosen Routine geringschätzigen Umgangs mit der „jüngsten Vergangenheit" entstand bei manchen jüngeren Politologen, Soziologen oder Historikern die Tendenz, auch bei der Beschäftigung mit der Geschichte der Bundesrepublik einen Ton zwar nicht mehr pauschaler Verurteilung, aber doch mitunter allzu selbstgewisser und manchmal auch selbstgenießerischer Besserwisserei anzuschlagen, eine Art feuilletonistischer zeitgeschichtlicher Kritik um beinahe jeden Preis. Ich sehe darin Zeichen noch starker heuristischer und erkenntniskritischer Unsicherheit. Für museale Darstellung ist die Bundesrepublikgeschichte auch deshalb nicht reif. In der Entwicklung eines methodisch und perspektivisch sicheren Stils der Bundesrepublikgeschichtsschreibung liegt eine der wichtigsten Zukunftsaufgaben der Zeitgeschichte. Sie muß gerechter ausfallen als der kritische, parteiische Tagesjournalismus, und sie wird auch nicht verleugnen können, daß Erfolg haben, Macht gewinnen und durchsetzen eine eigene, genuin historische Bedeutungskategorie bilden, die sich nicht einfach als moralisch bedenklich eliminieren läßt. Sie wird aber in sehr viel höherem Maße als die naiv-zukunftsgewisse Erfolgsgeschichte früherer deutscher Nationalstaatshistoriographie auch lernen müssen, zu berichten und sogar mit Emphase zu schildern, was nicht geschah und versäumt wurde, was beinahe passiert wäre und was ungerechtfertigterweise scheiterte. Mit solcher Transparentmachung des Machtgebrauchs soll und kann Zeitgeschichte gleichzeitig nachträgliche Machtkontrolle sein und demokratische Pluralität in den Geschichtsverlauf einarbeiten. In dieser Richtung liegen auch, so meine ich, die besten Möglichkeiten der Indentifizierung beschlossen, welche die Historie einer demokratischen Gesellschaft vermitteln kann: durch die verständnisvolle Rekonstruktion auch von Gegenpositionen, unterlegenen Alternativen oder gescheiterten Vorhaben ohne falsche Harmonisierung und

Standpunktlosigkeit auf historische Weise Respekt zu vermitteln für die Pluralität von Interessen, Programmen und Meinungen und damit für die unerläßliche Fähigkeit und Bereitschaft zum demokratischen Konsens zu erziehen.

Nachweis der Beiträge

Aufgaben und Probleme zeitgeschichtlichen Unterrichts. Geschichte in Wissenschaft und Unterricht 9 (1957), S. 529–550.

Zur Erforschung des Nationalsozialismus in der Bundesrepublik Deutschland und in der DDR. Referat auf der internationalen Historiker-Konferenz „Die Kriegsziele Hitlerdeutschlands im Zweiten Weltkrieg und die Ursachen ihres Scheiterns“ in Weimar v. 26.–30. Mai 1975.

Juristische und zeitgeschichtliche Bewältigung der Vergangenheit. Beitrag im Deutschlandfunk, gesendet am 23. Februar 1976.

Bemerkungen zur Frage der öffentlichen Relevanz der Geschichtswissenschaft und zur besonderen Aufgabenstellung des Instituts für Zeitgeschichte. Ansprache anläßlich des Besuches von Bundespräsident Walter Scheel im Institut für Zeitgeschichte am 22. März 1976.

Probleme der Hitler-Forschung. Einführung zu Ian Kershaw, Der Hitler-Mythos. Volksmeinung und Propaganda im Dritten Reich, Stuttgart 1980.

Resistenz und Widerstand. Eine Zwischenbilanz des Forschungsprojekts „Widerstand und Verfolgung in Bayern 1933–1945“. Martin Broszat, Elke Fröhlich, Anton Grossmann (Hrsg.), Bayern in der NS-Zeit, Band IV, München 1981, S. 691–709.

Grenzen der Wertneutralität in der Zeitgeschichtsforschung: Der Historiker und der Nationalsozialismus. Vortrag am 14. Juli 1981 im Rahmen der Ringvorlesung der Ludwig-Maximilians-Universität in München „Ethos und Verantwortung in der Wissenschaft“.

Eine Insel in der Geschichte? Der Historiker in der Spannung zwischen Verstehen und Bewerten der Hitler-Zeit. „Süddeutsche Zeitung“, 7./8. Mai 1983.

Literatur und NS-Vergangenheit. Vortrag am 9. Mai 1983 auf einer Veranstaltung des P.E.N.-Zentrums Bundesrepublik Deutschland in der Akademie der Künste, Berlin, anläßlich des 50. Jahrestages der Bücherverbrennung.

Alltagsgeschichte der NS-Zeit. Referat am 17. November 1983 auf dem Kolloquium „Alltagsgeschichte der NS-Zeit. Neue Perspektive oder Trivialisierung?“ im Institut für Zeitgeschichte. Abgedruckt in dem Band gleichen Titels der Reihe „Kolloquien des Instituts für Zeitgeschichte“, München 1984, S. 11–20.

Das Dritte Reich als Gegenstand historischen Fragens. PLOETZ. Das Dritte Reich. Ursprünge, Ereignisse, Wirkungen. Herausgegeben von Martin Broszat und Norbert Frei in Verbindung mit dem Institut für Zeitgeschichte, München, Freiburg 1983, S. 11–17.

Die neue Reihe „Deutsche Geschichte der neuesten Zeit“. Vortrag am 16. Oktober 1984 in München anläßlich der Vorstellung der von Martin Broszat, Wolfgang Benz und Hermann Graml in Verbindung mit dem Institut für Zeitgeschichte, München, herausgegebenen dtv-Taschenbuch-Reihe „Deutsche Geschichte der neuesten Zeit vom 19. Jahrhundert bis zur Gegenwart“.

Plädoyer für eine Historisierung des Nationalsozialismus. Merkur 39 (1985), S. 373–385.

William Shirer und die Geschichte des Dritten Reiches. Historische Zeitschrift 196 (1963), S. 112–123.

Hitler und die Genesis der „Endlösung“. Aus Anlaß der Thesen von David Irving. Vierteljahrshefte für Zeitgeschichte 25 (1977), S. 739–775.

Tendenzen der Vergangenheitsbewältigung. Zur Fernseh-Dokumentation „Flucht und Vertreibung“. Beitrag im Bayerischen Rundfunk, 2. Programm, gesendet am 8. Februar 1981.

Zwiespältige Distanzierung zur Vergangenheit. Albert Speers „Sklavenstaat“. „Die Zeit“, 8. Mai 1981.

Plädoyer für Alltagsgeschichte. Eine Replik auf Jürgen Kocka. Merkur 36 (1982), S. 1244–1248.

Voreilige Geschichtsschreibung? Zu Arnulf Barings „Machtwechsel“. Beitrag im Bayerischen Rundfunk, 2. Programm, gesendet am 11. Juli 1982.

Enthüllung? Die Rauschning-Kontroverse. „Frankfurter Allgemeine Zeitung“, 20. September 1985.

Von der polnischen Teilung zum Warschauer Vertrag. Neues Hochland 64 (1972), S. 343–351.

Zur Kritik der Publizistik des antisemitischen Rechtsextremismus. „Aus Politik und Zeitgeschichte", 1976/B 19, S. 3–7.

„Holocaust" und die Geschichtswissenschaft. Vierteljahrshefte für Zeitgeschichte 27 (1979), S. 285–298.

Zehn Jahre Warschauer Vertrag. Beitrag im Zweiten Deutschen Fernsehen, gesendet am 7. Dezember 1980.

Soll das Leugnen oder Verharmlosen nationalsozialistischer Judenmorde straffrei sein? Pressedienst des Instituts für Zeitgeschichte, 4. Juni 1982.

Die „Hitler-Tagebücher": Original oder Fälschung? Beiträge in einer Fernsehdiskussion des „Club 2" des Österreichischen Rundfunks am 3. Mai 1983.

„Vertreibungsverbrechen" – ein mißverständlicher Begriff. Pressedienst des Instituts für Zeitgeschichte, 30. August 1983.

Zur Errichtung eines „Hauses der Geschichte der Bundesrepublik Deutschland" in Bonn. Schriftliche Stellungnahme zum Gutachten der von der Bundesregierung eingesetzten Sachverständigen-Kommission (November 1983), 16. Mai 1984.

Die Ambivalenz der Forderung nach mehr Geschichtsbewußtsein. Vortrag am 6. Juni 1986 bei den 13. Römerberg-Gesprächen in Frankfurt am Main zum Thema „Politische Kultur – heute?".